转型时代的创业与创新

辜胜阻◎著

人民出版社

辜胜阻，男，湖北武汉人，1956年出生，经济学博士。现任全国人大常委、财政经济委员会副主任委员，民建中央副主席，武汉大学战略管理研究院院长。兼任国家教育咨询委员会委员，中国软科学研究会副理事长，教育部科技委管理学部学部委员，国家自然科学基金管理科学部评审专家。主要研究宏观经济与新兴产业、中小企业与民营经济、经济发展与城镇化、创新经济学与金融创新。

辜胜阻教授是改革开放后较早赴国外留学和研修的学者，被授予"国家有突出贡献的留学人员"称号。他1986年至1988年在美国密西根大学进修硕士学位课程；1989年至1990年任日本国日本大学客座教授；1992年至1993年任美国密西根大学访问教授；1994年任德国杜伊斯堡大学客座教授；1996年至1997年作为美国哈佛大学访问教授在美进行合作研究和讲学，1998年后多次到国外参加学术会议，进行学术交流与考察。

辜胜阻教授是政学相长的学者型官员，是"国家有突出贡献的中青年专家"。从上世纪70年代末期开始学术活动以来，他先后主持国家自然科学基金项目、国家社会科学基金项目、国际合作项目以及其他部省级科研项目数十项；在国家级报刊和国外学术刊物上发表论文百余篇；出版专著数十部。并获得了诸多的荣誉和奖项：1991年被授予"国家有突出贡献的留学回国人员"称号，1992年被评选为第三届"中国十大杰出青年"，1993年享受国务院政府津贴，1994年获孙冶方经济科学奖，1995年获国家"五个一工程"奖并获教育部优秀成果特等奖，1996年入选国家"百千万人才工程"，1997年入选国家教委"跨世纪人才工程"，1998年被授予"国家有突出贡献的中青年专家"称号。十余项研究成果获国家级和省部级奖励。作为学者型官员，他自1998年从政以来，坚持理论联系实际的学风，每年都结合自己的分管工作，深入企业、城乡社区、学校、全国各类开发园区和海内外城市进行考察调研，亲自撰写调查报告。依托其学术研究成果，他以全国人大和全国政协为平台，围绕国家社会经济热点问题参政议政、建言立论，提出百余项政策建议，许多政策建议被政府决策部门采纳。

序 言
创业创新是经济转型的最大新动能

一、创业创新是中国版供给经济学理论和结构改革的伟大实践

对于供给侧结构性改革，首先要明确它有"三大任务"：结构优化、创新驱动、改革引领。习近平总书记讲，供给侧结构性改革核心是创新。其次，推进供给侧结构性改革要依靠"三大主体"，发挥人的积极性。实现改革的落地，要激发市场主体——企业家，创新主体——科研人员，改革主体——官员，这三个"关键少数"的积极性和创造性。重振企业家精神，激活科研人员创新精神和官员的担当敬业精神。再次，要防范认识上的"三大误区"，不能把供给和需求对立或割裂开来，供给和需求是一枚"硬币"的两面；不能把中国的供给侧结构性改革和西方的供给学派混为一谈；也不能简单地认为，供给侧改革就是增加供给，或者淘汰过剩产能，应该是上述"三大任务"的统一。推进供给侧结构性改革要用好"三大引擎"，保持经济可持续健康发展：一是"中国制造2025"，加速推动产业的升级；二是创业创新，培育发展新动能；三是"一带一路"，通过开放倒逼供给侧结构性改革。

改革开放以来有四次大的创业浪潮：第一次是1978年中共十一届三中全会以后，以城市边缘人群和农民创办乡镇企业为主要特征的"草根创业"；第二次是1992年邓小平南方谈话以后，以体制内人群下海经商为特征的"精英创业"，包括了政府部门和科研院所的行政科研人员，当时有大量体制

内的政治精英、科技精英下海经商;第三次是进入新世纪,特别是中国加入WTO以后,伴随着互联网技术和风险投资及资本市场的发展,以互联网新经济为特征的创业浪潮;第四次就是当前的"大众创业、万众创新"浪潮。这一轮创业浪潮具有六大重要特征:改革,特别是简政放权的改革成为创业创新的主要推动力;创业、创新、创富形成"金三角",创业主体为创富而创业,为创业而创新;创业创新主体多元化,不仅有精英创业,也有草根创业;创业创新的形式高度互联网化;在创业创新中,技术创新与金融创新"双轮驱动";创业创新载体呈聚合式创业创新,全国出现多个创业创新中心。

二、通过创业创新培育新动能,需要营造良好创业生态,打造创业—创新—创富"金三角"和创业—创新—创投"铁三角",实现聚合创新,要依靠大企业"裂变式"创业,建立容错机制,加强产权保护,让创业创新者有"安全感"

一要形成良好的创业创新的生态系统,推进创业创新的主体多元化。创业生态系统是由创业主体、创业要素及其赖以生存的生态环境所构成的彼此依存、相互影响、共同发展的动态平衡系统。实现创业主体多元化,要重视三类"回归"创业,推进草根创业与精英创业共同发展。当前,创业不仅有"洋海归"(海外留学人员回国创业创新),还有"农海归"(在沿海地区打工的农民工回乡创业)。在金融危机后,湖北黄冈有2000多农民工回乡创业,吸纳8万多人就业。此外,还包括成功人士回归家乡创业,如近年来浙江大力推进浙商回归创业。

二要构建创新激励机制和营造良好环境,推进创新人才的知识资本化和知识产权股份期权化,建立知识合法转化为财富的机制,实现创新、创业、创富联动,形成创新"金三角"。在创新过程中,制度创新重于技术创新,人才激励重于技术开发,营造环境重于集聚要素,作为创新"软件"的创业创新文化重于设备厂房"硬件"。因此,要营造"实业能致富,创新致大富"的环境,做强实体经济。

三要技术创新与金融创新"双轮驱动",打造创业、创新和创投"铁三角"。美国私募基金规模超过中国10倍,国内创投发展与国外差距较大,要通过大力发展创投鼓励更多的闲钱进入实体经济。要继续完善支持创业创新的多层次"正金字塔"型资本市场。资本市场的改革方向是市场化和法治化，要通过修改《中华人民共和国证券法》，进一步治理资本市场欺诈发行、虚假陈述、内幕交易等违法犯罪行为，完善市场生态。要用好"新三板"，服务创新型中小微企业。

四要推进模式创新，实现众创、众包和众筹的有效对接，推进创业创新要素聚合。要通过科技园引领新一轮要素聚合，中关村就是典型的要素聚合创新载体，具有产、学、研、用、金、介、政齐备的协同创新体系，能够吸引人才、技术、资本、信息等创新要素资源集聚。深圳是全国创新最成功的城市，其成功原因在于深圳具有典型的移民文化，有利于孕育"敢于冒险、崇尚创新、宽容失败"的创业创新精神；形成了多元化创新创业主体的"新四军"，有海外留学归来创业的"海归系"，有从全国各地到深圳创富的"孔雀系"，此外还有由深圳本地创业者形成的"深商系"和从科技大企业离职创业的"裂变系"。深圳有极具活力的创新生态圈，形成了创业、创新、创投"铁三角"，实现了金融创新和技术创新"双轮驱动"。

五要发挥科技大企业、互联网平台企业的"龙头"作用，推进"裂变式"创新创业，形成顶天立地的大企业和铺天盖地的小企业共同发展的格局。李克强总理讲，"双创"既是小微企业生存之路，又是大企业繁荣兴盛之道。大企业获取创新资源的能力强，研发能力高，是新创企业的"黄埔军校"，目前市场上裂变出了联想系、百度系、腾讯系、华为系等创业者群体。

六要建立容错机制，培育宽容失败、鼓励冒险的创业文化和价值观。创业创新面临着多重风险，需要建立容错机制为创新者保驾护航，消除创新者的后顾之忧。创业文化是创业创新活动最根本的支撑，也是继续推进创业浪潮的重要保障。要注重营造鼓励冒险、宽容失败的创业文化，"不以成败论英雄"，从文化层面提升社会对创业者的认可和尊重。

七要完善产权保护机制，让创新创业创富者有"方向感"和"安全感"。中共中央、国务院发布的《关于完善产权保护制度依法保护产权的意见》对促进创业创新非常重要。要不断完善产权制度，倡导政府诚实守信，维护政策的连贯性和确定性，使创新创业创富者安心、放心和有信心开展创业创新。

八要避免创业创新过程中的"浮躁化"心态,防止创新"运动化"和盲目跟风倾向,避免创业"泡沫化"和过度炒作行为,纠正对创业创新"全民化"的误解,众创关键在众,但众创不是全民创业,防止"互联网+"创业的过度"网络虚拟化"以及创业教育"功利化"。通过避免误区和误导让大众创业、万众创新实现可持续健康发展。

三、创业创新是经济转型最大的新动能,是中国版供给经济学的成功实践。通过创业带动就业,对冲经济下行产生的就业风险,通过创新实现提质增效,推动产业升级和创新驱动

一方面,创业对于保障就业是"快变量",大量新增市场主体成为吸纳劳动力就业的重要渠道,以创业带动就业是应对当前失业风险的重要举措。从世界范围看,为了应对失业危机,美国提出了创业美国,英国鼓励大众创新,日本也提出要鼓励创业。统计显示,日本平均每年新创办的企业为9万家。而我国每天新创企业就有1.4万户,一周新创企业数量相当于日本一年的总和。伴随着大众创业浪潮的不断推进,2016年前三季度我国城镇新增就业超过1000万,全国城镇调查失业率也稳定在5%左右。另一方面,通过万众创新,创造新需求,实现新供给,培养新技术、新产业、新业态和新模式,推动经济发展方式从传统的要素驱动、投资驱动向创新驱动转变。据统计,2016年前三季度,国内发明专利增长44%,新产业、新业态、新商业模式"三新"经济增加值已超过GDP的15%。同时,创业与创新是一对"孪生兄弟",通过创业与创新的联动,将使技术创新等成果顺利转化为现实生产力。未来,为了更好地发挥创业创新作为经济新动能的重要作用,政府要进一步营造良好发展环境,让初创企业不仅要"生得快",更要"活得好","活得长"。

我对创业创新问题的研究始于1997年,当时我正在美国哈佛大学做访问学者。我对创业创新的研究可分为三个阶段:第一阶段(1997—2005年),以主管的科技园区和高技术产业化政府工作为依托研究创业创新。1997年3月,全国"两会"召开,我从美国返回北京参加全国政协大会。开会期间,我

作为民建中央常委,拜会了时任民建中央主席的成思危先生。成先生告诉我他正准备在 1998 年"两会"期间提出关于推进中国发展风险投资的大会提案,希望我利用在哈佛访学的机会,对风险投资进行研究并对美国风险投资的现状进行实地考察。从北京回到波士顿后,我对风险投资进行了大量的文献研究,得知美国风险投资源于美国哈佛大学,美国"风险投资之父"是前哈佛商学院助理院长 Georges Doriot,但风险投资大发展则在西部的硅谷,美国风险投资的一半以上在硅谷。随后,我又实地考察了美国高新技术产业的"摇篮",也是创业企业"栖息地"的硅谷,对美国的风险投资进行了深入的研究,并搜集了许多一手资料。访学回国后,1997 年 9 月,适逢国家自然科学基金委员会管理科学部举办的"创业投资与资产证券化"国际研讨会在武汉召开,我参加了这个会议并提交了论文《美国的风险投资与中国发展风险投资的对策》。于是,对风险投资的研究便成了我研究高技术产业与创业创新的切入点。我于 1998 年初出任武汉市副市长并当选为全国政协常委。1998 年"两会"的一号提案是民建中央的风险投资提案。我作为民建会员和政协委员参与了一号提案的各种学术研讨会,而且有幸参加了当年"两会"期间的风险投资一号提案现场办案会。在武汉市政府和湖北省政府工作的 8 年时间内,我一直分管创业创新载体——高新技术开发区。政府工作不仅使我有机会对全国的高新区进行调研,而且我也利用出访机会对主要国家的科技园区进行实地考察。他山之石,可以攻玉。我曾先后到美国、英国、法国、日本、以色列等国家和地区,实地考察了高技术产业发展,借鉴各地区创业创新发展的宝贵经验。多次到上海、北京、深圳、广州、苏州、成都、西安等地实地考察高新技术产业与创业创新发展。对国内外的大量调查研究和实地考察,以及与企业家、科学家、政府官员面对面地探讨,让我对高技术产业和创业创新的发展规律有了深刻的认识。

第二阶段(2005—2012 年),从民营经济与科技创新特别是民营科技企业的视角研究企业为主体的创业创新。这一阶段,我调任北京,到民营经济为主体的全国性群团——全国工商联和以联系非公经济为特色的参政党——民建中央工作。所以,我更多侧重于民营+科技为特色的创新主体——民营科技企业创业创新。2008 年全球金融危机后,针对经济下行压力加大所带来的民营企业转型升级困境,连续多年深入全国数十个省市数百家民营企业进行调查研究,撰写了大量关于民营企业创新与转型升级的科研论文和调研报告。

第三阶段(2012 年至今),从创新驱动经济发展转型及"大众创业、万众创新"视角研究创业创新。中共十八大报告提出了创新驱动战略和经济转型,后来中央又提出"大众创业、万众创新"。这一阶段,我的研究侧重从创新驱动战略和经济转型视角开展研究。最近几年来,新一轮创业创新浪潮正蓬勃开展,我对北京、深圳、上海、天津、武汉、成都、西安等 20 多个城市数百家企业和创业创新平台进行了实地考察和调研,对新常态下创业创新出现的新特点及推进创业创新发展的新战略,形成了一些新的思考与对策建议。

20 年来,我持续关注并从不同角度研究创业创新问题,将学术研究与参政议政结合起来,将政府工作与理论研究联系起来,力图丰富创业创新的相关理论,解决实践中的问题。围绕创业创新问题,我们出版了一系列成果,包括:《创新驱动战略与经济转型》(2013)、《发展方式转变与企业战略转型》(2011)、《民营经济与创新战略探索》(2009)、《民营企业技术创新与制度创新探索》(2008)、《民营经济与高技术产业发展战略研究》(2005)、《高技术产业经济研究》(2003)、《创新与高技术产业化》(2002)、《新经济的制度创新与技术创新》(2000)、《政府与风险投资》(2000)等专著。组织并参与了一批面向全国乃至全世界的高水平的学术活动。我每年都出席民建中央和科技部联合举办的中国风险投资论坛并做主题演讲,并围绕创业创新到科技界、经济界、教育界作了数百场学术报告。承担了一批创业创新的国家重大项目。我先后承担了国家自然科学基金项目"高技术企业区域发展与创新模式研究""基于高新区发展的区域创新模式研究"等与创业创新直接相关的国家研究课题,研究成果先后公开发表于《人民日报》《经济日报》《管理世界》《求是》《中国软科学》《科学学研究》等报纸、期刊。指导培养了一批专注于创业创新研究的经济学博士及博士后。就创业创新的相关问题建言献策,提出了一批影响国家决策的代表建议和政协提案。例如:《进一步推进双创健康发展,推进经济转型升级》(2016)、《规范发展股权众筹,支持创业创新》(2016)、《推进新一轮创业创新浪潮,引领新常态》(2015)、《创新是国家强盛的基石》(2007)、《加强自主创新,实现高技术开发区的二次创业》(2005)等数十项促进创业创新健康可持续发展的代表建议和政协提案。

　　本书汇集了20年来我对创业创新问题的学术研究成果和调研报告,时间跨度正好反映了我对此问题的调查研究轨迹。

辜胜阻

2017年1月

目　录

下　篇

上　篇

1

构建服务实体经济多层次
资本市场的路径选择

    习近平总书记强调,发展资本市场是中国的改革方向,不会因为股市波动而改变。中共十八届三中全会指出,要提高直接融资比重,其中非常重要的是构建和完善我国资本市场体系,使其更好地服务于实体经济。当前我国经济发展进入新常态,健全多层次资本市场体系,有利于拓宽企业融资和居民投资渠道、优化实体经济融资结构、充分发挥市场在配置资源中的决定性作用,对引领经济新常态、实现经济转型升级意义重大。透明、开放、流动性好、发达的资本市场是我国建设大国金融的核心元素。

    2014 年以来,我国资本市场逐渐回暖,上证指数从 2000 点左右一路上涨至 4000 多点,并一度突破了 5000 点大关,成交额同步大幅攀升。2015 年截至 5 月 29 日,上证所 A 股总成交金额达 570148 亿元,已超过了 2014 年全年成交金额。但此轮股市行情暴涨与暴跌交替上演,自 2015 年 6 月 15 日至 7 月 8 日,上证指数自 5000 多点跌至 3000 多点,在不到 1 个月时间内跌幅达 1600 多点,市场整体震荡严重。

    在经济新常态下,如何进一步完善我国资本市场体系,处理好政府与市场之间的关系,提高监管能力,培育公开透明、长期稳定健康发展的资本市场,引导资本市场更好地服务于实体经济,是一个意义重大的现实命题。

一、健康稳定的资本市场需市场化与法治化"双轮驱动"

经过 20 多年的努力,我国资本市场不断发展完善,已经形成了包括沪深主板、中小板、创业板、全国中小企业股份转让系统、区域性股权交易市场、券商柜台市场、股权投资市场等在内的多层次资本市场体系。各层次市场相互促进、互为补充,优化了资源配置效率,为实体经济提供了多样化服务。

资本市场是重要的直接融资渠道,是金融创新与产业创新有机结合的产物,具有要素集成、筛选发现、企业培育、资金放大与风险分散这五大制度功能。[①] 资本市场具有风险共担与利益共享的特点,服务实体经济尤其是创业创新型企业的能力强。不同类型、不同规模与不同发展阶段企业具有差异化的风险特征和多样化的融资需求,投资者也有不同的风险偏好和投资需求,因此需要构建多层次资本市场,以针对不同需求提供多样化的金融工具与金融产品。多层次资本市场是资本市场各要素有机组合成的体系,既包括多层次的交易市场、同一市场内的不同层次,也包括多样化的投资者、中介机构与监管体系,这些共同构成了一个有机平衡的金融生态体系。

资本市场是实现金融资源高效配置的重要场所,多层次资本市场的繁荣发展,需要市场化与法治化同步推行。资源配置的市场化与市场经济的法治化是社会主义市场经济的两个重要方面。市场经济的内在竞争秩序,包括市场主体秩序与交易秩序,对法治有着深刻需求,维护自由主体秩序的产权制度、保障平等交易秩序的价格制度,都要依靠法治化的手段来安排。[②] 法治包括法律供给的充分性与有效性、法律制度体系的建设完善、运用法律进行国家治理的能力以及全社会自觉遵守运用法律的意识。高效的法律实施体系能够为债权人、投资者提供更加全面的权益保护,对于金融市场的繁荣发展具有重要意义。[③] 市场化建设滞后将导致市场主体间无序竞争、价格信号扭曲、资源配置失灵;法治化建设滞后则可能出现权力滥用、扰乱市场

---

① 辜胜阻、曹誉波、杨威:《科技型企业发展的多层次金融支持体系构建》,《商业时代》2011 年第 22 期。

② 刘伟:《市场经济秩序与法律制度和法治精神》,《经济研究》2015 年第 1 期。

③ O.Emre Ergungor,"Market-vs.Bank-based Financial Systems:Do Rights and Regulations Really Matter?",*Journal of Banking & Finance*,2004,Vol.28.

秩序行为频发、逆向选择问题加剧等现象。

市场化与法治化是兼顾我国资本市场运行效率与公平的保障。让市场在资源配置中发挥决定性作用，企业能否上市、在何板块上市、融资多少都交由市场决定，以市场之手有序合理地引导证券化金融资产流动配置，培育证券市场金融资产的内生成长性，不断提升资源配置效率。以规则与法律处理资本市场各个主体间的利益关系，可以保障市场交易的可预期性、安全性、透明度，维护中小投资者的合法权益，有利于实现资本市场公平、公正、公开的目标。在制订或修改资本市场相关法律、法规时，要以实现市场化的资源配置作为基本出发点，把提高市场透明度和保护投资者合法权益作为基本准则。[①]

二、制约我国资本市场健康稳定发展的原因分析

我国资本市场体系不健全，直接融资发展不足，实体经济过度依赖银行贷款等间接融资，企业融资结构不合理，社会融资成本较高。据证监会统计，2012 年底，我国直接融资占比仅为 42.3%，远低于美国（87.2%）、日本（74.4%）、德国（69.2%）等国家。中国人民银行统计显示，2015 年年末我国非金融企业境内股票余额仅占同期社会融资规模的 3.3%，而人民币贷款余额占比达 67.1%。银行贷款等间接融资风险控制严格，对企业的财务状况、经营成果要求较高，"重大轻小"的规模歧视与"重公轻私"的所有制歧视普遍存在，量大面广的中小微企业从银行获得融资的成本高、且可获得性低。高度集中的金融体系与分散的实体企业结构不相适应，使得实体经济面临融资难、融资贵等问题。

我国资本市场法治化建设滞后，欺诈发行、虚假陈述、内幕交易等违背市场"三公"原则的行为时有发生。资本市场的市场化制度安排不合理，资源配置效率不高。在市场结构上，资本市场结构与企业构成无法有效匹配，资本市场服务实体经济能力不强。我国资本市场中主板市场规模偏大，创业板上市企业数量较为有限，场外市场发展起步较晚，区域性股权交易市场

---

① 吴晓求：《大国金融中的中国资本市场》，《金融论坛》2015 年第 5 期。

快速发展背后是无序重复建设(见表1)。根据国家工商总局统计,至2013年底,将个体工商户纳入统计的全国小微型企业总数达到5500多万户,占企业总数94.15%。在现有资本市场结构之下,为数众多的中小微企业无法从资本市场获得直接融资。相比较而言,美国资本市场发展成熟,主板上市企业2558家,NASDAQ上市企业2686家,场外市场中的OTCBB和OTC两大市场企业达1万多家,而私募股权交易市场的企业数量更多、分布极广,与资本市场对应的是占企业总数98%的中小微企业,资本市场与企业结构共同呈现"双正金字塔"型结构。①

表1　2014年我国多层次资本市场现状

(截至2014年12月31日)

资本市场类型	上市或挂牌企业数(家)
主板(含中小板)	2207
创业板(二板)	406
全国中小企业股份转让系统(新三板)	1572
区域性股权交易市场(四板)	14952

资料来源:根据中国证监会、深交所、上交所、全国中小企业股份转让系统2014年统计快报数据整理所得。

(一)资本市场法治化建设滞后

发达国家的经验表明,成熟的资本市场必然是高度法治化的市场,资本市场公开、公平、公正的目标高度契合法治的理念价值。法治市场包括完善的法律规则体系、严谨的法律执行体系与有效的法治监管体系等。当前,我国资本市场法治建设较为滞后,法律规则体系不完善,违规处罚不够严厉,信息披露制度不完善,监管体制需要进一步改革。

1.资本市场法律体系不健全,立法中配刑轻

"事变则法移",资本市场法律体系要依据资本市场发展实际适时修改。美国证券法自1933年出台后,已修订了40多次。而我国证券法自1998年

---

① 萧琛:《中国资本市场"倒金字塔"结构的矫正——"简政放权""草根创业"与股市供应面改善》,《北京大学学报》2014年第6期。

出台以来,只进行过 4 次修订,其中较大一次修订在 2005 年。2015 年 4 月《中华人民共和国证券法(修订草案)》提请全国人大常委会进行了一审,证券法第二次大修启动。我国证券法修订次数屈指可数,多项规定已不能有效适应当前资本市场实际需求,证券发行仍采用低效的核准制、违法处罚力度不足、现金分红等制度安排不充分、投资者保护力度不大。

以刑治市是依法治市的重要内容,当前我国针对证券犯罪采取宽松的刑事政策,存在立法中配刑轻的问题,犯罪成本大大低于收益,使得不法分子为获利不惜铤而走险,"老鼠仓"等现象频发。刑法中对内幕交易罪,视情节轻重分别处五年以下或五年以上十年以下拘役或有期徒刑,并处违法收益一至五倍的罚金;对于编造传播证券交易虚假信息罪,造成严重后果的,处五年以下拘役或有期徒刑,处罚金一万元以上十万元以下,[①]处罚力度较轻。而根据美国《萨班尼斯—奥克斯雷法案》规定,对内幕交易者最高的刑罚达 25 年监禁,重罪处罚大大提高了内幕交易成本,是遏制内幕交易的有效手段。

2. 法律执行力度不强,司法中用刑轻

由于《中华人民共和国证券法》等上位法对违法违规行为仅作了原则性规定,针对部分违法行为的司法解释尚未明确,在法律执行过程中存在较大的人为操作空间,易出现执法不严等现象。例如由于对市场操纵行为的司法解释不完善,司法机关在审理相关案件时定罪量刑标准不明确,难以区分"情节严重"与"特别严重"两种情形,对市场操作行为的认定标准过于老旧、固化,对新型市场操纵行为,如跨市场操纵、信息型操纵等行为难以认定,制约了执法机关对相关行为的打击处罚力度。在实践中,对移交审判的证券犯罪往往使用短期自由刑、罚金刑与缓刑等轻刑,司法中用刑轻,最终出现"大事化小、小事化了"的局面,严重破坏了资本市场的生态环境,损伤了中小投资者的信心。[②]

3. 资本市场信息披露制度不完善,监管体制需转型

资本市场是典型的信息不对称市场,完善的信息披露制度有利于减少

---

① 《中华人民共和国刑法(2014 年版)》第四节破坏金融管理秩序罪:第一百八十条、第一百八十一条。

② 汪明亮:《证券犯罪刑事政策的价值追求和现实选择》,《政治与法律》2008 年第 6 期。

欺诈发行、内幕交易等破坏市场秩序的现象,是维护证券市场有效性、保障投资者利益的前提,对注册制改革的推进意义重大。由于信息披露制度尚未完善、违规处罚不够严厉,我国资本市场存在大量信息披露造假、误导、不充分等现象,造成市场怀疑心态增加、投机氛围浓厚、有效性不高,资本市场法治生态恶化。根据中国证券法研究会调研,2014 年证券市场信息披露违法违规的一个主要原因是关联交易以及重大担保,而违法违规的"高发地带"仍是企业年度报告。

长期以来,我国资本市场监管体制重事前审批、轻事中事后监管,重市场发展、轻中小投资者权益保护。监管层与市场主体的边界尚未厘清,核准制下政府代替市场对企业上市与否等做出决策、对市场存在隐性"背书",资本市场行政干预较为严重。随着利率市场化改革、金融体制改革的深化,金融业混业经营的趋势将进一步强化。但当前我国仍采用分业经营的监管体系,①按照机构类型进行分业监管,存在监管标准不一致等问题,易出现监管的真空地带,导致监管套利现象高发,造成隐性金融风险逐渐集聚。②

(二)资本市场行政化,市场化改革滞后

1. 股票发行核准制降低了资本市场融资效率

我国资本市场自 1991 年建立以来,股票发行制度不断改革。自 2001 年 3 月实行核准制以来,截至 2014 年底,已有近 1700 家公司成功核准上市,筹集资本金 5.31 万亿元。随着实体经济的持续高速发展和企业融资需求的不断升温,资本市场新股发行制度改革也在不断地尝试和探索,2004 年由"核准制—通道式"改为"核准制—保荐制",并沿用至今。随着市场化推进,股票发行核准制的缺陷逐渐暴露,这种制度对企业盈利要求过高、审核周期过长,扭曲了市场自主筛选机制,造成市场供求不平衡,进一步强化了"IPO 效应"的负面作用。一方面,从拟上市企业角度,大量企业在证监会排队等待

---

① 2013 年 8 月,国务院批复《关于金融监管协调机制工作方案的请示》,同意建立由中国人民银行牵头的金融监管协调部际联席会议制度,这是我国金融协调监管改革中的重要一步。但根据中国人民银行最新发布的《中国金融稳定报告(2015)》,联席会议自成立以来共研究了 35 项议题,但真正有效落地的并不多。

② 巴曙松:《从股市动荡看金融监管体制改革》,《中国证券报》2015 年 9 月 10 日。

上市、"僧多粥少",上市名额成为极稀缺资源,容易出现市场失灵和定价扭曲;另一方面,从监管层角度,证监会不仅承担了监管职能,还兼顾了市场定价和筛选功能,而沪深两市交易所的监管能力相对较弱。虽然核准制在制定之初有效缓解了供需矛盾,但现今这种制度安排明显降低了资本市场的资源配置效率。部分优秀企业无法及时有效地上市融资,不得不通过海外上市等方式"曲线救国"。如2014年阿里巴巴、京东、新浪微博、聚美优品等国内互联网企业在美国资本市场上市,其中部分企业是因盈利能力不达标、股东结构不符合要求等被国内资本市场拒之门外。[1]

2. 退市制度不完善,限制了上市企业整体质量提升

退市制度作为资本市场的基础性制度,能够促进资本市场新陈代谢、实现优胜劣汰,通过筛选作用能够提升上市公司质量、增强市场竞争活力,有利于引导理性投资、保护投资者利益。然而我国资本市场长期缺少有效退市制度,投资者"竭泽而渔",削弱了市场投资价值。我国资本市场退市制度设计不完善、退市标准设定不合理、退市相关规定不具体、配套制度安排不健全等问题,造成退市的实践效果不佳,大量"死而不僵"的企业挤占了稀缺的上市资源,阻碍了资本市场"有进有出"的良性循环。我国退市标准陈旧且单一,强制退市执行不力。长久以来我国A股市场强制退市制度缺乏市场化、多元化、可量化的指标,因此触及强制退市底线的企业有限,退市制度未发挥其功能。我国资本市场企业自主退市制度执行不力,损害了投资者的长期利益。企业能自主退市在成熟资本市场十分普遍。企业自主选择退市有利于在发展关键时期和困难时期集中有限资源于战略制定和发展转型、减少财务支出,从长远意义上是对投资者利益的保护。据统计,2003—2012年,NASDAQ市场累计退市公司数与上市公司数之比高达165.2%,伦敦证券交易所和美交所均为113%左右,东京交易所为80.7%,而我国A股仅为5.1%,累计退市企业不足百家。

3. 转板制度缺失,形成了资本市场的人为分割

各层次市场不仅自身要有明确的定位,市场间也要有灵活且递进式的

① 辜胜阻、曹誉波、庄芹芹:《推进企业创新亟需重构创业板制度安排》,《中国软科学》2015年第4期。

转板制度。退市制度与转板制度相结合的安排,有利于构成完整的优胜劣汰机制,保证资本市场企业质量。[①] 通过升降级的转板制度,实现各层次市场有效联通、互相补充,通过进退有序的良性循环,促使资本市场成为一个有机整体,提高服务实体经济效率。以美国为例,基于不同类型的交易场所和同一交易所内的不同层次,存在升级、降级、平级及内部等4种转板方式。据统计,2009—2013年间,美国场外柜台交易系统(OTCBB)共有227家企业转板至证券交易所上市(见表2)。而我国转板制度仍处在探索阶段,新三板向创业板升级转板将展开试点。由于转板制度的长期缺失,不同层次市场形成了人为的市场分割,制约了资本市场的良性循环,影响了企业竞争活力的提升。

表2 2009—2013年美国OTCBB转板上市企业数量

	2013年	2012年	2011年	2010年	2009年
OTCBB挂牌证券(年平均)	1438	2047	2456	3136	3535
转板上市数	23	28	36	71	69
转板上市占比(%)	1.6	1.37	1.47	2.26	1.95

资料来源:王啸:《美国资本市场转板机制的得失之鉴——兼议多层次资本市场建设》,《证券法苑》2014年第1期。整理自OTCBB官方网站每日证券信息。

4. 并购重组制度设计不合理,制约了资本市场存量资源配置

并购重组是实现资本市场存量资源配置、价值发现功能的重要平台。资本市场并购重组有利于支持创业创新,提高产业集中度,提升行业竞争能力,在我国经济结构调整和产业升级中发挥着越来越重要的作用。上市公司可以通过并购重组实现行业整合,改善基本面,提高持续经营能力。但当前我国并购重组仍采用核准制条件下的审核程序,实质性审核的审批门槛较高、审批流程较为繁琐,责权不明晰。企业并购重组耗时过长、效率不高。企业在并购重组中面临"跨区域、跨所有制"壁垒,在某些行业,民营企业面临着隐性的准入门槛。并购重组成本高,包括职工安置成本、环保费用、审批时间成本、高额税收成本等,企业进行并购重组的积极性不高。

---

① 王啸:《美国资本市场转板机制的得失之鉴——兼议多层次资本市场建设》,《证券法苑》2014年第1期。

（三）多层次资本市场结构与企业构成不相适应，服务实体经济功能不强

中小微企业是实体经济的重要组成部分。统计显示，小微企业完成了65%的发明专利，提供新增就业90%以上，生产总值占60%以上。新三板、区域性股权交易市场等场外市场是多层次资本市场的重要组成部分，对挂牌企业的经营成果、资产规模、财务状况等要求相对较低，符合中小微企业的实际情况，是服务中小微企业的重要场所。近年来，我国场外市场经历了从无到有的快速发展，已成为中小微企业获得直接融资的重要渠道。但由于我国场外市场起步相对较晚，现阶段还存在诸多问题。

1. 新三板挂牌企业分化明显，市场流动性有待进一步提高

新三板市场是金融创新的产物，其内部多层次的发展思路和综合型市场的定位，有利于打破交易所垄断格局。新三板主要面向成长型、创业创新型中小微企业，企业在新三板挂牌，不仅能获得融资服务，而且能实现股权定价、完善公司治理、树立品牌和公众形象等目的，这对广大的科技型中小微企业意义重大。近年来新三板市场发展迅速，市场交易逐渐活跃。截至2015年8月底，挂牌公司已达3359家，比2014年年底增长了114%，总市值已达14082.09多亿元（见图1）。

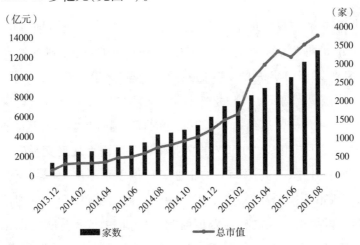

图1 新三板挂牌公司规模数据（月度）

资料来源：整理自全国中小企业股份转让系统公布的统计快报。

由于新三板市场准入门槛低、包容性强，随着挂牌企业迅速增长，企业差异化逐渐明显，从创业型互联网公司到成熟型金融或实体大企业，分布于国民经济各个行业。挂牌企业股东人数与股本分布差异较大(见图2)，股东人数最多有3860人，最少只有2人；总股本最大的有50亿股，最小的只有200万股；营业收入最高为50亿元，最低尚无任何营业收入。面对数量众多、差异较大的企业，新三板市场如何为企业提供差异化的融资服务、助推企业创业创新发展，投资者如何基于自身风险偏好、投资需求做出合理的投资决策，监管者如何设计合理的信息披露制度、有效管理市场风险，是进一步优化新三板制度安排过程中亟须解决的问题。

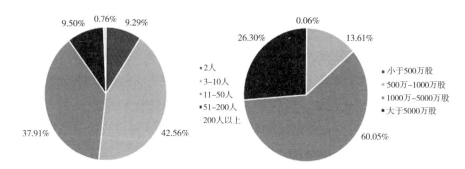

图2 2014年新三板挂牌企业股东人数、股本分布

资料来源：整理自全国中小企业股份转让系统2014年统计快报。

此外，新三板市场呈现出一定的结构性失衡，一、二级市场活跃度差异较大。一方面，挂牌企业募集金额从2013年的10.02亿元，到2014年的132亿元，发展到2015年8月的630亿元，发行股票规模增长迅速。但另一方面，二级市场流动性呈现出较大波动，日成交额在2015年7、8月以来仅为4亿元左右，与4月份曾达到的52.29亿元的日交易规模相差甚远。据统计，截至2015年8月中旬，大约60%的企业在近3月内无任何交易发生，而在发生交易的企业中，有高达15%的企业累计换手率不足1%。如何引导新三板一、二级市场协调发展，重塑市场融资功能，化解流动性低迷问题，是新三板健康发展的当务之急。做市商制度自2014年8月实施以来，在改善新三板市场流动性方面发挥了一定作用，但由于做市商扩容迟迟未推出等原因，做市商制度的功能尚未完全发挥。据统计，2015年8月末，在新三板 3359 家挂牌公司中,做市转让的有 759 家,占比 22.6%,仍有待进一步发展。

2. 区域性股权交易市场无序竞争,法律地位不明确

区域性股权交易市场("四板")作为重要的场外市场,是中小微企业股份改制、获得融资、转让股份的重要平台。目前,全国已有 30 多家区域性股权交易市场,基本形成"一省一市场"格局。但人为地按行政区域进行市场分割,各地方政府一哄而上重复建设,自行设立挂牌标准、交易规则,呈现出无序竞争的市场格局,造成大量的资源浪费。部分区域性市场交易活跃度低、形同虚设。在交易机制灵活的天津股权交易所,换手率约为 25%,而部分市场甚至尚无任何交易。同时,我国区域性股权交易市场的法律地位不明确。无论是现行的《中华人民共和国公司法》还是《中华人民共和国证券法》,都未对区域性股权交易市场进行明确的规范和界定,如何对其监管、如何支持其发展也没有明确的法律规定,大多依据地方政府制定的规则运行,缺乏统一的交易监管制度,存在隐性金融风险。

3. 天使投资等股权投资有待发展壮大,互联网金融亟须规范发展

天使投资、风险投资(VC)与私募股权投资(PE)等组成股权投资链,能够以较低的成本为企业从种子期到成熟期提供连续性服务,有助于化解创业创新型企业发展中的资金短缺、风险过高等难题,有利于推动科技成果产业化与产业转型升级。近年来,我国股权投资发展迅速,据不完全统计,2014 年披露的天使投资总额高达 5.3 亿美元,同比增长 161.7%,完成投资案例 766 起,同比增长 353%。[①] 然而,我国股权投资市场总量仍相对较小,股权投资链尚未完善。我国天使投资队伍发展尚不足,天使投资人仅几千人,其中活跃投资人仅几百人,而美国天使投资人约 75.6 万,其中活跃者为6 万—10 万。[②] 据统计,在我国 4000 多万家企业中,VC/PE 投资过的有 4 万家左右,仅占 1‰。而美国近 1400 万家企业中被 VC/PE 投资过的约有 70万家,占比为 5%。此外,互联网金融有倒逼金融创新的"鲶鱼"效应,有利于

---

① 姚懿文:《天使投资让创业借力起飞》,《人民日报》2015 年 8 月 3 日。
② 辜胜阻:《实施创新驱动战略需完善多层次资本市场体系》,《社会科学战线》2015 年第5 期。

促进适度竞争,提高金融效率。股权众筹等新型金融业态发展迅速,作为一种草根金融与普惠金融,是服务实体经济尤其是中小微企业的重要方式。针对这种新型金融,如何"因势利导、适度监管",处理好规范与发展的关系,是完善我国金融体系需要考虑的一个重要问题。

三、完善治理体系与构建服务实体经济的多层次资本市场

为提升直接融资占比、优化实体经济融资结构,要以法治化与市场化"双轮驱动"资本市场健康发展,继续完善多层次资本市场结构,提高资本市场服务实体经济效率。要加强资本市场法治化建设,优化资本市场制度安排,让市场在金融资源配置中发挥决定性作用。要继续打造资本市场"正金字塔"型结构,建立与企业构成匹配的资本市场结构。一方面,资本市场各个板块要明确自身定位,构建层次分明、功能互补的有效体系(见图3);另一方面,要重点从场外市场着手,夯实金字塔型市场"塔基",完善新三板市场,规范发展区域性股权交易市场,完善股权投资链,积极开展股权众筹融资业务试点等,让多层次资本市场有效匹配中小微企业融资需求。

图3 多层次"正金字塔"型资本市场

（一）推进资本市场法治化建设

1.要加强资本市场法治化建设,构建内容科学、结构合理、层级适当的法律规范体系

第一,资本市场立法要主动适应改革和经济社会发展需要,引领保障市场改革创新,有效的改革实践可上升为法律,尚未成熟的改革实践要依法授权试点,不适应改革实践的法律法规要及时修改。第二,在股市波动趋于稳定后,继续推进《中华人民共和国证券法》的修订和《中华人民共和国期货法》的立法工作,并在此基础上完善《上市公司监管条例》《私募基金监管条例》等相关法规,并最终构建包括市场与机构主体、市场交易、产品业务、融资并购、审慎监管、投资者保护、监管执法、对外开放等在内的八大法律规范子体系。第三,资本市场从“弱法治”走向“强法治”,要推进“以刑治市”。《中华人民共和国刑法》修改要与《中华人民共和国证券法》相衔接适应,依据适度性与协调性原则,兼顾公正价值与功利价值,合理设定证券市场犯罪认定标准、量刑轻重。针对当前实际,要加大对违法行为处罚力度,提高违法成本,让扰乱市场秩序行为“无利可图”。第四,要强化对中小投资者权益保护,完善集团诉讼制度与民事赔偿规则。制定民事赔偿规则时要把握可诉性与可操作性,在原则性规定基础上,对内幕交易、操纵市场、违规披露等不同情形下的民事赔偿规则分别作出具体规定。

2.要严厉惩处违法违规行为,做到执法必严、违法必究

在科学立法的基础上,严格按照法律规定程序,加大对证券市场违法犯罪行为查处。严格执行处罚决定,避免出现“刑罚板子高举轻落”、大量案件“从轻量刑并适用缓刑”。尽快出台针对操纵市场等犯罪行为的司法解释,明确定罪量刑标准,提高司法效率。2012年《关于办理内幕交易、泄露内幕信息刑事案件具体应用法律若干问题的解释》出台后,资本市场内幕交易的执法效率大幅提升,内幕交易行政处罚由2011年仅10起已升至2013年的51起。推进公正严格执法,要坚持完善查审分离制度,继续深化以权力制衡为核心的执法体制改革。

3.要持续完善信息披露制度,推进资本市场监管体制改革

信息披露制度是减少资本市场信息不对称的有效途径,对于资本市场诚信环境建设至关重要。在 2014 年证监会发布的 15 件会令中,有 10 件涉及信息披露制度的建设与完善。信息披露制度设计要坚持以投资者需求为导向,在把握真实性、完整性、准确性的基础上,力求易解性、易得性和公平性等,要明确发行人、中介机构和交易所各自的披露职责。要针对不同层次市场的风险特点、投资者适当性、上市企业类型,做出差异化信息披露制度安排,保护投资者利益。要进行监管体制改革,逐渐从"重审批、轻监管"向"轻审批、重监管"转变,从实质性审批式监管向以强制性信息披露为核心的监管转变。法治市场也要对监管者进行监管,使政府不越位、不错位、不缺位,成为真正的法治政府。要厘清于法无据的监管职权,取消没有法律依据的事前审批的许可、报告、验收等事项。在金融混业发展的背景下,要借鉴英美发达国家的经验,强化央行的监管职能,逐步建立统一协调的综合监管体制。

(二)深化资本市场的市场化改革

1.加快股票发行由核准制向注册制转变,推进资本市场市场化进程

股票发行由核准制向注册制转变,是资本市场市场化改革的重要环节,有利于提高直接融资占比、畅通 VC/PE 等股权投资退出渠道,将提高上市公司中创新型企业占比,有利于股市的长期繁荣。中共十八届三中全会明确指出,要加快制定从核准制向注册制转变的具体方案。注册制改革的核心,是要建立起市场主导、责任到位、披露为本、预测明确、监管有力的股票发行上市制度。

第一,明确注册制改革是一个循序渐进的过程,要分步进行而不可"一刀切"。注册制改革要在突破现有审核、定价、监管等制度安排时,适当控制节奏。考虑到我国市场环境、法治条件以及投资者结构特征,要在市场预期稳定的基础上,适时适度地增加新股供给。第二,推行注册制并非完全不审核,而是把过去证监会行使的审核权下放,部分转移至交易所。未来证监会主要负责审核申报文件是否合规、有效、完备,而上市企业的实质性审查交由交易所进行。第三,注册制改革要与完善信息披露制度、建立强有力的事后监管和追责机制、加大违规惩处力度同步推进。在注册制下,监管层要将精力集中于监督拟挂牌企业的信息披露情况。监管层不再为发行人提供

"背书",不再代替投资者做价值判断,投资者自主判断发行人的投资价值,自担风险,真正还权于市场。

2. 完善资本市场退市制度,利用市场机制实现优胜劣汰

退市制度与注册制相辅相成,成熟的市场不仅能够保证优秀企业及时顺利上市,也能及时将不满足市场要求的企业清除离场。市场"有进有出",从而形成良性循环。完善的退市制度有助于降低和消除垃圾股票"壳资源"的价值,防止市场对垃圾股票"壳资源"的恶意炒作,避免出现"劣币驱逐良币"的现象。证监会颁布了《关于改革完善并严格实施上市公司退市制度的若干意见》(下简称《意见》),并于2014年11月起实施。《意见》的实施,在多方面强化了退市制度的可操作性,使退市制度更加完备。把实现上市公司退市的市场化、法治化与常态化作为退市制度改革的目标,更有利于保护投资者利益。第一,要有完善的上市企业退市流程、重新上市标准等配套可操作性细则的制定。市场交易类、财务类退市标准尽量具体化、明确化,以提高可操作性,减少人为操纵的空间。第二,应予以企业主动退市的便利,严格执行强制退市。发达国家资本市场上市企业主动退市已经常态化,是市场自由灵活的体现。针对触犯重大违法事件或者不满足上市条件的公司必须履行强制退市手段,监管层要提高监督管理水平,行政司法机关要提高相应执法稽查水平,证券交易所作为退市制度实施主体要勤勉尽责,确保应退市公司"出现一家、退市一家"。第三,要针对不同层次市场特点做出差异化的退市安排,妥善运用不同市场之间的转板机制,重视投资者利益保护。多元化的退市标准是成熟退市制度的重要标志,在退市制度设计时要充分考虑不同层次市场企业特点、投资者适当性要求,做出科学合理且有针对性的退市制度安排。结合当前与"新三板"间转板制度的设计,对强制退市公司股票设置"退市整理期",在彻底终止上市前,给予一定的"退市整理期",维持其交易;公司退市后满足上市条件的,可以申请重新上市。第四,退出制度的完备为注册制的推出奠定了基础。退市制度改革相对注册制改革有一定的优先级。退市制度的完善和严格执行有利于倒逼注册制改革的加速。退市的完善提升了资本市场的整体质量,有利于优秀企业入市融资。这将倒逼股票发行端的市场化改革,加速上市条件与准入门槛的松动,并对监管层提出新要求,有助于资本市场制度建设的完善。

3. 构建多层次资本市场之间的转板机制,提高市场整体流动性和服务功能

构建资本市场间转板机制,要借鉴海外成熟市场的发展经验,建立合理的升降级通道,充分利用转板制度来联通协调各层次市场的有序发展。升级转板在满足条件后由企业自主决定,达不到持续上市标准的企业强制降级转板。支持上市公司根据自身战略需求,在保障投资者利益前提下主动降级转板。尝试构建低成本、高效率的"绿色转板通道"。可探索新三板企业在符合创业板上市条件后,直接转板至创业板;可设置相对宽松的条件,让已在海外市场上市的优秀企业通过"绿色通道"回归国内资本市场。要确立各级市场共同发展的基调,把握转板制度设计的松紧度。在转板条件、程序等方面制度设计上,既不能人为干预太多、制度过严,导致转板效率低下;也不能过于宽松,使得低层次市场变成高层次市场的附属板和过滤器,从而不利于低层次市场自身的可持续发展。创业板要借鉴美国 NASDAQ 的经验,避免企业盲目追求升板,要帮助优秀上市企业成长为该板块的领军企业。

4. 利用资本市场发展并购重组,推动上市公司通过并购重组发展壮大,实现我国产业升级

2014 年 5 月《国务院关于进一步促进资本市场健康发展的若干意见》出台,明确要充分发挥资本市场在企业并购重组过程中的主渠道作用,强化资本市场的产权定价与交易功能。为进一步繁荣并购重组市场,要放松实质性审核,整顿并购重组行政许可事项,对市场可自主决策、可采用事中事后监管的,逐步取消行政许可,避免行政权力对并购重组的过度干预。充分的信息披露是并购重组市场化运作的前提,要加强相关信息披露,增强并购过程的透明程度。[①] 要着力减少并购重组跨地区、跨所有制的壁垒,消除企业并购重组的外部障碍,降低进行并购重组的成本,进而提高上市公司并购重组的积极性,推进公司转型升级。要培育良好的并购重组市场环境,坚持市场定价原则,尽量避免协议定价、指定定价和审批定价。摒弃政府"拉郎配"式的行政干预行为,避免并购重组过程中出现以权谋私、国有资产

---

① 覃舜宜、刘苏:《构建市场化并购重组制度》,《中国金融》2014 年第 7 期。

流失和侵犯投资者权益的情况,让市场在企业并购重组活动中发挥决定性作用。

(三) 以市场化和法治化方式推进服务中小微企业的多层次资本市场建设

1. 大力发展新三板市场,适时推行市场内部分层,加快做市商扩容,继续完善新三板融资制度

为进一步优化新三板市场服务功能,首先,针对多样化的挂牌企业,可探索推出新三板市场内部分层管理。在交易方式、信息披露、股票发行、投资者门槛等方面,不同层次市场要实行差异化的制度安排,分别面向不同资质、不同数量的企业群体,为不同特点企业提供有针对性、高效率的服务,以实现市场风险的分层管理。美国纳斯达克市场就从高到低分为三层结构,分别是全球精选市场(Global Select Market)、全球市场(Global Market)、资本市场(Capital Market),企业在不同发展阶段,可在各层次市场进行转换。[①]可借鉴美国的经验,在市场分层的基础上,推进新三板与场内市场、区域性股权交易市场的转板联通,例如处在较高层次的资质好、流动性强的企业可获得转板上市的优先权,区域性市场中的优质企业也可直接转板至新三板较低层次市场挂牌。第二,在面对新三板的流动性问题时,要立足于中小企业与机构投资者为市场主体的实际,避免盲目追求流动性。在交易制度上,要继续改革完善协议转让制度,进一步强化做市商制度,加快做市商扩容,探索推出竞价交易方式。要降低做市业务门槛,逐步引入非券商机构参与做市,做市商主体由当前的证券公司扩展至私募基金、期货子公司、证券投资咨询机构等。为进一步提高市场流动性,可在现有做市交易和协议转让交易基础上,针对流动性高、经营状况稳健的优质企业,适时推出竞价交易方式,激发市场整体竞争活力。第三,继续完善新三板融资制度,发展公司债券、优先股与股票质押式回购业务等多样化的融资工具,制定资产证券化业务细则,进一步健全市场融资功能,丰富挂牌企业的融资渠道。

---

① W.Tang,H.H.Nguyen and V.T.Nguyen,"The Effects of Listing Changes between NASDAQ Market Segments",*Journal of Economics and Finance*,2013,Vol.37.

2. 明确区域性股权交易市场("四板")的法律地位,引导市场规范发展

为规范发展区域性股权交易市场,要在《中华人民共和国证券法》的修订中,明确区域性股权交易市场的合法地位,把区域性股权市场定位为中小微企业综合性融资服务平台。要摆脱旧有的办交易所的思维,把重点放在培育和服务中小微企业上,为区域内企业提供股权转让、股权质押和私募债等多种融资方式,联合银行、小贷公司、股权众筹等金融机构,打造汇集各种金融产品的融资服务平台。[①] 建立全国统一的监管标准,制定相关细则明确企业在挂牌标准、交易制度、信息披露等方面要求,防止地区间的重复建设与无序竞争。各区域交易场所在统一标准下强化自律监管,把市场风险控制在合理范围。2015 年 6 月证监会发布了《区域性股权市场监督管理试行办法(征求意见稿)》,明确规范了区域性股权市场的基本定位、功能作用、监管体制、市场规则等内容,未来区域性股权市场将逐渐走向规范发展。要探索建立四板市场与新三板间的转板通道,通过与新三板联通互动,合力助推中小微企业发展壮大。

3. 稳步发展股权众筹融资("新五板")

为进一步拓展小微企业融资渠道,可探索发展股权众筹融资。股权众筹融资主要面向萌芽期、初创期小微企业,有专家把股权众筹定义为"新五板"。2014 年 11 月国务院常务会议首次提出要进行股权众筹融资业务试点。2015 年 7 月《关于促进互联网金融健康发展的指导意见》指出股权众筹是指通过互联网进行公开、小额股权融资的活动。股权众筹是金融创新的重要领域和多层次资本市场的重要补充,被认为是大众创业、万众创新的孪生姐妹。要坚守发展的"底线"和"红线",股权众筹平台不得进行自融,不能搞资金池与虚假项目。股权众筹监管要重点把握众筹中介平台、融资项目和投资人管理三个方面。[②] 区域性股权交易市场可参与股权众筹平台的登记托管工作,构建交易与结算适度分离的防火墙机制,这有利于防范众筹业务风险,并把优秀众筹项目向区域性股权交易市场输送、进而向更高级市场

---

① 开昌平、刘楠:《区域股权市场的定位》,《中国金融》2015 年第 12 期。

② 黄震:《股权众筹监管政策趋向严格,监管应侧重三个方面》,《上海证券报》2015 年 9 月 25 日。

导入,有利于实现各层次市场互联互通。

4.培育壮大天使投资,进一步发展 VC/PE 股权投资,完善股权投资链

发挥政府的引导作用,大力培育天使投资人,鼓励本土优秀企业家结合擅长领域从事天使投资,让更多"闲钱"流入实体经济。发挥国家创业投资引导基金杠杆作用,培育股权投资机构,由政府、民间资本、企业家协同发力,助推企业创新发展与产业转型升级。引导股投资机构集聚,搭建投资信息共享与交流平台,减轻各个主体间的信息不对称,培育创业创新文化。运用财税政策等引导 VC/PE 关注长期优质项目,避免哄抢 IPO、Pre-IPO 等"重晚轻早"行为,促进股权投资与创业创新良性互动。

(本文发表于《管理世界》2016 年第 4 期。庄芹芹、曹誉波协助研究)

—2—
推进"双创"可持续健康发展的战略思考

当前,全社会的创业热情不断高涨,全球创业报告显示,中国的创业指数79%,远远高于全球(51%)和亚洲(64%)。2015年,中国平均每天新登记注册的企业达到1.2万户。北京、深圳、上海、杭州、武汉、成都等各种要素聚集城市的"双创"成果正在呈指数级增长。大众创业、万众创新是经济活力之源,也是转型升级之道,更是当前推进供给侧改革的重要抓手。

一、大众创业、万众创新是供给侧改革的典范

大众创业、万众创新是供给侧结构性改革的典范,是中国版的供给经济学理论的伟大实践。

(一)推进"双创"有利于实现创新驱动,实施供给侧结构性改革

推进供给侧结构性改革有三大主要任务:一要通过"减法"和"加法"实现结构调整推进供给结构优化,二是以创新驱动供给质量和效益提高,提升全要素生产率,三要以改革引领强化制度供给。创新是经济发展和进步的核心动力。创业与创新是一对"孪生兄弟",通过推动创业特别是精英创业,能够实现创业与创新的联动,使技术创新成果能够顺利的转化为现实生产力。将"双创"融入到供给端的各环节,有利于通过技术和管理创新,优化生

产要素的组合,提升全要素生产率;另一方面,有利于实现以技术创新、产品创新、模式创新、服务创新来改造落后供给和创造新供给,形成创新供给与市场需求的良性互动,让产品更具有个性化,让服务业更加人性化,让品牌更具有竞争力。

(二) 推进"双创"有利于实现对冲经济下行压力,稳定就业,摆脱全球经济危机影响

当前,中国经济发展面临制造业和煤炭行业去产能化、房地产去库存化、金融去杠杆化、环境去污染化等问题,股市进入深度调整,实体经济成本高企,社会经济面临许多短板的多重挑战。2015 年我国经济保持 6.9%的增长速度,在世界各主要经济体中名列前茅,大众创业、万众创新起到了重要作用。不断涌现的创业创新浪潮通过激发市场主体的活力,有利于形成新的经济增长点。大量新增市场主体成为吸纳劳动力就业的重要渠道,创业对 GDP 增速只是"慢变量",但对于保障就业,却是不折不扣的"快变量"。据测算,新建企业、个体工商户平均带动就业人数分别达到 7.5 人和 2.8 人,对于完成城镇新增就业 1000 万人以上、城镇登记失业率控制在 4.5%以内的目标起到了关键作用。

(三) 推进"双创"有利于培育企业家精神,激发企业活力,增强发展的后劲与活力

"双创"是企业家成长的平台,是培育企业家精神的重要载体。企业家群体是市场经济中最有活力的群体,企业家的创业是吸纳就业、提高居民收入的主渠道;企业家通过创新促进新技术、新产业、新业态发展;企业家通过对需求的不断试错,以发现新的市场,引领潜在需求;企业家将储蓄转化为有效投资,实现资本形成。"双创"可以激活企业家精神。当前的大众创业、万众创新通过降低创业门槛,优化创业环境,调动起亿万人民群众的创富热情,初创企业数量激增。2015 年全国新登记企业达 443.9 万户,比 2014 年增长 21.6%。"双创"不仅是个体和小微企业的兴业之策,也是大企业的兴盛之道。在当前双创背景下,越来越多的大企业通过"二次创业"实现企业的转型升级。海尔大力推进企业内部"自创业",实现企业由出产品到出创

客的转变,与海尔有契约关系的在线员工增加到 15 万人,为海尔创业平台提供服务的超过 100 万人。中信重工通过构建双创平台,集聚的创客团队直接参与者超过 800 人,影响带动了 1000 名技术人员和 4000 名一线工人,实现经济规模超过 100 亿元。

二、大众创业、万众创新的特征及面临的问题

(一)"双创"主体多元化,"精英"创业联动创新,"草根"创业带动就业

多元创业主体是当前大众创业、万众创新的最显著新特征。多元创业创新主体主要包括:国际金融危机催生"海归"回国创业创新,精英离职引发创业创新浪潮,科技大企业管理及技术人才的内部创业,返乡农民工掀起新的"草根"创业创新浪潮,政府多策并举大力推进大学生创业创新。当前,回归创业正在成为潮流并迸发活力。回归创业的群体主要有三类,包括出国留学或工作后回国创业的"洋海归",留学归国创业人数已由 2008 年的 5 万人增长至 2014 年的 36 万多人;在沿海打工的农民工返回家乡在中小城市创业的"农海归",全球金融危机后,一大批农民工返乡不返农,回归进行草根创业;以及在北、上、广、深等特大城市创业的成功人士回乡创业,如近年来,浙江大力推动浙商回归创业。多元主体创业创新活动的不断涌现,既有利于推进以创新驱动产业升级和供给优化,并且吸纳了大量就业,是稳就业的重要保障。

(二)"双创"体系生态化,顶天立地的科技大企业引领,铺天盖地小微企业孵化发展,一些地方成为创业创新人才的"栖息地"

创业生态系统主要由创业主体、创业要素以及创业环境组成,三者彼此依存、相互影响、共同发展。一些创业软硬件环境优良的高新区,集聚了大量优质创业创新人才与资源,形成了较为完备的创业创新"生态系统",成为了带动区域经济增长与高技术产业发展的"高地"。2015 年,中关村国家自主创新示范区新创科技企业 2.4 万家,高新区对北京市经济增长的贡献率达40%。在创业生态中,作为创业主体的大企业由于具备人才、技术、品牌、市

场等优势,在推进大众创业、万众创新中具有举足轻重的地位。通过在大企业工作的经历,大量技术和管理人才提高了自身创新意识、管理能力与社会资本,具备较强的创业意愿,创业成功的概率较高。当前,大企业离职创业人群不断扩大,形成了联想系、百度系、腾讯系、华为系等一系列"创业系"和"人才圈"。

(三)"双创"高度网络化,互联网线上与线下共创众创,基于互联网创业创新蔚然成风

互联网创业已经进入新时代,拥有更年轻的创业者、更广阔的创业平台、更活跃的风险投资、更公平的创业环境以及更年轻的创业者,互联网领域成为新一轮创业创新的主阵地。2015 年,"互联网+"领域吸引了全国超过 50%的创业投资资金、70%的天使投资资金。信息传输、软件和信息技术服务业新登记企业增速达到 63.9%。互联网技术的运用使信息在最大范围内实现共享,推动了新技术、新业态和新模式蓬勃发展。与此同时,通过"互联网+"使得传统产业更加关注个性化需求的"长尾"部分,向个性化定制生产转型成为企业转型的"蓝海"。如专注于高端西装定制的红领集团,通过利用大数据、智能制造、3D 打印等技术,实现了互联网与服装定制的深度融合。

(四)"双创"关键在"创",核心在"众","众创""众包""众筹"等新的商业模式、管理机制、投资模式多方面创新相互交织

无论是大众创业,还是万众创新,都少不了一个"众"字。大数据、云计算和移动互联网的快速发展,使众创、众包、众筹等一批集众人之智、汇众人之财、齐众人之力的创意、创业、创造与投资的空间应运而生。众创空间是通过互联网技术,使线上与线下实现有效互动,能够在更大范围内为创业创新活动提供专业化、多样性的一站式综合服务的平台。众创空间围绕创业公司的整个生命周期提供优质孵化体系,以共享空间为载体,发现商业机会、营造创新创业氛围,聚集和筛选创新项目,匹配全方位、多元化资源链接,有效推动创新转化和创业实施。据统计,截至 2015 年年底,全国各类众创空间已超过 2300 家,服务了大量初创企业。众包模式不仅有利于提升企业运行效率,助推企业转型升级,而且还可以围绕企业需求,激发更多人的创新创业活力,带有典型的创新"乘数"效应。众筹是指企业以互联网为发起和运行的主平台,面向公众募集资金的一种融资模式。股权众筹通过大数据、云计算等技术应用,有利于投资者有效识别创业项目的真实度与价值,减少创业者与投资者之间的信息不对称,提升市场效率的同时减少市场风险。据测算,2015年上半年众筹行业成交额逾50亿元,超过2014年的两倍。

（五）当前在大众创业、万众创新浪潮快速兴起之时,要防止"好事办歪",避免误读,防范误区

要避免将创业创新的长期行为变为短期的急功近利式的"赚快钱"行为、创业者过分热衷"讲故事""画大饼"的"浮躁化";避免创业一哄而起、盲目跟风,一些地方用跑马圈地的方式建很多双创园,用招商引资的方式引进创客,导致创业创新活动"运动化";避免过度炒作、恶性竞争,把"烧钱"看作企业竞争唯一出路,项目估值严重偏离产品价值的"泡沫化";避免将"大众创业"变成"人人都去开公司、当老板"的"全民化"误读,创业与创新一定是因人而异,因时而异,因地而异;避免背离实体经济只见"互联网"而不见"互联网+其他行业"的过度"虚拟化";还要避免大学创业教育仅仅以毕业生创业率作为创业教育评价标准的"功利化"倾向,创业教育的真谛应该是使学生提升创新意识,有能力解决其职业发展中的问题。

三、推进"双创"可持续发展健康发展的战略举措

进一步推进"大众创业、万众创新"健康发展需要采取五条举措。

（一）打造要素齐备、运营高效的创业创新生态,形成创业创新人才的"栖息地",让草根创业者热情竞相迸发,让精英创业者的初创企业快速成长

创新创业需要一个栖息地,有适宜的土壤、空气和阳光,有充满活力的市场主体、创新主体、资金供给主体,人才、技术、信息、资金、客户要素成为栖息地生态系统中最重要的组成部分。为此,要进一步减轻初创企业税费

负担,降低初创企业税率,清理、减少初创企业的行政性收费,使初创企业"轻装上阵"。政府要依托高新技术开发区、经济技术开发区和大学科技园,加快公共创新平台及资源的开放与共享,为创业者提供创业创新服务,提升服务质量。要为"市场化"的众创空间发展提供便利,聚合创业创新资源,发挥其"孵化+投资+服务"多元化、专业化服务优势。要推进高端人才"精英"创业与农民工返乡"草根"创业协调发展,分类施策满足不同创业主体差异化的创业服务需求。要完善法律法规制度,适时起草出台《创新创业促进法》,形成大众创业、万众创新的法治框架。

(二)鼓励更多闲钱参与天使投资,支持 VC/PE 等股权投资,探索发展股权众筹,打造创业、创新和创投的"铁三角"

创业投资具有要素集成功能、筛选发现功能、企业培育功能、风险分散功能、资金放大功能,能够在企业成长的不同阶段支持企业创业创新,发掘有价值的科技成果并加快推动技术的产业化。要探索研究允许财政部门提供部分引导资金作为有限合伙人投入风投创投基金。采取"跟投"风险投资的市场化方式,发挥政府中小企业发展基金"四两拨千斤"的作用。进一步壮大天使投资人队伍,建立专业化、组织化的天使投资的网络交流平台和全面的社会信用约束机制。要降低天使投资、VC/PE 的税收负担。通过简化注册程序、税收优惠、项目推介、政策扶持等方式,引导股权投资关注初期创业创新,促进股权投资行业的健康发展。要在风险可控的基础上,稳步发展股权众筹,完善股权众筹信息披露机制,加强事中、事后监管,严厉打击伪众筹,保障行业的健康发展,高度重视互联网征信体系等基础设施建设。银行要创新服务方式,可采取"投贷联动"模式,以"股权+债权"的方式,为种子期、初创期的科技型中小微企业提供有效融资支持。

(三)构建"正金字塔式"多层次资本市场,鼓励主板和创业板上市企业面向创业项目并购重组,把场外多层次资本市场打造成培育"双创"的"孵化器",形成顶天立地的大企业和铺天盖地的小微企业共生共荣的企业生态

领先的技术创新离不开成熟的资本市场和活跃的风险投资。要推进主板市场、中小板市场、创业板市场的市场化、法治化改革,使其更好地服务于实体经济和创新型企业。进一步推进并购重组市场发展,鼓励面向创业项目的资本市场并购重组。要促进创业板市场、风险投资和高技术企业的联动,构建一套高效的筛选培育机制,为高技术企业创新注入活力。充分发挥新三板作用,针对多样化的挂牌企业,可探索推出新三板市场内部分层管理,提升市场服务企业创业创新效率。要通过《中华人民共和国证券法》修改明确区域性股权交易市场("四板")的法律地位,建立全国统一的监管标准,制定相关细则明确企业在挂牌标准、交易制度、信息披露等方面要求,防止各区域交易场所地区间的重复建设与无序竞争。

(四)促进科技大企业和大院大所衍生、"裂变"创业创新,激发科研人员面向企业一线创新创业的积极性

要加快高校院所科技成果使用权、处置权、收益权"三权"自主的改革进程,提高创新成果的产业化率。要继续支持科技人员流向生产第一线,鼓励科技人员以兼职或离岗等方式创业创新,或者以技术转让、技术入股、技术服务、项目承包等多种形式转化创新成果,参与科技创业。要建立合理的离职创业人员的保障制度,解决他们创业的后顾之忧,提高创业的积极性。要建立创业系、人才圈内部的交流与服务平台,方便创业人沟通项目信息、分享经验和联系投资人。要为员工提供创新的自由度,鼓励员工提出创新想法和方案,构建企业内部创业孵化器,筛选出有发展潜力的项目并予以全方位扶持。

(五)形成宽容失败、鼓励冒险的容错机制,构建"多形式、多渠道、广覆盖"高效的创业培训体系,提升"双创"能力

失败的创新减少了全社会的试错成本,国家和社会有责任来为之分担风险。创新是一个不断试错的过程,要有个人能接受失败、社会要宽容失败的容错机制和纠错政策,鼓励创业者从失败中总结经验、勇于再战。要在全社会大力倡导创客文化和极客精神。要通过制度供给激发创业创新者的积极性和创造性,构建鼓励冒险、宽容失败的创业创新文化氛围,"不以成败论英雄"。要把创业创新课程将纳入国民教育体系,鼓励高校、政府和企业联合建立大学生创业见习和实习基地,通过开展模拟创业积累创业经验。要

加大对农民工培训的投入,邀请创业之星、企业家、技能型人才向返乡创业者传授创业经验和创业技能、现代经营管理理念,解决他们创业过程中遇到的困难和问题。

（本文发表于《求是》2016 年第 12 期。何峥协助研究）

—3—

规范发展股权众筹
支持创业创新的战略思考

"十三五"规划纲要提出要把大众创业、万众创新融入发展各领域各环节,鼓励多元主体开发新技术、新产品、新业态、新模式,打造发展新引擎。大众创业、万众创新需要金融创新进行风险分散、提供融资服务,股权众筹作为"互联网+"时代的新型融资方式,是金融创新的重要领域与资本市场的有机组成部分,也是实现创业创新与社会需求、市场资源有效对接的重要途径。规范发展股权众筹,打造众创、众包、众扶、众筹平台,构建多方协同的创业创新机制,对推进大众创业、万众创新蓬勃发展,落实"十三五"时期创新发展理念,推动供给侧结构性改革具有重要意义。

一、大众创业、万众创新需要发展股权众筹推进金融创新

当前,我国经济仍处于增长速度换挡期、结构调整阵痛期、前期刺激政策消化期"三期叠加"阶段,大众创业、万众创新是对冲我国经济下行压力的重要抓手,是释放民智民力、保持经济稳定增长、避免出现"硬着陆"的重要举措。2016 年政府工作报告提及创新和创业的次数多达 59 次和 22 次,比2015 年多了 21 次和 9 次,"双创"再次得到"强化"。大众创业、万众创新能够激发微观经济主体创新活力、培育企业家精神,有利于大幅度增加有效供

给、改造落后供给,对实施创新驱动战略、塑造更多发挥先发优势的引领型发展具有重要意义。2014 年以来,随着商事制度改革的不断深入,互联网技术与其他行业深度融合,大众创业、万众创新蓬勃发展,2015 年全国新登记注册企业数达 443.9 万户(见表1)。在这一波创业浪潮中,创新的特点十分突出,信息技术与文化金融等领域的创业企业数增长较快。

表1 2014、2015 年全国新注册企业基本情况

	2014 年	2015 年
新登记注册企业数(万户)	365.1	443.9
同比增长(%)	45.88	21.6%
注册资本(金)(万亿元)	19.05	29
同比增长(%)	99.02	52.2%
全国新登记注册企业中第三产业数量(万户)	287.42	357.8
同比增长(%)	50.03	24.5%

资料来源:根据国家工商总局网站公布数据整理。

为充分激发全社会创业创新活力,要全面推进众创、众包、众扶、众筹(以下统称"四众")等支撑平台的快速发展,发挥大众创业、万众创新和"互联网+"集众智汇众力的乘数效应。作为"四众"之一的众筹主要是指通过互联网平台向社会募集资金以满足个人创业、企业产品开发及成长经营的融资需求。当前,众筹平台有奖励、捐赠、股权、债券等模式,其中,股权众筹主要是指通过互联网形式进行公开小额股权融资的活动,①能够以更灵活的方式为小微企业和创业者提供融资服务,可以满足中产阶级的投资需求,被认为是"双创"的"孪生姐妹"。根据世界银行预测,2025 年中国众筹投资规模有望达到 460 亿—500 亿美元,其中七成到八成将是股权众筹。2014 年政府工作报告首次提出"开展股权众筹融资试点",标志着股权众筹这一新兴的互联网融资方式已经从"民间自发"上升到"国家试点"。

2014 年以来,国内股权众筹平台呈现迅猛发展态势。据不完全统计,截至 2016 年 3 月底,全国各种类型的众筹平台总共 328 家,其中股权众筹平台

---

① 中国人民银行:《关于促进互联网金融健康发展的指导意见》,中国人民银行网站,2015 年 7月 19 日。

有 131 家,占比 39.94%。截至 2015 年年底,全国股权众筹平台累计成功众筹项目数达 2338 个,累计成功众筹金额近百亿元人民币。平台上线项目创业创新特点明显,集中分布在移动互联与社交网络、消费生活、智能硬件、娱乐传媒与生活服务等新兴行业领域(见图 1),反映出股权众筹在支持创业创新中的重要作用。从地域分布来看,股权众筹平台集聚程度高,主要分布在京津冀、长三角、珠三角等地区,北京、深圳平台数量最多。随着创业创新深入推进与"互联网+"影响进一步扩大,以京东、阿里巴巴为代表的国内互联网巨头纷纷布局股权众筹业务。以阿里蚂蚁金服集团旗下的股权众筹平台"蚂蚁达客"为例,该平台在 2016 年 2 月为某健康类项目成功筹资 2960 万元,募集完成达 148%,是当月单笔筹资额最高的项目。该项目在众筹平台不仅获得了融资,而且在个人投资者参与过程中积累了用户基础、实现了推广宣传,阿里大数据平台也将与该项目合作互动。

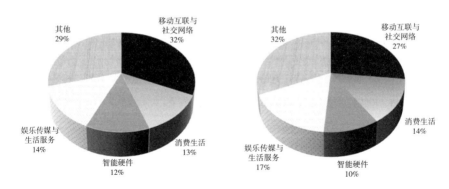

图 1　2015 年股权众筹平台众筹项目数量(左)及成功众筹金额(右)行业分布
资料来源:整理自清科研究中心《2016 股权众筹报告》。

股权众筹是互联网金融的有机组成部分和金融创新的重要领域。发展股权众筹对于推进大众创万众创新具有重要意义,具体而言:

(一)股权众筹具有投资人众多、单笔投资额相对较低等特点,有利于分散创业创新风险

创业创新是一项高风险活动,初创企业面临技术风险、市场风险、管理风险、财务风险、政策风险等,草根创业者往往因耗尽创业资金、融资渠道不足、产品前景不明确等原因导致创业创新活动不能启动或突然中断。初创

企业特别是草根创业企业在整个生命周期内可谓"九死一生",正如哈佛大学的罗森伯格教授所说:"创新的尝试大多情况下以失败告终"。[①] 股权众筹具有风险分散的功能,作为众多投资人参与的投资,相对于天使投资等传统股权投资,投资门槛相对较低、单笔投资额度相对较小,一个创业项目通常有众多跟投人。众多投资者可以与创业者共同承担初创企业所面临的各种风险,直接减轻了每个投资者可能面对的投资失败冲击,大大降低了单个投资主体所承担的风险压力。同时,创业创新的高风险也伴随着高收益,一旦某一个项目创业成功,投资者能够共享初创企业的高回报,其获得的巨大收益可以弥补数个失败项目的损失。从现有的股权众筹运营平台来看,股权众筹的领投人一般由专业的天使投资人或风险投资机构担任,他们在某一技术领域具有专长,对某一方面的市场前景能够较准确把握,并且具有较深厚的金融、管理理论知识,有利于分散创业创新所面临的技术市场风险。此外,初创企业往往面临着信用信息不健全、征信成本过高等难题,股权众筹平台具有融资便捷、透明公开、交互性强等优势,可以通过大数据处理与云计算服务等手段,帮助投资者有效判断项目的可信度与投资价值,有效利用社会资源实现了风险分散,提高创业创新的成功率。股权众筹在发现潜在的中小投资者上具有极大优势,能够调动中产阶层的投资热情,培养我国投资者的风险意识,集众智汇众力,筛选发现具有投资价值的创业项目,促进创业创新的良性发展。

(二)股权众筹能够拓展创业创新投融资的新渠道,提高直接融资比重,是我国多层次资本市场的重要组成部分

处于种子期、初创期的小微企业,规模较小、盈利能力低、经营风险高,无法获得银行等传统金融机构的资金支持,面临融资难题。而股权众筹主要面向种子期、初创期小微企业,有专家将其定义为"新五板"。小微企业可以越过漫长的上市过程,在项目创意阶段或者初创阶段就能通过股权众筹平台获得股权融资,化解融资难题。股权融资作为直接融资,融资成本低,投资者以资金投入换取一定比例股权,初创企业不需要定期支付利息和本

[①]　辜胜阻、李洪斌、王敏:《构建让创新源泉充分涌流的创新机制》,《中国软科学》2014 年第 1 期。

金,没有负债压力。① 初创企业可以将全部募集资金投入产品开发创新和企业经营,填补企业从初期研发到最终投入市场盈利期间面临的资金缺口,为初创企业快速发展提供充足的资金支持。

(三) 股权众筹与众创、众包等良性互动,有利于集聚社会各类创业创新资源

越来越多的股权众筹平台开始与众创空间展开合作,把战略延伸到创业的线下阶段,进一步为初创企业提供营销、宣传、培训等一站式服务,减少信息不对称,降低创业项目风险。通过互联网平台,股权众筹、众创空间、众包等实现良性互动,形成创业生态圈。众筹、众创和众包的有效对接,不仅能够促进投融资双方的沟通,而且能够集聚客户、人力、营销等资源,构建多方参与的高效协同机制,为初创企业提供全方位的创业服务,有助于提高人力资本、技术、信息、资金等资源配置效率,拓宽社会大众参与创业创新的渠道与空间,分享改革红利和发展成果。

(四) 在"互联网+"背景下,股权众筹能够更好地助力大众创业、万众创新

高度互联网化是此轮创业创新浪潮的重要特征,而股权众筹也是基于互联网渠道、面向大众的融资新模式。"互联网+"行动计划的推进为二者深入互动创造了有力条件,股权众筹助推创业创新的优势也愈发凸显。股权众筹是"互联网+"背景下重要的金融创新,有利于实现天使投资、风险投资的普惠性,拓宽创新创业优质项目与资本的接触面和潜在对接空间。互联网技术、大数据处理及云计算等应用,为股权众筹在风险识别控制、信息披露、平台管理、投融资者管理等方面提供强大支撑,有效地降低了风险,提高了创业创新的金融支持效率。

二、规范发展股权众筹、实现金融创新的对策思考

我国股权众筹行业在快速发展的同时,也存在综合治理体系尚未形成、

---

① 赵科源、于锦雯:《股权众筹助推大众创业万众创新》,《理论与实践》2015 年第 9 期。

行业监管思路不清晰、信息披露制度不完善、征信体系等基础设施不健全、退出通道不足等问题，服务创业创新能力有待进一步提高。2015 年共有 40 家众筹平台网站无法打开时间超过 30 天，26 家众筹平台转型。为深入推进大众创业、万众创新，实现"众筹"与"众创"的有效对接，要在治理体系、监管模式、信息披露制度、征信体系及退出渠道等方面规范发展股权众筹。

（一）遵循多元共治的理念，构建政府监管、行业自律、市场主体自治及社会监督等有机结合的治理体系

有序高效的治理体系是股权众筹规范发展的重要保障。当前股权众筹行业治理体系尚不健全，治理理念与治理模式仍需进一步明确。以单一政府监管为中心的治理模式，难以克服主体多样化、利益多元化、需求差异化等造成的治理困难，在治理实践中难以协调市场各个主体间的利益关系。

为规范发展股权众筹，需要构建政府监管、行业自律、市场主体自治及社会监督等有机结合的多元治理体系。多元治理体系蕴含着多元共治主体间通过职能分工发挥差异化管理功能，为实现共同利益协商对话、互动博弈。股权众筹行业多元治理体系应是一整套多主体间紧密联系、相互协调的综合治理体系。治理体系应包括政府、行业协会、众筹平台、筹资者、投资者、媒体等主体，以及各主体在共治实践中的地位和作用。其中，政府是多元共治规则及宏观治理框架的制定者，政府要转变监管模式，加快推进互联网金融从部门分割式的监管向功能监管和风险监管转变，形成监管合力；同时要加快行业法规、监管细则落地实施，消除行业发展的法律政策风险，落实责任追究制度。当前我国股权众筹行业正处在快速发展时期，更需要发挥政府监管在治理体系中的关键作用，防止股权众筹平台"野蛮生长"。行业协会在治理体系中应发挥行业自律作用和监督作用。要通过研究组建行业协会，制定行业规范，构建行业内部的专家信息共享和信息披露平台，及时通报行业内部不合规事件，抑制不正当竞争。股权众筹机构作为连接筹资者和投资者的桥梁，要加强自身平台建设，依法经营、诚信经营、审慎经营，提高从业人员专业水平和职业操守，保护投资者的合法权益。要强化信

息披露,充分发挥市场优胜劣汰的竞争机制,营造良好的生态环境。社会媒体等也是治理体系的重要力量,需要充分发挥媒体在法律框架下的监督作用,强化舆论监督与公众监督,推动行业自律。总之,构建股权众筹行业多元主体治理体系需要各主体明确责任和边界,细化各自权利和义务,发挥优势互补,多主体合力营造健康的股权众筹生态圈。

(二) 发挥各类孵化器和众创空间的筛选培育作用,实现"众筹"与"众创"的有效对接和联动

当前,一批新型孵化器、众创空间正在快速兴起,为实现"众筹"与"众创"有效对接创造了有利条件。众创空间是传统创业服务机构的"升级版",服务范围更广、服务类型更多样、资源利用效率更高。[1] 据不完全统计,截至2015 年年底,全国众创空间数量已超 1.6 万家。但我国股权众筹平台与众创空间大多独立经营,合作深度有限。股权众筹平台一般以筹集项目资金为最终目的,业务范围并未延伸至投后管理的线下阶段。许多创业项目只有方案,创业团队尚未形成,后续项目管理运营缺乏经验,创业面临重重困难。[2]

为了更好实现"众筹"与"众创"对接,线上与线下联动,第一,要加强股权众筹平台和众创空间合作与互动,依托"互联网+"新模式,实现投资与孵化相结合。充分发挥股权众筹与众创空间各自的优势,为初创企业构建一站式创业服务解决方案。利用互联网平台打破企业的边界,以更灵活、更精准的方式配置创业资源,解决创业过程中的资金、营销、培训等一系列问题,促进企业快速成长。第二,股权众筹平台应强化孵化功能,提升配套创业服务,深入融后管理。平台要利用互联网技术和大数据进行项目和资金的供需匹配,以较低成本为优质项目筹集资金,加速创新成果产业化。平台要充分发挥在产业视野、战略洞察和投资经验方面的优势,与众创空间合作进行融后跟踪管理,及时了解项目资金使用情况。第三,众创空间要加快转型,向市场化、专业化、集成化、网络化迈进,打造低成本、便利化、全要素的开放

---

① 辜胜阻、李睿:《以互联网创业引领新型城镇化》,《中国软科学》2016 年第 1 期。

② 李玫、刘汗青:《论互联网金融模式下对股权众筹模式的监管》,《中国矿业大学学报》2015年第 1 期。

式众创服务平台。线上为股权众筹平台筛选优质项目，线下进行创业项目孵化和创业企业培训，整合全方位的创业资源，并及时向股权众筹平台反馈项目线下运营情况，共同监督项目运营，严格控制风险。

（三）发展股权众筹要坚守"底线"和"红线"，扎紧制度笼子，遵循宽进严管、循序渐进的监管思路做好平台监管

对股权众筹平台进行适度监管既能控制风险，又能引导行业健康发展，发挥促进创业创新的积极作用。[①] 目前，我国股权众筹行业的监管框架和细则尚不完善，虚假项目上线和搞非法资金池等乱象时有发生。如 2014 年 7 月份上线的股权众筹平台 e 租宝以保本保息、灵活支取为噱头，大量上线虚假项目，非法集资 500 多亿元，给 90 万名投资者带来巨大损失。

为了维护股权众筹市场秩序，防止违法违规行为的发生，监管创新要与行业创新协调配合，厘清金融创新的边界，守住不发生系统性风险的底线。第一，我国股权众筹行业处在刚刚起步阶段，应该适当放宽市场准入，为行业发展预留一定空间，防止陷入"一放就乱、一管就死"的怪圈。例如美国在一定范围内豁免了股权众筹的注册义务，在明确股权众筹的合法地位的基础上，适当规定了有关投资者、融资者、众筹平台等各方的权利与义务。第二，在宽进的基础上，要加强事中和事后监管，以"底线"和"红线"约束行业野蛮生长。股权众筹平台不能搞资金池和虚假项目，也不得承诺或保证项目固定收益，不能异化为非法集资。实行动态监管机制，运用大数据、云计算等技术进行智能化监管，利用随机抽查和信用评级等手段，加强事中事后监督检查。第三，加大对平台违法行为的处罚力度，一旦出现违法违规行为，予以资质取消等处罚。重点关注股权众筹平台的操作透明度、风险控制系统、资金管理等方面，保证用户的资金和信息安全。[②] 通过优胜劣汰，重点发展拥有良好经营管理能力、规范运作、真实可靠的股权众筹平台，营造良好市场生态，促进行业健康发展。

---

　　① 王建文、郭梦川：《论领投人模式下股权众筹法律风险及其应对方案》，《法学论坛》2016 年第 2 期。

　　② 任晓聪、和军：《我国众筹融资的现状、问题及进一步发展的建议》，《理论探索》2016 年第 2 期。

（四）要完善股权众筹平台的信息披露制度和风险识别机制，做好投资者的风险教育，推广"领投+跟投"模式

完善的信息披露制度是平台高效运行和风险识别的基础，但由于股权众筹平台与投资人利益目标不完全一致性，出于节约运营成本的考虑，平台在信息披露中存在缺乏时效性、真实性、完整性、主动性等问题。不完善的信息披露制度为虚假项目上线和资金不合规使用创造了有利条件，造成了"逆向选择"等问题，影响了有限资金的使用效率。

为减少信息不对称造成的风险升高和资源配置效率低下等问题，第一，股权众筹平台要做好创业项目尽职调查、项目团队背景调研，强化信息披露。股权众筹平台要确保项目披露信息的真实性、充分性和及时性。[1] 在项目发布时应披露项目的基本情况、筹资用途和资金使用计划等信息，并根据项目进展，定期披露项目运营情况。在发生项目相关重大事件时，要提供重要风险提示，根据投资项目、投资人、发起人差异采取不同的警告措施。第二，要建立合格投资者制度，确保投资者具有一定的风险识别能力和风险承受能力，加强投资者利益保护。要分阶段开展投资者教育，做好投资前股权众筹相关知识普及，开户时风险评估、风险揭示，交易后风险自担警告等风险教育，帮助投资者有效识别风险，打破刚性兑付的不合理预期。对由于股权众筹平台信息披露缺失而导致的投资者损失，应由平台承担一部分责任。[2] 第三，股权众筹平台可采取"领投+跟投"模式，领投人由专业投资机构、天使投资人担任，发挥机构的专业优势识别优质项目，降低投资风险。股权众筹平台要承担筛选领投人的责任，考察领投人的专业知识、社会资本、投资经验、风险承受能力等。社会公众自由选择跟投，根据平台的风险提示并适当参考领投人意见，自行判断，要培养风险意识，避免盲目跟风。成立于 2010 年的 Anglelist 是美国代表性的股权众筹平台，平台创造性地采取"领投+跟投"的模式，主要有联合投资（Syndicate）、自行发起联合投资

---

[1] 孙永祥、何梦薇、孔子君、徐廷伟：《我国股权众筹发展的思考与建议——从中美比较角度》，《浙江社会科学》2014 年第 8 期。

[2] 中国人民银行金融研究所互联网金融研究小组：《股权众筹是资本市场多层次创新的需要》，《第一财经日报》2015 年 3 月 3 日。

(Self-Sydicate)和基金(Fund)3 种在线投融资类型。截止 2015 年 5 月,Anglelist 平台上已经成功完成融资的公司有 7395 个,且绝大部分成功融资的企业处于种子阶段。

(五) 加强互联网征信体系等基础设施建设,减少信息不对称引发的风险

互联网征信体系是互联网金融健康发展的重要基础设施,是股权众筹助推创业创新的有效保障。为加强互联网征信体系建设,要构建开放共享的互联网金融征信环境,建立覆盖全行业的互联网征信系统,完善相关征信制度建设。要联通央行、银监会、证监会、工商局等政府现有征信系统,实现信息共享,资源整合。要丰富征信业务种类和征信机构类型,采集企业经营、纳税、财务等信息,统一行业信用征集标准,并运用大数据模型、云计算技术等对数据进行深度挖掘加工,开发新型信用风险评估产品,发挥互联网金融的信息优势和技术优势。[①] 要建立有效的失信惩戒机制,加大对股权众筹融资失信的惩罚,建立失信行为信息记录和披露制度,"一处失信,处处受制",提高失信成本。此外,要发挥律师、会计师、评级机构等社会第三方力量的监督作用,运用专业分析手段评估项目信用风险,并出具独立第三方评估意见,建立股权众筹第三方信用风险评估体系。[②]

(六) 提高股权众筹流动性,畅通退出通道,完善多层次资本市场体系

目前,股权众筹的退出方式主要有清算、分红、下一轮融资、兼并收购、上市等,退出周期整体较长。而股权众筹跟投者主要是普通的中等收入者,承担长周期投资风险能力不高。较长的退出周期在一定程度上抑制了许多潜在投资者的投资意愿。

为了提高股权众筹市场的流动性,要进一步丰富股权众筹的退出渠道,完善多层次资本市场体系。当前,亟须加快包括股权众筹在内的多层次"正金字塔"式资本市场建设,资本市场上层是主板,然后是创业板和中小板,接下来是新三板及区域性股权交易市场("四板"),之后是 VC/PE、股权众筹、

---

① 杨东:《互联网金融的法律规制——基于信息工具的视角》,《中国社会科学》2015 年第 4 期。

② 陈麟、谭杨靖:《互联网金融生态系统发展趋势及监管对策》,《财经科学》2016 年第 3 期。

天使投资等股权投资。股权众筹的健康发展要畅通面向新三板、区域性股权交易市场的退出渠道,大力推进并购重组。要利用新三板市场内部分层建设管理的契机,创新股权众筹与新三板对接模式,缩短投资期限,提高股权众筹流动性,增强对投资者的吸引力。鼓励优质股权众筹项目在发展到一定规模和满足相关条件后,首先与新三板基础层有效对接,在实现退出的同时进行股份制改造及现代治理体系完善,并根据发展阶段继续转层和转板。同时,股权众筹平台可以根据投资者对项目持股期限预期与风险偏好,建立投资者分级制度和项目分板制度,对应采取不同的退出方式。探索推动在区域性股权交易市场建立股权众筹交易板块,制定特定的股权众筹份额的转售与流通规则。

（本文发表于《经济纵横》2016 年第 7 期。杨嵋、庄芹芹、吴华君协助研究）

供给侧改革需加快推进
国企创新驱动战略

——来自于央企的调查研究

"十三五"规划纲要提出,要"以供给侧结构性改革为主线,扩大有效供给,满足有效需求,加快形成引领经济发展新常态的体制机制和发展方式"。当前,供给侧结构性改革有三大重要任务:通过"减法"和"加法"优化供给结构、以创新驱动供给质量与效率的提高以及通过改革引领制度供给。今年以来,为深入研究供给侧结构性改革如何激活微观市场主体,国有企业如何通过改革实施创新驱动战略,我们先后实地考察和调研了武汉邮电科学研究院、中国电子科技集团公司、中国中车集团公司、中国医药集团总公司、中国广核集团有限公司、中国核工业集团公司、中国电力投资集团公司、国家电网公司、中国移动通信集团公司、中国兵器工业集团公司、中国机械工业集团有限公司、中国通用技术集团、新兴际华集团有限公司、中国节能环保集团公司等近40家中央直属企业和金融机构。调研发现,国有企业集聚了大量优质创新资源,具有较强的技术创新能力与创新发展优势,推动国企改革是供给侧结构性改革的重要基础。当前,应以改革优化制度供给,进一步激发国企创新活力,实现创新驱动国企发展。

一、国有企业具有明显的创新发展优势

我们在调研中发现,国有企业在实施创新驱动战略方面有四大明显的独特发展优势。

(一)国有企业有较强的创新资源聚集能力,研发力量雄厚,创新成果数量多,技术转化能力强

在世界 500 强企业中,国有企业占全部中国企业的 90%,在中国 500 强企业中,国有企业占比近 60%。一些国有企业拥有规模化的研究院所,研发投入力度大、科技人才荟萃、研发设备配套齐全,且有深厚的研发成果积累,技术实力强,产业专注性高,不断取得重大科技成果突破。当前,中央国有企业研发投入超过全国研发投入总额的 1/4,拥有 2500 个国内研发机构、234 个工程院院士和中科院院士,2014 年申请专利超过 10 万项、累计超过 25 万项有效专利,其中有效发明专利超过 7 万项,2012—2015 年,国家科技奖励中中央企业占比 32.1%,其中国家科技进步特等奖的 83.3% 和国家技术发明一等奖的 40% 由中央企业获得(见表 1)。中国机械工业集团拥有 120 余家国家级研发与服务平台,110 余家省部级科研与服务平台,3万专业技术人员;获得国家专利 6300 多项,制修订国家和行业标准 4600 余项,依托完备的科研开发体系和雄厚的科技实力,在许多技术、装备和产品上填补了国内空白、替代进口。中国医药集团拥有 7 个国家级研发机构,2名中国工程院院士,6 个硕士、博士研究生培养单位;累计获得发明专利 633项,国家技术发明奖 19 项、国家科学技术进步奖 48 项,是国内最大的生物医药研发生产企业。中国节能环保集团公司共有 104 个研发机构从事节能环保领域的技术创新,在该领域拥有专利 1038 项,旗下中节能晶和照明有限公司参与的“硅衬底高光效氮化镓基蓝色发光二极管项目”荣获国家技术发明奖一等奖。

表 1　央企创新资源、成果总量及占比

指　标		总量	中央国有企业占全国所有企业的比重
创新资源	研发投入(亿元)	3500	26.9%
	工程院及中科院院士(人)	234	15.1%
	研发机构(个)	2500	—
	创业创新平台(个)	247	—
	境外投资总额(万亿元)	2.8	70%
创新成果	申请专利(万项)	10	10.8%
	有效发明专利(万项)	7	10.6%
	科技奖励(项)	359	32.1%
	科技进步特等奖(项)	10	83.3%
	国家技术发明一等奖(项)	4	40%

注:研发投入、申请专利、境外投资总额三项指标的数据截至 2014 年年底。研发机构、工程院及中科院院士、有效发明专利三项指标的数据截至 2015 年 4 月。创业创新平台指标的数据截至 2015 年 10 月。科技奖励、科技进步特等奖、国家技术发明一等奖三项指标的数据为 2012—2015 年累计数据。

资料来源:整理自国资委规划发展局、国家知识产权局、科技部门户网站等。

(二)国有企业的技术创新具有明显的公共价值和国家使命性,主导了高精尖和关键领域的重大创新突破,是提升国家创新能力的主力军

国有企业引领了我国重大技术创新,是实现"飞天梦""航母梦""深海梦"的主要实践者。国有企业在载人航天、探月工程、深海探测、高速铁路、特高压输变电、4G 通讯等方面几乎全面进入国际先进技术行列,并创造一系列国际知名创新品牌。近几年,以高铁、核电和通信技术为代表的国家重点支持的战略性产业,技术创新能力不断增强、重大创新成果不断涌现,成为展示我国技术创新实力、高端装备制造业发展水平的重要名片。中车四方公司自主研发的 CRH380A 动车组,创下了 486.1 公里/小时的世界高铁运营试验第一速。统计显示,到 2015 年底,中国高铁运营里程达到 1.9 万公里,占世界高铁总里程的 60% 以上。中国高铁机车国产率超过 90%,并且攻破了在不同气候和地质条件下运行的一系列技术难关。中核集团和中广核集团联合研发的"华龙一号",是我国具有完整自主知识产权的、百万千瓦级的三代核电品牌,标志着我国核电企业将有能力在世界核电市场占有一席之地。[①]

---

① 刘洪强:《中国核电走出去造福全球》,《人民日报海外版》2015 年 12 月 17 日。

国家电投在吸收转化 AP1000 三代核电技术的基础上,开发出具有自主知识产权的三代非能动核电技术 CAP1400。中国移动积极开展有关 4G 通讯技术创新,截至 2016 年 5 月中国移动 4G 用户已突破 4 亿人,为网络强国、"互联网+"等国家战略提供更可靠的网络支持。

(三)国有企业在创新中发挥着重要的"龙头"作用和平台作用,有效带动创业创新的开展,具有明显的创新溢出效应和乘数效应

国有企业是我国高新技术的主要拥有者,可以通过自身的创新活动产生竞争企业间的平行外溢效应,以及上下游关联企业间的垂直外溢效应,并形成行业内、行业间的创新乘数效应,从而加快传统产业升级改造并积极发展战略性新兴产业,逐步在新能源、新材料、高端装备制造等方面形成竞争优势。一方面,国有企业能够通过延伸、完善产业链,激发中小企业创新活力。我国高铁技术自主化的过程中,构建了辐射 500 余家配套企业的产业链。另一方面,国有企业能够通过建立产学研协同创新机制,打造创业创新平台,推动大众创业万众创新,发挥大型企业创新骨干作用。目前,中央企业牵头组建技术创新战略联盟 141 个,发起和参与创新发展基金 179 支,募集资金总规模超过 5000 亿元,构建 247 个各类创新创业平台(见表 1)。通过各类创业创新平台的构建,有利于充分发挥国企的协同与带动重要作用,孵化培育更多初创项目与小微企业,促使国企的资源优势与民营企业的创新活力进行优势互补。中国移动、中国联通、中国电信等通讯运营商,通过商业模式创新,直接孵化培育了一大批民营中小企业,包括目前新成长起来的一批大型 IT 技术企业和服务商。

(四)国有企业熟悉国际规则,具有较丰富的国际运作经验与较强的国际化经营能力,是实现开放式创新、实施国家高端装备业"走出去"战略的重要力量

当前,开放式创新应该成为企业创新的主导模式,只有不断提升外部创意和外部市场化渠道的作用,均衡协调内部和外部的资源进行创新,积极构建各种创新要素互动、整合、共享和协调的网络体系,才能保证企业以更快的速度、更低的成本获得更多的收益与更强的竞争力。"走出去"并展开国际合作是全球化时代的大趋势,是吸引全球一流科研人才、整合全球技术创新资源以及最新技术创新成果的重要方式,也是实践开放式创新的有效途径。截至 2014 年底,中央企业在全球 150 余个国家或地区设立了分支机构,境外投资额占我国非金融类对外直接投资的 70% 以上(见表 1)。中国电子科技集团公司与微软成立合资公司,共同研发基于 Windows 操作系统、面向中国政府部门以及国企用户的新的或定制版操作系统,加快了自身创新和技术崛起、提升了国际合作层次。国家电网公司在以特高压、智能电网、新能源等为代表的电力核心技术方面抢占了世界科技制高点,连续中标境外国家级输电网和大型电网项目的特许经营权,同时还助推了中国产能和装备走出去,实现了中国特高压输电技术、装备和工程总承包一体化"走出去"。①

二、推进供给侧结构性改革,实施国企创新驱动的战略思考

通过调研,我们认为,实施供给侧结构性改革,关键要激发微观主体活力,推进国有企业实施创新驱动战略。要通过改革引领,强化制度供给。在创新发展过程中,特别需要一批国有企业能够挺身而出,开发新技术、开拓新市场、发展新产业。制度创新是"解放生产力"最关键的创新,它会打开管理创新和技术创新的空间,使市场各主体的活力竞相迸发。随着中国经济进入转型升级的新阶段,一些原有的制度已不适应当前的发展要求,滞后的制度挫伤了微观主体创业创新的热情,制约着结构优化进程的推进。而改革是优化制度供给的重要途径,要靠改革来引领制度供给,激发人的积极性。

(一)推动国企供给侧结构性改革,实施创新驱动战略,要充分发挥资本市场在创新资源配置中的作用,通过资本市场并购重组等,加大研发投入,增强科技成果产业化能力,实现技术创新与金融创新"双轮驱动"

供给侧结构性改革的重要使命是推动新技术、新产业、新业态蓬勃发展,提高全要素生产率,这就需要发挥国有企业的创新主体作用,推动国企

---

① 冉永平:《走出去创业 "本土化" 运营——国家电网依托自主创新扬帆海外》,《人民日报》2015 年 7 月 15 日。

发展方式的创新驱动。国企要转到创新驱动的轨道上来,要充分发挥资本市场在创新资源配置中的作用,大力提高研发投入。要构建面向创新的多层次资本市场体系,完善股权投资链,大力发展风险投资,把股权投资的高效率、高收益、专业性的特点与创新活动的高成长性、高风险性的特点有效匹配,提高国企科技创新产业化能力,分散技术创新风险,真正把科技优势转化成经济优势。① 武汉邮电科学研究院在公司化改制中,积极推动优质资源上市,通过引进外部投资者夯实创新基础。目前,企业集团下已有三家上市公司,融资总规模超过 55 亿,为企业创新提供了充足的资金储备。要充分发挥资本市场在企业并购重组过程中的主渠道作用,推动上市公司通过市场化并购重组实现创新发展。中国通用技术集团控股的中国医药健康产业股份有限公司通过资本市场整合重组,吸收了天方药业等优良资产,与创新最为密切的医药工业板块净利润同比增长 54%,对公司利润贡献达 34%。要建立支持创新的资本平台和基金平台,并与优质 R&D 平台对接,推动技术创新。招商局集团为强化资本与科技资源合作,设立了 50 亿元的"互联网+"基金,加速布局"互联网+"领域。

(二)建立创新容错机制,宽容失败,鼓励创新,为国企创新提供一定的试错空间,保护和鼓励国企管理层及其创新团队更加积极作为、主动作为、大胆作为、科学作为,勇于担当,进一步激发激活国有企业的内生动力

高风险是国有企业改革及创新活动的重要属性之一,当前,国企改革进入深水区和攻坚期,国有企业董事会及高管通常面临更大的政治压力和思想负担,普遍存在以"求稳怕错","不求有功但求无过","多干多错、少干少错、不干不错"为导向的消极心态。② 要通过容错机制支持和保护敢于改革、勇于创新的干部和企业家,让其"轻装上阵",积极作为,激发企业家创新思维,释放国有企业创新活力。要探索从立法的角度,合法合规的制定和审批国企创新的容错机制,赋予"容错机制"法源依据,解决"容错机制"的合法性

---

① 辜胜阻、李华、洪群联:《创新型国家建设中的制度创新与企业技术创新》,《江海学刊》2010 年第 6 期。

② 中国网评:《容错机制为改革创新助威》,中国网,2016 年 4 月 12 日。

问题。要落实习近平总书记强调的"三个区分"原则,①保护勇于创新的企业家,打破国企负责人不敢创新、不愿意创新的僵局。要建立容错机制的负面清单,区分国有企业改革创新中哪些错误可以宽容,哪些错误严格禁止。要明确容错标准,审慎处理创新中出现的失败,实行责任豁免的容错机制,有效地增加国企负责人的创新空间,解除他们的后顾之忧,形成敢于创新的良好氛围。

（三）加快构建具有全球竞争力的国企人才制度,着力解决人才管理中行政化、"官本位"问题,为国企创新人才松绑,要培养高素质的创新型人才,积极引进优秀海外归国人员,遵循社会主义市场经济规律和人才成长规律,形成人才激励机制,让人才创新创造活力充分迸发

人才是推动企业创新的第一推动力,创新驱动实质是"人才驱动"。要破除束缚人才发展的体制障碍,建立竞争择优、"能上能下"的市场化选人用人制度,实行职业经理人制度,引入优秀的科技人才。要对科研人员"松绑""减负",设置国有企业杰出科技人才专项奖励基金和专项工资额度,加快科技成果使用权、处置权、收益权"三权"自主的改革进程,使发明者、创新者能够合理分享创新收益。要继续支持科技人员以技术转让、技术入股、技术服务、项目承包等多种形式转化创新成果。② 要加强与高等院校、科研院所的合作,构建大型国企创新型教育平台,培养一批既懂科技又懂市场的创新创业人才,提高科技成果产业化。要创新人才引进聘用模式,通过人才的"柔性流动",进一步吸引更多的海外高层次人才回国,更好为国企创新提供智力支持。武汉邮电科学研究院通过制度牵引,鼓励员工原创和首创,对研发、生产一线人员结合本职工作提出的技术创新设想或生产改进建议进行综合评估,表彰优秀,并给予物质奖励。2015 年,员工的原创和首创为该院累计创造了 4260万元的经济效益。中国兵器工业集团大力实施领军人才培养和引进工程,形成了一支由 6 名院士、29 名特聘院士、49 名"千人计划"专家、40 名兵器首席专家等组成的核心科技人才队伍,其"千人计划"专家数量位居央企第一。

---

① "三个区分":即把干部在推进改革中因缺乏经验、先行先试出现的失误和错误,同明知故犯的违纪违法行为区分开来;把上级尚无明确限制的探索性实验中的失误和错误,同上级明令禁止后依然我行我素的违纪违法行为区分开来;把为推动改革的无意过失与为谋取私利的故意行为区分开来。

② 辜胜阻、何峥:《推进"双创"可持续健康发展》,《求是》2016 年第 12 期。

（四）培育一大批创新能力强和具有国际竞争力的骨干企业,需要加快国有企业混合所有制改革进程,放大国有资本功能,提高国有资本配置和运行效率,完善国企经营机制,发挥混合的"杂交"优势,实现各种所有制资本相互促进、共同发展

发展混合所有制经济有利于形成多元制衡机制,有效避免企业被内部人控制,扩大国有资本影响力,完善国有企业的公司治理结构,转变经营方式,提升国企的活力与竞争力。为此,要依托当前多层次资本市场,推动股权的多元化,实现国有资本的放大功能,促进国有资本与民营资本的优势互补,让企业成为真正的市场主体,促进国企与民企之间协同创新、合作创新,强化国有企业创新骨干作用并激发民营企业创新活力,通过以股权为纽带的专业化整合、建立产业战略联盟等方式,培育经济增长新动能。截至2015年年底,中央企业控股上市公司388户,资产总额的61.3%、营业收入的62.8%、利润的76.1%集中在上市公司。要积极推进各行业领域对民间资本的开放,减少行政壁垒或行业保护,鼓励非国有资本投资主体通过出资入股、收购股权、认购可转债、股权置换等多种方式进入国有企业。中国医药集团形成了国有资本、民营资本和公众资本有效制衡的治理结构,混改后的国药控股十年间营业收入增长了28倍,利润总额增长了74倍。华录集团积极探索混合所有制产权市场化改革,截至2015年年末共计57户子公司引入外资、风险投资或与自然人股东建立了混合所有制多元产权制度,混合所有制企业户数已达控股子公司的77%,总资产规模放大了10.6倍。中国机械工业集团有限公司旗下的广州机械院以产权关系为纽带,通过与民营企业合资合作,进入工业机器人本体制造领域,效率和活力大幅提高。

（五）重构激励和约束机制,激发企业家精神和管理者的创业创新精神,把经营管理者和员工对企业、行业、国家的自主创新贡献与其长远利益和荣誉相挂钩,建立奖优罚劣的长效机制

企业家是供给侧最重要的主体,企业家精神是供给经济学及其政策主张的灵魂,创新是经济发展和进步的核心动力,也是提升市场活力的根本。推进供给侧改革,需要激发多个市场主体的创业创新精神,特别是要激发企

业家创新创造的热情。要根据现代企业制度，积极推进国有企业"公司化"改造，明确划分股东、董事会、经营者和监事之间的权责利。要推行职业经理人制度，实行内部培养和外部引进相结合，畅通现有经营管理者与职业经理人身份转换通道，合理增加市场化选聘比例，加快建立退出机制。[①] 中国机械工业集团有限公司通过探索市场化机制公开选拔高级管理人员，合理增加市场选聘经理层副职的比例，打通了公司的管理人员和员工职位转换的通道。要建立市场化薪酬与任命制国企负责人薪酬并存的"双轨制"薪酬制度，避免薪酬改革的"一刀切"，完善"基本薪酬+绩效工资+中长期激励"的梯度绩效薪酬制度。新兴际华集团有限公司建立了国有企业高管分类分层管理制度，通过实行与社会主义市场经济相适应的企业薪酬的分配制度，以实现对高管人员"激励与约束相容"的效果。要实行"增量共享"型激励措施，积极推进员工持股计划，达到"激励相容"的效果，使员工与企业形成利益共同体。中国电科通过构建包括劳动、管理、资本、技术与知识等多重要素参与分配的利益共享机制，实现即期激励与中长期激励相结合，有效激发了企业家、管理和技术人才在内的各类员工的创新创业热情。

（六）鼓励开放合作创新，建设具有国际竞争力的一流企业，鼓励国有企业通过创新提质增效，率先"走出去""走进去"，在不同的文化环境下搞开放式创新，在与跨国公司竞争中提升创新能力

创新本身就是开放的。国有企业要树立全球视野，通过合作研发、技术引进与海外并购的方式，加大利用国际创新资源的力度，加快走"技术引进—消化吸收—再创新"之路。要抓住"一带一路"战略、周边"互联互通"、非洲"三网一化"及国际产能合作的契机，拓展新的发展空间。要坚持合作开放创新，提高企业在国际市场上的竞争力，同时有效避免企业间的恶性竞争。要融入东道国，更加贴近市场，规避风险，实现共赢。国有企业"走出去"应是多维度的，既要在商品、服务、资本等领域加强国际合作，也要积极拓宽国际标准化活动的参与范围，发挥龙头型国企在国际标准制定中的作用。中车集团在输出产品、服务和资本的同时，还主动参与国际高铁标准的

---

① 曹冬梅、辜胜阻、郑超：《当前国有资产管理与国有企业改革研究》，《中国科技论坛》2015年第7期。

制定,扩大中国话语权。旗下的中车四方已主持并参与制定了 52 项高铁国际标准。中国核电技术装备成立"走出去"产业联盟,建立合作机制使我国核电企业在"走出去"过程中由"单兵作战"转化为"强强联合"。目前,我国已与罗马尼亚、巴基斯坦、南非、土耳其等国家达成了自主核电品牌合作协议。国家电网公司在"走出去"的过程中,成为国际电工委员会副主席单位并发起新成立 4 个技术委员会,主导制定了 21 项国际标准,组建了智能电网美国研究院和欧洲研究院,提高了其在国际竞争中的话语权和竞争力。

(七)充分利用国企创新溢出效应,发挥大型企业创新骨干作用,建立产业链、提供技术服务,带动上下游的中小微企业共同发展,形成由顶天立地的大企业和铺天盖地中小微企业构成的企业创新生态

大型央企是推进创业创新的重要力量,既拥有创新所需的各项资源优势,也承担着促进创业创新的社会责任。要鼓励国企利用其整体优势成为技术创新投入、生产、应用的主力军,鼓励构建更多以央企为龙头的创业创新平台,大力支持企业内科研管理人员的内部创业,提升国企在关键技术研发突破与产业链完善延伸方面与初创企业及其他中小微企业的交流合作,完善资源共建共享激励机制,充分发挥大型企业的创业孵化与创新带动作用,结合"互联网+"行动和大数据发展战略,发展众创、众包、众扶、众筹等新模式,提高大中小不同层次企业的发展活力。中国移动通过建设 MM 移动应用商城、咪咕"众创"平台、"OneNet"物联网能力开放平台等创新商业模式,促进大众创业创新。"MM 移动应用商城"是全球首个运营商主导的创新创业平台,聚集了 10 万的开发者与 177 万的应用。中国航天科工集团于 2015 年创建了我国首个工业互联网平台——"航天云网",上线运行仅一年就入驻超过 12 万户企业,汇聚制造业各门类的社会"双创"项目近 1000 项。

(八)要重构适应国有企业创新发展管理体制,改变国有企业多头管理而又重复交叉检查的局面,建立监督工作会商机制,整合出资人监管、外派监事会监督和审计、纪检监察、巡视等监督力量,营造宽松的创新环境,让国企在创新发展道路上"轻装上阵"

在推进国有企业改革和创新过程中,要警惕国企改革多头管理和权责利不一致问题,避免国企改革和创新深入推进时出现新的障碍和困难。在当前监督资源分散、多头重复监督的状况下,或是重建集中监管体制,或是加大高层协调的力度使各部门在改革的方向上形成合力。国有企业管理体制改革要遵循市场经济规律和企业发展规律,坚持政企分开、政资分开、所有权与经营权分离,进一步简政放权,减少政府对微观活动的过多干预,为企业创新营造宽松的市场环境,促使国有企业真正成为自担风险、自我约束的独立市场主体。要完善信息披露机制,形成高效协同的企业内部—外部—社会三层监督体系,推进创新监督与管理过程的规范化和科学化。

三、研究结论

理解供给侧结构性改革,要把握"结构性""供给侧""改革"三个关键词。相应地,推进供给侧结构性改革可分为三大任务:优化供给结构、创新驱动供给侧以及改革引领制度供给,激发企业活力。供给侧结构性改革的真正落地主要靠激发市场主体、创新主体与改革主体这三大主体的积极性和创造性,重振企业家精神,激活创新人才的创新精神和政府官员的担当敬业精神。当前,如果不能充分挖掘国有资本的潜力,不能通过市场化改革使国有企业成为真正的市场主体,供给侧发力就难以成为现实。国有企业改革是供给侧结构性改革的重要基础,要深入实施创新驱动发展战略,加大研发投入,大力推进科技创新、管理创新和商业模式创新,加强自主创新和协同创新,推动大众创业、万众创新,通过制度供给和改革引领充分调动国有企业的经营管理者、科研人员和广大职工的创新创业热情,推动企业依靠技术进步实现创新转型。实现国企创新驱动,要利用资本市场筹集创新资金、分散创新风险与并购重组等,实现技术创新与金融创新"双轮驱动";要通过制度创新,构建合理的创新容错机制、激励机制与人才管理制度,形成鼓励创新、宽容失败的文化,为创新主体松绑,使创新活力充分涌动;加快培育一批创新能力强的骨干企业,推进混合所有制改革,实现各种所有制资本的优势互补与协调发展,提升国有资本运行效率与国企创新活力;要鼓励国企积极参与国际竞争与合作,利用国际创新资源,坚持"引进—消化吸收—自主再创新"的开放式创新;发挥国企创新的"龙头"作用和平台作用,带动相关中小微企业共同发展,形成顶天立地的大企业和铺天盖地中小微企业构成的企业创新生态;要重构适应国有企业创新发展的管理体制,改变国有企业多头管理而又重复交叉检查的局面,让国企"轻装上阵"活力迸发。

(本文发表于《湖北社会科学》2016 年第 7 期。韩龙艳、何峥协助研究)

—5—

创新驱动发展战略中建设
创新型城市的战略思考

——基于深圳创新发展模式的经验启示

一、创新型城市与创新型国家

国家"十三五"规划纲要提出创新发展理念,指出创新是引领发展的第一动力,要塑造更多依靠创新驱动、发挥先发优势的引领型发展。实施创新驱动发展战略,有利于打造发展新引擎,推进供给侧结构性改革,是适应中国经济发展新常态和全面深化改革的必然要求。① 实施创新驱动发展战略,要打造区域创新高地,形成一批带动力强的创新型省份、城市和区域创新中心。建设创新型城市是创新驱动发展战略的重要组成部分,也是建设创新型国家的重要突破口和切入点。

国家发改委在 2010 年发布的《关于进一步推进创新型城市试点工作的指导意见》中将创新型城市定义为:自主创新能力强、科技支撑引领作用突出、经济社会可持续发展水平高、区域辐射带动作用显著的城市。创新型城市以创新为核心动力驱动城市经济发展,通过技术、制度、文化等各方面的创新,创造新知识、新技术、新生产组织方式等,形成新的产业增长极。创新

---

① 白惠仁:《创新应驱动何种发展》,《科学学研究》2015 年第 9 期。

型城市具有良好的创业创新文化氛围和宽松开放的制度环境,能够集聚优秀的创新人才,有完善的金融支持体系和一批实力雄厚的创新型企业。[①] 创新型城市具有辐射带动作用,能够引导创新要素聚集流动,有效配置创新资源,在区域经济发展中起领头作用。国家发改委自 2008 年将深圳列为首个国家创新型城市试点以来,在 2008—2013 年期间共批准了 57 个创新型城市试点,这是中国通过创新型城市构建区域创新体系、建设创新型国家的生动体现,北京、上海、深圳、杭州、广州等城市纷纷提出建设创新型城市的目标,大力推动创新发展,加快产业创新升级。深圳作为首个国家创新型城市试点、首个以城市为单元的国家自主创新示范区,创新型城市建设成果显著,实现了创新要素和创新资源向企业集中的格局,形成了城市创新发展的"深圳模式"。研究借鉴深圳模式,对于创新型城市建设和创新驱动发展战略实施都具有重要的现实意义。

二、创新型城市建设的"深圳模式"

深圳把创新驱动作为城市发展的主导战略,大力推动科技创新与大众创业、万众创新有机结合,在全国率先实现了创新驱动。2016 年第一季度深圳生产总值 3887.90 亿元,同比增长 8.4%,分别高于全国、广东省增速 1.7 个和 1.1 个百分点,全市新兴产业增加值达到 1555.16 亿元。深圳科技进步贡献率已提升至 60%,提前实现了国家"十三五"规划提出的目标,逐步实现了从应用技术创新向关键技术、核心技术、前沿技术创新的转变。2013 — 2015 年每年全社会研发投入经费占 GDP4% 以上,远远超出 2% 的全国平均水平。2015 年深圳专利申请总量突破 10 万件,平均一天产生 46 件发明专利,创新能力遥遥领先(见图 1)。领先的技术创新水平使深圳的产业发展实现"三个 70%":先进制造业占规模以上工业增加值比重达到 76%,先进制造业和现代服务业占 GDP 比重超过 70%,现代服务业占服务业比重近 70%。深圳已经成为中国战略性新兴产业规模最大、集聚性最强的城市,产业总规模超过 2 万亿元,形成了从原材料到生产组装完整的创新产业链。深圳的创

---

① 童纪新、李菲:《创新型城市创新集聚效应比较研究》,《科技进步与对策》2015 年第 10 期。

新能力和创新效率显著提升,蜕变为"创新之都",其创新驱动发展的经验对中国其他城市和地区具有极大启示作用。

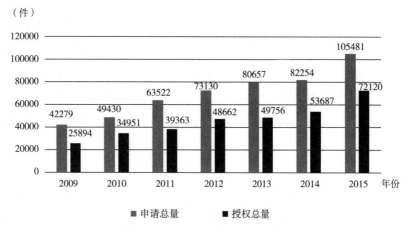

（件）

图1 深圳市 2009—2015 年专利申请授权情况

资料来源:整理自《2015 深圳统计年鉴》《深圳市 2015 知识产权发展状况白皮书》。

（一）深圳是最典型的年轻移民城市,移民文化有利于孕育"敢于冒险、追求成功、崇尚创新、宽容失败"的创业创新精神

移民文化是指移民社会特有的文化形态,移民社会是指那些外来人口占社会总人口的比重在 50%以上,且外来人口影响社会生活的各个方面的地区。2015 年深圳非户籍人口 782.9 万人,占常住人口的 67.84%,外来移民深刻影响着深圳社会发展的各个方面,形成了开拓创新、务实竞争的移民文化,孕育出"敢于冒险、追求成功、崇尚创新、宽容失败"的创业创新精神,为创新型城市建设提供最根本支撑。创业者到深圳,基本上无亲无靠,只能靠自己独立打拼,形成了吃苦耐劳、不断创新的进取精神。深圳的人口高度流动性致使他们每天都要和不同的人打交道,逐渐养成了兼容并包的心态以及在竞争中重合作的协同意识。深圳移民文化孕育出"鼓励冒险、宽容失败"的价值观,"包容背叛(跳槽流动)"的职业伦理,尊重人才、能力至上的人力资源理念和宽松自由、快乐创业的氛围,让人们敢于创新。深圳创客队伍日益壮大,形成了一批国内外知名的创客机构,形成了优质的创客文化和极客精神。

（二）深圳创业创新呈现多元化主体，各类创业创新人才集聚深圳，形成创业"新四军"

人才是深圳创业创新最活跃的因素和建设创新型城市的核心要素。深圳积极引进各地高校研究生院落户，建立"虚拟大学园"，制定"孔雀计划""千人计划"，吸引海内外各类创业创新人才，形成了创业"新四军"。一是以"千人计划"为代表的海归系。深圳海外留学人员众多，他们具有广阔的国际视野和开拓创新精神，为深圳带来国外尖端的科学技术和先进的公司管理经验。由毕业于斯坦福大学等高校的美国海归博士团队创立的深圳柔宇科技，在引进国外先进技术基础上自主研发，成立不到三年融资额超过 12 亿元，估值突破 10 亿美元。二是以"孔雀计划"为代表的国内南飞创业的"孔雀"系。他们大多是来自内地研究机构的科技人员，被深圳"政策洼地"所吸引。例如华大基因研究所选择南下深圳创业，构建了从基因组为基础的科学发现到技术发明到产业发展"三发"联动的自主创新模式。三是以"创二代、新生代"为代表的深商系。他们有一定的创业基础和创新资源，能够从事更高层次的创新研究。四是以腾讯、华为等为代表的高科技企业"裂变"创业系。"裂变"创业系在大企业中积累了一定的专业知识、经营管理经验和人脉，拥有丰富的创业资源，能快速裂变出一批创新型企业。"单飞企鹅俱乐部"是腾讯离职员工孵化梦想的平台，目前已有数以万计的"单飞企鹅"成为创新创业大军。

（三）在深圳，创业与创新、创投形成"铁三角"，资本市场成为创新活动的重要融资场所，实现了技术创新与金融创新的"双轮驱动"

技术创新需要大量的研发投入、人力资本投入和物资投入等，且面临技术风险、市场风险、管理风险、产品风险等不确定因素，需要金融创新提供融资服务、分散创新风险。深圳已逐步建立适应创新发展需求的金融支持体系，成为全国本土创投最活跃、创投机构数量最多、管理本土创投资本总额最多、创业氛围最好的地区之一，形成了从天使投资到创业板完整的"创投资本链"，被称为"创投之都"。深圳创投机构发展迅速，截至 2016 年 5 月，已有 4.6 万家 VC 和 PE 机构，注册资本超过 2.7 万亿元，占全国的三分之一。同时,深圳政府积极设立创业创新引导基金,引导更多民间资本流入创新领域。据相关预测,深圳市政府 2015 年设立的 400 亿元创业创新引导基金和新兴产业引导基金将发挥杠杆作用,撬动 5000 亿元创业创新资金。资本市场为深圳创新型企业提供了重要的直接融资渠道,2015 年深圳上市公司 202 家,占广东省的 47.6%,境外上市企业 321 家,中小板和创业板上市企业数量连续 9 年居大中城市首位。

(四) 深圳形成了以企业为主体、以市场为导向、产学研一体化的自主创新模式,有效避免科技和经济"两张皮"的问题

企业作为创新活动的主体能够将技术创新与市场需求紧密结合,高效利用创新资源,加速创新资源转化为经济发展成果。企业是深圳创新发展的主体,截至 2015 年年底,深圳有高新技术企业 7364 家,超过 3 万家科技型创新企业,占广东省科技型企业总数的 60%。深圳企业的创新"主角"地位主要表现在四个方面:研发机构主要设立在企业,研发人员集中在企业,研发资金主要来源于企业,发明专利大多数出自于企业。深圳企业的创新主体地位不断强化,企业科技研发活动规模、创新投入、创新水平逐年提升(见表 1)。从上世纪 80 年代的"80 后"企业华为、中兴,到"90 后"企业腾讯、比亚迪,再到"00 后"企业大疆、华大基因,"10 后"企业光启、柔宇科技等,深圳不同时期各具特色的创新型企业,构成了创新发展的主体。深圳形成了以市场需求为导向、产学研一体化的自主创新模式,利用互联网平台、云计算、大数据模型等新技术,依托华为、腾讯、华大基因等科技型龙头企业,组建了45 个产学研联盟,培育了光启研究院、中科院深圳先进技术研究院等 70 家集基础研究、应用研究和产业化于一体的新型研发机构,为创新型城市建设奠定坚实的基础。

表1 深圳市大中型工业企业科技活动

	2009 年	2010 年	2011 年	2012 年	2013 年	2014 年
企业科技活动人员(人)	161958	225999	218880	257006	239894	257100
科技项目经费内部支出(万元)	3097008	3954089	4645789	5300926	6092225	7875367

续表

	2009 年	2010 年	2011 年	2012 年	2013 年	2014 年
R&D 占主营业务收入的比重(%)	1.99	1.64	2.2	2.46	2.71	2.79
科技活动项目数(项)	10659	17277	11947	12806	14369	14899
新产品产值(亿元)	2648.81	5113.65	5583.37	6010.54	6010.54	6663.94

资料来源:整理自《2015 深圳统计年鉴》。

(五)深圳有充满活力而又高度开放的市场化和国际化的创业创新环境,政府高效开明,企业奋发向上

建设创新型城市需要营造良好的创业创新环境,让市场发挥配置资源的决定性作用。深圳特区作为国家经济改革的试点,具有开放、公平的市场环境和较为完善的市场机制。深圳特区拥有制定地方性法规的权力,能够自主确立经济发展方式并根据自身发展情况为创业创新提供配套支持,为创新型城市建设提供宽松的制度环境。深圳政府积极减少对市场微观事务的管理和干预,致力于为创业创新提供高效服务。2015 年深圳在全国率先实行"多证合一、一照一码"的商事登记制度,提高了行政效率。[1] 深圳特区毗邻香港,与国际市场接轨,并积极构建"深港创新圈",鼓励企业"走出去",利用香港丰富的贸易、金融和教育资源,引进国际先进的科学技术和管理模式。深圳高度开放的市场化和国际化创业创新环境有助于"倒逼"企业提高自主创新能力。2015 年深圳市 PCT 国际专利申请达 13308 件,占全国申请总量 46% 以上,连续 12 年居全国大中城市首位。[2]

三、基于深圳模式的创新型城市建设的对策思考

通过对深圳模式的研究,要从培育创业创新文化、吸引优秀创新人才、推动金融创新与技术创新"双轮驱动"、强化企业的创新主体地位、营造良好的创新环境等方面着手,协同推进创新型城市建设。

---

[1] 严国锋:《浅析深圳转型成功对苏州的借鉴意义》,《统计科学与实践》2015 年第 11 期。
[2] 王炳林、郝清杰:《创新是引领发展的第一动力》,《经济日报》2015 年 12 月 18 日。

（一）培育"宽容失败、鼓励冒险、兼容并包、宽松创业"的创业创新文化，营造鼓励创业创新的社会氛围

良好的创业文化和创新氛围有利于激发企业创新的内在动力，指导原始创新形成，是建设创新型城市的重要保障。要推进停薪留职、弹性学制等有利政策的落实，鼓励有技术、懂市场的技术人才和管理人员离职创业。政府在执法、监管、行政审批等方面对创业创新过程中出现的新事物、新模式、新业态要持包容、鼓励的态度，对产业初创期的新业态适度监管，预留一定发展空间，对新生产模式企业制定新的管理办法。① 弘扬创客文化、极客精神，拓展创新的范围，从科技创新、企业创新延伸到生活的各个方面，不断突破固有模式。培育创业创新文化，要实现从"官本位"向"商本位"的思维转变，摒弃过去墨守成规、小富即安的思想，鼓励创新，宣传合作共赢的理念，培养注重长远利益的眼光。此外，诚实守信也是创新文化中的一个重要方面，要构建社会信用体系，加大对失信行为的处罚力度，为创业创新发展营造良好氛围。

（二）构建有效的人才激励机制，引进和培养"高、精、尖、缺"创新人才，打造区域性人才高地，引进一流大学和国际高端智库，解决创新链上游"短板"问题

创新驱动归根到底是人才驱动，人才是支撑创新发展的第一资源。有效的人才激励机制能激发微观主体创新活力，提高企业创新水平，加速城市创新发展。要对科研人员"松绑""减负"，建立合理的激励机制调动科技人员的积极性，提高科研人员的社会地位和话语权，建立科学合理的人才考核机制，充分激发科研人员参与深层次创新活动的主动性和积极性。要构建创新人才的股权激励机制，对有贡献的管理者、骨干技术人员提供股权奖励，提高科研人员的责任意识和研发积极性，保持科研人员在企业工作的长期性和稳定性，实现创新的可持续性和连续性。要积极引进高端国际智库和重点高校，培养"高、精、尖、缺"人才，建立国家重点实验室、国家重点科研

---

① 陈向军、陈金波：《创新创业文化及其发展》，《宏观经济管理》2015 年第 9 期。

基地和各类技术研发中心,引进重大科研项目,吸引多元化创新人才集聚。①进一步完善引进人才的后期跟踪服务机制,妥善解决引进创新人才的户口、医疗、子女教育问题,留住创新人才。建立覆盖整条创新链的产业研发网络,强化高校、智库和科研院所的集聚效应,促进人才的自由流动。要妥善化解创新型城市建设中的空间制约问题,避免过高的房价对创新人才产生"挤出"效应,适当扩展城市可居住范围,建立便捷快速的交通网络,鼓励人们将居住范围延伸至周边城市、乡镇,加大对创新人才、科技人员保障住房的供给力度和住房补贴的发放力度。

(三)更好发挥直投基金作用,大力发展天使投资和风险投资,构建创业、创新和创投"铁三角",发挥资本市场优势,实现技术创新与金融创新"双轮驱动"

建设创新型城市要实现技术创新与金融创新"双轮驱动",构建创业、创新和创投"铁三角",利用直投基金中的天使投资将金融创新的范围延伸至"最先一公里",同时还要引导和支持技术创新活动与资本市场有效对接,让金融资本分散创新的高风险和分享创新成功的高回报。要建立覆盖企业生命周期的股权投资链条,加强最前端建设,关注种子期、初创期的创新型企业,②壮大天使投资人队伍,扩大 VC/PE 等机构的数量和规模。大力发展直投基金,激发民间资本参与创业创新的积极性。合理利用政府创投引导基金,充分发挥基金的示范效应和杠杆效应。要完善多层次"正金字塔"式资本市场的制度建设,鼓励企业进入资本市场进行直接融资。要发挥资本市场服务创业创新的功能,鼓励主板、中小板、创业板上市企业面向创业项目并购重组,在完善主板、中小板和创业板建设的基础上,积极推动新三板进一步扩容,夯实资本市场体系的"塔基"。要积极探索发展股权众筹等融资新模式,降低企业融资门槛。要推进股权众筹与众创空间有效对接,为初创企业提供一站式服务。

---

① 曲泽静、张慧君:《新常态下价值链升级的创新驱动系统研究》,《技术经济与管理研究》2016年第1期。

② 张岭、张胜:《金融体系支持创新驱动发展机制研究》,《科技进步与对策》2015年第9期。

（四）激发企业家精神，发挥企业家才能，激励企业加大创新投入，进入创新链和价值链的高端，靠创新占领产业制高点

企业家是企业技术创新活动的灵魂，要进一步激发企业家创新精神，把握企业家的成长规律，营造尊重和理解企业家的社会氛围，维护企业家的合法权益。壮大企业家阶层，激发草根创业和精英创业等多元创业创新主体活力，通过市场优胜劣汰培养出一批具有实践经验、战略意识、注重创新的新生代企业家，充分发挥企业家在建设创新型城市中的领头人作用。企业家要充分发挥自身才干，鼓励企业加大创新资源投入，引进和学习先进技术，优化管理经营模式，研发出高科技、高附加值的创新产品，实现企业的生产方式的创新驱动。建立以企业为创新主体、以市场为导向的高效产学研机制，鼓励和支持企业与高校、科研机构间建立多渠道、多形式的紧密合作关系，结合二者优势，联合开展创新活动，加速实现知识创新—技术创新—创新产品的转化过程，提高创新效率。① 做好产业的顶层设计，优先布局具有市场前景、发展潜力、高附加值的战略性新兴产业，进入全球创新链和价值链高端。

（五）营造"实业能致富，创新至大富"的创业创新环境，通过"组合拳"切实降低实体经济成本和创业门槛，加强知识产权保护，让创新活力竞相迸发

创新发展中，营造环境重于集聚要素，制度创新重于技术创新，作为创新"软件"的创业创新文化和知识产权重于设备厂房"硬件"。② 因此，建设创新型城市不仅要为创业创新提供基础设施、创业创新基地、高新技术园区等配套的"硬环境"，还要提供优惠的税收政策、知识产权保护政策、创业创新扶持政策等制度"软环境"。要加大财税支持创业创新的力度，采取多种方式减轻实体企业税负。扩大小微企业减税范围，适当延长优惠期限，"少取多予"，对创业早期和新兴产业的初创企业免征、减征所得税，提高创业创

---

① 刘志彪：《在新一轮高水平对外开放中实施创新驱动战略》，《南京大学学报》2015年第2期。
② 辜胜阻、李洪斌、王敏：《构建让创新源泉充分涌流的创新机制》，《中国软科学》2014年第1期。

新的投资回报率。规范政府收税、收费行为,简化税收征管程序与规则,加强落实税收优惠政策,降低企业的制度性交易成本和隐性成本,让企业"轻装上阵"。要营造有利于创业创新的法治环境,完善相关法律法规,降低创业创新的法律政策风险。深化政府行政改革,加大简政放权力度,进一步推进商事制度改革,逐步消除某些行业的进入壁垒,大力降低创业门槛。完善知识产权保护制度,建立知识产权服务体系,树立专利意识,弘扬执法维权行为,严厉打击侵权违法行为,切实保护创新者的利益。① 要加大对创业创新的扶持力度,扩大对创业扶持的范围,提高对科技型中小企业的资助力度,通过政府对企业创新产品实施"首购"政策和"优先购买"政策建立利益补偿机制,消除企业创新的市场风险。

四、结论与启示

创新型国家的建设要落脚到创新型城市的建设。通过对创新型城市建设中的深圳模式的研究,发现建设创新型城市的关键是形成支持创业创新的生态系统。创业生态系统主要由"创业者"、各类"资源"以及"政府支持与鼓励"三大部分组成,概括来说,就是创业主体、创业要素以及创业环境,三者构成了彼此依存、相互影响、共同发展的动态平衡系统。② 深圳在创新型城市的建设中,各类创新要素全面互动和正向激荡,逐渐形成了一个创业创新生态系统。深圳开拓创新、艰苦奋斗的移民文化孕育了"勇于冒险、敢于创新"的创业创新精神,形成了有利于大众创业、万众创新的文化氛围;有效的人才政策吸引了海内外优秀创新人才加入创业大军,为市场注入活力;活跃的创投机构和逐步完善的资本市场为创新提供了有力的金融支持。深圳形成了"顶天立地"的大企业和"铺天盖地"的小微企业,除了有华为、中兴、腾讯、比亚迪等创新型大企业外,还有近 110 万家小微企业,占全市企业数的 90% 以上,拉动了 60% 以上的 GDP。深圳创客空间蓬勃发展,各类创新要素有效集聚,为初创企业提供创业服务。深圳政府积极出台一系列鼓励

---

① 宋河发、沙开清、刘峰:《创新驱动发展与知识产权强国建设的知识产权政策体系研究》,《知识产权》2016 年第 2 期。

② 辜胜阻、李睿:《以互联网创新引领新型城镇化》,《中国软科学》2016 年第 1 期。

创业创新的政策措施,涵盖市场准入、企业融资、创业培训、创业园区建设、创新成果购买等创业创新的各个环节,有利于构建创新发展的良好环境。

在建设创新型城市的过程中,要根据自身发展条件,构建具有地方特色创业创新生态系统,努力实现创新主体、创新要素和创新环境的高效配合。创业创新生态系统是由多种创新环境要素和创业主体共同构成的,具有动态性、多样性、整体性、平衡性、共生性等特征的有机生态体系。创业创新文化是"空气",创新创业人才是"根",龙头科技企业是"主干",小微科技企业是"叶",制度环境、政策支持等就是"阳光雨露"。建设创新型城市,要弘扬"鼓励创新、宽容失败"的创业创新文化,对待创业创新的新事物要采取宽容的态度;要构建有效的人才激励机制,形成"政策洼地"和"服务高地",吸引高端创新人才集聚,引进先进的科教资源,培养本土创新人才;要大力发展创投机构,规范发展股权众筹,实现众筹、众创和众包的有效联动,完善多层次资本市场,实现资金与社会需求的有效匹配。在企业方面,要激发企业家精神,推动不同规模企业联合创新,扬长避短,优势互补,发挥科技大企业的"龙头"作用,带动产业链上下游中小企业创新发展。全面推进众创空间建设,加速创业项目孵化。要落实创业创新的扶持政策,完善技术市场、人才市场、信息市场、产权交易市场等生产要素市场体系,提供集成化、规模化、专业化的,同时囊括企业整个生命周期的科技中介服务,降低实体经济创业创新成本。多种创新环境要素和创业主体同频共振,形成综合的创业创新生态系统,实现城市经济社会发展的创新驱动。

(本文发表于《中国科技论坛》2016 年第 9 期。杨嵋、庄芹芹协助研究)

6

新一轮互联网创业浪潮特点与趋势

李克强总理在第八届夏季达沃斯开幕式上提出,"要借改革创新的东风,在中国 960 万平方公里的大地上掀起一个大众创业、草根创业的新浪潮"。当前新一轮创业创新浪潮正在引领新常态,其主体具有复合性特征:金融危机催发海归潮推动创业,精英离职引发创业浪潮,返乡农民工掀起新的草根创业浪潮,政府大力推进大学生创业。从发展动力来看,新一轮创业浪潮的兴起有四大动力:一是简政放权和商事制度改革降低了创业门槛与成本,推动新的市场主体井喷式增长;二是新一代互联网技术发展带动产品服务、商业模式与管理机制的创新,引领新一轮互联网创业浪潮;三是高新区与科技园区作为集聚人才、技术、资金等创新要素的重要载体,引领新一轮聚合创业创新浪潮;四是当前出现的并购热刺激"职业创业人"崛起。[1] 其中非常重要的是互联网技术高速发展引领的新一轮互联网创业浪潮。统计显示,2014 年中国已有 400 万家网站,6 亿多网民,近 5 亿智能手机用户。[2] 互联网和移动互联网技术的快速发展,给创业活动提供了坚实的技术支持,带动了相关产品服务、管理模式的更新,也形成了广阔的消费市场,创造了更多的创业机会。同时,互联网应用服务平台及数据的逐步开放,形成了以大带小的创业生态,有效降低了创新创业门槛,提升了互联网经济的发展水

---

① 辜胜阻、曹冬梅、李睿:《创业创新引领新常态》,《中国金融》2015 年第 3 期。
② 鲁炜:《中国互联网发展速度绝无仅有》,《新京报》2014 年 9 月 11 日。

平。研究显示,2013—2014 年中国互联网经济以每年 30% 的速度增长,全球
10 强的互联网企业中有 4 家是中国企业。① 互联网产业已成为中国经济最
大的新增长极和创业空间,对促进经济增长,扩大就业容量,推动技术创新
具有重要作用。

一、当前互联网创业创新浪潮现状及其特点

互联网新经济已经成为当今中国经济增长的最大引擎。自 1996 年全国
范围的公用互联网络开始提供服务以来,互联网经历二十年的发展,依托互
联网的创业创新也在不断升级。到目前为止,中国互联网创业浪潮大致经
历了四个阶段。第一阶段是 1994—2000 年,以门户网站的兴起为代表。特
别是 2000 年左右,新浪、网易、搜狐三大门户网站先后赴美上市,激发了中国
互联网创业的发展热潮。第二阶段是 2001—2008 年,以电子商务、网络游
戏等企业的兴起为代表。2000 年年底中国网民突破 2000 万大关,随后以几
何级数的速度高速增长,网民数量的增长为互联网企业提供了广阔的市场。
2003 年淘宝的兴起极大推动了中国电子商务的发展,2007 年开始网络游戏
成为中国互联网第一收入来源。第三阶段是 2009—2013 年,以社会性网络
服务(Social Network Site)崛起为代表。自媒体传播方式的发展将中国互联
网带入了即时传播时代,加速了商业模式创新,推动了信息传播方式的变
革。中国互联网企业逐步成熟,实力壮大,在全球互联网企业中已有一席之
地。第四阶段是 2014 年以后,以互联网金融、"互联网+"的兴起为代表。互
联网金融在当前技术进步、金融改革、商业模式不断创新的背景下适时而
生,随着民间互联网金融平台的快速发展,监管层和金融机构逐渐对互联网
金融有了新的认识。截至 2014 年年底,中国的互联网金融规模已经突破 10
万亿元。同时,作为信息化与工业化深度融合的"互联网+"进一步加速了新
一轮互联网创业浪潮的发展。在互联网创业的早期,催生了跟传统行业共
同生存、和平共处的互联网经济,促成了诸如百度、新浪、阿里巴巴、腾讯等
实力雄厚的互联网公司的涌现。后来,互联网变革各种传统产业,先是使用

---

① 曹国钧:《阿里上市引发十大互联网创业机会》,《上海经济》2014 年第 10 期。

互联网进行营销,后是渠道的互联网化,再是产品的互联网化,到今天,互联网已经开始全面融入金融、教育、旅游、健康、物流等传统行业。当前,"互联网+"推动移动互联网、云计算、大数据、物联网等与现代制造业结合,促进消费互联网、工业互联网和互联网金融发展。"互联网+"正在优化经济结构,推动传统产业升级。

由于互联网技术的特点与互联网企业的特殊经营模式等与传统行业具有差异,互联网创业也具有一些与传统行业创业相比的不同之处。

一是互联网创业与最新科技联系紧密,创新性要求高。随着云计算、大数据、物联网等新一代互联网信息技术出现和成熟,为互联网创业者提供了广阔的创新空间,也对创业者的创新意识和能力提出了更高要求。创业者只有通过树立创新意识,培养新的思维,生产创新产品去打动消费者,才能享受高收益和高回报,才能在竞争激烈的市场中获取一席之地。互联网创业创新是用户导向的,不是生产导向的。要发掘消费者习惯,以此重组核心技术。

二是互联网新经济使创业与创新、创投形成"铁三角"。创业过程具有创新难度高、资金投入高、市场风险高等特征,这与股权投资的风险偏好特点相匹配。股权投资的要素集成功能、筛选发现功能、企业培育功能、风险分散功能、资金放大功能,可以有效支持互联网企业融资,解决创业所需要的"钱"的问题。

三是互联网创业主体多元。随着社交网络扁平化,知识和技术的传播更加迅速,创业主体逐渐多元化,由技术精英逐步拓展到"草根"大众。互联网新经济正在进入"人人互联网、物物互联网、业业互联网"的新阶段。

四是互联网创业成本低。创业者只要有创新性的项目就可以通过互联网去寻找人才、资金等,通过组建专业化的团队大幅降低创业的成本。互联网缩短了创业者和用户的距离,也加快了创新的步伐。

五是互联网创业产业衍生性强。"互联网+"时代的创业产业链长,衍生性强,与传统产业有广阔的合作空间。"互联网+"创业可为产业升级提供技术上的支持和思维上的革新,移动互联网、云计算、大数据、物联网等与现代制造业结合,有利于优化经济结构、促进传统产业链的延伸和升级。

六是互联网创业与多样化的商业模式相联系。通过网络，创业者的奇思妙想可以和使用者、用户进行直接的接触，满足了用户的体验。互联网经济商业模式一般有 360 的免费模式、小米的聚化模式、淘宝的微化创业模式、电商与物流的共生模式、互联网金融的平台模式等等。

七是互联网创业环境相对透明公平，以能力为导向，行业竞争更加良性。互联网精神以开放、共享、自由、平等、创新等为要义，以能力为导向，不需要家庭背景，不需要经营政商关系，每一个人都享有公平的机遇，包括社会弱势群体成员。互联网赋予每个人获取信息、交流沟通、言论表达、交易等同等的能力和机会，这种普惠的赋能功能，极大地助推了中国的创业精神和创新精神，①是典型的市场起决定性作用。

根据我们最近在中关村的调查，中关村是典型的要素聚合创新载体，具有产、学、研、用、金、介、政齐备的协同创新体系。大量的创业者集聚创业街，交流创业思想，展示创业计划，寻找创业合伙人，寻求创业初始资本。中关村不断吸引包括人才、技术、资本、信息等创新要素资源集聚。中关村已经聚集了大量的创新人才，聚集留学归国人员约 2 万人，共有 874 人入选中央"千人计划"，占全国入选总人数的 21%。中关村还聚集了大量的创新资源，仅中关村核心区就有以北京大学、清华大学为代表的高等院校 32 所。国家及省市级科研院所 206 个。中关村技术合同成交额 2268 亿元，占全市的 80%，占全国近四成，其中 80% 辐射到京外地区。据统计，中关村每年新创办企业达到 13000 家，2013 年收入过亿元企业达到 2362 家。行业领军企业不仅本身有着较强的创新活力，而且也推动产生了一大批上下游企业，形成了一系列"创业系""人才圈"，如联想系、百度系、腾讯系、华为系等。近年来，中关村创业投资金额约占全国的 1/3 左右，与硅谷创业投资占全美的比例相当。中关村 260 多家上市公司的创始人和成功企业家成为天使投资人队伍的重要来源。中关村科技园区不仅成为创业创新者的栖息地，而且是北京和全国互联网创新经济的最大引擎之一。中关村创造的 GDP 占北京市GDP 的 24%，经济增长贡献率超过 40%。

---

① 方兴东、潘可武、李志敏、张静：《中国互联网 20 年：三次浪潮和三大创新》，中国社会科学网，2014 年 4 月 17 日。

二、创新驱动引领互联网创业浪潮的对策思考

当前,中国已经进入"互联网+"时代,新一轮互联网创业浪潮正在形成。国家工商行政管理总局公布的数据显示,2014 年前三季度中国信息传输、软件和信息技术服务业新登记公司为 10.36 万户,同比增长 98.50%。然而,大量初创企业的存活能力不强,"快生"也伴随着"快死"。为此,推动互联网创业的健康可持续发展,需要多措并举,营造良好的发展环境。

(一)营造低成本、低门槛的公平有序的互联网创业环境,强化法治保障和政策支持,让草根创业者热情竞相迸发,让精英创业者的初创企业快速成长

目前,我国互联网创业环境有待完善。一是关于互联网企业的法律不健全,尤其是针对互联网企业经营发展的法律规范仍存在空白。伴随中国网购市场的高速发展,网络欺诈、虚假促销、售后服务不当、电商合同问题、知识产权问题、信息安全问题、电商企业纳税问题,以及围绕互联网支付、理财产品发展带来的互联网金融安全等问题,正变得越来越突出。针对互联网企业经营发展的法律空白亟须填补。二是互联网创业相关扶持政策缺乏顶层设计,扶持对象有限。自"互联网+"行动计划提出以来,尚未在顶层设计上制定出针对互联网创业的扶持政策。且政府对一般人群的创业扶持力度较弱,对低技术创业活动的支持不够,不利于"大众创业"积极性的提升与互联网创业活动的普遍开展。

为此,一方面,要完善和细化互联网创业的相关法律制度,为互联网创业提供法律支持和保障。在现有法律基础上,起草和颁布针对电子商务税收、虚拟财产保护、电子商务合同、互联网金融等方面的法律。另一方面,要培育非正式规则与惯例,充分发挥职业规范、网络文明等自治规则的重要作用,促进互联网有序发展。同时,政府要做好互联网创业的服务工作,具体而言,要扩大对互联网创业扶持的范围,增加互联网创业领域的普惠性政策,提升大众创业的积极性。要大力简政放权,更加简化公司注册流程、将大部分注册流程放在互联网上、降低注册资金门槛、缩短开办公司申请时

限。要支持互联网平台的建设,进一步升级移动互联网设备,扩大 4G 和 WIFI 的覆盖范围,提高互联网覆盖率和使用率。

(二)实现创业与创新联动,形成以应用示范带动技术创新,以技术创新促进应用示范的良性发展机制

创新与创业是一对孪生兄弟。然而目前我国的互联网创业与创新的联动机制还不健全,技术创新的应用范围有限。从互联网企业分布来看,大量企业以淘宝店铺、微商等形式集中在电商领域,缺乏模式和技术上的创新。同时,大量技术成果难以转化为产品,停留在高校和研究中心里,难以转化成经济价值。

为实现创业与创新联动,形成创业与创新的良性发展机制,要进一步放松市场管制,允许不同商业模式和运营机制先行先试,支持互联网创业者用新的商业模式或产品及服务开展应用示范,鼓励带动更多技术创新和商业模式创新。要促进企业与高校、科研机构的产学研合作,促进科技成果转化,加快高校院所科技成果处置"三权"改革进程,鼓励各类科技人员以技术转让、技术入股等形式转化科技创新成果,让更多高校及科研院所的最新科技成果转化为互联网创业的应用示范项目。

(三)营造良好的创客空间,打造绿色的创业生态,发挥互联网平台企业的龙头带动作用,形成依托互联网平台创新创业的新模式、新潮流

随着全球化进程的加速、创业人群的年轻化和创业环境的不断优化,创业过程中对于商业智慧的依赖性越来越强,由此也出现了一些新的创业模式。[①] 我国的创业生态体系不仅需要政策、资本、人才的支撑,还需要创业服务业的支撑,为创业活动提供必要的指导、咨询等服务,降低创业风险。要依托高新技术开发区、经济技术开发区和大学科技园,建立大批创业"孵化器",为互联网创业提供良好的载体。[②] 要积极推广创业"咖啡吧",促进投资者、同类型创业者相互交流、信息分享;充分发挥创业咖啡馆等创业服务企

---

① 薛求知、宁钟、李旭、孙金云、丁诚:《创新、创业与可持续管理——亚洲企业未来 10 年战略选择》,《研究与发展管理》2012 年第 3 期。

② 辜胜阻、洪群联:《对大学生以创业带动就业的思考》,《教育研究》2010 年第 5 期。

业的孵化功能,通过引导具有成功创业经验的职业"创客"和职业经理人进入创业服务业,为初创企业提供智力支持;积极发挥政府财政资金的引导作用,支持专业创业服务人才快速聚集;加强创业服务企业的商业模式创新和盈利能力探索,打造良好的口碑和品牌效应,推进创业服务业有序发展。在这个过程中,要发挥阿里巴巴、百度、腾讯等互联网龙头企业的带动作用,鼓励借用和分享互联网平台,建立更多"孵化+投资+服务"的新型创业平台。

(四)发展服务创业创新的天使投资、风险投资等股权投资,发展互联网金融,拓宽融资渠道,解决创业所需要的"钱"的问题

互联网创业风险极高,中国互联网创业的失败率甚至达到 90% 以上,[①]所需创业资金很难通过传统的间接融资获得。而天使投资、风险投资等股权投资不仅能满足高技术企业的融资需求,而且可以分散创业创新过程中的高风险。因此推进互联网创业要大力发展直接融资。目前我国天使投资发展还不成熟,与发达国家相比还有较大差距。据调查,美国约有天使投资人 75.6 万人,其中活跃的投资人有 6 万到 10 万,而中国的天使投资人数量仅以千计,活跃的天使投资人数量仅为几百个。[②]为此,要营造宽松的发展环境,大力发展天使投资、风险投资、私募股权投资,扩大股权融资比重,促进科技成果产业化,使有潜力的科技型初创企业加速成长。要大力发展社区民营银行,创新融资产品和服务,超常发展紧贴互联网草根创业的草根金融;积极推进政府主导的科技金融服务平台,构建中小企业信用担保体系,鼓励包括联保、金融租赁、知识产权担保等一系列融资担保模式创新,拓宽创业企业融资渠道。

(五)构建针对互联网创业者的教育培训体系,大力发展互联网创业的技能教育和创业教育,解决创业所需要的"人"的问题,化解人才瓶颈

创业是一个十分复杂的过程,创业者必须具备多方面的综合素质才能成功创业。当前适应互联网创业的相关专业人才非常短缺,人才结构不尽合理。迫切需要改变人才培养模式,培养与市场需求对接的互联网人才。

---

① 曹健:《如何迅速降低创业失败率》,《IT 时代周刊》2014 年 6 月 23 日。

② 辜胜阻:《实施创新驱动战略需完善多层次资本市场体系》,《社会科学战线》2015 年第 5 期。

据统计,在互联网创业企业中,约有 50% 的岗位找不到合适的人才。同时,本轮互联网创业浪潮中以大学生人数最多,"有激情,无经验""有想法,无实践""有技术,无资金"是大部分大学生的现状,创业成功率很低。中国社科院发布的《社会蓝皮书》数据显示,2012 年我国大学生的创业成功率仅为 2%—3%。

　　创业培训在激发创业激情、提高创业能力等方面具有积极的促进作用。从国外的实践经验看,政府都是创业培训的积极推动者,收到很好的实效。①为此,要通过财政补贴等形式鼓励建设互联网人才培训基地,大力支持联想之星、北大创业训练营等"孵化+培训"类型的新型孵化器发展,为互联网创业者提供全方位培训和辅导,全面提高创业者素质。互联网创业者既要提高专业技术能力,也要努力提升管理能力。另一方面,要探索建立需求导向的学科专业结构和创业就业导向的人才培养类型结构调整新机制,促进人才培养与经济社会发展、创业就业需求紧密对接。把创业教育作为大学生和研究生教育的一个重要环节,注重培养创新创业意识。要通过创业教育,增强广大科技人员的创业意识,提高其创业能力,尤其是捕捉更好、更大的市场机会的能力,并尽可能避免重复前人所走的弯路,以提高科技创业的成功率。充分利用各种资源建设大学科技园、大学生创业园、创业孵化基地和小微企业创业基地,作为创业教育实践平台,完善国家、地方、高校三级创新创业实训教学体系。同时要积极借鉴欧美国家对中小企业人力资源服务的经验,如德国对企业雇佣高校工程技术类毕业生给予一定时期的工资补贴,从而确保中小企业雇员的高素质以及创新能力。

(六)要构建支持互联网创业创新的多层次资本市场,让创业企业能活得更长,长得更大,走得更远

　　良好的企业生态不仅要有铺天盖地的小微企业,而且要有顶天立地大企业。而大企业的成长离不开成熟的资本市场的支持。美国家经验表明:NASDAQ 是全球最成功的创业板市场,培育出了苹果、谷歌、微软、英特尔等一大批成功企业,为美国的信息产业等新兴产业崛起以及美国产业结构升

---

① 辜胜阻、武兢:《扶持农民工以创业带动就业的对策研究》,《中国人口科学》2009 年第 3 期。

级提供了重要的制度支持,是美国科技与金融融合发展的重要场所。推动大众创业、万众创新,离不开资本市场的支持。要通过技术创新和金融创新双轮驱动,大力发展支持创业者创新的金融市场,努力营造促进创新创业的良好投融资环境。推进主板市场、中小板市场、创业板市场的市场化、法治化改革,使其更好地服务于实体经济和科技型企业。大力发展场外市场,让新三板和区域股权交易市场("四板")成为中小微企业融资和发展的重要平台。近年来,新三板市场发展迅速,至2014年底挂牌企业已达1572家,其中高成长的创新创业型企业占主体,很多互联网创业企业都通过新三板市场实现了风投退出、定向增发和股权质押,新三板也成为创业企业当前最便捷的融资渠道。要继续壮大新三板做市商队伍,逐步推出股权投资机构、资产管理机构等参与做市,增强做市商竞争性和做市积极性,提升新三板流动性和活跃程度。区域性股权交易市场也在全国大范围内发展,至2014年年底挂牌企业数已达14952家,为创业企业规范管理、信用增级进而拓宽融资渠道发挥了实质性的作用。

(本文发表于《人民论坛》2016年第9期)

7

让"互联网+"行动计划
引领新一轮创业浪潮

中国已进入"互联网+"时代,新一轮互联网创业浪潮正在形成。2015年3月,李克强总理在政府工作报告中提出要制定"互联网+"行动计划。同年6月24日国务院常务会议通过《"互联网+"行动指导意见》,部署了双创、协同制造、现代农业等11个重点领域实施"互联网+"行动计划的目标任务。当前,互联网产业已成为中国经济最大的新增长极和创业空间。研究显示,中国互联网经济正以每年30%的速度递增。① 互联网的普及与发展既促进了信息技术产业自身的进步,涌现出如百度、阿里巴巴、腾讯、新浪等大量的优秀互联网企业,也在不断变革着各种传统产业,先是营销互联网化,接着是渠道互联网化,再是产品互联网化,如今互联网已经开始全面融入、渗透甚至改造金融、教育、旅游、健康、物流等传统行业,以"互联网+"的形式发展出了"互联网金融""互联网教育""互联网旅游""互联网医疗"等新的经济形态,推动信息化与工业化深度融合。同时,"互联网+"创新创业的模式,拥有更年轻的创业者、更广阔的创业平台、更活跃的风险投资、更公平的创业环境,促使互联网产业成为创业创新的主阵地。"互联网+"行动计划将进一步加速新一轮互联网创业浪潮的发展,推动互联网与各行业深度融合,加快

① 曹国钧:《阿里上市引发十大互联网创业机会》,《上海经济》2014年第10期。

形成经济发展的新动能,促进中国经济加速转型升级。

一、推动"互联网+"行动计划具有重大意义

所谓"互联网+",就是以互联网为主的一整套信息技术(包括移动互联网、云计算、大数据技术等)和互联网思维在企业发展各环节的融合、渗透、延伸、演进。具体而言,"互联网+"以云网端为基础设施,以大数据为新生产要素,以大规模社会化协同的分工体系①为支撑,具有平台经济、贴近用户等特点,是我国工业化和信息化深度融合的"升级版"。"互联网+"是现实的物理运动空间与虚拟的智能网络的结合。"互联网+"运用在存量的实体经济中,将促进企业转型升级与产业结构调整优化;"互联网+"运用在增量的新创企业中,将进一步推进"大众创业、万众创新";"互联网+"运用在经济绿色化方面,会推动经济的绿色集约式发展。与传统仅注重技术的信息化不同,"互联网+"更注重人,提倡以平台经济为主要模式,以消费者的需求为中心,为消费者带来更方便、更快捷的消费体验,满足个性化需求。

《"互联网+"行动指导意见》指出,推进"互联网+"行动,就是要大力拓展互联网与经济社会各领域融合的深度和广度,促进网络经济与实体经济协同互动发展。当前我国正处在经济转型的关键时期,房地产、制造业、基础设施等传统的引擎下行压力很大,以创业创新带动产业结构转型升级、增强经济发展的动力迫在眉睫。中国互联网创业推进的互联网新经济已经成为当下稳增长、保就业的重要引擎。全球十大互联网公司,中国有四个。马云用十五年的时间创业,把电商公司做到全球最大。不断推进"互联网+"行动计划,发展互联网创业浪潮,对于推进工业化与信息化深度融合、实现经济转型升级具有重要意义。

(一)"互联网+"有利于传统产业改造,通过利用大数据、物联网等手段,促进工业互联网发展,实现传统产业的结构调整与转型升级。

李克强总理在达沃斯论坛上表示,为了避免中国经济出现"硬着陆",必

---

① 陈茫:《基于大数据的信息生态系统演变与建设研究》,《情报理论与实践》2015 年第 3 期。

须要以"双引擎"驱动经济发展：一要打造新引擎，要通过推动大众创业、万众创新，释放民智民力；二是要改造传统引擎，特别是用信息化改造传统产业，使传统增长点焕发新活力。"互联网+"可为产业升级提供技术上的支持和思维上的革新，在产业结构调整、加快传统产业转型升级中发挥巨大作用。当前我国制造业面临着产能过剩、资源利用率低和结构不合理的问题，要将互联网的技术和思维贯穿于制造业的全生命周期，对传统行业进行技术化、智能化、高效化改造，重新定义研发设计、生产制造、经营管理、销售服务等，以生产者、产品和技术为中心的制造模式加速向社会化和用户深度参与转变，推动产业向纵深发展和工业转型升级。如钢铁产业中的钢铁电商、互联网券商的发展缓解了传统的流通环节及服务分发环节因信息不对称而引起的供需不匹配等问题。

（二）"互联网+"有利于催生新兴产业和新兴业态，培育新的经济增长点，打造稳定中国经济增长的"新引擎"。

"互联网+"在发展新业态及新兴产业、培育新的经济增长点中发挥着重要作用。一方面，"互联网+"加速了产业间的融合，经济潜力巨大。互联网与制造业、生活性服务业、农业的联系日益紧密，一二三产业间的深度融合也导致更多新业态的出现。另一方面，"互联网+"有助于促进现代服务业及战略性新兴产业的发展。我国正在加快部署节能环保、新能源、生物技术等战略性新兴产业，提升现代服务业的比重及发展水平，优化产业结构。"互联网+"为现代服务业与战略性新兴产业的发展提供了技术支持，如环保产业运用互联网技术对全国环境污染情况进行实时监测，实现其经营规模与服务效率的提升。

（三）"互联网+"有利于促进商品生产、流通、消费各环节的变革，使产品及服务更加贴近用户。

贴近用户是"互联网+"的突出特征之一，也是促进商品生产、流通、消费各环节发生变革的重要动力。在生产环节，"互联网+"使生产者得以直接与消费者进行衔接，生产方式逐渐由大规模、单一品种的刚性生产向小规模、个性化定制的柔性生产转变。如红领公司将互联网技术和思维运用到生产过程中,以大数据技术为核心实现了大规模个性化定制的工业化制造。在流通环节,"互联网+"通过构建扁平化的营销渠道结构等,简化流通环节,降低交易时间及成本。如小米科技通过互联网平台进行线上营销,减少中间环节和成本。在消费环节,"互联网+"使得消费模式发生颠覆性的革命。随着消费互联网的建设发展,现有的消费习惯与消费方式逐渐发生改变,网上消费已成为新的潮流。

(四)"互联网+"有利于促进商业模式的革新,通过平台模式的发展和平台效应的发挥,实现资源要素的跨界整合与效率提升。

"互联网+"时代催生了一系列新的商业模式,电子商务平台、众筹平台、在线教育平台等屡见不鲜。可见,平台模式与平台经济是"互联网+"的重要特征。与传统商业模式不同,基于互联网的平台型商业模式有利于集聚不同类型的消费者群体与生产者群体,促进交叉网络的外部性发挥。平台所具有的让两群或更多群用户彼此相互吸引,客观上为对方创造价值的特性是它的最大竞争优势。[①] 通过这种商业模式的创新,有利于提升企业的生产经营效率,减少信息不对称问题,促进资源要素的跨界整合与合理配置,提高经济效率。同时,"互联网+"也带动了公司治理模式变革,推进企业边界模糊化、层级扁平化,实现企业运行效率的提升。

(五)"互联网+"有利于个人思维模式的变革,通过树立新的互联网思维理念,带动和推进中国社会更深层次的变革。

"互联网+"有助于推动个人思维模式的变革。当今时代,互联网已经成为了一种全民共知、共享、共赢的生活方式,个人在工作、学习和生活中将更多的把互联网纳入其中,思维模式也会因此发生变化。相比传统的思维模式,融入了互联网基因的个人思维模式将更好地帮助个体释放潜能、实现个体发展。思维模式的改变将促进巨大的社会变革。传统的改革模式重点是对生产要素进行改革,以提高生产要素的效率,而"互联网+"将大数据等信息运用到产业改革中,是一种以信息经济带动产业升级和经济增长的改革

[①] 吴卓群:《平台经济的特点、现状及经验分析》,《竞争情报》2014 年第 2 期。

模式。同时,"互联网+"使得政府转变了治理模式,在产业结构调整、市场调控、社会治理等方面,政府通过挖掘更多的数据,广泛运用互联网技术,提高了政府工作的效率,促进社会健康有序的发展。

（六）"互联网+"有利于降低创业门槛和创业成本、创建更公平的创业环境、扩大创业投资的范围,促进创业浪潮发展,使我国迈向创业型经济。

"互联网+"时代为创业提供了更为良好的条件,包括更公平的创业环境、更开放的创业空间、更低的创业门槛和创业成本、更活跃的风投资本等。具体而言,一是"互联网+"时代的创业环境更公平。互联网平等赋予每个人获取信息、交流沟通、言论表达、交易等能力和平等的机会,创业环境相对透明公平,且互联网创业是以创业者能力为导向,行业竞争更加良性。二是"互联网+"时代的创业产业链广阔,衍生性强,与传统产业相比有广阔的合作空间。三是随着简政放权等一系列改革的推进,进一步降低了创业门槛和创业成本,互联网创业者只要有创新性的项目就可以通过互联网去寻找人才、资金等,大幅降低了创业的成本。四是包括天使投资、风险投资、私募股权投资等在内的股权投资更加活跃,创业、创新与创投的"铁三角"联系更为紧密。天使投资、风险投资等股权投资具有筛选发现、产业培育、风险分散等功能,对互联网创新创业有重要意义。"互联网+"时代的创业优势为推动"大众创业、万众创新"创造了更加便捷、更加有利的条件,激发了包括海归创业、离职精英创业、大学生创业和农民工创业等多重主体创业在内的大众创业者的积极性,有利于实现创业型经济的发展。

二、"互联网+"助推创业浪潮的对策思考

"互联网+"行动计划的重点是要贯彻落实我国的创新驱动战略,激发"大众创业、万众创新"的活力。[①] 把握"互联网+"重要机遇,推进创业浪潮的发展,需要营造良好的互联网发展环境,构建互联网创业创新联动机制,完善"互联网+"及互联网创业的金融体系、教育体系和服务体系,从而充分

---

① 陆峰:《"互联网+"强力推进中国经济社会转型》,《互联网经济》2015 年第 4 期。

发挥出"互联网+"在助推新一轮创业浪潮中的作用。

（一）优化互联网发展环境，以硬件为基础，以法律为保障，以政策为引导，营造低成本、低门槛、公平有序的互联网创新创业的环境，激发互联网创业者激情，让互联网企业快速成长

"互联网+"助推创新创业需要营造一个良好的互联网环境。首先，目前我国互联网基础设施建设水平较低，"互联网+"发展的硬件基础不足。据美国 Akamai 公司测试，2013 年我国人均国际干线带宽仅为 4.3K，是非洲的 1/2，在全球 166 个国家里，我国排在第 133 位。其次，互联网法律不健全，"互联网+"形成的新业态存在法律空白。知识产权保护、信息安全、电子纳税、互联网金融等问题，正变得越来越突出。再次，与"互联网+"创新创业配套的规划、政策、体制尚未完全建立，政策扶持效果不足，扶持对象有限。从地方制定的"互联网+"创新创业支持政策来看，大多存在着对扶持对象设限的问题，不利于促进互联网创业由少数人群走向社会大众。

优化互联网环境，一要加快互联网配套基础设施建设，为开展"互联网+"行动奠定网络接入基础。《"互联网+"行动指导意见》提出，要实施支撑保障"互联网+"的新硬件工程，加强新一代信息基础设施建设，并通过搭建"互联网+"开放共享平台，实现公共数据向中小企业的开放。要加大"宽带中国"专项行动的投入力度，支持城乡互联网平台的建设，进一步升级移动互联网设备，扩大 4G 和 WIFI 的覆盖范围，提高互联网速度和使用率，降低互联网资费。国务院办公厅印发了《关于加快高速宽带网络建设推进网络提速降费的指导意见》，提出要推进宽带网络提速降费，明确规定三年内的网络建设投资不低于 1.1 万亿元。二要从国家法律体系的顶层设计出发，完善和细化互联网创业的相关法律制度，为互联网创业提供法律支持和保障，同时也要对互联网创新创业保留一定的法律弹性，鼓励创新。对互联网创业要秉持先发展后规范的态度，在发展中不断规范。以现有法律为基础，不断推进电子商务税收、虚拟财产保护、电子商务合同、互联网金融等方面的立法和修法。三要做好互联网创业的政策支持工作。要加快出台互联网创业扶持政策的实施细则，使政策得以有效落实；要扩大对互联网创业扶持的范围,增加互联网创业领域的普惠性政策,提升大众创业的积极性;要通过进一步简化公司注册流程、降低注册资金门槛、缩短开办公司申请时限等形式优化互联网创业环境,激发互联网创业积极性。

(二)要实现互联网创业与技术创新联动机制,实现推广应用与技术创新的相互促进

互联网日益成为创新驱动发展的先导力量。创新与创业是一对孪生兄弟。目前,以"互联网+"助推创业创新的一个重要问题是互联网创业与信息技术创新之间的互动作用不足,创业创新的联动机制尚未形成。据统计,我国80%的芯片、70%的数控系统是进口的。2012年,我国高端技术的对外依存度超过50%。[1] 关键核心技术的自主知识产权缺失,将导致产业技术空心化的问题。同时,许多技术创新存在成果转化和产业化发展的问题。据测算,我国科技成果转化率平均仅为20%,实现产业化的不足5%,专利技术交易率只有5%,远低于发达国家水平。[2]

实现互联网创业与创新联动,一要推动互联网企业自主创新。鼓励企业自行研制新产品和新技术,对符合国家创新标准的创新企业,政府在形式上要给予一定的物质奖励;在税费制度上,要对新创企业及其创新活动进行适当减免。二要促进互联网产学研有机结合,推动科技成果加速转化。鼓励和支持互联网企业同高等院校、科研机构建立多渠道、多形式的紧密合作关系,共同培养创新人才,联合开展创新活动。一方面,互联网企业要为高校和科研机构提供试运行平台,支持高校和科研机构用新的商业模式或产品及服务开展应用示范;另一方面,要加快高校院所科技成果处置的"三权"改革进程,让更多高校及科研院所的最新科技成果转化为互联网创业的应用示范项目。三要鼓励和支持科技人员以兼职或离岗等方式走出去,运用自身的技术优势,开展自主创业或者合作创业,或者以技术转让、技术入股、技术服务、项目承包等多种形式转化创新成果,参与科技创业。鼓励更多科

---

[1] 李盾:《自主创新战略下我国技术对外依存度的现状、成因及对策》,《国际贸易问题》2009年第9期。

[2] 刘家树、菅利荣:《科技成果转化效率测度与影响因素分析》,《科技进步与对策》2010年第20期。

技人力资源从科研院所流向企业。四要建立技术、产业、应用、安全互动发展的协调机制,推动实施国产软硬件的替代计划,带动自主软硬件整体性突破,建立自主可控的网络安全体系。

(三) 加大对"互联网+"及互联网创业的金融支持,在企业发展初期要发展天使投资与互联网金融,拓宽融资渠道,后期要完善多层次资本市场,提高直接融资比重

"创新、创业、创投"三者关系密不可分。互联网初创企业因固定资产少、信用评级缺失以及经营管理尚不完善,难以获得银行贷款等融资,融资渠道有限。且目前我国天使投资行业已有所发展,但总体而言还处于起步阶段,发展还不成熟,与发达国家相比还有较大差距,难以满足互联网初创企业的融资需求。截至 2014 年 10 月底,中国天使投资总额为 42.2 亿元,据调查,美国约有天使投资人 75.6 万人,其中活跃的投资人有 6 万到 10 万,而中国的天使投资人数量仅以千计,活跃的天使投资人数量仅为几百个。

"互联网+"推进创新创业离不开金融支持。在互联网创业的初期阶段,要拓宽融资渠道,大力发展服务创业创新的天使投资、风险投资等股权投资,发展互联网金融,以多样化的融资方式降低初创企业融资门槛,减少融资成本,使有潜力的初创企业加速成长。随着互联网创业企业的不断发展壮大,要完善多层次资本市场建设,鼓励企业在资本市场上进行直接融资。要推进主板市场、中小板市场、创业板市场的市场化、法治化改革,使其更好地服务于实体经济和科技型企业。大力发展场外市场,让新三板和区域股权交易市场("四板")成为中小微企业融资和发展的重要平台,探索发展股权众筹("五板"),推进众创、众包、众筹的联运发展。同时,金融支持"互联网+"及互联网创业,需要鼓励银行进行体制机制创新,积极与其他类型金融机构开展合作,创新信贷服务模式。推广"泰隆银行模式",超常发展紧贴互联网创业的草根金融;积极推进政府主导的科技金融服务平台,服务好互联网创业的高新科技企业;发展政策性金融,构建中小企业信用担保体系,鼓励金融租赁、知识产权担保等一系列信贷创新。

（四）构建"互联网+"教育培训体系，开展互联网人才培训计划，大力发展互联网技能教育和经营管理教育，为"互联网+"行动计划提供创业创新人才保障

互联网创业需要有创业教育和创业文化的支持。在"互联网+"及互联网创业过程中，创业者往往面临创业教育的缺乏。一是互联网专业技术教育的缺乏。创业者对互联网技术在社会各领域、行业和本专业方面的应用缺乏全面的认识和了解，难以发现和有效利用互联网领域的商机和信息。二是经营者经营管理技能的缺乏。如我国大学生创业多数选择互联网行业，但是大学生缺少经营管理经验，创业成功率很低。调研发现创业有很多"甜点"，一旦创业成功，是甜蜜的事业；但创业也有许多"痛点"，大学生创业成功概率好的创业也会"成三败七"（成功30%），一般情况只能"九死一生"（成功10%）。三是社会的人才供给难以达到互联网企业的用人要求。据统计，在互联网创业企业中，约有50%的岗位找不到合适的人才。

提高创业成功概率，不仅要大力发展创业教育和创业辅导，而且要完善"鼓励冒险、宽容失败"的创业制度和创业文化。我国需借鉴国外成果经验，一方面，要大力发展互联网职业技能培训，建立互联网人才培训基地，提高创业者创业技能。技术缺乏的人要培训互联网的使用和基本开发程序；技术创新者应努力提升管理能力，学会"管人""管事"和"管钱"。另一方面，要重视大学生的创业教育，培养大学生创新创业意识。国务院办公厅印发的《关于深化高等学校创新创业教育改革的实施意见》提出，要实施弹性学制、允许保留学籍休学创新创业，提高创业教育水平，推进高校创业指导从"学院派"转变为"实战派"，增强创业者实践经验和创业能力。[①] 同时要加强对在岗在职人员的创业培训和教育，特别是增强科技人员及管理人员的创业意识和创业能力，使其具备捕捉更好、更大的市场机会的能力，并尽可能避免前人所走的弯路，提高创业的成功率。

---

① 辜胜阻：《新一轮创业潮是城镇化新引擎》，《华夏时报》2015年6月4日。

（五）要构建并完善"互联网+"创业服务体系，引导创业服务业发展，充分发挥互联网大企业的带动作用，鼓励创业服务平台的建设

"互联网+"及互联网创业离不开创业服务。创业服务是激发创业创新生态系统活力的重要支撑。德国等欧美发达国家十分注重对中小企业的人力资源服务，以提高创业型企业的管理能力和创新能力。[①] 创业服务的核心意义是搭建一个"创业项目"与"资金"的交流平台，以帮助创业者成长壮大，同时提供互联网创业过程中需要的法律咨询、技术支持、信息共享等服务，发挥良好的孵化作用。当前，各地涌现一批以创投咖啡馆、创业孵化器等为代表的创业服务企业，为创业服务体系的构建和完善发挥重要作用。但从总体而言，我国的创业服务业发展刚刚起步，服务水平不高，企业盈利模式、商业模式还有待完善。

为此，一要进一步鼓励创业服务企业发展，通过项目推介、政策扶持、税收优惠等方式，引导具有成功创业经验的职业"创客"和职业经理人进入创业服务业，鼓励其为创业创新型企业提供智力支持。二要发挥阿里巴巴、百度、腾讯等互联网龙头企业的带动作用，鼓励借用和分享互联网平台，建立更多"孵化+投资+服务"的新型创业平台。三要积极发挥政府资金的引导作用，通过建立各种形式的政府引导基金，支持优质专业服务企业人才快速聚集。对创业服务相关从业人员特别是新进人员提供合理的补贴。四要加强创业服务业的商业模式创新和盈利能力探索，为其持续发展提供支持。创业服务业企业要树立品牌意识，通过提供全方位的创业服务打造良好的口碑和品牌效应，积极探索"连锁模式"，提升企业规模和产业集聚度，促进创业服务业的健康发展。

（本文发表于《科学学研究》2016 年第 2 期。曹冬梅、李睿协助研究）

---

① 薛求知、宁钟、李旭、孙金云、丁诚：《创新、创业与可持续管理——亚洲企业未来 10 年战略选择》，《研究与发展管理》2012 年第 3 期。

以互联网创业引领新型城镇化

中国正进入城镇化高速发展期,全国城镇化率由 1978 年的不足 20% 上升到 2014 年的 54.77%,城镇常住人口达到 7.5 亿。但在高速发展的城镇化进程中,有 2.5 亿以农民工为主体的外来常住人口,由于就业不稳定、公共服务缺失等原因尚未实现真正的城镇化。"十三五"规划建议提出,要推进以人为核心的新型城镇化,实现户籍人口城镇化率加快提高。"人"是城镇化的核心,"业"是城镇化的根基。世界银行发布的《中国:推进高效、包容、可持续的城镇化》报告指出,中国城镇化非常成功的是"避免了许多国家城镇化进程中的一些常见城市病,特别是避免了大规模的城市贫困、失业和贫民窟"。历史经验表明,可持续的城镇化进程离不开产业的支撑。而创业带动就业,为城镇化奠定坚实的产业基础。当前,中国已进入互联网技术大规模推广应用的网络时代,互联网对国民经济和社会发展产生了越来越重要的影响。根据麦肯锡发布的《中国的数字化转型:互联网对生产力与增长的影响》报告显示,2013 年中国互联网经济占全国 GDP 比重的 4.4%,这一比例已经超过了美国和德国,而预计到 2025 年,互联网对中国经济的贡献将提升至 22%。基于互联网与传统产业深度融合的"互联网+"逐渐成为创业活动的重要形式和特征。

一、创业就业是以人为核心的城镇化的基石

以人为核心的新型城镇化必须是创业就业支撑的城镇化。城镇化进程中,要加快产业转型升级、避免"空城""鬼城",关键是夯实城市的产业基础,发挥创业的作用。通过创业带动就业,推进农民工市民化;通过农民工返乡创业,实现人口家庭式迁移,减少留守儿童、留守妇女与留守老人的数量,加快就地就近城镇化。对城市而言,创业有利于加速产业升级、提升城市创新精神和发展活力;对农村和小城镇而言,创业是缩小区域差距、实现弯道超车的重要手段。

(一)城市创业活动为农民工群体带来了更多就业机会,对加速农民工市民化、实现"人的城镇化"具有重要意义

以创业带动就业是推进农民工市民化、实现"人的城镇化"的关键。市民化的重点是稳定就业与公共服务,且稳定就业是核心,将有助于保障农民工公共服务的享有。如作为公共服务体系重要组成部分的社会保险,包括医疗保险、养老保险、工伤保险、失业保险、生育保险等,我国现行的是国家、企业、个人共同参与的社会共济模式,且企业分担的比例大于个人分担。创业在扩大就业方面具有倍增效应,新创企业的增加为农民工等群体提供了更多就业岗位和机会,有利于推进其更好地融入城市。据统计,2013 年年末,我国小微企业从业人员达到 14729.7 万人,占全部企业从业人员的50.6%。其中 2009—2013 年间新开业的小微企业从业人员占全部小微企业从业人员的 40.5%,[①]也就是说,在 2013 年年末,全社会超过 1/5 的企业就业是由新创小微企业创造的,创业对就业的带动作用显而易见。同时,对于一部分在城市中工作过一段时间、具有一定的物质资本和社会资本的农民工而言,他们可以通过直接进行或参与创业活动来提高就业质量和个人收入,实现市民化。因此,创业是带动农民工就业、推进"人的城镇化"的重要手段。

---

① 田芬:《小微企业发展状况研究》,《调研世界》2015 年第 9 期。

（二）农民工返乡回归创业是城镇化的新形态，有利于减少非家庭式的人口异地转移所带来的社会代价，使更多农民就地就近转变为产业工人，实现就地就近城镇化

从城镇化的路径来看，一部分农民工市民化、城镇化往往经历一个从"打工者"向"创业者"的转变过程。农民工外出打工是第一阶段，返乡创业就业是第二阶段（见图1），第一阶段的城镇化是一种半城镇化，农民工难以实现身份的转变，而返乡创业就业则能够充分发挥农民工的优势。打工场所是锻炼人的"熔炉"和培养人的学校，外出打工是农民工回乡创业的"孵化器"，①农民工通过外出打工积累资本、技术、人脉、经验等创业必须的要素，创业成功率大大提高。河南固始是农民工回归创业推进城镇化的典型，固始曾是外出务工人口大县，而后由于许多在温州等地打工的农民工回到固始县投资创业，吸纳了大量就业，既促进当地经济发展使其变为"小温州"，也推动固始县就地就近城镇化水平大大提升。

图1　农民工城镇化的路径

长期以来，我国城镇化进程以人口非家庭式异地转移为主，《中国家庭发展报告 2014》显示，我国有超过 6000 万的留守儿童、5000 万留守老人、超过 5000 万的留守妇女，大量"三留人口"的存在是我国城镇化付出的巨大社会代价，必须予以改变。返乡创业就业是改变这种异地转移现状、实现家庭式迁移和就地城镇化的重要手段。据统计，截至 2014 年全国返乡创业的农

---

① 辜胜阻、武兢：《扶持农民工以创业带动就业的对策研究》，《中国人口科学》2009 年第 3 期。

民工已达200万人左右。① 湖北省人社厅的一项调研显示，近年来，农民工返乡创业比例正在不断提升，特别是全球金融危机的出现使大量在沿海地区打工的农民工失去工作，许多人返回家乡进行自主创业和就业（见图2）。

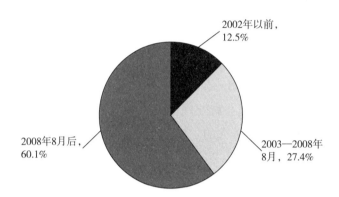

图2　湖北省农民工的返乡创业时间分布

资料来源：董伟才：《返乡创业渐成气候　三大难题亟待破解——湖北省农民工返乡创业的调查与思考》，《中国就业》2014年第3期。

（三）创业创新是提升城市产业基础的重要方式，有利于加快产业转型升级，培育城市创新精神，提升城市发展的质量

现存企业的二次创业或再创业会推进城镇产业升级，实现城镇化与工业化的可持续发展。从"创业"一词的概念来看，学界尚未形成统一的认识。加纳认为创业是"建立新组织（organizing of new organizations）"，②洛和麦克米兰甚至将创业的概念具体到"创办新企业（creation of new enterprise）"，③但也有很多学者认为创业的范围可以更广。熊彼特最早将"创业"与"企业家创新"联系在一起，认为创业是"建立一种新的生产函数或实现'新组合'（carrying out new combinations）"。④ 科尔进一步放宽创业的内涵，将其定义为"有目的地发起、维持并发展一个以盈利为导向的企业的行为（purposeful

---

① 韩秉志、常理：《全国二百万农民工返乡创业》，《经济日报》2015年3月1日。

② Gartner, "A conceptual framework for describing the phenomenon of new venture creation", *Academy of Management Review*, 1989, Vol.10.

③ Low and MacMillan, "Entrepreneurship: past research a future challenges", *Journal of Management*, 1988, Vol.14.

④ 约瑟夫·熊彼特：《经济发展理论》，何畏等译，商务印书馆1991年版。

activity to initiate , maintain , and develop a profit-oriented business）"。① 由此可见,广义的创业概念除了新企业的创办,还包括了对已有企业的革新,大企业创新可以看作是企业家"二次创业"的过程。因此,创业对城市发展而言,不仅仅意味着新创企业的增加,也有利于原有企业在生产方式、商业模式、业务部门等方面的革新,推进产业的转型升级。正如海尔集团首席执行官张瑞敏所言,"已经在市场上成名立腕的超大型企业也必须进行再创业"。海尔的再创业之路是通过企业的中间管理层"解构"来进行的,企业成为一个创业平台,为小微创业者背书,以此将原有的企业领导与员工的角色转换成平台主、小微主和创客,实现海尔由制造家电的企业向"制造创客和企业家"的企业转型。据统计,海尔从以前的 11 万在册员工减少到 6 万人,而在线员工却增加到 15 万人,还有超过 100 万人为海尔创业平台提供服务,②海尔已成为一个巨型的创业"生态圈"。海尔的案例说明,创业是未来企业转型的一个重要方向,通过创业带动就业、带动产业转型升级大有可为。同时,创业活动的推进也有利于培育城市创新精神,壮大企业家阶层,激发城市发展活力,提升城市发展质量和持续性。

（四）创业是推进区域经济协调发展、缩小城乡差距的重要手段,有利于推动经济相对欠发达的地区实现"弯道超车"

创业对促进县域经济增长和农村城镇化进程、实现协调发展和共享发展具有重要作用。随着网络等信息基础设施覆盖加快,经济欠发达地区的电子商务等创业日益活跃、创业企业发展迅速。以年交易额 1000 万元以上、本村活跃网店 100 家以上的"淘宝村"为例,在 2014 年全国"淘宝村"分布前十名中,中西部地区首次进入名单,且占据 3 席,河北等东部相对欠发达省份的"淘宝村"数量也较多（见表 1）。对于经济欠发达地区而言,通过有效利用当地资源产品等优势进行创业,将带动当地实现经济快速发展和居民收入的提升。据统计,2014 年在阿里巴巴零售平台上,全国贫困县网店销售额

---

① Cole A.H. , "Meso-economics : A Contribution Form Entrepreneurial History", *Explorations in Entrepreneurial History*, 1968, Vol.6.

② 徐冰、张旭东:《从"张瑞敏制造"到制造"张瑞敏":海尔集团在"互联网+"时代的创业转型之路》,http://news.xinhuanet.com/tech/2015-05/29/c_127856096.htm,2015 年 5 月 29 日。

超过 120 亿元,同比增长 58%;县域发出和收到的包裹超过 45 亿件;县域网店在移动端的销售额超过 1200 亿元,同比增速超过 300%。① 同时,创业也有利于乡镇地区留住人才,完善交通、物流等公共配套设施,缩小城乡差距,推进城镇化的均衡发展。

表 1   2014 年"淘宝村"在各省市的分布情况

排序	省市	淘宝村数量	排序	省市	淘宝村数量
1	浙江	62	6	山东	13
2	广东	54	7	四川	2
3	福建	28	8	河南	1
4	河北	25	9	天津	1
5	江苏	25	10	湖北	1

资料来源:阿里研究院:《中国淘宝村研究报告(2014)》,http://www.aliresearch.com/blog/article/detail/id/20049.html.2014-12-23。

二、重视基于互联网化的创业,推进信息化与城镇化的深度融合

当前,我国正进入新一轮创业浪潮,"大众创业,万众创新"具有六大特征:一是简政放权与商事制度改革逐步深化,政府主动作为支持小微企业的发展,改革红利逐渐显现,成为创业创新的主要动力。二是新一轮创业浪潮既有"洋海归"回国创业和大企业管理技术精英的离职创业,也有农民工返乡创业以及大学生等群体的创业,主体多元化特征明显。三是创业创新呈现高度的互联网化,大批以"互联网+"为主的新业态与新模式出现,互联网与传统行业的融合加速加深。四是创业、创新和创投"铁三角"联合驱动,"众创""众包""众筹"等模式机制的创新相互交织并发挥作用。五是创新创业要素向高新区及科技园区集聚,创新创业载体和环境区域分化,深圳和北京的创业环境最好。六是创业创新的体系呈现生态化特征,出现产、学、研、用、金、介、政齐备的协同创业创新体系和人才"栖息地"。② 其中,创业创

① 阿里研究院:《2014 年县域暨农村电商数据》,http://www.aliresearch.com/blog/article/detail/id/20538.html,2015 年 7 月 9 日。

② 辜胜阻:《一轮创业创新浪潮的六大特征》,《经济日报》2015 年 8 月 20 日。

新高度互联网化是新一轮创业浪潮非常重要的特征之一。"十三五"规划建议提出,要实施"互联网+"行动计划,促进互联网和经济社会融合发展,支持基于互联网的各类创新。随着互联网技术应用与模式创新作用的日益显现,互联网与各行业深度融合,基于互联网的创业趋势逐渐显现。当前基于互联网的创业创新是互联网创业"升级版",表现为众包、众筹、众创空间的发展使技术人才、资金、专业服务等创业要素的获取更加便利,"去中心化""去中介化"趋势使中小城市与乡镇地区"价格洼地"的创业优势更加突出,长尾效应使创业者的机会迅速增加。

(一)依托互联网的众包、众筹、众创空间发展迅速,为创业活动提供技术、人才、资金、信息、专业服务等要素支持,有利于降低创业门槛,进一步激发多元创业主体的创业热情,更好地发挥创业推进城镇化的作用

1. 众包模式发展,降低了创业对团队内部技术人才的要求,简化了创业的过程环节,在农村城镇化方面,推进农村闲置劳动力就业创业

从本质上看,创业特别是高端创业的核心是创新。[①] 互联网的发展,改变了传统创新模式,使企业与用户共同创新、共创价值成为可能。所谓众包,是指公众利用互联网平台提供创意、解决问题并获取一定收益的模式,国内也将其称为威客模式。麻省理工学院 Eric Von Hippel 教授最早提出了"用户为创新者"的观点,将消费者与创新紧密联系起来,成为众包模式发展的理论依据。从创新的主导方来看,众包的发展使以生产者为主导的"自上而下"的传统创新逐渐向以用户为主导的"自下而上"的创新模式转变;从创新的参与方来看,众包使得基于团队内部合作的半开放式创新逐渐向全开放式创新转变。随着互联网技术与应用的不断发展,"用户创新"理念依托众包模式得到实践,并在世界范围内产生影响。小米、波音、宝洁等许多国内外著名企业纷纷运用众包模式解决企业技术难题,如小米公司借助众包模式,推行"粉丝"经济,吸引用户参与研发设计产品。同时,猪八戒网等专业众包平台也迅速发展起来。猪八戒网是中国最大的众包服务交易平台,

---

① 辜胜阻、肖鼎光、洪群联:《完善中国创业政策体系的对策研究》,《中国人口科学》2008 年第 1 期。

交易额占国内同类市场八成以上,拥有超过 1000 万出售服务的创客和 300 多万购买服务的创业者,[①]平台通过将用户包装成店铺,使其以店铺的形式出售服务,因此,用户既是众包服务的参与者,也是利用自身技术、经验等进行自主创业的创业者。

众包模式的发展,使得创意转变为产品的速度加快、消费者和企业间的距离缩短、多样性取代专业性成为企业追求的主要目标、企业组织结构趋于扁平化、企业竞争力在一定程度上与企业规模"脱钩",这对于降低创业门槛、减少创业对团队内部技术人才的要求具有重要意义。特别是那些基于模块化专业技术知识和成果的行业,更适合利用众包模式进行创业创新。同时,在市场广阔但渠道建设尚未完善的农村地区进行创业,众包模式具有很强的竞争力。特别是通过建立劳务众包的互联网平台,将农村地区包括留守妇女在内的大量闲置劳动力集聚起来并"盘活"。某面向农村的互联网门户,通过 O2O 的模式,对农村推广的刷墙、派发传单、线下推广活动组织、农村最后一公里物流等进行劳务众包,既满足了家电下乡、汽车下乡等企业的需求,也带动了农村地区闲置劳动力的就业创业和增收。

2. 众筹模式发展,拓宽包括草根创业在内的融资渠道,分散创业投资风险,并为初创企业的市场资源、口碑宣传等提供良好基础

众筹是指企业面向公众募集资金的一种融资模式,由于这种"面向公众"的特征,互联网成为发起并运行众筹项目的重要渠道和平台。广义的众筹包括产品众筹、股权众筹、捐赠众筹、债权众筹等类型。随着互联网应用的不断普及,众筹特别是股权众筹迅速兴起,在解决初创企业融资问题、分散创业风险等方面发挥着重要作用。2015 年 7 月,中国人民银行等十部门发布的《关于促进互联网金融健康发展的指导意见》将股权众筹融资作为互联网金融的新业态,对其业务边界、准入条件及监管责任等进行了明确规定,这对促进股权众筹的健康发展具有重要意义。

融资问题是创业者面临的首要问题,草根创业更加离不开草根金融的

---

① 熊丽、吴陆牧:《猪八戒网打怪升级 打造服务交易"聚宝盆"》,《经济日报》2015 年 11 月 26 日。

支持。对于草根创业者而言,受制于融资渠道狭窄和融资信息扩散范围有限等限制,因融资金额不足、风险过于集中等导致创业活动难以启动或突然中断的情况时有发生。包括股权众筹在内的互联网金融具有低门槛、积少成多的特点,是草根金融的重要组成部分。2015 年 6 月,国务院办公厅印发的《关于支持农民工等人员返乡创业的意见》中指出,要在返乡创业较为集中、产业特色突出的地区,开展股权众筹融资试点,扩大直接融资规模。目前,国内股权众筹正处于起步阶段,未来发展的潜力巨大。据世界银行预测,到 2025 年,全世界股权众筹的总体量为 960 亿美元,其中中国将占 500 亿美元,超过 52%。① 对初创企业而言,企业面临信用体系建设不完善、征信成本高等问题,股权众筹机构则通过大数据、云计算等技术应用,帮助投资者有效判断项目的可信度和投资价值,减少创业者与投资者之间的信息不对称,提升市场效率。以股权众筹平台 36 氪为例,通过大数据追踪与整合分析形成"氪指数",对创业公司的基本面与细分领域的发展情况进行披露,将比传统的创业投资方式效率提高且风险降低。对投资者而言,众筹将使更多人得以参与到创业投资之中,创业不再是少数精英的活动,天使投资也不再局限于某个行业或区域范围,这有利于营造浓厚的创业文化和氛围,从而鼓励更多人参与创业。此外,由于众筹模式的特殊性,创业企业的投资者、消费者、口碑传播者甚至资源共享者等都可能实现"多位一体",创业企业在发展最初阶段的市场接纳、口碑宣传、资源供给等问题得以部分解决,这也将提升创业企业成功的概率。

3. 众创空间发展,为创业者提供专业化服务,在更大范围内实现信息资源共享与优化配置

众创空间是为创业创新活动提供专业化、开放化、综合性服务的平台。2015 年 3 月,国务院《关于发展众创空间推进大众创新创业的指导意见》提出,到 2020 年,形成一批有效满足大众创新创业需求、具有较强专业化服务能力的众创空间等新型创业服务平台。以北京为例,截至 2015 年 5 月,已有 25 家创业服务机构获得"北京市众创空间"称号,中关村创业大街成为"北京市众创空间集聚区"。利用互联网发展契机,众创空间将传统的创业服务

---

① 牛禄青:《股权众筹:大众创业催化剂》,《新经济导刊》2015 年第 5 期。

机构由线下发展到线上、由实体的物理空间发展到虚拟的网络空间,服务范围更广、服务类型更多样、资源的利用效率更高。

众创空间是传统创业服务机构的"升级版",与传统创业服务机构相比,众创空间具有集成化、网络化等特点,更加面向大众、面向草根。一方面众创空间可为创业者提供综合创业服务与基本硬件设施,降低创意"落地"的难度。从创意走向创业,一个非常重要的问题在于创业服务的提供。创业者在创业筹备期,既需要办公经营场所、仪器设备等硬件设施,也需要工商注册、知识产权申请、财务税务等服务。特别是对于缺乏专业经验的草根创业者而言,寻求专业的创业服务机构帮助是提升效率的重要手段。另一方面,众创空间与互联网紧密联系,创业者与天使投资人、投资机构、上下游渠道商、创业导师及专家等通过众创空间的互联网平台进行交流,可以在更大范围内实现信息的共享,推进创业资源的整合与优化配置。

(二)互联网技术应用与创新使经济社会出现"去中心化""去中介化"的趋势,创业环境发生变化,具有"成本洼地"优势的中小城市和乡镇地区将吸引更多创业者,为区域协调与均衡城镇化发展提供了条件

信息技术创新应用、流通领域网络化发展加速,制造业消费者直接联系生产者的 C2B 模式兴起等使处于世界各地的人们空前地彼此接近,经济社会向扁平化的结构发展,呈现"去中心化""去中介化"的特征,中心城市与非中心城市的地位差距也在缩小。2005 年,美国作家托马斯·弗里德曼撰写的《世界是平的》一书,在世界范围内引起了广泛关注。书中所描述的"碾平世界的 10 大动力",第一是"创新时代的来临",第二是"互联时代的到来"。其根本原因在于,信息技术及其网络逐渐向经济、社会、文化等各个领域渗透融合,形成了有别于传统工业化时代的要素禀赋特征和资源配置方式的经济发展模式。工业经济的发展主要依赖于对土地、资金、劳动力等稀缺要素的集中和占有,而信息经济则更多地强调信息的共享,越共享信息越多,且突破了地理的限制,各地具有同等的发展机会。因此,信息化时代更有利于协调发展、均衡发展,也是草根创业的"黄金时代",是传统生产要素集聚水平不高的中小城市与乡镇地区迅速发展的重要机遇期。

调查研究显示,当前越来越多的电商创业发生在小城镇与农村地区,呈现

"逆中心化"的趋势。一方面,中小城市和乡镇地区的"成本洼地"优势更加明显,这将大大激发这些地区的创业活力,提升当地经济发展水平。无论是地价、房租还是劳动力价格,中小城市和乡镇地区都比大城市低,为初创企业提供了低成本的创业环境。另一方面,中小城市和乡镇地区的市场尚不成熟,企业间竞争不如大城市强,更适合于初创企业的发展。同时,互联网也是减少城乡间信息不对称的重要手段,有利于将大城市最新的发展趋势和流行风尚等迅速带入基层,推进农村和小城镇地区居民消费习惯、生活水平与思想观念的转变,既创造了更多的创业空间,也加速了城乡一体化发展的进程。

（三）互联网时代,长尾效应日益显著,一方面个性化定制与规模化生产的同时实现为创业者带来了更多创业机会,另一方面,农村地区成为重要的消费市场受到创业者的重视

2004 年,美国克里斯·安德森首次提出长尾理论(The Long Tail):商业和文化的未来不在传统需求曲线"头部"的热门产品,而在那条无穷长的"尾巴",在于那些非标准化产品。当市场满足"大量滞销产品能销往另一个市场""物流成本足够低""产品种类多且消费群体足够大"等条件时,长尾理论即成立。从市场需求的角度看,分布在尾部的需求是个性化、差异化、非流行的需求,所谓长尾效应是指将所有个性化产品的需求叠加起来将可能超过传统标准化产品的需求规模(图 3)。

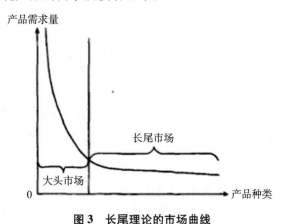

图 3　长尾理论的市场曲线

资料来源:刘晓梅、雷祺:《基于长尾理论的中国农村市场开拓策略》,《经济理论与经济管理》2009 年第 6 期。

在工业化初期,企业以追求规模经济为主,大规模标准化生产是促进生产者提高效率的主要途径,厂商更多地关注集中在需求曲线头部的市场需求,产业发展也被局限于标准化条件之内。而通过大数据、云计算等互联网技术手段,大规模个性化定制成为可能,甚至成为重要趋势,市场需求中的"长尾"成为产业发展的"蓝海",带来了大量的产业机遇和创业空间。以服装产业的创业为例,在传统工业时代,服装产业是一种典型的劳动密集型产业,大规模的标准化流水线生产水平很高,个性化定制仅存在于少数高端领域,且生产效率较低、成本高昂。然而,在"互联网+"条件下,大规模个性化的服装定制已经实现。如专注于高端西装定制的红领集团,通过利用大数据技术、智能制造、3D 打印、C2M+O2O 直销平台等,实现了互联网与服装定制的深度融合。2012 年以来,在中国服装制造业整体面临高库存和零售疲软的压力时,红领集团的定制业务迎来高速发展期,年均销售收入、利润增长均超过 150%,年营业收入超过 10 亿元。[①] 可见,随着互联网技术应用的继续发展及"互联网+"的进一步推进,大规模个性化定制的实现范围将更广,甚至可能改变整个生产的重心,使生产者更加关注个性化需求的"长尾"部分,这将进一步增加创业机会,扩展创业空间。

随着长尾效应的日益显现,农村市场受到创业者的重视,这对促进农村地区生活生产水平提升具有重要意义。以往企业的发展重心大多以城市为主,农村市场往往因地理位置分散、需求种类差异较大、居民消费能力不高等原因而不受重视,这一状况正在发生变化。国家统计局数据显示,2011—2014 年,我国农村居民人均可支配收入年均增长率达到 10.1%,比城镇居民收入增长高了 2.2 个百分点。伴随着农村居民收入的增加,其消费能力和消费需求也在提高。根据阿里研究院报告显示,2014 年县域比城市的网购消费额同比增速快 18 个百分点,且农村消费产品以大家电、手机、住宅家具等为主,甚至有人在网上购买汽车、凉亭,农村大件商品的消费势头尤为强劲。农村地区逐渐成为消费特别是网络消费的"蓝海"(见表 2)。农村网购市场的发展既是农村居民收入提高和消费能力提升的表现,也体现出农村地区线下商业资源的不足,为此,必须利用农村市场的长尾优势,鼓励更多针对

---

① 潘东燕:《红领:制造业颠覆者?》,《中欧商业评论》2014 年第 8 期。

农村地区的创业活动,促进农村地区发展与城乡一体化。

表 2　2014 年城乡消费市场比较

		城镇地区	农村地区
居民人均可支配收入	金额	28843.9 元	10488.9 元
	同比增长	9.0%	11.2%
居民人均消费支出	金额	19968.1 元	8382.6
	同比增长	8.0%	12.0
网络购物用户规模	数量	2.84 亿	7714 万
	同比增长	16.9%	40.6%

资料来源:国家统计局网站,http://www.stats.gov.cn/;阿里研究院:《农村网络消费研究报告 2015》, http://www.aliresearch.com/blog/article/detail/id/20543.html.2015-07-13。

三、构建良好创业生态,推进创业可持续健康发展

　　形成创业"栖息地"不在于拥有人才、技术、资本等单一的创业要素,而在于是否有一个充满活力的创业生态系统(startup ecosystems)。"创业生态系统"一词源于生态学中"自然生态系统"的概念,而最早致力于创业生态系统实践与理论研究的是美国麻省理工学院与百森商学院。百森商学院丹尼尔·艾森伯格教授对创业生态系统的概念进行了说明,他认为,当创业者拥有所需的人力资源、资金及专家资源,并处于一个容易得到政府支持与鼓励的环境中时,创业最容易成功,这就称为创业生态系统。[①] 由此可以看出,创业生态系统主要由"创业者"、各类"资源"以及"政府支持与鼓励"三大部分组成,概括来说,就是创业主体、创业要素以及创业环境,三者构成了彼此依存、相互影响、共同发展的动态平衡系统。进一步发挥创业在推进城镇化中的作用,把握好互联网重要机遇,必须建设良好的创业生态系统。在创业主体方面,要充分发挥"农海归"及其他回乡创业人士的作用,引领中西部及中小城市的创业浪潮;在创业要素方面,要充分发挥互联网平台的作用,推进众筹、众包、众创空间联动,整合资金、技术、专业服务等各类要素并使之与创业主体实现对接。在创业环境方面,既要构建信息基础设施、物流等配套

　　[①]　Daniel J., "Isenberg:How to Start an Entrepreneurial Revolution", *Harvard Business Review*,2010, Vol.88.

产业的"硬环境",也要注重创业文化观念、互联网相关法律政策支持的"软环境"。只有通过创业主体、要素、环境的协调发展,形成良好的创业生态,才能更好地推进创业就业支撑的城镇化。

(一)激发各类创业主体创业的积极性,发挥各种"回归"创业在新型城镇化中的作用,推进人口与产业"双回归",在使城镇化融入全球化的同时,着力推进就地城镇化

以创业推动城镇化,非常重要的是发挥创业主体的作用。移民创业者与回归创业者都是最具有创业热情、最容易创业成功的人群。深圳之所以创业创新活动频繁,成为与北京并称的中国创业"双城记",与其作为中国最大的"移民城市"密切相关。除移民创业外,当前,回归创业正在成为潮流并迸发活力。回归创业的群体主要有三类,包括"洋海归"回归创业、"农海归"回归创业,以及在大城市的创业成功人士回乡创业。"农海归"是指过去在沿海及大都市打工而现在返回家乡中小城市创业就业的农民工群体。他们"返乡"不"返农",很多人落户家乡的县城或小城镇创业,成为"农海归"创业一族。受全球金融危机影响的"推力",以及全国各地对创业创新支持力度不断增强的"拉力",既有许多出国留学或工作的"洋海归"回到国内创业,将国外先进技术和管理经验带回国内,也有大量在沿海地区打工的"农海归"回乡创业,带动当地就地城镇化与城乡一体化发展。同时,越来越多在北上广深发达城市的创业成功人士回归家乡创业,以"领投"和"首创"引领家乡创业创新浪潮。如浙江省以"浙商回归"工程为重要突破口助力城镇化、促进当地经济转型升级,正体现了回归创业的重要作用和现实要求。为支持回归创业,2015 年 6 月,国务院印发了《关于支持农民工等人员返乡创业的意见》,提出要鼓励农民工借力"互联网+"信息技术发展现代商业,鼓励输出地资源嫁接输入地市场带动返乡创业,为进一步促进农民工返乡创业提供了政策支持。与此同时,返乡创业者也面临着诸多难题。湖北省人社厅一项针对湖北农民工返乡创业的调研显示,仅 15%的受访返乡创业农民工享受了金融机构贷款,仅有 7%的享受到小额担保政策性贷款;91%的返乡农民工认为创业培训十分必要,但实际接受创业培训服务的仅占 8%。[①] 返

---

① 董伟才:《返乡创业渐成气候 三大难题亟待破解——湖北省农民工返乡创业的调查与思考》,《中国就业》2014 年第 3 期。

乡创业者正面临着资金短缺、人才技术水平低、公共创业服务缺失等困境，严重降低了返乡人员的创业热情，甚至有部分返乡创业人员"雄心勃勃回到家，灰头土脸又出去"，因企业生存困境而不得不返回大城市打工。

让"回归"创业成为浪潮，提升返乡创业人员的积极性，使他们"回得来"且"留得住"，非常重要的是发挥地方政府在创业服务中的重要作用，为返乡创业提供良好政策条件。要合理利用政府设立的创业投资基金，通过"跟投"专业化的天使投资与 VC/PE，提高资金使用效率，并发挥基金的示范效应，降低初创企业融资压力。要进一步精简税务、工商、卫生等部门的创业审批程序，并对返乡创业者的行政事业性收费给予一定的财政补贴。要扩大小微企业减税范围，在一定期限内免征、减征初创企业所得税，对已出台的税收优惠政策要加强落实，降低创业成本。要提升创业服务水平，通过政府购买的形式增加对返乡人员免费创业培训的供给，定期邀请创业之星、优秀企业家等人向返乡创业者传授经验。同时，要通过电视、广播、政府网站、报纸等多种渠道加强对返乡创业扶持政策的宣传，提升创业扶持政策的认知度和影响力。

（二）通过互联网平台实现人才、技术、资本、信息等的有机整合，推进众筹、众包、众创空间的联动协同发展，形成多种创业要素的"合力"

良好的创业生态离不开各类创业要素的集成。众筹解决创业者的资金与市场资源的问题，众包解决创新人才与技术的问题，众创空间解决创业服务的问题，而发挥多种创业要素"合力"则需要发挥互联网平台的作用。互联网平台并不直接构成创业所需的要素，但通过互联网平台有利于促进各类要素的聚集、整合、流通，实现各要素的优化配置。譬如说创业活动需要资金支持，对于单一融资功能平台如 P2P 网络借贷平台而言，由于征信体系缺失、信息不对称问题严重，投资风险很高。据统计，截至 2015 年 10 月底，我国 P2P 网贷行业累计问题平台达到 1078 家，占累计平台总数的 30%。[①]而对于非单一融资功能的互联网平台而言，则可利用平台的交易频率、规模、种类等数据进行分析和风险识别，有效降低征信成本和信用风险，阿里

①　余雪菲：《P2P 平台高调发布跑路公告　P2P 跑路年底前后或激增》，《京华时报》2015 年 11 月 26 日。

金融就是一个典型例子。又如,众包模式与众创空间的整合也可通过互联网平台完成。猪八戒网目前是中国最大的众包服务交易平台,通过发挥平台优势,对平台上集聚沉淀的数百万家企业数据进行价值开发,为小微企业提供全生命周期服务,成为文化创意产业的众创空间。同时,互联网平台的直接交互特征对于减少中间环节、提高要素使用效率、构建新商业模式也具有重要作用。如青岛红领集团依托互联网平台实现的 C2M(customers to manufactory)模式,即先有消费者需求而后企业进行生产,是对现有商业规则和生产模式的重要变革。

为了更好地发挥互联网平台作用,政府必须有所作为。在扶持互联网平台发展政策方面,要通过财税优惠政策降低互联网平台企业运营成本,鼓励各类创业要素在互联网平台上集聚,支持企业依托互联网技术和平台进行创新。在加强互联网平台监管方面,要构建完善平台责任制度,根据互联网行业发展现状特点与国际立法的趋势,明确互联网平台在个人信息保护、食品安全、专利侵权等方面的责任范围。此外,要推进互联网平台由单一政府监管向政府管理、企业参与、行业自律、消费者监督的多元共治转变,促进互联网平台健康有序发展。

（三）培育鼓励冒险、宽容失败创业文化,倡导知识产权保护观念,完善互联网领域相关法律法规,改善创业生态的"软环境"

成功的创业需要发挥文化潜移默化的积极影响和熏陶作用,良好的创业文化和创新氛围是推进创业浪潮可持续发展的重要保障。[①] 从我国区域创业创新发展较好的中关村和深圳来看,中关村具有基于产学研合作文化与校园研发文化的科技人员创业文化,而深圳作为我国创业创新的"高地",具有强烈开拓意识与创业精神的移民创业文化。可以说,创业文化是创业创新活动的最根本支撑。然而从全国的整体情况来看,我国的创业文化尚不成熟,特别是知识产权保护等相关制度和法律法规还不完善,影响了良好创业环境的形成。以知识产权保护为例,《中国青年报》社会调查中心的一项调查显示,59.2%的受访者认为社会缺乏保护知识产权的氛围和共识,

---

① 辜胜阻、李睿:《大众创业万众创新要激发多元主体活力》,《求是》2015 年第 16 期。

38.1%的受访者认为相关政策和法律法规有待完善,86%的受访者认为知识产权问题对创业创新"影响非常大"或是"有一定影响"。①

要推进停薪留职、弹性学制等举措的落实,从制度上允许创业者"试错"、形成鼓励冒险、宽容失败的创业文化。2015年5月,国务院《关于进一步做好新形势下就业创业工作的意见》提出,离岗创业人员可在3年内保留人事关系,同等享有参加职称评聘、岗位等级晋升和社会保险等方面的权利。随后,《关于深化高等学校创新创业教育改革的实施意见》提出实施弹性学制,允许保留学籍休学创新创业。这两大措施的落实将对形成宽容失败的创业文化提供制度保障。要从制度和文化两个层面同时推进知识产权保护,根据发展新形势完善相关法律法规,加大对侵犯知识产权行为的处罚力度,并加强宣传教育,增强全民的知识产权保护意识。要构建社会信用体系,加大对失信欺诈等行为的惩戒,为创业活动营造公平竞争的环境。同时,政府在执法、监管等方面要对创业过程中出现的新事物持包容、鼓励的态度。

（四）加强农村地区信息基础设施建设,促进仓储配送等现代物流产业的健康发展,为创业生态营造良好的"硬件"环境

近年来,我国依托互联网进行创业的人群不断增加特别是农村电子商务发展迅速,非常重要的是以信息基础设施普及和日益壮大的网民队伍作为基础,中国互联网络信息中心统计显示,截至2015年6月,我国网民规模达6.68亿,互联网普及率为48.8%,较2014年底提升了0.9个百分点。然而从具体城乡结构来看,截至2015年6月,农村的网民规模比重较城镇低了44.2个百分点,互联网普及率则相差了34.1个百分点(见图4)。因此进一步促进小城镇及农村地区的创业浪潮,以创业推进城镇化,非常重要的是加强农村信息基础设施建设,进一步在农村地区普及互联网。此外,物流仓储等配套产业也是构建创业环境的"硬件"。物流是实现创业过程中商品流、信息流和资金流的重要载体,也是农村电子商务发展必不可缺的条件。当前,我国现代物流产业仍处于发展的初期阶段。根据世邦魏理仕2015年11

---

① 王琛莹、李玉溪:《86.0%受访者认为知识产权屡被侵犯会影响创业创新》,《中国青年报》2015年11月23日。

月发布的报告,目前中国市场高标准物流仓储人均面积不足美国的 2%,高标准物流仓储面积在中长期仍将处于供不应求的状态。①

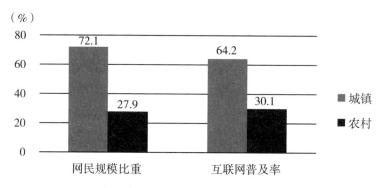

图4　中国城乡网民规模与互联网普及率比较

资料来源:中国互联网络信息中心:《第 36 次中国互联网络发展状况统计报告》,http://www.cac.gov.cn/2015-07/23/c_1116018727.htm.2015-07-23。

　　为此,一方面要加快信息基础设施建设,缩小城乡间的"数字鸿沟",提高惠及小城镇与农村居民的公共信息服务水平。要加大"宽带中国"专项行动投入,扩大公共场所无线网络覆盖范围,支持城乡互联网与移动互联网平台的建设,特别是发挥农村地区在移动互联网领域的后发优势,提高移动互联网速度和使用率。要按照"十三五"规划建议的要求,实施国家大数据战略,构建公共信息数据向中小企业开放的免费平台,推进数据资源开放共享。另一方面,要提升现代物流产业发展水平,为跨区域、跨国范围内的电子商务创业提供支持。推进高标准物流仓储中心建设,提高物流产业信息化、集约化管理水平和服务层次。完善城乡道路交通网络,建立覆盖全国的综合物流网络体系,改变我国物流业地区间发展不平衡的现状。同时,要推进对物流配送人员的道路交通安全培训,加强快递车辆管理,减少安全隐患,在解决物流"最后一公里"问题时注重维护交通安全与秩序,更好地发挥物流业的配套作用。

　　当前"大众创业、万众创新"是经济活力之源,也是转型升级之道,特别是基于互联网的创业创新有利于信息化与城镇化的深度融合。但"好事办

---

　　① 劳佳迪、世邦魏理仕:《中国市场高标准物流仓储人均面积不足美国 2%》,《中国经济周刊》2015 年 11 月 12 日。

好",要避免各种误区,使创业创新可持续健康发展。要避免将创业创新的长期行为变为短期的急功近利式的"赚快钱"、创业者过分热衷"讲故事""画大饼"的"浮躁化";避免创业一哄而起、盲目跟风的"运动化";避免过度炒作、项目估值严重偏离产品价值的"泡沫化";避免将"大众创业"变成"所有人都去创业"的"全民化"误读;避免背离实体经济的盲目去"+"、过度"虚拟化";还要避免大学创业教育只是为了让所有学生毕业都去创业的"功利化"倾向,事实上,创业教育的真谛应该是使学生未来能在各行各业工作中,不断创造性地解决职业发展中的问题,不可能每个大学生毕业后都能成功创业。

(本文发表于《中国软科学》2016 年第 1 期。李睿协助研究)

—9—
大众创业万众创新要激发多元主体活力

2015 年政府工作报告提出,要推进大众创业、万众创新,打造中国经济发展的"新引擎"。当前新一轮创业浪潮正在兴起,对于稳增长、调结构、促改革、惠民生均具有重要意义。新一轮的创业创新浪潮是稳定中国经济增长,推动产业升级的重大引擎,不断产生的创业活动和新企业给经济增长带来了持续的活力。

一、新常态下创新创业具有特殊重要意义

新一轮创业浪潮是推进商事制度改革、金融改革、教育改革等多项改革的良好契机,有利于营造良好的创业创新环境,处理好政府与市场的关系,真正发挥市场在配置资源中的决定性作用。同时,创业浪潮的兴起有利于以创业带动就业,通过大学生创业缓解就业难困境,通过农民工草根创业实现市民化和就地城镇化。在此过程中,十分重要的是发挥创业主体的作用,让更多不同类型的创业者主动创业、积极创业,进一步推进创业浪潮的发展。创业创新浪潮的推进对于经济可持续发展具有极其重要的战略意义。

(一)具有先进技术和管理优势的海归人员创业,有利于带动国内产业与国际接轨,提升企业国际化水平

随着中国留学归国人员数量的提升,海归创业逐渐成为趋势。据统计,

截至 2014 年底中国有近 300 家留学人员创业园,超过 5 万名留学人员在园内创业。鼓励海归创业,对于实施"走出去"战略、提升企业的国际竞争力具有重要意义。留学人员在国外学习先进的技术知识,通过实习或工作熟悉国外企业管理模式和经验,回国后将这些知识经验融入创业过程。相较于本土创业者,海归创业者具备国际视野和更前沿的技术资讯,一些海归甚至带来了整个技术管理团队,因此创业成功率比较高,企业国际化程度也较为突出。据统计,截至 2015 年 5 月,在美国纳斯达克上市的上百家中国企业中,80%是由留学人员创办和管理的。

（二）有实践经验的体制内精英和大科技企业的高管,离职创业或是在企业内部创业,这种"裂变创业"大大激发市场活力,创业成功率较高

2015 年 5 月,国务院印发了《关于进一步做好新形势下就业创业工作的意见》,提出要调动科研人员创业积极性,支持高校、科研院所等专业技术人员在职和离岗创业。越来越多有技术、懂市场的体制内与企业内技术人员和管理精英选择离职创业,联想系、百度系、腾讯系、华为系等一系列"创业系""人才圈"逐渐形成。这部分人员具备大量的实践经验,了解市场情况和消费者需求,对创业环境也有比较深入的认识,因而他们创业的成功率较高。此外,大企业内部创业也成为一个重要趋势。当前,包括美的、万科等在内的大公司纷纷开始"裂变创业"的尝试。通过鼓励内部创业,形成良好的竞合共赢关系,有利于充分发挥出企业和市场的活力。

（三）有创造力与创业激情的大学生创业,有利于减轻大学生就业压力,推动中国经济走向创业型经济

与其他创业主体相比,大学生更富有创造力,创业积极性也较高。一份针对大学生就业选择的调查显示,21.44%的大学生表示"有可能选择自主创业",近 5%的学生表示"将创业作为主要的就业方式"。鼓励大学生创业,一方面有利于缓解大学生就业压力,实现创业带动就业。近年来,高校毕业生人数不断上升,就业形势严峻。统计显示,2014 年高校毕业生达到 727 万人,比号称"最难就业季"的 2013 年还多 28 万人,就业压力非常大,因此,要把大学生就业与大学生创业结合起来。另一方面,大学生群体是未来社会经济发展的中坚力量,激发大学生创业创新热情,是促进中国经济向创业型经济转型、提高技术进步对经济增长贡献率的重要环节。

(四)以农民工为主、量大面广的草根创业,有利于以创业带动就业,实现农民工市民化和就地城镇化

新一轮创业浪潮不仅有"洋海归",而且有"农海归"(在沿海打工的大量农民工回归创业)。国家统计局发布的《2014 年全国农民工监测调查报告》显示,自营就业的农民工所占比重为 17%,较上年提高 0.5 个百分点,农民工创业潮正逐渐兴起。一方面,鼓励农民工创业有利于市民化进程的加速。"市民化=稳定就业+公共服务+安居及观念转变",通过鼓励农民工创业增加就业机会、提升就业稳定性是市民化的重要前提。另一方面,大量农民工返乡创业,有利于实现家庭式迁移与就地城镇化,减少城镇化的社会代价,促进城乡一体化发展。

二、改革创新正迎来第四次创业浪潮

当前,中国正经历改革开放以来的第四次创业浪潮。第一次是 1978 年中共十一届三中全会以后,以城市边缘人群和农民创办乡镇企业为特征的"草根创业";第二次是 1992 年邓小平南方谈话以后,以体制内的精英人群下海经商为特征的精英创业,包括政府部门的政治精英以及科研部门的科研人员。第三次是进入新世纪,中国加入 WTO 以后,伴随着互联网技术和风险投资及资本市场的发展,以互联网新经济为特征的创业。与前三次创业浪潮相比,本轮创业浪潮的一个突出特点是创业创新形成联动,创业主体更加多元,具有复合性:金融危机催发海归潮推动创业;体制内及企业内的精英离职引发创业浪潮;返乡农民工掀起新的草根创业浪潮;政府大力推进大学生创业。多元的创业主体是实现"大众创业、万众创新"的基础,也是形成创业创新浪潮持久动力的重要保障。

新一轮创业潮具有五个特点:一是政府"大众创业、万众创新"政策引领和政府主动为之;二是全国科技园区和创业孵化基地的技术、人才、资金多种创业要素聚合形成创业企业集群;三是平台企业的龙头带动作用形成以大带小的创业生态,互联网开放平台的发展,有效降低创新创业门槛;四是创业主体具有复合性,不仅有精英创业,也有草根创业;五是新一代互联网创业正在形成新浪潮,促进创业与创新联动。创业有利于促进产业化创新,将创新成果变为现实的产业活动,形成新的经济增长点。创业过程中新产品、新服务的不断涌现,创造出新的市场需求,有利于充分发挥技术进步对产业结构调整的积极作用,带动现代服务业和现代制造业发展。

三、创业浪潮存在的有利条件及面临的主要问题

全国工商总局统计显示,自 2014 年 3 月 1 日至 2015 年 5 月底,全国新登记企业 485.4 万户、个体工商户 1170.2 万户、农民专业合作社 35.5 万户,平均每天新登记注册的市场主体超过 3.69 万户,全社会的创业热情不断高涨,创业氛围越发浓厚。从发展动力来看,新一轮创业浪潮的兴起有四大动力:

一是简政放权和商事制度改革降低创业门槛与成本,推动新的市场主体井喷式增长。政府工作报告显示,2014 年国务院各部门共取消和下放 246 项行政审批事项,取消评比达标表彰项目 29 项、职业资格许可和认定事项 149 项,再次修订投资项目核准目录,大幅缩减核准范围。通过简政放权和商事制度改革,有利于简化创业程序,缩短创业的审批流程和时间,降低创业门槛。

二是新一代互联网技术发展带动产品服务、商业模式与管理机制的创新,引领新一轮互联网创业浪潮。据统计,2014 年全年新登记注册的企业中,信息传输、软件和信息技术服务业企业共 14.67 万户,同比增长 97.87%。互联网发展既带动了企业技术提升,也对企业营销、管理等模式产生影响,《中国互联网络发展状况统计报告》显示,截至 2014 年 12 月,全国企业开展在线销售、在线采购的比例为 24.7% 和 22.8%,利用互联网开展营销推广活动的比例为 24.2%。

三是高新区与科技园区作为集聚人才、技术、资金等创新要素的重要载体,引领新一轮聚合创业创新浪潮。创业创新离不开要素的集聚,以中关村为首的高新区与科技园区在人才、技术、资金、创业服务机构等创业要素集

聚方面发挥了重要作用。据统计,中关村每年新创办企业达到 13000 家,2013 年中关村 GDP 占北京市的 20%,经济增长贡献率超过 25%。高新区与科技园区通过集聚各类创新要素,成为创业和投资活动集中的地带。

四是当前出现的并购热刺激"职业创业人"崛起。并购热的出现拓宽了投资者的退出通道,鼓励更多资本进入初创企业。通过并购,实现初创企业与大企业的合作共赢,促进产业链延伸,也有利于激发全行业的活力,充分发挥市场优胜劣汰的作用。在此过程中产生了一批"职业创业人",他们有丰富初创经验,善于寻找并开展较少人涉足、但有市场前景的项目,成为创业浪潮中的重要组成部分。

当前,还存在着一些影响创业浪潮可持续发展、阻碍创业主体积极性的问题,必须予以重视。首先,我国的创业环境仍然有待提升。调查显示,2013 年中国创业环境在参加全球创业观察的 69 个国家和地区中排在第 36 位,仅居于中游水平,创业成本和门槛有待进一步降低。其次,创业初期天使投资的支持不够。在创业初期,固定资产的购买租赁、产品的研发生产与市场推广、工作团队的招聘培训等等都离不开以天使投资为主的资金支持。据调查,美国约有天使投资人 75.6 万人,其中活跃的投资人有 6 万到 10 万。而中国的天使投资发展还不成熟,天使投资人数量仅以千计,活跃的天使投资人数量仅为几百个。再次,创业服务业发展不足,创业服务体系尚未构建。创业者在创业过程中会产生公司组建选址、技术支持、市场分析、信息共享等多种需求,创业服务必不可少。同时,我国创业文化有待提升。创业文化是指在创业活动的过程中形成的思想意识、价值标准、基本信念、行为模式和制度法规的总和。当前,包括知识产权保护意识、风险观念、流动偏好、吃苦精神、合作意识等在内的创业文化与创新氛围还不足,不利于创业浪潮的继续推进。

四、多措并举进一步激发创新创业热情

使"大众创业、万众创新"拥有持久动力,需要通过加快简政放权,发展天使投资与互联网金融,构建创业服务体系,培育守信守法、鼓励冒险、宽容失败的创业文化等举措,激发各类创业主体的积极性。

首先,要进一步加快简政放权改革步伐,降低创业门槛,营造良好的创业环境,让草根创业者热情竞相迸发,让精英创业者的初创企业快速成长。随着简政放权改革的不断推进,创业的行政审批过程逐渐简化,用政府权力的"减法"换取创新创业的"乘法"的改革正在发挥作用。但要进一步加快简政放权改革,深化行政权力结构改革,构建权力运行的制约与监督机制,避免因部门利益导致的"明放暗不放"等问题,使简政放权真正落到实处。要进一步明确政府职能定位,最大限度地减少事前审批,加强事中和事后监管,构建包括政府监管、行业自律、社会监督在内的综合监管体系,营造低成本、低门槛的公平有序的创业环境。

其次,要大力发展服务创业创新的股权投资与互联网金融,充分发挥天使投资作为创业投资产业链体系源头的作用,满足创业者在创业初期的资金需求,鼓励更多闲钱进入实体经济。创业的可持续发展需要有创业、创新和创投形成的"铁三角"的支持。创投包括天使投资、风险投资、私募股权投资等等。不同阶段的创业者获得资金的方式不同,当创业进入中后期,企业可通过新三板挂牌、创业板上市等获得直接融资,或是通过银行贷款间接融资;但在创业的初期,除了自有及亲友的资金,创业者离不开天使投资等股权投资的支持。为此,要营造宽松的金融环境,大力发展天使投资、风险投资、私募股权投资,壮大活跃天使投资人队伍。要大力发展社区民营银行,推广"泰隆银行模式",服务更多大众创业者;构建中小企业信用担保体系,鼓励包括金融租赁、知识产权担保等在内的融资担保模式创新,拓宽创业企业融资渠道。

再次,要构建并完善创业服务体系,发挥互联网平台企业的龙头带动作用,为创业者提供有针对性的创业服务,减轻创业者的后顾之忧。要依托高新技术开发区、经济技术开发区和大学科技园,建立创业"孵化器",为创业者提供免费或低价的场地、专业的创业教育培训、项目对接等创业服务。要大力发展创业服务业,加强商业模式创新和盈利模式探索,引导有成功创业经验的职业"创客"进入创业服务业,打造良好的口碑和品牌效应,实现创业服务业有序发展。要发挥互联网龙头企业的带动作用,建立更多"孵化+投资+服务"的新型创业服务平台。同时,由于创业者的类型不同,创业服务也应具有针对性,如对海归创业者而言,由于对国内创业环境、具体政策等不熟悉,需要相应的指导咨询服务,降低创业风险。

其四,要在全社会形成良好的创业文化,鼓励冒险,宽容失败,使创业由少数人群走向社会大众,真正实现大众创业、万众创新。创业文化是创业创新活动最根本的支撑,也是继续推进创业浪潮的重要保障。要在全社会形成良好的创业文化,一方面是构建重视规则、良性竞争的文化,鼓励守信守法的信用观念。通过完善知识产权相关法律法规,提升知识产权保护意识,倡导自主创新。另一方面是宽容失败,允许试错,鼓励冒险与开放思维。创业是长期行为而非短期行为,创业风险往往较大,失败概率也较高。但经济发展离不开创业创新,要使创业创新走向社会大众,既需要在制度层面为创业人员提供基本经济、法律等保障,允许试错,也需要构建鼓励冒险、宽容失败的创业文化,"不以成败论英雄",从文化层面提升社会对创业者的认可和尊重。

(本文发表于《求是》2015 年第 16 期。李睿协助研究)

10

大力发展科技金融 实施创新驱动战略

——以湖北为视角

一、创新驱动的关键是使科技成果产业化,需要技术创新和金融创新"双轮驱动"

不同经济发展阶段的驱动力是不一样的。在我国人口数量红利逐步消失、资源环境约束不断增强的背景下,以廉价要素支撑的中国低价工业化模式已不可持续,经济发展迫切需要由"要素驱动"、"投资驱动"走向"创新驱动"。创新驱动是继要素驱动、投资驱动之后经济发展更高级的阶段,在这一阶段,国家竞争优势将从主要依靠"人口红利""土地红利"和大规模资本投资转向主要依靠企业创新,更加强调生产效率和先进、高端的技术,国家竞争的焦点也将集中在技术与产品差异,产品竞争依赖于国家和企业的技术创新意愿和技术创新能力。[①] 以企业创新主导、具有更高生产效率和更先进技术水平是这一阶段的突出特征。中共十八大作出了实施创新驱动发展战略的重大部署,强调科技创新是提高社会生产力和综合国力的战略支撑,必须摆在国家发展全局的核心位置。

---

① 辜胜阻、李洪斌、王敏:《构建让创新源泉充分涌流的创新机制》,《中国软科学》2014年第1期。

实施创新驱动战略,需要技术创新和金融创新"双轮驱动",单有技术创新没有金融创新,就会使技术创新出现"闭锁效应";单有金融创新没有技术创新,则会使金融创新最终成为"无米之炊"。《国家创新指数报告 2013》显示,2012 年我国国内发明专利申请量和授权量分别位居世界第 1 位和第 2位,占到全球总量的 37.9% 和 22.3%。但在技术成果转化方面,据统计,中国的科技成果转化率仅为 10% 左右,远低于发达国家 40% 的水平,这意味着我国大量的技术成果未能转化为生产力,未能使经济和社会发展从中获益。实施创新驱动战略的关键是使科技成果产业化,发挥科学技术作为第一生产力的功能,2014 年中央经济工作会议指出,创新要实,推动全面创新,更多靠产业化的创新来培育和形成新的增长点,创新必须落实到创造新的增长点上,把创新成果变成实实在在的产业活动。科技成果只有走出实验室实现产业化,其对经济转型的关键作用才能发挥,我国创新驱动的发展战略才能落地生根、开花结果。现阶段,我国亟需通过一系列制度安排激发科技作为第一生产力的潜能,要大力发展科技金融,①完善支持创业创新的金融体系,促进科技成果研发、转化及其产业化,推动我国经济发展方式由"要素驱动"、"投资驱动"走向"创新驱动"。

二、实施创新驱动战略需要补齐"金融短板",构建支持创业创新的金融体系

习近平总书记指出,实施创新驱动发展战略,最根本的是要增强自主创新能力,最紧迫的是要破除体制机制障碍,最大限度解放和激发科技作为第一生产力所蕴藏的巨大潜能。技术创新是一个高风险、高投入的行为,从技术研发到科研成果产业化的各个阶段都需要大量的资金投入。科技型中小企业是创新的生力军和新技术的吸纳主体,如果没有金融创新的深度参与、资金链无法匹配创新链需求,那么技术吸纳能力弱、高技术企业发展不足、"科技与经济两张皮"等问题就无法解决。英国前首相撒切尔夫人曾说过,欧洲在高科技方面落后于美国,并不是在科技方面落后,而是在风险投

---

① 国内外关于科技金融的内涵有广义和狭义之分,本文使用的是广义科技金融概念,指的是能够促进科技成果产业化、高技术产业发展和创业创新型企业成长的金融体系。

资方面落后十年,缺乏足够的金融创新。比利时和芬兰的高技术产业,拥有大量的科研成果和良好的人才机制,但大量技术的产业化在国外,原因就在于当地没有活跃的创业创新投资市场。近年来,在国家转变经济发展方式、实施创新驱动战略的大背景下,湖北、广东、浙江、陕西、吉林等省都做出了推进科技强省建设的决定。科技强省战略是实现一省产业升级和推进经济发展方式创新驱动的重要抓手,也是主动适应中国经济"新常态",实现"竞进提质、升级增效"的积极作为。通过对湖北的案例研究发现,湖北金融体系发展与其经济实力和科技优势不相匹配,金融体系支持创业创新的能力不强,"金融短板"使其科技优势未能有效转化为现实生产力,存在"科技与经济两张皮"的问题,科学技术作为第一生产力的潜能未能有效发挥。

　　湖北是我国传统的科教大省,拥有众多科研机构和高等院校,科技优势尤其是人才优势十分突出(见表1)。但湖北在科技成果转化及其产业化方面存在一些问题,使其科技优势未能有效转化为生产力,具体表现为:(1)技术吸纳能力弱,科技成果向外输出多,本地产业化率低,大量科技成果"东南飞"。《全国技术市场统计年度报告》显示,2012年湖北省输出技术为全国第8位,吸纳技术排名为全国第10位;2013年湖北省输出技术排名上升至全国第6位,而吸纳技术排名却退至全国第11位。(2)高技术企业发展不足。企业是创新驱动战略的重要实施主体,高技术企业承担着推进我国产业升级的重大历史使命与责任。《中国区域创新能力报告2013》显示,湖北省高技术企业544家,居全国第13位;高技术企业占规模以上工业企业数比重仅为5.12%,居全国第17位;高技术产业产值为1721亿元,居全国第12位;高技术产业产值占工业总产值的比重仅为6.13%,居全国第15位。[①]
(3)科技作为第一生产力的潜能未有效发挥,"科技与经济两张皮",湖北省仍未摆脱对高投入、高能耗和高排放的"要素驱动"、"投资驱动"经济增长模式的依赖。《中国区域创新能力报告2013》显示,湖北万元GDP能耗总量0.91吨标准煤,位于全国第17位;每万元GDP工业污水排放总量14.53吨,位于全国第24位。

---

① 柳卸林、高太山、周江华:《中国区域创新能力报告2013》,科学出版社2013年版。

表1　湖北省科技资源及科技成果情况

指　　　标	数值	排名
经济总量(万亿)	2.4	9
普通高校数(所)	122	4
普通高等学校在校学生数(万人)	140	6
万人大专以上学历人数(人/万人)	1069	6
规模以上工业企业就业人员中R&D人员比重(%)	3.44	6
政府的研发投入占GDP的比例(%)	0.36	7
国家创新基金获得资金(亿元)	2.4	6
国际论文数(万篇)	1.7	5
国内论文数(万篇)	2.5	8

资料来源:柳卸林、高太山、周江华:《中国区域创新能力报告2013》,科学出版社2014年版;《中国区域创新监测数据2013》,科技部网站;国家统计局网站。

美国等发达国家的经验表明,技术创新活动离不开发达的风险投资和多层次的资本市场,科技作为第一生产力潜能的发挥必须有支持创业创新的金融体系与之匹配。从湖北的发展实际来看,湖北金融体系发展与其经济实力和科技优势不相匹配,支持创业创新的能力不强,"金融创新"的短板已经成为影响其发挥科技优势、实现创新驱动的重要制约因素。从股权融资体系发育情况来看,清科数据显示北京拥有各类投资机构362家,上海270家,广东199家,湖北仅为23家。在股权投资案例数和投资金额上,湖北省与发达地区差距比较明显(见表2)。从多层次资本市场的发育情况来看,近年来湖北省区域多层次资本市场发展比较迅速,武汉股权托管交易中心("四板"市场)、长江证券券商柜台交易("五板"市场)发展势头良好,但进一步发展的空间依然很大。截至2013年年底,北京资产证券化率为488.2%,上海为102.2%,武汉仅为36.1%。在高科技园区上市企业数量方面,北京中关村境内外上市公司总数达230家,市值超过2万亿元,而东湖高新区上市公司仅为33家,市值500亿元左右。从信贷融资体系发育情况来看,2013年末,湖北省金融机构人民币存贷比为63.7%,低于全国68.9%的平均水平。北京金融机构各项贷款余额占GDP比例为2.45∶1,上海2.05∶1,湖北省仅为0.89∶1,差距也很明显。在贷款投向来上,湖北省贷款主要集中在房地产和基础设施领域,2014年上半年个人住房贷款、固定资产贷款、银团贷款增长较快,①但对新兴产业的支持相对不足。

表2 2013年湖北、北京、江苏和全国股权投资案例数与投资金额的比较

	湖北省	北京市	江苏省	全国
创业投资VC市场				
投资案例数,起	27	372	118	1148
占比,%	2.35	32.4	10.28	100
金额,US $ M	74.91	2275.6	524.7	6601
占比,%	1.14	34.47	7.95	100
私募股权PE市场				
投资案例数,起	25	132	55	660
占比,%	3.79	20	8.33	100
披露交易金额,US $ M	161.12	7741.79	2382.78	24483
占比,%	0.66	31.62	9.73	100

资料来源:清科研究中心:《中国股权投资市场2013年全年回顾》。

三、大力发展科技金融,完善支持创业创新的金融体系

针对现阶段科技成果转化率不高,金融体系支持创业创新能力不足的问题,要从金融机构、金融市场、金融产品等多方面推进金融创新,发挥政府"有形之手"的力量,大力发展科技金融,重构与创业创新匹配的金融体系,实现技术创新与金融创新"双轮驱动"。

(一)要营造宽松的发展环境,大力发展风险投资(VC)、私募股权投资(PE),扩大股权融资比重,促进科技成果产业化,使有潜力的科技型中小企业加速成长

股权投资是优化资源配置、调整经济结构、助推产业整合与升级的重要力量。VC、PE等股权投资具有要素集成功能、筛选发现功能、企业培育功

---

① 湖北省统计局:《上半年湖北金融运行的主要特点》,http://www.stats-hb.gov.cn/wzlm/tjbs/qstjbsyxx/109074.htm,2014年7月16日。

能、风险分散功能、资金放大功能,能够在企业成长的不同阶段支持企业创业创新,发掘有价值的科技成果并加快推动技术的产业化。据统计,伦敦证交所新上市企业中约 50% 受到股权投资支持,纳斯达克新上市企业中超过 80% 受股权投资支持,我国创业板上市企业中有 57.7% 曾得到 VC/PE 支持。近年来,我国股权投资发展迅速,但是与发达国家相比,还有相当大的差距,据统计 2013 年我国股权投资总额占 GDP 比重仅为 0.3%,而美国私募股权投资基金的年交易额占 GDP 的 1%。为此,要大力发展风险投资、私募股权投资等股权投资机构,支持不同成长阶段的企业创业创新,促进科技成果产业化和科技型中小企业发展。一要为股权投资机构发展营造宽松的发展环境,通过注册便利、税收优惠、项目推介、政策扶持等方式,培植本土 VC/PE 等股权投资机构发展,并出台优惠条件吸引境外投资机构来华设立分支机构,鼓励其向中国境内的创业创新型企业投资。当前我国股权投资机构地域偏好特征明显,股权投资机构和投资案例主要集中于北京、上海、深圳等地,湖北要充分发挥政府的引导作用,打造适宜股权机构发展的"政策洼地",吸引投资机构集聚,同时积极引导国内外投资机构投资向湖北倾斜。二要积极发挥政府资金的杠杆作用,通过建立各种形式的政府引导基金,加大对科技风险投资机构的支持力度,通过提供包括财政奖励、利差补贴、特殊费用补贴、业务贴息、准备金税前加计扣除、营业税减免、所得税减免等方式,对参与科技企业投资的股权投资,给予合理的业务补贴和税收优惠。[①]美国小企业管理局(SBA)与私人资本按 2:1 的比例设置投资基金,但在投资收益分配过程中,政府仅仅收取利润的 10%,私人则分享利润的 90%,极大地激发了职业风险投资家的积极性。[②] 三要拓宽股权投资基金的来源,多样化机构投资者类型,适度放松对投资者投资金额占比的限制,建立一个包括保险基金、养老金、企业年金、富裕个人等多样化的资金来源体系。要积极探索适度放开对银行开展股权投资业务的限制,允许银行在一定限额内,用资本金参股股权投资基金。同时,要通过财政补贴、税收优惠等手段,营造关注长期投资的氛围,改变 VC/PE 哄抢 IPO、"重晚轻早"等投机行为,推

---

① 封北麟、何利辉:《我国财税支持科技金融发展政策研究》,《宏观经济管理》2014 年第 4 期。
② 安亚军:《国内外财政科技投入金融化运作比较——以创业风险投资引导基金为例》,《经营与管理》2014 年第 3 期。

进股权投资与高技术创新企业发展的良性互动。

（二）要壮大天使投资人队伍，探索发展股权众筹融资，打通储蓄转化为投资的通道，鼓励更多闲钱进入实体经济，以金融创新引导和推进新一轮创业创新浪潮发展壮大

创业和创新往往是一对孪生兄弟，硅谷人员为实现自己的致富梦想而创业，创业过程中为提高产品竞争力而努力创新。目前受到简政放权、互联网技术发展、科技园区要素聚合创业、并购热潮等多重因素的影响，我国新一轮创业浪潮正逐渐形成。要大力发展天使投资，创造有利条件使好的创业项目和天使投资对接，以金融创新引导和推进新一轮创业创新浪潮发展壮大。天使投资人一般是创业者的商业伙伴、朋友或亲戚，对于创业者的能力有所了解，因而能够在项目启动前或刚刚启动时投入资金，对于处于初创期的企业具有重要作用。统计显示，美国约有天使投资人 75.6 万人，其中活跃的投资人有 6 万到 10 万，而中国的天使投资人数量仅以千计，活跃的天使投资人数量仅为几百个。同时，我国是世界第一储蓄大国，如何有效地让储蓄转化为投资至关重要。现阶段，我国亟需培育和壮大天使投资人队伍，打开储蓄转化为股权投资的渠道，让更多储蓄转化为投资。近年来我国居民理财观念逐步增强，政府要积极引导居民树立正确的投资理念，鼓励居民合理参与股权投资。要通过建立天使投资引导资金、奖励优秀天使投资人等方式，加深公众对天使投资的认知，鼓励更多成功企业家等有"闲钱"、有专业背景的人从事天使投资。要成立更多天使投资协会、俱乐部，搭建天使投资网络，逐步推进其组织化、联盟化和专业化运行。[①] 要搭建天使投资联盟信息共享平台，鼓励更多天使投资联盟提供创业投资信息交流平台服务，拓宽创业者与天使投资人之间的沟通渠道，减少投资过程中的信息不对称问题。同时，要积极探索发展股权众筹等新型融资方式，鼓励更多闲钱进入实体经济。《2014 年上半年中国众筹模式运行统计分析报告》显示，2014 年上半年中国股权类众筹事件共 430 起，募集资金 1.56 亿元，而股权类众筹融资需求近 20.36 亿，市场资金供给规模仅占资金需求的 7.64%，资金供求严重

---

① 辜胜阻、马军伟、高梅：《战略性新兴产业发展亟需完善股权投融资链》，《中国科技论坛》2014 年第 10 期。

失衡。发展股权众筹融资关键在于及时出台相关的监管细则，探索实施审批或者备案制，设立资本金、从业人员资格等准入条件，使其规范发展，保护参与者的利益。

（三）要积极推进股票发行注册制改革，完善不同市场之间的转板机制，加快发展创业板、新三板和区域多层次资本市场，大力发展场外交易，让多层次资本市场更多惠及创新型企业

不同规模不同生命周期企业的技术创新、不同层次的创新活动、不同阶段的创新行为都需要多层次资本市场的支持。[①] 包括主板、中小板、创业板、新三板和区域股权市场在内的多层次资本市场体系，不仅能够为创新型企业和创新活动提供多样化、有针对性、连续性的融资服务，还能最大限度地提高资本市场的效率，并大幅增强抵抗金融风险的能力，促进实体经济平稳较快发展。目前，我国多层次资本市场已见雏形，但仍呈现与"正金字塔式"企业构成不相匹配的"倒金字塔"结构，截至 2014 年 10 月 14 日，我国主板上市企业 1458 家，中小板上市企业 724 家，创业板企业 397 家，新三板挂牌企业仅为 1200 多家，大量创业创新型企业难以通过资本市场进行直接融资。《国务院办公厅关于多措并举着力缓解企业融资成本高问题的指导意见》指出，要"大力发展直接融资"，健全多层次资本市场体系，继续优化主板、中小企业板、创业板市场的制度安排。要积极推进股票发行注册制改革，让更多企业能够进入资本市场融资，改变多层次资本市场的"倒金字塔"结构，适时取消创业板对拟上市创新型企业持续盈利的条件限制，以匹配科技型企业初创期盈利能力不稳定的特点，可以探索在创业板首先推进注册制改革，让创业板惠及更多创新型企业，突出创业板的创新导向。要根据"升板自愿，降板强制"的原则建立不同市场间的转板机制，让多层次资本市场各板块有效连通互动。要加快完善新三板市场交易机制，适度放松对创新型企业的挂牌标准，鼓励创新型企业通过在新三板挂牌的形式进行股权融资。要鼓励各地利用好新三板全国扩容机遇，出台有吸引力的新三板扶持政策，做好本地符合条件企业在新三板市场上市交易和融资的支持工作。新三板扩容

---

① 辜胜阻、洪群联、张翔：《论构建支持自主创新的多层次资本市场》，《中国软科学》2007 年第8 期。

后,挂牌企业数呈"井喷式"增长,截至 2014 年 10 月新三板挂牌企业数较 2013 年年底增长 841 家,增长 2.3 倍,在支持创新型、创业型、成长型中小微企业方面的作用越发突出。要鼓励各省市加快发展区域多层次资本市场,大力发展场外交易。近年来湖北省区域多层次资本市场发展较快,武汉股权托管交易中心、长江证券券商柜台交易以及各种形式的资本要素市场发展迅速,不但为企业提供了直接融资的渠道,而且在促进企业股份制改制、完善公司治理结构、吸引民间资本投资、丰富资本市场层次等方面起到了重要作用。此外,要通过新三板和区域多层次资本市场建设,推动股权投资机构退出多元化,让早期投资能够通过对接新三板和区域性股权交易市场实现有效退出。

(四)要完善多层次信贷融资体系,鼓励银行进行体制机制创新,积极与其他类型金融机构开展合作,创新信贷服务模式,提升银行信贷对创业创新活动的支持能力

在我国,银行体系是企业融资服务的主要提供者,如果没有银行的参与,科技型企业"融资难""融资贵"的困境就很难得到有效缓解。但是科技型中小企业通常存在着固定资产少、技术成果市场前景不确定、重技术轻市场轻管理等问题,传统银行信贷模式很难把握其风险特征,难以量化风险,面临风险与收益不匹配的问题,银行缺少对其支持的动力,单靠市场这只"无形之手"难以解决科技型企业贷款难的问题。因此政府应鼓励金融机构通过金融创新增强对科技型中小企业提供融资服务的能力:一要对银行探索科技信贷实行差异化的监管标准,并给予一定的政策优惠,鼓励银行进行体制机制创新,提升银行信贷服务科技型中小企业的能力。要鼓励现有银行建立针对科技型企业的科技支行或专门的科技金融部门,紧抓市场细分,为科技型企业提供特色化、专业化的金融支持。要引导现有银行类金融机构积极探索科技信贷产品、业务模式、风控手段、监管方式等方面的创新,探索知识产权质押贷款、股权质押贷款、订单质押贷款等创新型信贷产品,为处于不同成长阶段的科技企业提供差异化、有针对性的产品和金融服务。调研时发现,汉口银行通过一系列体制机制创新,并与其他类型的金融机构开展合作,显著提升了该行服务科技型中小企业的能力。政府要对科技贷款达到一定规模、设立科技支行、创新科技金融产品成效显著的银行机构，给予税收优惠或财政资金奖励，发挥其示范带动作用。二要调动民间资本的积极性，借"民营银行"开闸的政策东风，鼓励民间资本在高新区发起成立"民营科技银行"，专门为高技术企业提供融资服务。要大力发展与科技型中小企业门当户对的民间金融、草根金融，积极破除科技小贷等草根金融机构发展面临的体制障碍，放松对科技小贷公司融资限制和业务范围限制，探索更为市场化的监管模式，鼓励草根金融机构服务科技型中小企业。三统筹协调政府、银行、担保、保险、股权投资机构、中介机构等多方面的力量，鼓励各方积极开展合作，集各方智慧创新适应科技企业特点的金融服务模式。比如，湖北科技企业贷款保证保险制度是一项政府、银行、保险公司三方合作的创新型贷款项目，三方合力分摊风险，银行、保险公司、融资企业等多方获益。

（五）要完善金融担保体系，使金融担保更多回归公益性，降低企业的担保成本，鼓励担保机构开展有针对性的担保模式创新，为创业创新型企业提供适应其融资特点的担保服务

银行出于防范经营风险的考虑，在为小微企业提供贷款时一般都要求融资企业提供抵押担保，并收取较高的贷款利息。但此类企业通常缺少符合银行要求资质的抵押品，采取第三方担保的情形下，企业需要向担保公司支付一定的担保服务费和其他一些费用，这使得企业融资成本居高不下，挤占了企业的生存和发展空间。据调研，国有大型银行对小企业的贷款利率为基准率上浮30%左右，担保公司一般收取3至5个点的担保服务费用，同时部分担保公司还要求小企业用一定的贷款金额作为保证金，小微企业最终的融资成本一般为13%—15%，显著高于一般企业的经营利润率。为此，要完善包括政策性担保、互助型担保和商业性担保的金融担保体系，使金融担保更多回归公益性，为创业创新型企业融资提供低成本的融资担保服务，降低科技型企业的融资成本。要发展完善再担保机制，研究在省级层面组建科技型中小企业再担保机构，为企业提供再担保优惠，帮助企业获得优惠贷款利率和担保费率。要积极推动高新区与银行签订合作授信协议，对通过高新区认定的"瞪羚"企业、"小巨人"企业等有"资质"企业提供无抵押信贷,由高新区提供风险担保和贷款补贴。要不断完善信用担保行业的法制环境,明确加强行业监管,培育和扶持互助型担保和商业性担保等担保机构发展,让更多的担保公司为科技型中小企业提供担保服务,以竞争推动担保服务模式创新和企业担保成本降低。要不断完善信用担保行业的法制环境,明确加强行业监管,培育和扶持信用担保公司发展,让更多的担保公司为科技型小微企业提供担保服务,以竞争推动担保服务创新和企业担保成本降低。要鼓励担保机构针对科技型中小企业的特点,开展担保模式创新,开发适合科技型中小企业融资特点的担保服务模式。要对担保机构服务创业创新型企业予以税收优惠或财政补贴,鼓励更多担保机构加大对创业创新型企业的服务力度。同时,要以光谷等科技型小微企业聚集区为试点,完善区域内科技型中小企业在工商、国土、税务、质检等部门公共数据的整合和共享,使金融机构能便捷、低成本地获取企业的真实信用状况和经营情况,减少金融机构的信息搜集成本,从而使企业的融资成本降低。

（六）要有效整合各种金融资源,加强不同金融工具间的协同,打造覆盖科技企业全生命周期、支持企业从小到大连续发展的"一站式"科技金融服务平台,提升金融服务科技企业的效率

创业投资完整的产业链体系,是从种子期的天使投资及孵化器、早期投资的VC、成熟期及后期投资的PE,然后到投资银行、收购基金,最终由完善的并购及证券市场接手。在高技术企业快速成长过程中,不同发展阶段企业资金需求强度及其筹措能力存在较大差异,因此高技术企业在不同的发展阶段通常会选择不同的融资方式,一些发展较为迅速的企业往往会在短期内经历多种融资方式的转换,企业和企业家都缺少一个缓冲、学习、适应的过程。"一站式"科技金融服务平台通过汇集整合各类金融资源,能够降低科技型企业的信息搜集成本,能够为不同类型、不同发展阶段和不同规模的科技型企业提供便利化的融资服务,在提升金融服务科技企业的效率方面具有重要作用。例如北京"一条龙"金融服务体系和上海"4+1+1"科技金融服务体系通过整合银行业金融机构、各类股权投资机构、多层次资本市场等多方力量,能够为处于不同发展阶段的科技型中小企业提供差异化、连续性的金融服务。现阶段可以探索在全国范围内以高新区为试点组建覆盖科技企业全生命周期的"一站式"科技金融服务平台,支持科技型企业整个生命周期的发展。要调动银行、风投机构、证券公司、担保公司、行业协会、高科技园区、中介机构以及企业等各方面的积极性,参与平台整合与建设;[①]要创新配套服务,使更多科技型中小企业共享融资信息,积极开展企业成长培训教育,帮助和引导企业做好融资规划,促进科技型企业与平台上各类融资渠道进行有效对接;要鼓励平台金融机构深入孵化器、创业园、高新区等科技型企业集聚区开展针对性的咨询服务,定期进行投融资知识讲座培训,提升科技从业人员的金融素养。

(本文发表于《江汉论坛》2015 年第 5 期。刘伟、庄芹芹协助研究)

---

① 游达明、朱桂菊:《区域性科技金融服务平台构建及运行模式研究》,《中国科技论坛》2011年第 1 期。

—11—
实施创新驱动战略亟须完善
多层次资本市场体系

    当前,我国进入了经济发展新常态,由过去近两位数的高速增长转为中高速增长,经济增长的动力从"要素驱动"、"投资驱动"转向"创新驱动"。中共十八大报告提出了要实施创新驱动发展战略。在变化的国内外经济形势下,要加快形成新的发展方式,提高经济发展的质量和效益,而创新驱动是新发展方式的重要内容和经济增长的新动力。在要素驱动、投资驱动阶段,我国依靠低成本、低技术、低价格、低利润、低端市场的"五低"发展方式,虽然取得了一定的竞争优势,但也带来了高能耗、高物耗、高排放、高污染"四高"的沉重代价。[①] 这种以廉价要素为支撑的低价工业化模式造成我国经济总量很大,但是大而不强;经济增长速度很快,但是快而不优。[②] 相对于要素驱动和投资驱动,创新驱动强调用新知识、新技术、新商业模式等无形要素的创新对现有的物质资本、人力资本等生产要素进行重新组合和改造,依靠科技进步、劳动者素质提高、管理模式创新等给经济带来内生性可持续的增长动力。著名经济学家熊彼特认为创新是将从未出现的生产要素或条件的新组合应用到生产体系,即建立一种全新的生产函数。[③] 熊彼特所提出

---

① 辜胜阻:《打造中国经济 3.0 版,需要新"引擎"》,《新华日报》2013 年 7 月 3 日。
② 辜胜阻:《中国经济需要"创新驱动"新动力》,新浪财经,2013 年 7 月 14 日。
③ 约瑟夫·熊彼特:《经济发展理论》,何畏等译,商务印书馆 1991 年版。

的创新是一个宽泛的概念,不仅着重阐述技术创新,也提出了实现工业新组织的制度创新内容。驱动经济的创新包括科技创新、制度创新、管理模式创新等多方面,其中金融创新是制度创新的重要内容。本文认为,实施创新驱动战略需要技术与金融这两个"轮子"进行驱动,要构建支持创业创新的多层次"正金字塔"式资本市场体系。

一、资本市场体系要与创新驱动战略相互匹配

实施创新驱动战略,需要技术创新与金融创新共同发力,缺一不可。没有金融创新支持的技术创新会出现"闭锁效应",没有技术创新匹配的金融创新会沦为"无米之炊"。[①]

(一) 高技术企业具有高投入、高风险、高收益"三高"特点

创新驱动战略是一项系统性工程,需要科研机构、企业、政府和各类中介服务机构等多主体共同参与,以及知识创新、技术创新、政策引导、法律金融服务等多种要素积极互动、协同发力。其中企业是进行技术创新活动的主体。技术创新发生在新工艺、新产品从研发到投入市场至实际应用的全过程,其重要特征是满足市场的需求、追逐商业利润。从事创新活动的高技术企业具有高投入、高风险、高收益的特点。

第一,高投入。先进技术是高技术企业得以生存发展的重要基础,高技术企业需要在技术研发方面投入大量资金,以保证企业的核心竞争力。同时,技术创新成果并不能直接投入生产,从创新成果到最终转化为现实的产品,还需要经历应用研究、产品开发、批量生产等众多环节,每一个环节都需要资金投入,因此,高技术企业的融资需求非常大。

第二,高风险。高技术企业由于技术、市场等的不确定性,融资风险很高。具体而言,一是技术风险,技术创新的不确定性决定了其高风险。在高技术产品研发过程中,产品的设计、生产工艺等均不成熟,研发的结果难以预期,研发的周期长短也难以控制,技术创新失败的可能性较大。二是市场

---

① 辜胜阻:《重视股权投资对"创新驱动"的引领》,人民网,2013 年 7 月 2 日。

风险,高技术产品在投入市场初期,由于用户的消费观念、消费习惯等尚未形成,产品能否被市场接受,能否获得足够的市场份额,都有很大的不确定性。新产品往往要经历短则2—3年,长则7—8年甚至更长时间才能确定其市场地位,大量技术研发投入可能成为沉没成本。此外,高技术企业面临的风险还包括管理风险、财务风险、政策风险等,其在整个生命周期内可谓"九死一生",正如哈佛大学的罗森伯格教授所说:"创新的尝试大多情况下以失败告终。"①

第三,高收益。虽然高技术企业在科技创新时具有高投入、高风险的特点,但同时,在高技术产品成功市场化后,企业投资回报率远远高于传统行业。有研究表明,一些最终存活下来的高技术企业投资产出比高达1∶10—1∶20。而中国电商巨头阿里巴巴的成功上市,甚至创下了2800倍回报率的"神话"。②

(二)创新驱动需要构建多层次资本市场,大力发展风险投资

高技术企业的高投入、高风险、高收益特点使其难以获得传统融资方式的青睐。银行的金融业务要求对其资金投向有比较系统、详尽的了解,对投资或贷款项目的发展前景做出比较明确的预测,这与高技术企业产品具有高度的创新性、风险性、集约性和时效性特征明显不相容。而有限的政府财政资金大多投向一些基础性、战略性的高技术企业,难以满足量大面广的高技术企业融资需求。当前作为技术创新主体的高技术企业处境艰难,企业在创新活动中面临的问题主要表现在以下四个方面:创新动力不足,缺乏激励机制,企业安于现状、固步自封,不想创新;创新风险太大,企业难以独自承受,不敢创新;创新能力有限,难以找到高盈利的创新点,不会创新;创新活动需要大量资金投入,而企业要获得融资太难、太贵,不易创新。

为此,推进创新驱动战略的实施,需要激发作为创新主体的企业的创新活力,解决企业在创新活动中面临的多重困境,而金融创新正是化解企业创新困境的有效方式。针对企业在技术创新活动中存在的"风险高""融资

---

① 辜胜阻、李洪斌、王敏:《构建让创新源泉充分涌流的创新机制》,《中国软科学》2014年第1期。

② 孙正义:《创投神话 投阿里回报2800倍》,搜狐网,2014年3月20日。

难"等问题,要在金融制度、金融市场、金融工具等方面进行创新,构建支持创业创新的多层次金融体系,为企业的技术创新活动分担风险、融通资金,促进高技术产业的发展,推进国家产业升级。

首先,构建支持创业创新的多层次金融体系,要发挥资本的"第一推动力"作用,构建多层次资本市场,形成资本市场与高技术产业的良性互动。金融市场的发达程度对经济运行的效率和质量有重要影响。资本市场作为技术创新和金融创新有机结合的场所,具有集成要素、筛选发现、放大资金、培育企业、分散风险等功能,[①]不同发展阶段、发展规模的高技术企业有不同资金需求,包括主板、中小板、创业板、新三板和区域股权交易市场在内的多层次资本市场体系,能够为企业提供多样化、有针对性、连续性服务。具体而言:一是资本市场满足了大量高技术企业的融资需求。例如美国纳斯达克(NASDAQ)对上市企业的要求较低,吸引了众多新型中小企业在此上市。除此之外,美国场外柜台交易系统(OTCBB)和粉单市场(PINK SHEETS)为大量无法达到上市要求的高技术企业提供了交易机会,在市企业数量十分庞大。二是资本市场为高技术企业成长分散了风险。高风险是高技术企业的典型特征。多层次的资本市场为高技术企业的发展壮大提供了源源不断的低成本资金支持,[②]且分散决策、分散风险的融资模式大大降低了单个投资主体所承担的风险压力。三是优秀企业在资本市场 IPO 和上市交易为风险投资机构获得退出收益提供了途径。资本市场为高技术企业和风险投资家提供了一个社会评价机制和选择机制,为风险投资提供了退资"出口",有利于风险资本的有效循环和不断壮大。[③] 我国创业板市场设立之后,国内的风险投资发展非常迅速,数千家创投基金陆续设立,投资规模从 2009 年创业板启动时的 500 多亿元迅速增加到 2013 年的近 2000 亿元。四是严格的上市要求和灵活的退市制度能强化企业创新激励,促进市场新陈代谢,实现优胜劣汰。成熟有效的资本市场能发挥高效的筛选能力。证券市场制度是由上市、交易、退市构成的有机整体,退市的压力对约束上市公司管理层勤勉

---

① 辜胜阻、曹誉波、杨威:《科技型企业发展的多层次金融支持体系构建》,《商业时代》2011 年第 22 期。

② 辜胜阻、李正友:《高技术产业与资本市场结合的战略思考》,《中国软科学》1999 年第 7 期。

③ 辜胜阻、洪群联、张翔:《论构建支持自主创新的多层次资本市场》,《中国软科学》2007 年第 8 期。

尽责,维持资本市场优胜劣汰都有重要的意义。美国、日本、韩国、香港、台湾等国家和地区的创业板市场都有比主板市场更高的退市比例。2011年,纳斯达克退市公司占公司总数的比例为6.14%,2003—2007年间平均退市率高达8%。

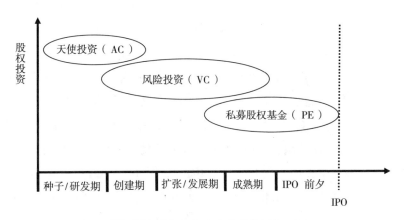

图1　股权投资链与高技术企业成长周期匹配

资料来源:辜胜阻、李洪斌、王敏:《构建让创新源泉充分涌流的创新机制》,《中国软科学》2014年第1期。

其次,构建支持创业创新的多层次金融体系,要完善股权投资链,尤其要大力发展风险投资。股权投资主要包括天使投资、风险投资(VC)与私募股权投资(PE),股权投资链与高技术企业从初创期到成熟期的融资需求相互匹配,对企业发展至关重要(见图1)。而风险投资作为其中重要组成部分,是高技术产业的"孵化器"和创新成果产业化的催化剂,发挥科技作为第一生产力的潜能离不开发达的风险投资体系。成思危教授认为风险投资是把资金投向具有高风险的高技术开发项目,并以取得未来的高资本回报为目的的活动,有长期投资、风险性、专业投资、权益投资、组合投资等五大特点。① 风险投资的风险偏好和逐利性特点与高技术企业的发展高度不确定性、高成长性互为需求,股权投资与高技术产业的发展进行良性互动,形成了一套发现、筛选、培育、退出的完整机制,有效驱动技术创新和产业升级。有关研究发现,美国90%的高新技术企业在发展中都利用了风险投资,这些

① 成思危:《积极而稳妥地推进我国的风险投资事业》,《管理世界》1991年第1期。

企业创造了第二次世界大战以来美国科技成果的 95%。① 在实证研究方面，Kortum 等 (2000) 研究了美国风险投资对技术创新的促进作用, 结果表明: 风险投资促进技术创新的效率是公司研发 (R&D) 资金投入的大约 3 倍。② 房汉廷 (2004) 认为科技型小企业在发展中面临的最大约束是资金, 如果依靠其自身积累而发展, 微薄的利润难以自我维持, 而风险投资是化解该难题的有效方式。③ 钱水土 (2011) 运用省级面板数据实证分析了金融发展、技术进步与产业升级的关系, 发现金融发展对技术进步和产业升级均具有正向的促进作用。④ 具体而言, 风险投资在促进高技术企业发展、创新成果产业化方面具有十大功能: 市场筛选功能、产业培育功能、风险分散功能、政府导向功能、资金放大功能、公司治理机制功能、要素集成功能、激励创业创新功能、降低交易成本功能、培育新文化价值观念功能。风险投资的这十大功能不仅能解决科技成果转化及其产业化过程中的资金短缺问题, 而且可以形成一套促进高技术产业化完备的功能体系, 对于创新驱动战略实施至关重要。

建设创新型强国, 实施创新驱动战略, 实现技术创新与金融创新的双轮驱动, 一方面要进行大量的技术创新活动, 不断提升科技创新能力, 促进科技成果产出; 另一方面则需要进行同步的金融创新, 为科技创新成果的转化分担风险、提供资金, 增强科技产业化能力 (见图 2)。真正把科技成果转化为现实生产力和产业优势, 其关键在于构建支持创业创新的多层次资本市场, 完善股权投资链, 大力发展风险投资。英国前首相撒切尔夫人说过, 欧洲的高科技产业发展不及美国, 主要是由于股权投资发展落后了十年, 缺乏与科技创新匹配的金融创新。⑤ 为此, 实施创新驱动发展战略, 分散企业创新活动的高风险, 化解高技术企业的资金缺乏等多重困境, 既要构建支持创业创新的多层次资本市场体系, 发挥出资本的"第一推动力"作用, 又要提升股权投融资比重, 把股权投资的高效率、高收益、专业性等特

① 武巧珍:《风险投资支持高新技术产业自主创新的路径分析》,《管理世界》2009 年第 7 期。

② Kortum and Lerner, "Assessing the contribution of venture capital to innovation", *RAND Journal of Economics*, 2000, Vol.4.

③ 房汉廷、王伟光:《创业投资产业发展的国际比较及其启示》, 经济管理出版社 2004 年版。

④ 钱水土、周永涛:《金融发展、技术进步与产业升级》,《统计研究》2011 年第 1 期。

⑤ 张景安:《没有金融创新, 科技创新则寸步难行》,《中国高技术企业》2010 年第 8 期。

点与高技术企业的高成长性、高风险性有效匹配,真正把科技优势转化成经济优势。

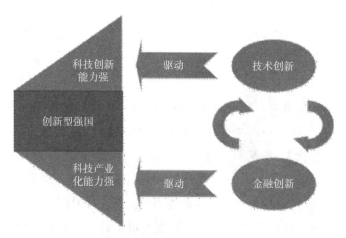

图 2 建设创新型强国需要技术创新与金融创新"双轮驱动"

二、支持创新驱动战略的多层次资本市场存在的问题

一方面,资本市场结构不合理,难以匹配创业创新融资需求。目前,我国企业直接融资发展不足,银行贷款等间接融资占比较大。中国人民银行统计显示,2014 年年末实体经济人民币贷款余额占同期社会融资规模的66.3%,企业债券余额占比 9.5%,非金融企业境内股票余额占比仅为3.1%。① 我国多层次资本市场体系不完善,支持创业创新功能无法充分发挥。首先,从整体上看,虽然近年来我国多层次资本市场发展比较迅速,但资本市场与企业"正金字塔型"构成无法匹配,不能满足量大面广的科技型中小微企业融资需求。截至 2014 年 10 月 14 日,我国主板上市企业 1458家,中小板上市企业 724 家,创业板企业 397 家。新三板从 2013 年揭牌以来已运营两年,伴随着新三板扩容至全国,挂牌企业数呈井喷式增长,至 2014年年底已达到了 1572 家,其中高成长创新科技型企业占主体。筹集金额由2013 年 10.02 亿元增加到 2014 年 129.99 亿元,股票换手率也由 4.47%增长

---

① 《2014 年度社会融资规模存量统计数据报告》,中国人民银行网站,2015 年 2 月 10 日。

至 19.67%，融资能力和流动性大幅增强。① 对比之下，美国证券交易所上市企业 1061 家，纳斯达克上市企业 3159 家，纽约证券交易所上市 3459 家，粉单市场有上万家企业，是典型的"正金字塔式"市场，与企业的组成结构互相匹配。其次，分层次考察我国资本市场：我国主板、中小板、创业板等场内市场在市场化和法治化建设上存在很多不足，行政干预严重，市场没有在配置资源中发挥决定性作用。股票发行仍是传统、低效的核准制，退市制度和不同市场间的转板机制不健全，并购市场环境不佳，市场整体流动性较差。在场外市场方面，新三板市场存在信息披露机制不健全，监管力度较弱，挂牌公司治理差异化大、参差不齐，做市商积极性较低等问题。场外市场中区域性股权交易市场（"四板"市场）受法律定位不明确、交易不活跃、恶性竞争等问题的影响，支持科技型中小企业的能力也尚未充分发挥。

另一方面，股权投资发展不足，从业人员素质有待提高，天使投资不够发达。首先，股权投资发展相比发达国家尚显不足，我国 2002 年 VC 募资金额仅为 12.7 亿美元，而 2013 年 VC 和 PE 的可投资本达 1700 亿美元，10 年间增长超过 100 倍。但是与发达国家相比，还有相当的差距，美国私募股权投资基金的年交易额占 GDP 的百分之一，而中国仅占千分之三，发展潜力巨大。股权投资地区间发展呈现较大差距。在股权投资机构的集聚上，深圳股权投资机构有三千多家，北京有两千多家，而地处中部的湖北省仅有两百多家。通过对比典型地区的投资案例数和投资金额数，发现地域间差距明显，尤其是股权投资金额（见表 1）。其次，股权投资存在多头监管、条块分割的现象，造成监管效率过低，容易引发潜在的金融风险。在操作层面，对私募股权投资资金的募集来源范围的限定和资金投向也未作明确规定，造成资金来源主体单一，机构投资者和个人投资者的投资渠道不通畅，这对相关法律依据提出了要求。再次，股权投资从业人才缺乏，投资机构的管理能力参差不齐也是制约股权投资发展的重要因素。股权投资业是高风险、高专业性的行业，要求从业人员要有国际化视野、过硬的专业素质、丰富的投资经验。著名的技术创新理论家考茨麦斯基提出，对于风险投资事业的发展，风险投资家是关键，他们需要具有工程技术知识、管理理论和实践、金融投

---

① 《新三板一年扩容 4000 亿，2015 年四大变革可期》，人民网，2015 年 1 月 17 日。

资经验,是横跨科技界、金融界、法律界和政府部门的"通才"。此外,本土天使投资人队伍发展不足,优秀企业家从事天使投资的意识也较弱。美国的天使投资人约有75.6万,活跃的投资人6万至10万,相比之下,我国的天使投资人仅几千人,其中的活跃者为几百人。[①] 在构建与实施创新驱动战略配套的金融体系中,如何培养本土优秀人才和吸引外来精英,壮大天使投资人队伍,是一个亟需解决的问题。

表1   2014年上半年全国私募股权投资市场地域分布

	北京市	深圳市	江苏省	四川省	黑龙江省	湖北省	全国
创业投资 VC 市场							
投资案例数(起)	202	47	42	12	2	14	517
占比(%)	39.1	9.09	8.12	2.32	0.39	2.71	100
金额(US $ M)	2337.68	263.87	241.26	101.87	15.52	103.87	5300.86
占比(%)	44.1	4.98	4.55	1.92	0.293	1.96	100
私募股权 PE 市场							
投资案例数(起)	83	9	14	8	3	4	231
占比(%)	35.9	3.9	6.06	3.46	1.3	1.73	100
金额(US $ M)	7190	388.9	375.35	95.26	44.88	9.35	12212.95
占比(%)	58.87	3.18	3.07	0.78	0.37	0.076	100

资料来源:私募通,2014年7月。

三、完善多层次资本市场,推动创新驱动的战略思考

实施创新驱动战略需要促进科技与金融的深度融合,实现技术创新与金融创新"双轮驱动"。通过以上分析发现,我国的多层次资本市场、股权投资、天使投资等支持创业创新的力度不足,金融"短板"已成为现阶段实施创新驱动战略中的最大制约因素。为此,必须深化金融体制改革,构建多层次金融市场体系、多样化组织体系和立体化服务体系。具体而言,要壮大主板市场,改革创业板市场,完善"新三板"市场,规范发展区域性股权市场,优化

---

① 李晓宁:《创业3.0时代,需要更多天使》,财经天下网,2014年11月25日。

并购重组市场环境,进一步推动股权投资的大发展。① 要构建多层次"正金字塔式"资本市场体系,形成主板、中小板、创业板等交易所市场,全国中小企业股份转让市场("新三板")、区域性股权交易市场("四板")及券商柜台市场("五板")等场外市场,为实体经济提供多样化服务,满足投资者多元化投资需求。在"正金字塔式"资本市场下方,则是大量 VC/PE 和天使投资人与资本市场进行良性互动(见图3)。

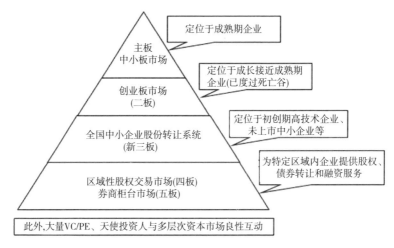

图3　构建多层次金字塔式资本市场体系

(一) 要壮大主板和创业板市场,推进资本市场的市场化和法治化改革,加快股票发行核准制向注册制改革步伐,完善退市制度和不同市场间转板机制,让市场发挥支持创业创新的主导作用

资本市场的改革方向是市场化、透明化、法治化、国际化。资本市场改革首先要市场化,让市场发挥支持创业创新的主导作用。IPO 由核准制向注册制过渡是建设统一开放、竞争有序的市场体系的重要环节。中共十八届三中全会明确提出,要推进股票发行注册制改革,要加快制定从核准制向注册制改革的具体方案,对《证券法》进行配套修改,完善信息披露、严格的惩处等配套监管措施。注册制改革将"还权于市场",利用市场机制来筛选企

---

① 肖钢:《注册制改革核心在于理顺市场与政府关系》,人民网,2015 年 1 月 19 日。

业。自主判断、自由选择被认为是投资者不可剥夺的权利,上市成功与否、定价高低都应由市场来决定。二要贯彻以信息披露为中心的监管理念,健全多层次资本市场信息披露规则体系。在注册制下,通过放松事前审批,监管层可集中精力于拟挂牌企业的信息披露和事后控制,保障发行人披露信息的数量和质量,满足投资人理性决策的信息要求,大幅减少行政审查的环节。三要明确主板、中小板、创业板等各市场的层次定位,尽快推出退出制度和转板机制。主板市场主要定位于成熟期的企业;中小板主要服务于达到成熟期的中小企业;创业板主要定位于成长期接近成熟期的企业;而新三板市场主要服务于初创期高科技企业、未上市中小企业以及高层次市场的退市公司。要尽快推行退市制度,利用市场机制来淘汰企业,不仅可以使直接融资成为"圈钱"工具的常态得以改变,同时也能扭转当前中国股市严重的"劣币驱逐良币"和大量"死而不僵"的上市公司仍在存活的局面。同时,要建立不同市场间的转板机制,使场内交易和场外市场互动。此外,资本市场支持创业创新功能的发挥要靠法治。通过"依法治市"让市场发挥配置资源的决定作用,尊重市场、尊重市场规律,让市场焕发生机与活力。推进"依法治市"重点涉及到完备的法律规范体系、高效的法治实施体系和严密的法治监督体系等相互影响的三个维度。"依法治市"的核心是保护产权,要保障财产所有者、投资者、创业者、消费者等市场主体的合法权益,实现要素的自由流动、公平交易。要规范政府与市场的关系,做到市场主体"法无禁止皆可为",政府"法无授权不可为"。

(二)要大力发展支持创业创新的新三板市场,完善信息披露制度,发展并购市场,推出市场分层管理,壮大做市商队伍,提升新三板市场投融资服务水平

全国中小企业股份转让系统(俗称"新三板")是全国性场外股权交易市场和多层次资本市场体系的有机组成,为企业资产盘活、并购重组、私募融资提供了重要的通道,也为企业转板主板及二板市场提供了渠道。但目前新三板市场在发展中还存在诸多问题,为了全面提升新三板市场投融资服务水平:一要完善信息披露制度,重视保护投资者的利益。完善信息披露制度是保障投资者利益不受侵害的重要前提,市场信息不透明会影响投资者合法权益。新三板市场的信息披露制度设计要结合挂牌企业规模不大、公司治理制度尚未完善的特点，按照便利性与重要性的原则，鼓励企业自愿进行信息披露、券商进行事前监管、股转系统负责事后监管。同时要加大对信息披露违规企业的处罚力度，通过提高企业违规成本，进而减少不合规的信息披露。二要发展并购市场，加快推行转板机制，疏通股权投资退出通道，增加新三板对投资者的吸引力。并购市场和转板是天使投资、VC/PE 在新三板实现资本退出的重要通道，退出通道阻塞会影响市场流动性进而对 IPO 前端投资产生影响，最终制约新三板正常投融资功能的发挥。管理层要制定专门的新三板并购法规，把并购市场合理规范，防范报表重组、题材重组等低效率并购行为的出现，努力提升并购效率。做好转板机制设计，考虑不同层次市场定位的差异化，不仅要有低层次市场向高层次市场的转板，而且要包括高层次市场向低层次市场的转板。三要实行市场分层管理，伴随新三板挂牌企业大幅增长，挂牌企业发展水平参差不齐、逐渐分化，实施分层管理愈发必要。要使市场分层管理与市场规模扩大协调推进，差异化设计信息披露机制、股票交易细则、投资者适当性等制度安排。四要继续壮大做市商队伍，放宽新三板做市商准入。2014 年 12 月 26 日，《关于证券经营机构参与全国股转系统相关业务有关问题的通知》指出，要把当前做市商主体由证券公司扩容至基金子公司、证券投资咨询机构以及私募基金等。在此基础上，增强做市商进行做市业务的积极性，进而增加新三板市场交易的活跃性，提升市场流动性。五要强化市场监管，加大对违规行为惩罚力度。我国虽于 2013 年年底发布了《非上市公众公司监督管理办法》，但对于违规行为的界定、相关的处罚细则都不明确，存在寻租的空间。因此要加快完善现有规定，细化违规行为标准、监管细则，维护良好的市场秩序与环境。

（三）要明确区域性股权交易市场是我国多层次资本市场的重要组成部分的定位，完善区域性股权交易市场体制机制，使其更好服务于创业创新

区域性股权交易市场处于我国多层次资本市场的最基础层级，对优化小微企业治理结构、调动民间资本积极性、完善资本市场体系具有重要意义。为此，首先要明确区域性股权交易市场的法律地位，借《中华人民共和国证券法》修订契机，将区域性股权交易市场纳入多层次资本市场体系，明确区域性股权交易市场的定位,与新三板等其他板块进行合理分工,使各个市场各司其职,更好发挥其专业功能,满足不同发展阶段的企业融资需求。要按照"非公开、非集中、非连续"的总体原则,对区域性股权交易市场的交易制度、企业挂牌标准、信息披露、参与主体、自律管理以及区域股权交易市场的"区域性"做出明确规定并制定统一的最低标准,防止地方政府盲目重复建设和竞争性降低挂牌标准。二要适度提高企业股东不能超过 200 人的上限,提升市场交易的活跃性。场内交易所上市融资历时周期长,不利于企业在短时间内募集发展所需资金,而区域股权市场挂牌企业每次融资时间基本在 2—3 个月左右,具有低成本、高效率、服务便捷的优势。[①] 三要积极推动区域股权交易市场内部分层,使其更好地匹配企业的融资需求。随着实体经济的复杂化和多样化,资本市场固有的多层次性表现更为明显,对于金融创新提出了相应的制度要求。从既有分层市场中创新出新层次,能够更好地适应融资者和投资者的需求。上海股权托管交易中心"一市两板"的经验值得借鉴,通过设立"非上市股份有限公司股份转让系统(E 板)"和"中小企业股权报价系统(Q 板)",并制定不同的挂牌标准,能够为不同类型的企业提供融资服务,目前 E 板挂牌企业 338 家,Q 版挂牌企业达到 2838 家。四要鼓励区域股权交易平台积极与其他类型的金融机构开展合作,鼓励更多中介服务类机构入驻股权交易中心,为企业提供股权融资、债券融资、信贷融资、企业信息展示、企业融资咨询培训等多方面、全方位的服务。比如,武汉股权托管交易中心与湖北银行等金融机构签署三方战略合作框架协议,共同为湖北四板挂牌企业提供挂牌辅导、信贷融资、股权融资、贷投联动、私募债发行与承销等综合金融服务。

(四)要发挥政府引导的功能,完善股权融资链,壮大天使投资人队伍,健全相关立法保障,探索发展股权众筹融资,促进科技成果向现实生产力转化

国家要积极完善股权投资链,大力发展股权投资,补齐股权投资体系"短板",实现科技优势与金融资源的有效对接。一要发挥好国家新兴产业

---

① 刘艳珍:《区域性股权交易市场融资研究》,《金融理论与实践》2014 年第 6 期。

创业投资引导基金的作用,激发创业创新活力。国务院已决定,设立总规模400亿元的新兴产业创投引导基金,支持处于起步阶段的创新型科技企业,促进创新与产业对接。在完善 VC/PE 投资链的过程中,要充分发挥政府引导基金的引导作用,让政府力量、社会力量和民间资本共同推进我国创业创新和产业升级。[①] 二要鼓励各地方政府积极营造良好的市场环境,培育壮大本地股权投资机构,并吸引优质外地股权投资机构在本地设立分支机构,通过股权投资机构的集聚,发挥出规模效应以有效降低其运营成本,提升其利润增长的空间和发展的潜力,同时要结合本地区重点发展的高技术产业或优势行业,引导 VC/PE 机构的投资向本地优质项目倾斜。三要使政府成为股权投资和高技术产业发展的制度供给者,主动健全相关立法保障,尽快制定《私募股权投资基金法》以明确其法律地位,规范资金的募集,适度拓宽资金来源,要完善《中华人民共和国保险法》《中华人民共和国商业银行法》《中华人民共和国公司法》等相关法律的对应部分,打造包括保险基金、企业年金、养老金在内的资金"募集池",引导投资者结构合理化,使投资行为回归中长期和理性。在基金的投向方面,要高度关注当前 VC/PE 哄抢 IPO、Pre-IPO 项目等"重晚轻早"的不理性的行为,通过税收优惠、财政扶持等方式,培育关注创业创新和长期优质项目的文化,促进股权投资行业的健康发展,形成与高技术产业的良性互动。[②] 四要培育创业创新文化,培养专业从业人才,推进天使投资人队伍的扩容。通过建立股权投资引导基金,打造投资信息交流和共享平台,减少各个参与主体之间信息不对称问题,调动投资者和高技术企业的积极性,营造鼓励创业创新的文化氛围。股权投资行业是一个"以人为本"的行业,专业的投资管理人拥有敏锐的市场直觉,丰富的投资经验,对投资基金的成败举足轻重,是该行业最大的资产。同时,做好优秀外资基金人才的引进工作,外资人才与本土人才形成竞争和合作关系,从而"倒逼"国内从业人员素质的提升,这将全面优化整个行业的管理水平,有利于打造一支高水平、国际化的股权投资基金从业队伍。要鼓励优秀本土企业家从事天使投资,壮大投资人现有队伍,让更多"闲钱"流入实体经济,为创业创新注入"血液",促进科技成果向现实生产力

---

① 《李克强主持召开国务院常务会议》,中国政府网,2015 年 1 月 14 日。

② 辜胜阻、高梅、刘江日:《当前 VC/PE 的行业深度调整的方向》,《金融时报》2012 年 11 月 5 日。

转化。此外,为进一步拓展中小企业创业创新融资渠道,要探索发展股权众筹融资,积极开展股权众筹业务试点。中国证券业协会于 2014 年 12 月公布《私募股权众筹融资管理办法(试行)(征求意见稿)》,对股权众筹业务监管进行初步界定,并要求平台在中证协进行备案。截止到 2015 年 1 月 20 日,已经有八家股权众筹平台成功备案登记成为中证协会员,众筹业务的监管和自律正逐渐形成和规范。在合理有序监管的基础上,推动股权众筹与多层次资本市场进行有效对接,调动民间资本参与我国经济发展创新驱动的积极性。

(五)要提高金融公共服务效能,完善面向科技型企业的融资服务体系,加强金融服务平台建设,发展专业化服务机构

不同发展阶段和不同规模的科技型企业有着不同的融资需求,即使同一企业,不同成长阶段也需要差异化的融资服务。金融服务如果过于分散化、碎片化,也会间接推高企业的融资成本。因此,需要探索建立包括股权投资机构、银行、保险公司等金融机构在内的一站式金融服务平台,为科技型企业提供差异化、连续性的金融服务。通过创新金融服务品种,提升科技型企业融资效率,降低融资成本。

总之,新常态下创新驱动引领产业升级要技术创新与金融创新"双轮驱动",创新与创业一体运行,市场之手和政府之手"双手"推进。在金融创新方面,要大力调整金融结构,显著提高直接融资比重,完善多层次资本市场,优化以风险投资为核心的股权投资链,实现金融链、创新链、产业链"三链"联动。

(本文发表于《社会科学战线》2015 年第 5 期。庄芹芹、曹誉波、刘伟、李睿在本文的完成中做了工作)

—*12*—
推进企业创新亟须重构创业板制度安排

当前,我国经济发展进入新常态,经济发展动力要从传统动力向新动力转换,要从"要素驱动"、"投资驱动"转向"创新驱动",让创新成为经济发展的新引擎。不久前,《中共中央国务院关于深化体制机制改革加快实施创新驱动发展战略的若干意见》(以下简称《意见》)发布,从 8 个方面 30 个领域为创新驱动战略的实施作了整体而详尽的顶层设计,《意见》指出要强化资本市场对技术创新的支持,要加快创业板市场的改革,健全适合创新型、成长型企业发展的制度安排。[①]

创业板是我国多层次资本市场的重要组成部分,主要面向创新型企业和高成长型企业。创业板相对于主板市场有相对较低的上市和交易标准,降低了对企业规模和过往业绩的要求,而将考察的内容集中在企业的发展主体、经营业绩、发展规划,以及发展前景和成长空间,为大量不能在主板上市的高技术企业提供了股权交易和融资的平台,对鼓励企业创业创新,加速科技成果的转化,激发民间资本投资活力有重要意义。2009 年 10 月 30 日,28 家企业首次在深交所创业板市场挂牌,5 年多来,创业板市场发展十分迅速。据深交所统计,截至 2014 年年底,创业板上市企业达 406 家,数量扩容14.5 倍;总股本增长至 1077.26 亿股,增长超过 40 倍。在创业板的挂牌企

---

① 《中共中央国务院关于深化体制机制改革加快实施创新驱动发展战略的若干意见》,新华社,2015 年 3 月 13 日。

业中,国家级高新技术企业占比超过95%,是各自领域的佼佼者。但随着市场化改革的深入,我国创业板的制度安排与创新型、成长型企业发展出现了一定的不协调,为激发企业自主创新活力,亟须破除创业板在体制机制上的障碍。因此,要进行创业板市场的改革,重构创业板制度安排,完善支持高技术企业创新的资本市场。

一、高技术企业创新需要创业板市场的支持

创新是一项风险高、投入高的活动,从进行单纯的技术研发到科研成果最终市场化的整个创新过程,需要大量的资金投入。发达国家的经验表明,领先的技术创新离不开成熟的创业板市场和活跃的风险投资。[①] 高技术企业是技术创新的重要主体,具有高投入、高风险、高收益的特点,难以符合银行等传统融资方式的要求。而创业板和风险投资与高技术企业的特点能互相匹配,具有筛选发现、产业培育等功能,不仅可以满足高技术企业的融资需求,而且能分散技术创新活动中的高风险,有利于鼓励企业制度创新和持续技术创新,有利于创业创新文化的形成。

创业板和风险投资是一对"孪生兄弟",二者的健康发展将形成一个良性循环。创业板的推出为风险投资资本提供灵活而直接的退出渠道,促进风险投资的发展。风险投资事业的发展,又将不断孵化科技成果和前景良好的成长型企业,培育优秀的上市资源,促进创业板市场的发展。[②] 创业板是多层次资本市场体系中与高技术企业关系最为密切的市场,创业板市场、风险投资和高技术企业联动,组成了一套独特的筛选培育机制,成为高技术企业创新的发动机。

(一) 创业板与风险投资具有筛选、发现、培育创新企业的功能

风险投资家利用敏锐的市场嗅觉、专业的知识和判断,对企业的创业者

---

① 辜胜阻、洪群联、张翔:《论构建支持自主创新的多层次资本市场》,《中国软科学》2007年第8期。

② 辜胜阻:《创业板是转变发展模式推动企业创新的新机遇》,《中国工商时报》2009年10月29日。

素质、投资项目和技术的市场前景、产品的独特性、环境威胁抵抗能力等多项标准进行筛选和评估,选择有潜力、有价值的企业进一步培育。创业企业获得风险投资机构的青睐,成功渡过初创期,向成熟期发展,优质企业会选择在创业板等资本市场上市,与此同时风险投资实现退出、获得投资回报。在整个筛选发现、培育到企业最终成功上市的过程,风险投资与创业板形成积极互动。

第一,发达国家证券市场的发展经验显示,风险投资在 IPO 过程中具有"认证功能"[1]:风险投资对公司 IPO 时和 IPO 后的经营业绩有显著的正效应。风险投资对资本市场的认证和监督效应能提高市场对企业项目品质的识别能力,不仅能将高成长型的优质创业企业筛选出来,而且能吸引投资者关注经营状况良好和创新能力较强的企业;企业的良好发展又为风险投资机构带来声誉效应,推动其进一步发现和筛选创业企业(见图 1)。第二,创

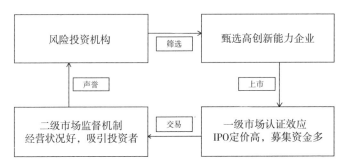

图 1　风险投资与上市企业创新发展的互动影响

资料来源:朱晖:《基于创业板的风险投资 IPO 市场效应研究》,华南理工大学博士学位论文,2014;陈艳:《我国风险投资对企业技术创新影响的机理研究》,苏州大学博士学位论文,2014。

业板服务对象是从事高技术开发与创新的中小企业,企业上市后,创业板不仅提供了创新科技企业急需的、难以从传统融资渠道获得的相对长期的资本支持,而且能运用资本市场快速的信号传导、高效的外部监督和有效的激励机制培育企业,维持并提高企业成长性。[2] 第三,风险投资和创业板能帮助企业形成有效的公司治理机制。风险投资和创业板分别通过其

---

① 唐运舒、谈毅:《风险投资,IPO 时机与经营绩效:来自香港创业板的经验证据》,《系统工程理论与实践》2008 年第 7 期。

② 胡经生、蔡慧:《企业成长性、自主创新与创业板市场》,《中国金融》2009 年第 8 期。

独特的融资模式,大大降低了创新型企业中的信息不对称和"委托—代理"风险,从而建立行之有效的公司治理机制,能有效地监控企业,并推动企业的发展,形成资本市场和企业治理的互动。在此过程中,企业由初创走向成熟,使许多企业由家庭式、合伙制迅速转变为标准规范的现代企业形态。

(二)创业板与风险投资具有为创新企业提供融资和分散风险的功能

风险投资与资本市场是典型的直接融资模式。美国拥有与科技型企业融资需求相匹配的成熟的直接融资体系——全世界最发达的风险投资与股权投资系统,为具备创意、技术和商业创新的青年创业者提供了优质的服务,为企业扩张和收购兼并提供金融支持;优秀企业申请到纳斯达克上市融资,接受二级市场的检验与认可。

首先,风险投资与创业板能满足大量高技术企业的融资需求。一方面,风险投资有资金放大器的功能,风险投资公司把银行、保险公司、养老基金、大公司、共同基金、富有的个人和外国投资者分散的资金集中起来,通过专业的运作对急需资金的高技术企业提供资金支持并获得高额回报。另一方面,创业板对拟上市企业的要求较低,吸引众多创新型中小企业来到创业板申请上市。相比其他金融市场,创业板市场能够提供比商业银行和传统证券市场更加灵活、方便且有效的融资安排,为尚未达到主板上市要求,且具备长远发展潜力的企业实现上市融资梦想。[①] 2014 年 9 月底,我国创业板企业仅首发上市累计募集资金已达到 135.84 亿元(见图 2)。企业在创业板筹集了充足的资金,可提高其进行研发所需要的投入,推动企业技术进步。统计显示,2009—2013 年,我国创业板企业的研发投入占营业总收入比重平均为 5.7%,部分公司的研发投入比例甚至高达 20% 至 30%。截至 2013 年年底,创业板总专利数 17322 件,其中专利发明 4528 件,比上市前夕增长一倍多。

其次,风险投资与创业板能够分散高技术企业面临的风险,推进企业在资本市场进一步发展壮大。一方面,风险投资崇尚高风险、高收益,承担着

---

① 万兰英:《中国创业板市场的理论与实践》,经济管理出版社 2006 年版。

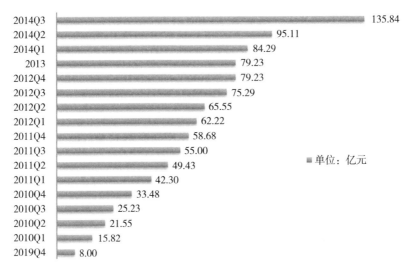

图2　我国创业板累计募集资金总额（含股东售股）

资料来源：整理自 Wind 资讯。

分散风险的重要责任。风险投资家通过权益投资即股权投资的方式，与创业者共同承担创新科技企业所面临的技术、市场、财务与管理等方面的风险；风险投资的运作一般采取有限合伙制的形式，通过组建风险投资基金，广泛吸收社会闲散资金，从而提供了高技术成果转化过程中的风险社会化承担机制，增进了金融体系的稳健性。另一方面，创业板依托资本市场的特有机制实现风险分散。创业板市场是高风险市场，其高风险主要体现在高退市率和企业的经营与破产风险上。凭借资本市场严格的信息披露机制和高效的外部监督，创新型企业的风险能够及时被市场发掘并采取对策。由此，风险投资是创新型企业初期风险的主动承担者，创业板是企业发展壮大后风险投资的重要退出渠道，并将企业经营风险分散到整个资本市场。

（三）通过资本市场和股权投资推动的并购重组能够倒逼企业进行制度创新和持续的技术创新

首先，风险投资因其有高风险性偏好，对失败有极强的容忍，带来鼓励冒险、允许失败的制度效应，能够激励创新创业。这种激励效应具有商业可持续性,风险投资所投企业往往具有"成三败七、九死一生""不鸣则已、一鸣惊人"的特点,风险投资者往往可以凭借一个项目的成功弥补其他项目的损失、获取利润,在商业上是可持续的。风险投资的发展是对创业精神的弘扬,风险投资事业的兴旺和运作,促使人们的就业观念、市场观念、风险意识、效率效益观念、合作协作精神、双赢观念发生深刻的变化,有助于创业创新文化形成。同时,显著的财富效应使得创业板被誉为"创富板",通过创业板"一夜暴富"的创业者此起彼伏,创业板的"造富神话"对潜在创业者起到示范和带领作用。

其次,创业板的退市制度和行业内频繁的并购重组能够倒逼企业持续不断地进行创新。从发达国家的资本市场发展来看,创业板是高淘汰率的市场,上市公司的退市速度较主板市场要快很多。美国纳斯达克(NASDAQ)一直保持着较高的退市率,有良好的信号传递机制和对上市公司严格的约束机制,保证了市场形象和整体质量。据统计,纳斯达克每年大约有8%的公司退市,英国另类投资市场(AIM)的退市率更高达12%左右。而日本、韩国和中国香港、台湾地区的创业板退市率仅为5%甚至更低,很多企业不管经营业绩如何,只要没有破产,便不会被摘牌,这势必影响创业板市场的整体质量和投资者信心。[①]

创业板为企业进行兼并收购提供了充足的资本和渠道。创业板上市企业大多在增长最快、最有前景的细分行业中处于领导地位,需要通过兼并收购等方式突破未来发展瓶颈和制约,保证可持续性竞争力。通过对与主营业务相关的同行业或上下游的并购整合,企业不仅能够解决技术攻关和提高市场竞争实力,而且能快速进行外延式扩张,实现产业整合,助推产业升级。我国创业板公司的并购活动越来越频繁,呈现跳跃式增长。2014年创业板共发生并购事件430起,逼近过去四年的总和(见图3)。并购业务多数集中在文化传媒、节能环保、信息技术、生物科技、新能源汽车等新兴产业。并购热还刺激了"职业创业人"崛起,不仅满足了大型企业的并购需要,而且推动了技术进步和科技成果的商业化,有利于形成"大众创业、万众创新"的创业浪潮。

---

① 吴晓求:《中国创业板市场:现状与未来》,《财贸经济》2011年第4期。

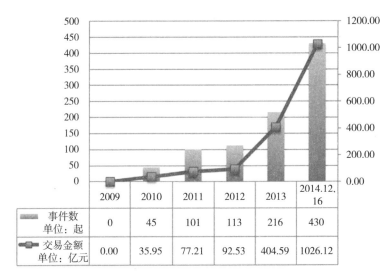

图 3 创业板 2009—2014 年并购事件数量和交易金额

注:起止日期为 2009 年 10 月—2014 年 12 月 16 日。并购事件包括完成、实施、过户、进行中、证监会批
　　准、签署转让协议、股东大会通过、达成转让意向、董事会预案、停止实施、失败等事件,其中停止实
　　施和失败的事件共 39 起。同一并购案例可能在同一年份或不同年份发生多次事件,此处统计按照
　　当年事件记录多次统计。外币并购交易依照事件发生当日汇率折合成人民币计入交易金额。
资料来源:整理自深交所多层次资本市场上市公司 2012 年、2013 年报实证分析报告;王竞达、瞿卫
　　菁:《创业板公司并购价值评估问题研究》,《会计研究》2012 年第 10 期;Wind 资讯。

二、我国创业板市场支持企业创新的制度缺陷

　　美国 1971 年启动的全美证券交易商协会自动报价系统纳斯达克(NAS-
DAQ)是全球第一个创业板市场。在 40 多年的发展中,全球曾有 40 余个国
家或地区设立了超过 80 个创业板市场,但其中近半数存活期不到 10 年,现
存的约 40 多家创业板市场发展状况参差不齐。相比之下美国纳斯达克是全
球最成功的创业板市场,培育出了苹果、谷歌、微软、英特尔等一大批成功企
业,其交易规模一度超过纽交所(NYSE),为美国的信息产业、计算机产业等
新兴产业崛起以及美国产业结构升级提供了重要的制度支持,是美国科技
与金融融合发展的重要场所。纳斯达克为世界各国创业板市场树立了成功
的典范,其成功得益于其崇尚竞争的市场主导型金融模式、第三次科技革命
推动下源源不断的优质上市资源、透明的信息披露和完善的市场监管制度,

更重要的是其合理的制度设计。纳斯达克市场制度架构是一个科学完整的体系,包括了相对简便的上市注册制度、内部多层次的市场分层、灵活的转板和退市安排。

经过 5 年多的发展,中国创业板市场的制度安排与创新型、成长型企业的发展要求出现了一定的不协调,有大批创新型企业陆续远赴海外上市,国内资本市场和投资者无法分享优秀企业成长带来的红利,这与我国创业板在上市发行、交易、再融资、退市转板等方面的制度安排缺陷密切相关。

(一)创业板上市标准单一、审批制度过于严苛和上市名额有限,大量企业排队等待上市或到境外上市

合理的上市发行制度是创业板市场持续稳定健康发展的基础。2014 年2 月,证监会发布《首次公开发行股票并在创业板上市管理办法》,取代原有的暂时管理办法,上市条件进一步放宽。[①] 但相比美国纳斯达克等市场,我国创业板发行上市制度安排仍不合理。

首先,我国创业板上市标准缺乏层次且较为单一,无法及时适应创新型企业广泛且快速的发展要求。我国创业板对所有拟上市公司从企业规模、盈利能力、主营业务和公司治理四个方面进行无差别约束,标准单一且没有区分层次。处在不同发展阶段、不同行业领域的企业参照同样的财务指标申请上市,降低了创业板市场甄别优秀企业的效率。而美国纳斯达克将市场分割为三个层次,并设有 11 套标准,公司可以根据自身特点和情况选择不同的市场和标准进行上市融资(见表 1)。[②] 同时,我国创业板上市标准没有覆盖到一些新兴高成长性创新型企业,比如互联网企业等创新企业。2014年,阿里巴巴、京东、新浪微博、聚美优品等国内优秀互联网企业纷纷登陆美国资本市场,美国纳斯达克甚至已经逐渐形成了中国互联网板块。目前,赴海外上市的国内互联网企业大多为轻资产公司,因盈利能力不达标、股东结构不符合要求等原因,不得不选择海外上市。中国经济增长和技术发展的

---

① 与美国纳斯达克、日本加斯达克等其他国家和地区的创业板上市条件相比,中国创业板对拟上市企业有严格的盈利要求:最近两年连续盈利,最近两年净利润累计不少于一千万元;或者最近一年盈利,最近一年营业收入不少于五千万元。

② 于旭、魏双莹:《中国创业板与纳斯达克市场制度比较研究》,《学习与探索》2015 年第 1 期。

收益被海外投资者分享,是我国资本市场的一大遗憾。

表1　创业板与美国纳斯达克上市条件比较

	美国纳斯达克			中国创业板
	精选市场	全球市场	资本市场	
经营年限或设立年限	不要求	2年	2年	3年以上
资本额	要求	要求	要求	要求
净利润				要求
现金流	要求			
税前收入	要求	要求	要求	
营业收入	要求			要求
市值	要求	要求		
公共流通股	要求	要求	要求	
总资产		要求		
股东人数	要求	要求	要求	要求
公共持股数量	要求	要求	要求	
公共持股比例				要求
发行价格	要求	要求	要求	
股票锁定会禁售	不要求			要求

资料来源:整理自各市场主站;深圳证券交易所创业板股票上市规则;房四海:《风险投资与创业板》,机械工业出版社2011年版。

　　其次,创业板审批制度严格和上市名额有限,大量企业在证监会排队等待上市、"僧多粥少",降低了企业在创业板融资的效率。我国创业板上市采取的是证监会审批制,审批程序繁琐复杂、耗时过长,企业上市面临高昂的审批成本。截至2014年10月14日,创业板IPO审查排队企业已有213家,达到上市标准的企业上千家。由于创业板排队上市企业太多,时间太长,很多优秀的企业因无法及时获得融资而步入衰退,部分企业不得不寻求海外上市、"新三板"挂牌等方式"曲线救国"。同时,由于上市名额有限,在实际操作中,创业板上市的标准"水涨船高",大部分上市企业的实际财务水平远超过主板IPO标准。据Wind资讯统计,截至2014年12月31日,已上市的406家创业板企业中,有350家企业仅上市前一年净利润就超过了在主板上市净利润3000万元的要求,远高于创业板发行上市标准。寻求上市的艰辛在一定程度上使企业削减投入创新的时间、精力和财力,弱化了创业板对企业成长和创新的激励作用。

(二) 创业板交易制度不完善,出现较高盲目性和投机性,再融资制度不健全,抑制企业创新能力

竞价交易制度和做市商制度是证券市场的两种基本交易制度。我国创业板从成立之初,就采用与主板市场一致的电子自动撮合系统竞价交易制度,由交易系统对投资者的交易指令进行自动撮合。主板市场主要为成熟企业或平稳发展的企业提供融资服务,其业绩较为稳定,对企业的估值相对容易且准确。因此,竞价交易制度能使主板市场的交易过程公开透明,且交易成本较低。创业板的服务对象主要是高成长性的创新型企业,市场规模相对较小,且企业融资带有高投入、高风险的特征,其业绩容易出现大起大落的不稳定现象,上市企业的估值较为困难,传统的竞价撮合交易方式容易引起非专业投资者的短期行为,出现较高的盲目性和投机性。

再融资是企业在持续发展过程中的融资行为,对解决上市公司资金需求,降低募集资金成本,提高募集效率等十分有利。创业板市场运行五年多以来,关于首次公开发行、上市管理等方面的制度安排都在不断完善中,但上市公司的再融资制度却长期缺位,直到 2014 年 6 月证监会发布《创业板上市公司证券发行管理暂行办法》时,再融资制度才最终落地。创业板上市企业大多是高成长性企业,在其发展扩张中有来自兼并收购、增加研发投入以保持竞争力等带来各种资金需求,不通畅的再融资体系使企业只能通过银行贷款、非公开发行债券等方式进行再融资,这将大大提升企业融资成本,引发部分企业在 IPO 时有"一次性募足"的非理性融资冲动。

(三) 创业板退市制度缺乏约束力,"只进不出"降低创业板企业整体创新质量

灵活的退市制度不仅能促进创业板市场新陈代谢,实现优胜劣汰功能,而且能发挥资本市场的筛选能力。证券市场制度是由上市、交易、退市构成的有机整体。美国资本市场保持活力的秘诀是"大进大出"。美国纳斯达克市场有严格执行的多套退市标准,其中包括规定公司股价连续 30 日

低于 1 美元,且 3 个月内未升至 1 美元以上,必须退市至公告板市场。2011 年,美国纳斯达克退市公司占公司总数的比例为 6.14%,2003—2007 年间平均退市率高达 8%。退市的压力对约束上市公司管理层勤勉尽责、保障投资者最低投资质量、维持资本市场优胜劣汰的市场效率都有重要的意义。没有高效的退市机制,创业板的市场效率会大大降低,投机也无法遏制。

2012 年 5 月 1 日开始,我国推行创业板退市制度,明确表明将"暂停上市考察期缩短到一年",并将"追溯财务造假",这有望矫正定价功能和资源配置功能缺陷。[①] 但截至 2014 年 10 月,创业板已挂牌上市企业无一退出。当前普遍认为,创业板的退市规则力度太小,对市场没有起到很大的约束作用,制度设计偏向融资人的诉求,忽略投资人的利益。此外,由于上市的难度较大,导致已上市企业的"壳资源"价值不菲,创业板上市企业即使经营不善,股东仍然能够通过出售"上市公司壳"获得暴利。"只进不出",从短期而言,不仅容易助长市场的投机氛围,造成垃圾股价格高高在上,而且不利于实现公司优胜劣汰、市场有进有出的良性循环;从长期看,会导致挂牌公司数量迅速膨胀,使得宝贵的金融资源分散到没有价值的劣质公司中,指数长期低迷,降低了整个市场的投资价值。

三、重构支持企业创新的创业板制度安排的对策思考

强化资本市场对技术创新的支持,改革创业板市场,要市场化和法治化"双轮驱动"。一方面,要重构创业板市场化制度安排,使"行政之手"让位于"市场之手"。要进行发行注册制改革,改革上市发行的事前审批,让企业上市与否和定价高低由市场自由判断、自由选择,还权于市场,并加强信息披露和事后监管。推行退市制度,让市场发挥优胜劣汰的机制,不仅可以改变资本市场作为"圈钱"工具的常态,同时也能扭转我国股市严重的"劣币驱逐良币"局面。另一方面,要坚持法治化的资本市场改革方向,依法治市。市场化发展要有法治化保驾护航,资本市场必须是法治市场,借《中华人民共

---

① 梁军、周扬:《创业板与企业创新的实证研究》,《科研管理》2013 年第 2 期。

和国证券法》修改的契机,完善资本市场法律制度体系。加快从"弱法治"向"强法治"转变,从为融资者服务转换到为投资者服务,施行"依法治市"甚至"依刑治市",严厉惩处上市公司的违法犯罪行为。

(一)完善创业板上市制度,推进创业板分层次和场外市场升板制度建设

首先,要进行新股发行制度改革,积极推进"核准制"向"注册制"转变,提高创新型企业上市的效率。比较宽松的发行注册制广为境外主要创业板市场采用,其中美国实行的他律型注册制最为成功,其在强调充分信息披露原则的基础上将政府监管与自律监管有机结合。该模式已为诸多国家的创业板市场所效仿。在我国创业板推行注册制改革,一方面,要充分运用市场机制,将审核职权逐步授权予中介机构和保荐人。证监会可对中介机构和终身保荐人设立考核评价,评价结果与其业务范围和声誉挂钩。例如伦敦AIM市场将推荐、审核上市公司的权利下放给终身保荐人,由保荐人履行相关职责,如推荐劣质企业将失去信誉,保荐人必须且必然尽责。另一方面,证监会要保留对中介机构提交的上市企业报告的最终审批权。要重点关注具有可操作性的非财务指标,如中介机构监管人员人为因素、企业管理层结构等,识别出真正具有良好潜在成长能力的企业。此外,通过放松事前审批,监管层可集中精力于拟挂牌企业的信息披露,不再代替投资者作价值判断。同时,可借鉴伦敦AIM市场对其他交易市场转来的企业设置上市"绿色通道"的经验,对已在或拟在国外高品质、高认可度市场(如美国纳斯达克)上市的优质企业,设置简化审核程序,鼓励其回归中国创业板直接上市。

其次,要设置多样化的创业板市场上市条件,满足多层次创新企业上市需要。2014年8月份,证监会提出,未来允许符合一定条件尚未盈利的互联网和科技创新企业在新三板挂牌满12个月后到创业板发行上市。这意味着创业板将对"互联网、科技创新"企业单独设立层次,支持其融资需求。要以此为契机,统筹考虑,全盘谋划,把创业板层次的改革与证券法修订、多层次资本市场建设等有机结合起来。要考虑结合不同行业属性的企业,要借鉴美国纳斯达克经验,设置不同层次市场,制定不同上市标准,使各层次有潜

力的企业均能获得上市机会。对于一些具有高成长性但目前未能盈利的创业企业,要增加净资产达标要求或无形资产占净资产比例等方面的替代要求。可通过设立或雇佣专门的第三方技术认定机构,设立相对统一的标准来评估企业无形资产。

第三,要加快场外市场升板至创业板的制度建设。新三板、区域性股权交易市场等场外市场,应成为资本市场上市资源的"孵化器"或"学前班"。但我国资本市场缺乏内部转板的渠道,场外企业上市仍然严格按照 IPO 路径。在符合创业板上市条件的前提下,要使场外市场企业享受到上市的便利,才能激发场外市场的活跃程度。首先,要做好场外市场向创业板转板上市的制度安排,简化手续,降低费用,节省时间,以提高转板效率。其次,应设置一定的升板条件,如上市年限、违法违规记录、企业成长性财务指标等,保证在创业板上市的场外市场企业质量。对确定转板企业,要聘请专业机构进行辅导,完善公司治理结构,规范并监督公司运行。①

(二) 探索在创业板逐步引入做市商制度,继续完善再融资制度

首先,要借鉴国际创业板和国内新三板做市商报价的成功经验,在创业板引入做市商制度。成思危教授(2011)认为,做市商制度有三大优势:一是做市商具有专业知识和丰富经验,能够准确地发现价值;二是做市商自身充当卖家和买家,有利于保持市场流动性;三是做市商能够完成大宗交易。②美国纳斯达克等大多数国家的创业板交易制度以做市商为主(见表2)。做市商交易制度由具备一定资质的法人组织进行连续双边报价,并与投资者进行交易。这种交易制度符合创业板市场容量不大、信息不对称问题较为突出的特点,有利于维护市场的连续平稳、缓解信息不对称。在实践中,我国新三板已于 2014 年 8 月正式推出做市商制度,截至 2015 年 4 月 2 日,采用做市交易的企业数为 226 家,占 2170 家挂牌企业的 10.4%,而做市成交金额达 206387.46 亿元,占总成交金额 72.4%。做市商制度大大提升了市场流动性,有效遏制了市场过度投机,有利于维护市场稳定。

---

① 张明喜:《关于建立资本市场转板制度的若干思考》,《上海金融》2010 年第 1 期。
② 成思危:《解决创业板三高问题用做市商制度》,腾讯财经,2011 年 1 月 8 日。

表2　主要国家和地区创业板市场及交易制度

国家或地区	创业板市场名称	交易制度或交易方式
美国	NASDAQ	典型的做市商制度
欧洲	EASDAQ	具有多个交易商报价驱动系统
加拿大	风险交易所（CVE）	提供在线报价交易系统
日本	JASDAQ	做市商制度
马来西亚	吉隆坡二板市场	采用做市商报价驱动系统
韩国	KOSDAQ	引入 NASDAQ 交易系统
新加坡	SESDAQ	采用指令撮合系统的做市商制度

资料来源：整理自各证券交易所网站；梁万泉：《我国创业板市场引入做市商制度的探讨》，《商业时代》2010 年第 19 期。

　　为顺利引入做市商制度，要培育有资质的机构投资者成为做市商主体。做市商的资本实力、人才实力、管理能力和研究能力，对于做市商履行义务、承担市场变化带来的风险有着积极的作用，是做市商制度实施成功的关键所在。要大力培育证券公司、保险公司、企业年金等有资质的机构投资者成为合格做市商。要创新平抑价格波动，规避市场风险的金融工具。要建立健全相关法规和监管体系。要明确规定做市商准入条件、做市商权利和义务、监管细则，限制做市商利用其特殊地位操纵市场，为做市业务的顺利开展、做市制度的高效运行提供法律保障。

　　其次，要完善再融资制度和批量发行制度，构建稳定健康的创业板价值体系。要继续完善再融资制度，逐步降低再融资门槛。"一次注册、分批发行"的储架制在美国股权再融资市场运行了近 20 年，为发行企业节省了大量与融资相关的会计、法律和印刷成本，提高了企业再融资效率。2014 年 5月，创业板再融资制度出台，对上市公司再融资进行了严格约束，并设定了"小额、快速、灵活"的定向增发机制。未来，要逐步放松对募集金额的限制，让小额快速再融资真正常态化。因此，要在有效控制扩容节奏的基础上，降低公开发行再融资门槛，让企业真正能够获得其发展所需融资。同时要加强对募投资金的事后监督和管理，避免创业板公司再融资资金与自身项目脱节，避免企业恶意"圈钱"或融资后资金闲置。可实施定期批量发行上市制度，对发行上市的时间、企业数量、融资规模等作出制度化规定，使优质和相对劣质企业在同一时间接受资本市场考验。

(三)完善退市转板制度,优化退市标准和退市流程,通过市场优胜劣汰提高上市公司质量

退市制度包括退市主体、退市标准、退市渠道、退市程序、退市监管、退市救济等一整套制度设计,[1]其制度安排主要需要解决两方面的问题,一是什么样的上市公司应退市,这需要明确的退市标准或持续上市标准;二是退市公司如何退市,这包括退市程序、退市渠道等。因此,退市制度的设计并不是一个单纯的摘牌问题,退市机制与完善的信息披露制度建设、市场定位、投资者保护、退市后续安排以及市场的发展程度等必须统筹设计,退市机制的有效实施和完善需要一系列配套机制的建立、健全,是一个循序渐进的过程。[2]

第一,创业板退市标准要与上市标准相匹配。创业板市场的退市条件或持续上市标准往往以数量标准和非数量标准进行描述。数量标准一般侧重于公司财务指标、流动性和持续经营能力的测度;非数量标准则涉及公司治理机制、信息披露、审计意见等方面。一般而言,持续上市的标准要低于上市标准。海外各个创业板的退市标准虽并不相同,但其退市标准都与上市标准大多相互匹配,同时持续上市的标准要低于上市标准。具体而言,一方面,如果上市标准对公司的总资产、股票市值、营业收入、公众持股人数、持股数量和市值、最低股价等做了规定,那么退市标准也会在这些方面作同样的要求,只是在数量上有一定的差距,或对相应指标做特殊规定;另一方面,上市标准和持续上市标准对企业信息披露和公司治理机制等非数量标准基本保持一样的要求。[3]

第二,要制定完备的退市程序。完备的退市程序是高效退市制度的重要保证。相对于其他市场,创业板的上市标准较低,企业上市后无法满足持续上市条件的风险也相应增加。为避免市场偶然因素和人为因素造成的非有效退市发生,一方面要制定依次递进、层次分明的退市程序。美国纳斯达

---

① 王晓国:《创业板上市公司退市制度安排与制度完善》,《中国金融》2010 年第 16 期。

② 吴晓求:《中国创业板市场:现状与未来》,《财贸经济》2011 年第 4 期。

③ 吴松谚:《深圳创业板市场运行与解读》,中国经济出版社 2012 年版。

克市场如果决定终止一家公司上市,将书面通知企业此决定,公司在收到通知 7 日内提出听证申请,否则摘牌决定自动生效。另一方面,退市制度需要完善的退市复核和执行程序。例如美国纳斯达克市场的退市程序采用聆讯制,为无法满足持续上市而遭遇退市处罚的企业提供逐级申诉的机会,企业退市一般需要 30—45 天,聆讯制为企业提供多次复审的机会,有些企业退市程序可持续长达 7 个月之久。

第三,要完善多层次资本市场之间的降板退市机制。在创业板摘牌不能等于给企业判"死刑",应构建对应的降板退市机制,使企业的股权能够继续转让交易,不仅能减少摘牌公司的损失,而且能为企业重整旗鼓赢得时间。① 降板退市应遵循"降板强制"的原则,对不满足持续上市企业退市予以强制执行。多层次的资本市场和灵活完善的转板制度是企业退市后的重要保障。多层次资本市场的构架主要包括两个方面:一是多层次的板块市场,即同一市场内部存在的上市和退市标准不一样的板块;二是上市标准与创业板退市标准承接的场外市场。因此,一方面,要加快创业板内部的分层建设进程,创业板内部的低层次板块不仅能吸引更多企业进入,而且能为高层次上市企业提供退市渠道。例如美国纳斯达克市场规定,如果"全球精选市场"的上市企业无法满足持续上市条件,但满足在"全球市场"持续上市条件,则可提交申请在"全球市场"上市;类似的,从"全球市场"退市的企业只要满足条件也可在"资本市场"申请上市。② 高低层次的板块相互承接,为美国纳斯达克市场上市企业退市转板提供了极大的便利。另一方面,就不同层次市场间的转板制度而言,要加快完善"新三板"市场,适时推出创业板降板退市制度,为创业板提供退市渠道。以美国为例,OTC 市场是纳斯达克市场的主要退市渠道。美国纳斯达克市场是在 OTC 市场基础上发展起来的,OTCBB(场外交易电子报价板)和 PINK SHEETS(粉单市场)的上市标准分别与美国纳斯达克退市标准上下衔接,客观上形成了多层次结构,为美国纳斯达克市场的退市公司提供了宽泛管理、继续交易的后续市场。

(本文发表于《中国软科学》2015 年第 4 期。曹誉波、庄芹芹协助研究)

① 许海峰等:《境外上市》,人民法院出版社 2005 年版。

② 房四海:《风险投资与创业板》,机械工业出版社 2011 年版。

13

创业创新引领新常态

当前,中国新一轮的创业创新浪潮正在引领新常态。李克强总理在2014年夏季达沃斯开幕式上特别致辞"要借改革创新的东风,在中国960万平方公里的大地上掀起一个大众创业、草根创业新浪潮"。据统计,2014年3—12月,全国新登记注册企业286.62万户,同比增长54%,创业潮流正在形成。新一轮的创业创新浪潮是稳定中国经济增长,推动产业升级的重大引擎,不断产生的创业活动和新企业给经济增长带来了持续的活力。通过创业推进产业化创新,有利于将创新成果变为现实的产业活动,形成新的经济增长点;新一轮创业浪潮不断推动新产品、新服务的涌现,创造出新的市场需求,有利于充分发挥技术进步对产业结构调整的积极作用,带动现代服务业和现代制造业发展;同时,新一轮创业浪潮的兴起有利于以创业带动就业,更好地发挥市场在促进就业中的作用,缓解就业难困境。

一、四大动力推动新一轮创业创新浪潮

改革开放三十多年来,我国曾出现过三次创业浪潮。与前三次创业浪潮相比,新一轮创业浪潮的主体具有复合性特征:一是金融危机催发海归潮推动创业。二是精英离职引发创业浪潮,不仅有官员创业,也有大量科技人员从科技企业下海创业。三是返乡农民工掀起新的草根创业浪潮。四是官

方大力推进大学生创业。李克强总理鼓励大学生创业,敢为人先,跌倒再来。教育部允许学生休学创业,武汉推出"青桐计划",鼓励大学生创业。总的来说,新一轮创业浪潮的兴起有以下四大动力。

一是简政放权和商事制度改革降低创业门槛与成本,推动新的市场主体井喷式增长。据统计,截至 2014 年年底,国务院已相继取消和下放了 9 批共 798 项行政审批事项。而自 2014 年 3 月 1 日商事制度改革实施以来,全国平均每天新注册企业由改革前的 6900 户上升至 1.04 万户。可见,通过简政放权和商事制度改革,有利于简化创业程序,使创业的政策环境日益完善,真正实现用政府权力的"减法"换取创新创业的"乘法"。

二是新一代互联网技术发展带动产品服务、商业模式与管理机制的创新,引领新一轮互联网创业浪潮。互联网和移动互联网技术的快速发展,以及互联网应用服务平台及数据的逐步开放,给创业活动提供了强大的技术平台支持,也带动了相关产品服务、管理模式的更新,创造了更多的创业机会。

三是高新区与科技园区作为集聚人才、技术、资金等创新要素的重要载体,引领新一轮聚合创业创新浪潮。调研发现,中关村、深圳科技园、东湖高新区、张江科技园等高新区与科技园区在创业创新环境营造方面取得了令人瞩目的成就。据统计,中关村每年新创办企业 6000 多家,2014 年估计达 1万余家,平均每天产生 27 家。高新区与科技园区集聚了人才、技术、资金、创业服务机构等各类创新要素,成为创业和投资活动集中的地带。

四是当前出现的并购热刺激"职业创业人"崛起。2013 年至今,互联网巨头公司的并购消息层出不穷,新一轮并购浪潮催生了一批"职业创业人",他们有丰富初创经验,善于寻找并开展巨头们还未做但有市场前景的项目,部分通过被并购的方式退出获利。

二、让改革引领创业创新浪潮,使初创企业"活得好"

习近平总书记说过,如果说创新是中国发展的新引擎,那么改革就是必不可少的点火器。新一轮创业浪潮不能是"昙花一现",而应成为经济"新常态"的持久动力。大量企业"快生"的同时,如何使企业"活下去""活得好",

还需要深化改革。当前,迫切需要解决初创型企业生存发展中的融资、用工、政策支持等问题,推动创业创新浪潮可持续发展。

(一)要深化金融体制改革,重构多层次的市场体系、多样化的组织体系、立体化的服务体系,缓解初创型企业融资难题

融资问题是影响初创型企业生存发展的一个重要问题。国家统计局对南京市 264 家 2014 年 3—7 月间新设小微企业和个体经营户的调查显示,87%有融资需求的新设企业未获得融资。一方面,银行贷款等融资方式不适合初创型企业。绝大多数的初创型企业是民营小微企业,受到银行"重大轻小""重公轻私"的歧视,很难从银行融到资金,大量初创型企业转向小额贷款、民间借贷和网络贷款平台,处于初创期的企业利润微薄,与过高的融资成本不相匹配。另一方面,适合初创型企业融资要求的渠道发展不成熟。初创型企业具有投资风险高、收益周期不定等特点,需要更多以"闲钱"为主的天使投资。然而目前我国天使投资发展还不成熟,难以满足大量初创型企业的融资要求。

缓解初创型企业的融资困境,一要大力发展天使投资,鼓励更多富人用闲钱支持初创企业,通过创业实现创新。创新天使投资模式,优化风险分担机制,提升天使投资人的活跃度。二要超常发展草根金融。草根金融紧贴草根创业,美国的社区银行、我国的泰隆银行是草根金融的模范代表。三要规范发展互联网金融。建立健全互联网金融的法律法规,以规范网络小额贷款、众筹融资等互联网金融模式,发挥互联网金融门槛低、效率高、成本低和覆盖广的优势。四要大力发展科技金融。大量初创型企业为高科技企业,政府要以市场为导向,积极推动科技金融服务平台的建设,增强金融中介机构的投融资服务能力,方便初创企业融资。五要积极发展政策性金融,为处于初创期的企业给予一定的信贷扶植。同时,要让我国中小企业信贷担保回归公益性,降低初创企业融资成本,增强初创企业获得贷款的能力。

(二)要加强对初创企业公共服务的供给,提升初创企业对优秀人才的吸引力,使初创型企业摆脱用工困境

与一般的小微企业相比,初创型企业的用工困境更为明显,并成为制约

初创型企业生存发展的重要因素。一是招人难。初创型企业往往因资金不足导致薪酬竞争力不高,企业的管理架构尚未完善,创业者"身兼多职",缺乏专业的招聘人员,因此,初创企业难以吸引到优秀人才。二是留人难。初创企业受自身规模和资金的制约,在人力资源的投入方面十分有限,人员培养能力尚弱。且大量企业在创业阶段为家族集权式管理,缺乏有效的晋升和激励机制,人才流动性大。

解决初创企业的用工难题,需要政府和企业合力。一方面,政府要完善初创企业用工的公共服务体系,为初创企业和各类就业群体提供职业介绍指导、岗前培训等"一站式""一条龙"服务;要大力实施职业培训教育计划,加强初创企业与各类职校对接,扩大初创企业订单培训,加大职业培训补贴范围和支持力度,为初创企业培养匹配的专业技能型人才,满足企业用工需求;要加大对初创企业用工的政策支持,以财政补贴、税收优惠等形式降低企业用工成本。另一方面,企业要完善晋升机制,建立具有竞争力的激励制度,如股权激励和薪酬福利制度,鼓励优秀人才与企业一同成长;要尽早构建现代企业管理架构,推进家族企业治理机制转型,提高"家人"与"外人"的互信度;要通过构建企业愿景,营造创业企业文化,留住优秀人才。

(三)要进一步落实创业创新政策,营造有利于创业创新的政策环境,进一步定向降准,定向减税,把"少取多予"的"三农"政策移植到初创企业上来

当前,扶持创业创新的政策环境迫切需要进一步改善。一方面,创业创新的扶持政策难落实。2012 年,一项针对四川农民工返乡创业政策的调查显示,返乡创业者对扶持政策的总体知晓度仅为 29.87%,在包括财政优惠、金融、用工、技术等在内的 10 项扶持政策中,41% 的被调查者没有利用过,40% 的被调查者仅利用过 12 项政策。另一方面,在推进简政放权时,放权和政策执行的监督监管不足,改革效果难以充分发挥。

为此,在推动初创型企业发展时,必须进一步加大政策支持,营造有利于大众创业、市场主体创新的政策环境和制度环境。具体而言,要加快落实创业创新优惠政策,建立健全创业服务体系,调动民众创业创新的积极性。要尽快出台扶持创业创新的政策实施细则、简化政策办理的手续和前置程序等方式,加强创业服务,为初创型企业的发展营造良好环境。进一步推进简政放权,避免政府对初创型企业"减少服务,放弃责任"的"不作为"现象,充分发挥政府在保护产权、维护公平竞争、强化激励机制等方面的作用。要加大对初创企业的财税扶持,贯彻中央扶持创业的"六项措施",进一步定向降准、定向减税,把"少取多予"的"三农"政策移植到初创企业上来,通过"减税、降息、免费"三管齐下,使初创企业成本最小化;要在基础设施、配套服务、政策扶持、产业引导等方面给予创新创业支持;要完善针对性的政策扶持,鼓励大学生自主创业、农民工返乡创业、海归创业和精英创业。

(本文发表于《中国金融》2015 年第 2 期。曹冬梅、李睿协助研究)

构建让创新源泉充分涌流的创新机制

创新是民族进步的灵魂，是国家兴旺发达的不竭动力。在人口数量红利逐步消失、资源环境约束不断增强的背景下，以廉价要素支撑的中国低价工业化模式已不可持续，经济发展迫切需要由"要素驱动""投资驱动"走向"创新驱动"。中共十八大报告首次提出把实施创新驱动发展战略摆在国家发展全局的核心位置，揭示了新发展方式的新动力。① 中共十八届三中全会指出，要让一切劳动、知识、技术、管理、资本的活力竞相迸发，让一切创造社会财富的源泉充分涌流。基于此，本文力图回答两个问题：一是创新驱动战略的基本内涵是什么，具有哪些发展特征；二是实施创新驱动战略，需要哪些机制创新激发创新活力？

一、创新驱动的"国家意志"需要转换为"企业行为"

创新驱动战略是什么？美国哈佛大学教授迈克尔·波特把国家竞争优势的发展分为四个阶段：要素驱动发展阶段、投资驱动发展阶段、创新驱动发展阶段和财富驱动发展阶段。创新驱动是继要素驱动、投资驱动之后经济发展的高级阶段（见图1）。在这一阶段，国家竞争优势将从主要依赖天然

---

① 辜胜阻、王敏、李洪斌：《转变经济发展方式的新方向与新动力》，《经济纵横》2013 年第 2 期。

资源、自然环境、劳动力等基本生产要素和大规模资本投资转向主要依靠企业创新,更加强调生产效率和先进、高级的技术。国家竞争的焦点也将集中在技术与产品差异。产品竞争依赖于国家和企业的技术创新意愿和技术创新能力。同时,许多产业出现完整的钻石体系,所有关键要素不但能充分发挥自己的功能,交互作用的效应也将达到最强。具有竞争优势的产业从资源密集型、资本密集型产业演变为技术密集型产业。

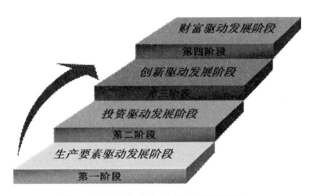

图1 国家竞争优势的四个发展阶段

波特理论中的创新驱动发展阶段体现为以企业创新主导、具有更高生产效率和更先进技术水平特征的经济发展时期。创新驱动的增长方式不只是解决效率问题,更为重要的是依靠知识资本、人力资本和激励创新制度等无形要素的新组合,是科学技术成果在生产和商业上的应用和扩散。[①] 中国走创新驱动发展之路不仅是因为创新有助于提高要素生产效率和突破资源环境瓶颈[②],还在于中国不能再错过新的科技革命[③]。衡量一个国家是否属于创新型国家,不能单纯以拥有多少科技人员、发表多少学术论文、取得多少科技成果为依据,更重要的是看创新在国家发展中是否起到主导作用,是否存在有利于自主创新的环境。[④] 我们认为,创新驱动战略是一项以企业为创新的核心主体、以人力资源为第一资源、以分散创新风险为重要着力点、具有深刻文化根植性的系统工程,是关系国家发展全局的重大战略。创新

---

① 洪银兴:《论创新驱动经济发展战略》,《经济学家》2013年第1期。
② 张来武:《论创新驱动发展》,《中国软科学》2013年第1期。
③ 卫兴华:《创新驱动与转变发展方式》,《经济纵横》2013年第7期。
④ 成思危:《论创新型国家的建设》,《中国软科学》2009年第12期。

驱动战略具体表现为五个特征：

（一）创新驱动战略是一项多主体参与、多要素互动的系统工程

创新的概念自 1912 年由美籍奥地利经济学家熊彼特在《经济发展理论》一书中首先提出来。他指出，创新是新的生产函数的建立，即企业家对生产要素的新组合，也就是把一种从来没有过的生产要素和生产条件的新组合引入生产体系。在经历了众多学者不断发展完善之后，目前创新概念被进一步放置于复杂性科学的视野，被认为是各创新主体、创新要素交互复杂作用下的一种复杂涌现现象。[①] 从创新发生的全过程看，创新是由用户需求、技术研发、试点示范、推广应用、标准监督和用户反馈等多个环节构成，涉及企业、科研院所、高等院校、政府、中介服务机构等多个主体以及消费者、供应商等推动力量，包括人才、资金、技术、管理等多种要素。在创新驱动战略中，企业是技术创新的主体，科研院所和高等院校是知识创新的主体，政府是制度创新的主体，中介服务机构是服务支持的主体。各类主体互相联系，密不可分。创新驱动型经济的重要判断标准是是否存在高端创新创业人才、科研和研发机构、风险和创业投资、科技企业家等创新要素的高度集聚和是否拥有较强的创新能力。在中关村科技园区，政府、高等院校、科研院所和中介服务机构等服务主体为企业发展提供了政策引导、创业教育、创业培训、交流社区、天使投资、创业孵化以及法律、金融、广告营销等一系列专项服务，有力地推动了企业创业创新（见图 2）。中关村的创新驱动型经济生态初步形成，创新溢出效应逐步显现。

（二）创新驱动战略是以企业为核心主体，强调价值的实现和利润的获取

创新驱动战略虽然参与主体众多，但落脚点在企业。真正的创新动力应该从企业的本质去找，那就是利润。因为企业并不是天然地需要创新，但却是天然地需要利润。技术创新是企业家抓住市场的潜在盈利机会，以获取商业利益为目标，重新组织生产条件和要素，建立起效能更强、效率更高

---

① 宋刚、张楠：《创新 2.0：知识社会环境下的创新民主化》，《中国软科学》2009 年第 10 期。

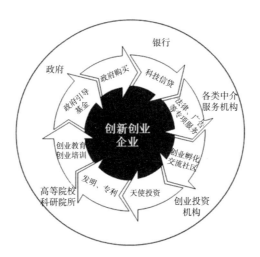

图2 中关村创新驱动型经济生态示意图

和费用更低的生产经营系统,从而推出新的产品、新的生产(工艺)方法、开辟新的市场、获得新的原材料或半成品供给来源或建立企业新的组织的综合过程。[①] 可以看出,技术创新的最终目标应该是"获取商业利益",而其核心则是"企业家抓住市场的潜在盈利机会",即以市场导向来进行技术创新。创新价值的实现才是创新的终极目标,也是衡量创新成效的基本依据。不坚持创新的价值实现,蕴藏在社会中的巨大的创造积极性行将泯灭。[②] 企业正是实现市场价值这一创新最重要环节的完成者。落实创新驱动的发展战略关键是把建设创新型国家的国家意志变为企业行为。

(三)创新驱动战略以技术创新及其产业化为主要内容,以分散高风险为重要着力点

在特定的制度环境下,创新驱动发展体现为技术创新及其产业化带来的经济增长,在这一过程中风险能否合理分散和补偿是关键。哈佛大学商学院教授罗森伯格在谈到创新的不确定性和风险时,特别强调了"创新的尝试大多情况下以失败告终"。德鲁克也曾指出,"绝大多数创新思想不会产

---

① 傅家骥:《技术创新学》,清华大学出版社1988年版。
② 葛霆、周华东:《国际创新理论的七大进展》,《中国科学院院刊》2007年第6期。

生有意义的结果。创新思想正好像青蛙蛋一样,孵化 1000 个只能成熟一两个"①。企业在创新活动中面临的高风险可能来自技术风险、市场风险、管理风险、财务风险、政策风险等多方面(见表 1)。创新型产品不像成熟产品那样有现成的设备、生产工艺可供利用,技术创新失败的可能性较大;新产品从研究开发到试生产、批量生产,一直到产生效益存在较长一段时期,可能出现产品不能适应市场需求或者有更新的替代产品等风险;技术创新的前期投资是否能保证以及这些投资能否按期收回并获得令人满意的利润也具有很大的不确定性。风险性与不确定性是与技术创新相伴随的重要特征,也是实施创新驱动战略必须要解决的核心问题之一。

表 1　企业创新过程中的风险来源

风险类型	内/外部风险	风　险　特　征
技术风险 (technology risk)	外部风险	采用的新技术及其应用有可能被证明不成功,要么技术不能投入生产领域,要么生产的产品不能提供足够的利益给潜在用户
市场风险 (market risk)	外部风险	由该公司推出的产品/服务不能足够吸引市场以产生必要的销售收入,目标市场太小,或竞争对手的市场反应太大削弱了本企业潜在的销售收入和利润
管理风险 (management risk)	内部风险	企业家和管理团队可能不具备足够的技能使得企业的管理有效率和实现盈利增长
财务风险 (finance risk)	内部/外部风险	企业公司产生的收入或利润的规模不能满足投资者的投资回报目标或偿还债务利息的目标
政策风险 (policy risk)	外部风险	政策的不确定性、短期性政策行为、法律等制度环境的不完善

资料来源:European Communities,*A Guide to Financing Innovation*,2002.

(四)创新驱动战略以人力资源为第一资源,与创新活动相关的产业越来越具有智力密集的特征

与生产要素驱动和投资驱动不同,创新驱动更加强调人才资源和智力资源的投入。经济学家们很早就发现人力资本积累在技术进步和技术创新过程中的重要性,强调通过学校正规教育和"干中学"获得人力资本积累。

---

① 彼得·德鲁克:《管理新潮》,中国对外翻译出版公司 1988 年版。

随着经济的迅猛发展,创新活动表现出了越来越强的知识依赖性,逐渐成为高知识群体才能完成的工作。当前,经济增长要实现创新驱动除了强调知识型企业家的重要性以外,也需要拥有大量高素质劳动力,特别是具有创造性和创新性的复合型人才和各类专业技术人才。以国家自主创新示范区为例,北京中关村、武汉东湖和上海张江三大国家自主创新示范区都是高素质人才的聚集地,具有良好的人才资源基础(见表2)。各类创新人才,特别是产业领军人才成为提升三大高新区企业技术创新能力和研究转化国内外先进技术成果的"主力军"。

表2　三大国家自主创新示范区的人才资源优势

自主创新示范区	高校	科研院所	国家"千人计划"人才	海外归国留学人才	科技人员	在校大学生和研究生
中关村自主创新示范区(2011)	39所,以清华、北大为代表	206个	490人	1.4万	46.7万	约40万
东湖自主创新示范区(2010)	42所,以武大、华科为代表	56个	111人	—	20多万	80多万
张江自主创新示范区(2012)	43所,以复旦、上海交大为代表	50多个	380人	2万多	20多万	60多万

资料来源:①中关村科技园区管理委员会、北京市统计局、中关村创新发展研究院:《中关村指数2012分析报告》,2012-11;②韩义雷:《大潮交响曲:现代服务业探路——中关村观察》,科技部网站,2012-09-12;③《上海张江国家自主创新示范区发展规划纲要(2013—2020年)》,科技部网站,2013-06-24;④《东湖国家自主创新示范区发展规划纲要(2011—2020年)》,科技部网站,2012-04-01。

(五)创新驱动战略具有深刻的文化根植性特征,它的实施需要培育独特的区域创新文化,营造开放和包容的创新氛围

创新驱动的战略核心是促进原始创新,原始创新哪里来,来自其肥沃的培育土壤——适宜的科技创新文化。① 迈克尔·波特曾经说过,"基于文化的优势是最根本的、最难模仿的、最持久的竞争优势"。文化的功能在于它是信息载体,在于它所生成的习惯势力,在于生长在同一文化土壤的人们共享着它所承载的信息,进而降低交易成本。中外许多成功实施创新驱动战

① 黄宁燕、王培德:《实施创新驱动发展战略的制度设计思考》,《中国软科学》2013年第4期。

略的地区,如美国硅谷、中国深圳和中关村等均离不开其特定的区域创新文化。硅谷文化主要体现为勇于创新、敢于创业,鼓励冒险、允许失败,鼓励竞争、崇尚合作,献身职业、成就事业。深圳发展的成功是得益于建立在城市移民文化基础上的创业创新文化,开放的移民文化为创业者提供了创业创新的良好文化氛围。创业者到深圳,基本上无亲无靠,只能靠自己独立打拼,不断进取。中关村区域文化则是以学缘、业缘为基础,以技术研发为纽带,在强烈的改善收入的愿望推动下形成的科技人员创业文化。

二、实施创新驱动战略要构建激发创新活力的机制

对中国来说,创新驱动战略不仅仅是要素动力转换问题,更是一个制度变迁问题。中国不缺技术、人才、资金等创新要素,但缺少能把要素集成的创新制度;中国不缺少科技型企业,但缺少与创新相适应的科技文化、人文文化、创业文化。在创新驱动战略中,制度创新重于技术创新,人才激励重于技术开发,营造环境重于集聚要素,作为创新"软件"的创业创新文化重于设备厂房"硬件",建设创新型国家的"国家意志"一定要化为"企业行为",才能落地生根,开花结果。因此,实施创新驱动战略,不仅需要在技术层面取得更多具有自主知识产权的创新技术,特别是关键性技术和核心技术,提高产业和企业的技术竞争实力,更需要加快制度创新的步伐,为技术创新提供完善、高效的配套机制,营造良好的创新环境和氛围。结合创新驱动战略的核心特征,我们认为,实施创新驱动战略要着力完善五大机制(见图3)。

(一)灵活选择合作创新形式,实施有效的产学研合作,完善合作创新机制,推动创新主体在开放中实现原始创新、集成创新、引进消化吸收再创新,走出创新"自闭症"

完善合作创新机制要发挥政府制度创新主体的作用,加大科技投入,建立激励创新的财税体系和公共服务体系,完善创新的金融支持,强化知识产权保护制度,保护创新者利益。要把大学和科研院所建设成为知识创新和人才培养主体。加强大学和科研院所在基础性研究和前沿高技术研究方面的原始创新,发挥其人才培育功能,培养一批既懂科技又懂市场的新型的创

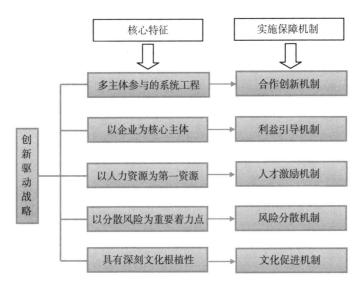

图3 创新驱动战略核心特征与实施保障机制

新创业人才。要激活企业的主动性和积极性,使其主动进入高新技术研发和孵化领域,参与并引导高校、科研机构进行新技术研发,形成企业与高校、科研机构之间的分工与协同机制。以航天产业为例,航天科技是一项复杂的大系统工程,具有多学科、多领域交叉融合的特点。我国航天科技创新特别注重发挥作为系统总体单位的牵引带动作用,凝聚国内各方面创新资源,大力推动与高等院校、科研院所的协同创新,通过原始创新、集成创新和引进消化吸收再创新,实现了航天产业在核心技术难以引进"倒逼机制"下的自力更生、自主创新。[1]

推动不同规模企业联合创新。大型企业优势在于强大的产业能力和对复杂技术的集成能力;而科技型中小企业在吸纳新的知识并将其转化为有市场价值的新技术、新产品方面是难以替代的。好的创新生态,就是通过市场的对接,使不同规模企业扬长避短,形成优势互补的利益链接。[2] 为此,要构建行业内大中小企业分工协作体系,建立大中小企业协作配套的工作机制和对接平台,鼓励国企与民企建立基于产业链的协作体系,并依托产业集

[1] 中国航天科技集团:《面向国家需求实施自主创新战略,走中国特色的航天科技发展之路》,《中国科技产业》2012年第12期。

[2] 陈清泰:《经济转型和产业升级不可逆转》,《上海证券报》2013年11月5日。

群提高产业整体创新能力。鼓励国企民企发挥各自优势,开展分包经营、特许经营、技术研发、互相参股、联合投资及联合海外并购等多种形式合作。健全促进大中小企业协作创新的政策激励体系,加大对合作中的中小企业保护力度,完善大中小企业分工协作的法律法规,切实保障民营中小企业在分工协作中的经济利益和合法权益。

充分利用国际创新资源实现开放式创新。要进一步融入全球的创新体系中,利用全球的科技资源、市场资源、人才资源和金融资源,以共享的方式参与全球创新。加大引进技术和合作技术的研发投入,实现企业的技术创新由重引进向重消化吸收的转变。提高技术引进的适用性和有效性,在技术引进之前要对引进的技术做好充分的评估和分析。创新引进技术的方式,特别是要借鉴三峡工程走"引进技术、联合设计、合作制造、消化吸收"的自主创新和技术引进相结合的模式,做好技术引进中的制度安排,走自主创新与技术引进相结合的开放式创新道路。

加强创新中介服务体系和公共服务平台建设,让企业专注于创新。以官产学研合作机制为突破口,整体推进创新的中介服务体系建设,特别是要完善包括技术市场、人才市场、信息市场、产权交易市场等在内的生产要素市场体系,逐步培育和规范管理各类社会中介组织,强化中介组织的联动集成作用,形成有利于创新的市场体系结构。加快发展以物流、金融、咨询、评估和法律为代表的现代生产性服务业,提高中介服务体系的服务水平和效率,为企业、科研院所等各类创新主体提供集成式、规模化、专业化的服务,让企业和企业家专注于创新。整合、集成科技资源,实现精密仪器、大型设备等物力资源的共享以及文献、图书、资料和科学数据等信息资源的共享。

(二)加强利益引导机制,营造"做实业能致富,创新做实业能大富"的良好环境,引导企业自觉自主创新,实现创新"落地生根""开花结果"

加大财税支持,减轻企业税负,让实体型企业轻装上阵。以税制改革为主要措施,构建扶持企业发展的财税支持体系,对企业"少取多予",通过减税、减费等方式提高做实业的投资回报率。大规模减轻实体型企业税负,对小微企业的减税要从百亿级上升到千亿级,提高实体型企业应对高成本的能力。深入研究税制改革,针对小微企业的税收制度要逐步向税基单一、少税种、低税率的"简单税"转变。要规范政府收税、收费行为,清理行政性收费,切实减轻企业缴费负担。完善纳税服务,优化税收环境,降低企业纳税成本和"隐形负担"。建立创新的利益补偿机制,通过对创新型企业高新技术产品实施"首购"政策和"优先购买"政策,扩大其市场需求。要实施严格的产权保护制度,切实保护自主知识产权,使创新者的利益不受侵害。要营造激发市场主体活力、实现资源优化配置、提升要素使用效率的环境。加快要素市场改革,进一步清理各种要素市场准入条件中有关所有制限制的条款,打破行业垄断与地区封锁,促进生产要素在全国市场自由流动,让各类市场主体在同一规则环境下参与要素市场竞争、平等使用生产要素。依法保护不同市场主体的包括财产权在内的合法权益,构建同等受到法律保护的法治环境。[1]

(三)优化风险分散机制,完善以风险投资为核心的股权投资体系和多层次、"金字塔型"的资本市场体系,充分发挥股权投资在培育创新型企业中的重要作用,实现技术创新与金融创新双轮驱动

资本市场和风险投资具有要素集成、筛选发现、企业培育、风险分散、资金放大等多重功能,能够通过以价格为信号的市场机制,实现创新风险的市场分担和创新高回报的社会共享,进而促进创新。[2] 落实创新驱动战略要充分发挥资本市场的风险分散功能,引导和支持技术创新活动与资本市场有效对接,让金融资本分散创新的高风险和分享创新成功的高回报。然而,当前中国 VC/PE 行业的发展存在"四重四轻"行为[3]:一是"重投机,轻发展"的盲目跟风行为,突出表现为一哄而起的非理性行为。二是"重短期见效,轻长远战略"的短视和短期行为。三是"重晚期,轻早期"的急功近利行为。不重视早期的企业发现、筛选、培育,只顾晚期摘"成熟的桃子",投资阶段明显偏向扩张期和成熟期,造成后端投资过度"拥挤",而前端投资则出现严重的"贫血"(见表3)。四是"重规模,轻服务"的贪大求快行为。VC/PE 规模

①　辜胜阻、曹誉波、王敏:《巩固实体经济基础的逻辑动因与政策选择》,《江海学刊》2013 年第 3 期。

②　辜胜阻、王敏:《国家创新示范区的功能定位与制度安排》,《中国科技论坛》2011 年第 9 期。

③　辜胜阻、刘江日、高梅:《当前 VC/PE 的行业调整方向》,《金融时报》2012 年 11 月 5 日。

膨胀与人才匮乏之间的矛盾不断加剧,投资机构普遍缺乏投后管理和增值服务的能力。

表3　2004—2011年中国创业风险投资项目所处阶段的总体分布(按投资项目占比)

单位:%

	2004 年	2005 年	2006 年	2007 年	2008 年	2009 年	2010 年	2011 年
种子期	15.8	15.4	37.4	26.6	19.3	32.2	19.9	9.7
起步期	20.6	30.1	21.3	18.9	30.2	20.3	27.1	22.7
成长(扩张)期	47.8	41.0	30.0	36.6	34.0	35.2	40.9	48.3
成熟(过渡)期	15.5	11.9	7.7	12.4	12.1	9.0	10.0	16.7
重建期	0.3	1.6	3.6	5.4	4.4	3.4	2.2	2.6

资料来源:张明喜:《我国科技创新与金融创新结合问题研究》,《南方金融》2013年第1期。

美国的天使投资 Angel Capital(AC)总额和风险投资 Venture capital(VC)总额规模相当,但是天使投资(AC)的创业公司数量则是风险投资(VC)投资的创业公司数量的10倍以上。[①] 大量的天使投资和风险投资在创新创业企业度过“死亡之谷”中发挥了重大作用。当前要引导 AC/VC 恢复“本色”,积极推动投资链前移,发挥 AC/VC 对初创企业和项目的发现、筛选、培育和风险分散功能,鼓励投资机构专注有潜力的高技术和高附加值产业,加强股权投资链条的最前端(见图4)。鼓励社会阶层中具有大量“闲钱”、冒险精神和丰富成功经验的潜在天使投资人积极投身于天使投资。要通过减少征税环节、降低税率、提高税基、再投资退税等措施加大财税优惠力度,尽力为股权投资减轻税负,为股权投资行业营造宽松的发展环境。研究有限合伙制在风险投资企业中的应用,调动投资者的投资积极性和管理者的管理积极性。通过法律法规体系的完善,明确股权投资参与主体、客体以及监管部门之间的权利义务关系等,减少股权投资过程中的法律风险,为股权投资的规范发展提供坚实的法律保障。

构建“金字塔型”的资本市场,拓宽 AC/VC/PE 退出通道。要改变VC/PE“千军万马挤独木桥”主要靠 IPO 退出的局面,拓宽 VC/PE 退出通道,促进风险投资在良性循环中不断壮大,使其不断孵化科技成果和前景良

---

① 查立:《美国的天使投资人》,网易科技报道,2010年12月23日。

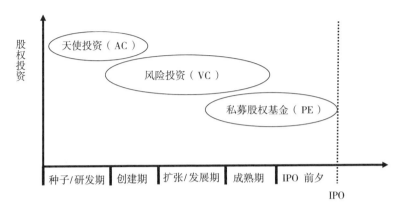

图4　引导股权投资链条前移

好的成长型创新企业。推动资本市场注册制改革,在进一步壮大主板、发展中小板、改革创业板的基础上,积极推动新三板扩容及场外交易市场建设,拓宽资本市场塔基,使中国"倒金字塔型"资本市场实现向"正金字塔型"资本市场转变(见图5)。不断完善相关制度安排,全力推动并购重组市场的健康发展,加强并购相关的人才的培养和引进,力争通过并购等多渠道退出。

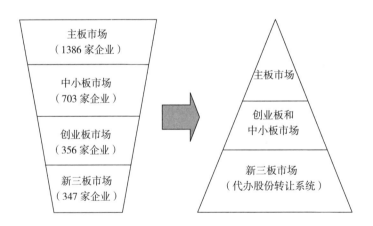

图5　中国资本市场需从"倒金字塔型"向"正金字塔型"转变

资料来源:《中小板、创业板上市公司2013年主要财务指标》,深圳证券交易所网站,2013年10月;颜金成:《32家中小板创业板公司,上半年融资能力强过主板》,证券时报网,2013年7月11日;徐科:《IPO暂停倒逼企业转战新三板.证券日报》,2013年11月11日。

（四）创新人才激励机制，通过不断完善分配方式和奖励形式，充分调动创新型人才的积极性和创造性，改变人才分布结构，鼓励创新型人才向企业集聚，发挥人才在创新中"第一资源"的作用

据统计，美国有 80% 左右的优秀人才集聚在企业。相比之下，我国大部分科技人才集中在机关、高校和科研院所，科研人员过多地分布在企业之外，远离市场。2011 年，中国规模以上工业企业研发人员占从业人员的比例仅为 2.8%。从分布来看，规模以上工业企业研发人员中的 55% 集中在大型企业，小企业研发人员只占全部规模以上工业企业研发人员的 19.4%。全国研发人员中，博士毕业的只有 13.4% 在企业，占企业研发人员总数的 1.1%。[①] 这种人才分布结构显然不利于创新驱动战略的实施。为此，要完善创业—创新互动机制，鼓励科技人员创业，支持创新型人才向企业集聚。允许和鼓励部分科研人员去企业从事全职或兼职工作，或者利用重大项目培养技术领军人才，利用其与科研机构的天然联系或者直接利用其成果孵化新技术和新企业。不断完善分配形式和奖励形式，鼓励科研人员以自主知识产权、科研成果为资本，参与企业投资和收益分配。鼓励有条件的高技术企业采取股份期权的试点等，对有贡献的高级管理者、骨干技术人员实施股权激励。在企业创新中实施股权激励，让人力资本的重要载体——技术人员持股，将带来"四金"效应，即"金色的梦想"，让科技人员实现了在企业当老板的梦想；"金色的纽带"，把科技人员和企业之间的关系连接在一起；"金色的桥梁"，科技人员和企业之间达成了利益共同体的共识；"金色的手铐"，给科技人员的股份越多，其压力也就越大。[②] 企业实施股权激励机制要以激励人力资本开发和推动技术创新为宗旨，与现代企业制度建设、企业文化建设、管理创新等其他改革配合使用，通过设置期限条件、目标考核等限制条件来保证激励与约束相容。要根据企业发展现实情况和股权激励工具的适用范围，在激励方式和方法上创新。

---

① 科技部：《破除障碍，释放企业创新活力》，科技部网站，2013 年 3 月 4 日。
② 辜胜阻、郑凌云等：《民营经济与高技术产业发展战略研究》，科学出版社 2005 年版。

（五）发挥文化促进功能，重振企业家创新精神，培育"宽容失败、鼓励冒险、兼容并包、宽松创业"的创新创业文化，重塑区域创新文化价值体系，让创新创业的活力竞相迸发

当前，中国要实现创新驱动转型亟须重振企业家精神，形成鼓励企业家创新创业的社会文化氛围。什么是企业家精神？有人将其概括为"创新是灵魂，冒险是天性，合作是精华，敬业是动力，学习是关键，执着是本色，诚信是基石"。企业家精神中最重要的是作为企业家精神之灵魂的"创新精神"。企业家创新精神是推动企业创新转型的重要动力。作为企业的领航人，一个优秀的企业家要紧跟时代发展的潮流，以敏锐的眼光捕捉市场发展的机遇，并以创新思维推动企业的技术创新、产品创新、服务创新、市场创新、制度创新和商业模式创新，加快企业转型，使企业发展适应市场需求，并永远处于时代发展前沿，充满市场活力与竞争力。随着时间的推移，企业家的创新精神会形成企业的创新文化，传递到企业的每一位员工，使员工养成一种追求不断创新的工作习惯和工作意识，在工作中积极创新。然而，当前我国实体经济发展面临融资贵、税负重、用工难、成本高和利润薄等多重困境，企业创新面临动力不足、风险太大、能力有限和融资太难四大创新瓶颈，企业家的实业精神和创新精神出现衰退的现象令人担忧。重塑区域创新文化价值体系，积极培育"宽容失败、鼓励冒险、兼容并包、宽松创业"的创新创业文化已势在必行。具体来说：要弘扬创业文化，实现从官本位思维向商本位思维转变；弘扬创新文化，实现从墨守成规、小富即安向勇于创新、大富思进转变；弘扬合作文化，实现从利己"独赢"向合作共赢转变；弘扬信用文化，实现从重即期利益向重长远效应的转变，从守财向守信转变；弘扬开放文化，倡导开放思维与流动意识，实现从静态封闭向动态开放转变。[①]

（本文发表于《中国软科学》2014 年第 1 期。李洪斌、王敏协助研究）

---

① 辜胜阻、洪群联、杨威：《区域经济文化对区域创新模式的影响机制研究》，《经济纵横》2008年第 10 期。

15
转变经济发展方式的新方向与新动力

在深化改革开放、加快转变经济发展方式攻坚时期召开的中共十八大为我国经济转型提供了新设计和新理论,十八大报告强调质量效益为发展的立足点,为全面建成小康社会设定了体现以人为本的居民人均收入倍增的新量化目标,要求将"创新驱动"作为新经济发展方式的新动力,提出指导经济体制改革的"三个平等"的公平竞争理论,推动经济可持续发展的"四化同步"思想,以及实现绿色发展建设美丽中国的新观点,为下一阶段中国经济发展方式转变指明了前进的新方向和新动力。

一、转变经济发展方式的新方向和新目标

在总结多年的理论探索和实践经验的基础上,2012 年年底召开的中共十八大提出了我国经济发展新阶段的转型目标和方向。

(一)十八大报告强调经济的持续健康发展,提出实现国内生产总值十年翻一番即年均约 7% 的中速增幅,把转变经济发展方式的立足点从速度至上和规模扩张转向"质量和效益优先"

我国经济工作的总基调已经发生三次转变:第一次强调"快"字当头——强调"又快又好",在这种基调下,经济增长速度是两位数的增长;第

二次是"好"字当头——强调"又好又快",中共十七大以来一直坚持这一总基调;第三是"稳"字当头——"稳中求进",这是当前经济工作的总基调。"稳"是一位数增长——"七上八下"。在没有水分的七点五的增速下,大力提高增长的质量和效益是"稳中求进"的要义。

当前,美国经济复苏缓慢,欧元区经济陷入萎缩,全球经济形势持续低迷。国内经济也持续下行,过去高速经济增长伴随的高流动性和规模经济收益掩盖的低效率问题将会逐渐暴露,实体经济要素流失严重,中小企业盈利能力下降,生存困境加剧。当前和今后很长时期,我国经济社会发展中存在的突出矛盾和问题是不平衡、不协调、不可持续的问题。

十八大报告指出,"只有推动经济持续健康发展,才能筑牢国家繁荣富强、人民幸福安康、社会和谐稳定的物质基础",强调必须"要适应国内外经济形势新变化,加快形成新的经济发展方式,把推动发展的立足点转到提高质量和效益上来"。经济发展最重要的任务就是要处理好"稳增长"和"促转型"之间的关系。区别于以往的保增长,现阶段的"稳增长"已经不能再依靠传统的粗放式发展模式,不能走过度依赖政府投资和依靠房市推动的"老路",必须要与"调结构"和"转方式"紧密结合起来,积极探索三者之间的结合点,努力消除长期经济发展过程中存在的不协调、不均衡问题,培育经济内生增长动力,使经济增长从"速度至上"转向"质量和效益优先",进而实现经济全面协调可持续发展。

（二）十八大报告对既定小康社会目标提出了新的量化,提出 2020 年居民人均收入要实现倍增,这体现了经济发展要"以人为本"和"民富优先"的理念

全面建设小康社会是中共多次党代会的既定目标和任务,但对小康社会的量化是各不一样的。中共十六大对小康社会的量化指标仅仅是国内生产总值（GDP）,就是要在 20 年,从 2000 年到 2020 年实现 GDP 翻两番。由于我们的增长速度超出了预期,中共十七大提出人均 GDP 翻两番,量化指标由"总量"改为"人均"。两次大会均未对居民收入增长提出具体量化目标。中共十七届五中全会虽然首次提出努力实现居民收入增长和经济发展同步,但也未提收入增长具体量化目标。中共十八大的一个重大突破,就是首次明确提出到 2020 年,要实现国内生产总值和城乡居民人均收入比 2010 年翻一番。可以从四个方面理解居民收入倍增的内涵及其意义:一是居民收入不仅要倍增,而且要同"GDP 翻一番"同步。二是把居民收入作为建成小康社会的目标之一,体现了"以人为本"和"民富优先"。三是到 2020 年实现居民收入倍增并非是不可企及的"高指标",而是在中速增长假设前提条件下切实可行、容易做到的。四是在实现居民收入倍增的过程中,要着力解决收入分配差距较大的问题。

当前,我国收入分配制度在初次分配和再分配两个层次上都存在制约分配公平的缺陷,由此产生了居民收入和劳动报酬比重过低并呈现不断下降趋势、收入差距日益扩大、企业各类薪外附加费过重挤占员工加薪空间等问题,收入分配格局存在严重失衡。收入分配失衡使居民难以均衡分享经济发展成果,再加上上学难、看病贵、住房难、养老负担重等问题成为阻碍居民消费的障碍,导致我国居民消费低迷和内需不足。[1] 这也是我国经济增长长期过度依赖投资和出口拉动,出现内需与外需失衡、投资与消费失衡的重要原因。收入分配失衡还容易诱发社会不满情绪,影响生产生活秩序,有损社会公平正义,甚至会使我国陷入"中等收入陷阱",难以实现从中等收入国家向高收入国家的转型。[2] 十八大报告指出,要着力解决收入分配差距较大问题,使发展成果更多更公平惠及全体人民。

(三)十八大报告首次提出要着力推进绿色发展、循环发展、低碳发展,强调经济发展要把生态文明建设放在突出地位,融入经济建设,促进生产空间集约高效、生活空间宜居适度,努力建设美丽中国,实现中华民族永续发展

经验表明,发展经济必须树立尊重自然、顺应自然、保护自然的生态文明理念。十八大报告将"生态文明建设"与"经济建设、政治建设、文化建设、社会建设"提高到同等重要的位置,并由此引申出"美丽中国"这一全新概

---

① 辜胜阻、马军伟、王敏:《"十二五"时期推动经济转型的战略思路》,《经济纵横》2011 年第 4 期。

② 辜胜阻、李洪斌、马军伟:《分配制度改革是"十二五"经济转型的关键》,《统计与决策》2011 年第 9 期。

念,是统筹考虑经济增长与资源环境约束、短期经济增长和未来可持续发展的必然结果。从近期看,我国面临的实体经济形势比较严峻,"稳增长"成为政府宏观调控的重要任务。但区别于以往的"保增长",现阶段的"稳增长"要更加重视资源环境与转方式、调结构的有机结合,更加重视人类与自然和谐相处。从长远看,受国内资源保障能力和环境容量制约以及全球性能源安全和应对气候变化影响,我国面临的资源环境约束日趋强化。据统计,我国 GDP 占全世界 GDP 总量的 9% 左右,但能源消费却达到全世界能源消费总量的 19%。单位 GDP 能耗是世界平均水平的 2.5 倍,美国的 3.3 倍。过去 20 年间我国每年由于环境污染和生态破坏造成的经济损失相当于 GDP 的 7%—20%。要在资源环境瓶颈的严格约束下实现稳增长,我国必须大力发展绿色经济和循环经济,通过"绿色转型"实现人口、资源和环境协调发展。

二、转变经济发展方式的新动力和新红利

尽管我国发展仍处于重要战略机遇期的基本判断没有变,但我国发展阶段和国际环境的变化,决定我们面临的机遇不再是简单融入全球分工体系、扩大出口、加快投资的传统机遇,而是倒逼扩大内需、提高创新能力、促进经济发展方式转变的新机遇。[①] 把握经济发展方式转变新机遇,推动中国经济转型,关键是要实现增长动力的转换:从"要素驱动"、"投资驱动"转向通过技术进步来提高劳动生产率的"创新驱动",从过度依赖"人口红利"和"土地红利"转向靠深化改革来形成"制度红利",促进经济内生增长。结合我国经济的发展阶段和要素结构特征,总结出我国经济持续稳定发展的新动力和新红利主要体现在三个方面:

(一)"创新驱动"是实现我国经济转型发展的新动力

十八大报告揭示了新发展方式的新动力。报告指出,我们要适应国内外经济形势新变化,加快形成新的经济发展方式,着力增强创新驱动发展新

---

① 郑新立:《抓住促进经济发展方式转变的新机遇》,《人民日报》2012 年 12 月 24 日。

动力,首次提出把实施"创新驱动"发展战略摆在国家发展全局的核心位置。从经济学理论看,国家竞争优势的形成需要经历要素驱动、投资驱动、创新驱动等四个阶段。创新驱动"是相对于要素驱动、投资驱动而言更高级的发展阶段。改革开放三十多年来,我国主要依靠廉价劳动力投入、大量资源消耗和大规模政府投资实现了经济高速增长。但随着经济发展方式和要素结构的转变,原有的"人口红利""土地红利"优势开始减弱,原本依靠"要素驱动"和"投资驱动"的外延式、粗放型发展模式难以为继。一方面,我国正逐步进入高成本时代,劳动力由无限供给向局部短缺转变,资源环境约束不断增强,加上土地、资金、资源环境等成本不断上升,要素驱动型发展模式将无法维系。据测算,改革开放以来,我国经济实际增长率中劳动力数量贡献约6%,人力资本贡献约15%。但从上世纪80年代、90年代和最近十年三个时段的阶段性特征看,劳动力数量贡献率逐阶下降,人力资本贡献率在后两个时段低于第一时段,这表明我国人口数量红利窗口即将关闭,而人口质量红利的效用仍然有限。另一方面,受制于能源资源环境约束、中低端工业产能过剩、基建步伐减缓以及政府主导型投资效率低下等因素,未来以资本为主拉动经济增长的成本将继续升高,粗放式投资主导的增长难以为继。① 在这一背景下,我国经济发展向主要依靠科技进步、劳动者素质提高和管理创新转变已势在必行。以提高劳动生产率和产业价值链为核心目标的创新驱动将成为推动经济增长的根本动力。

(二)城镇化是我国经济发展的"最大红利"和新引擎

如果说工业化在某种意义上主要是创造供给,那么城镇化则主要是创造需求。城镇化是我国经济发展最大的潜在内需,也是支撑中国经济未来20年乃至30年高速增长的持久动力。城镇化率每提高一个百分点,意味着数以千万的人进城,对应的是十年几十万亿的投资和几十万亿的消费。有专家预测,通过体制政策创新,尤其是农民工市民化问题的初步解决,我国的消费需求会从2011年的16万亿元,提升到2016年的30万亿元,居民消费率有望回升到40%左右,最终消费率达到55%左右。随着城乡二元结构

---

① 连平:《深入市场化改革 推动内涵式增长》,《21世纪经济报道》2012年10月15日。

的彻底打破，未来 10 年居民消费需求有望达到 45 万亿元以上，居民消费率将达到 50%左右，最终消费率达到 60%左右。[①] 城镇化不仅是引发消费需求、带动投资增长、推动经济服务化的重要途径，而且是培育创业者和新型农民、实现"安居、乐业、市民"梦的重要手段。[②] 但在长期的发展过程中，由于过度重视外延扩张和粗放式发展，我国城镇化发展出现过度依赖土地财政使过高地价推高房价、人口过于集中于大城市、城镇转移人口过多地被边缘化及农村过度空心化等多种偏向，特别是大规模进城的农民工虽然实现了地域转移和职业转换，却没有实现身份的转变，处于"半城镇化"的状况。[③]还有部分地区出现"农民被上楼"现象，大量土地被征用作为城市建设用地，居住在土地上的农民"被"住进集中建设的楼房，但其生产方式和生活方式并未实现真正意义上的市民化。这不仅抑制了城镇化潜在内需向现实需求的转化，而且影响城镇化的可持续发展。

十八大报告中提出要推动工业化和城镇化良性互动、城镇化和农业现代化相互协调，促进工业化、信息化、城镇化、农业现代化同步发展。这是保障经济可持续发展最具实践意义的战略举措。此前的党代会基本都提到工业化、城镇化、信息化和农业现代化等建设内容，但十八大报告首次提出"四化"同步观点，即工业化、信息化、城镇化和农村现代化"四化"同步发展。健康可持续发展的城镇化必须建立在实体经济的坚实基础上，以产业为支撑，实现城镇化与工业化、农业现代化以及信息化的"四化"协调发展。工业化、信息化、城镇化、农业现代化"四化"同步发展是保障经济可持续协调发展，从经济"失衡"走向经济"均衡"的关键。"城镇化新政"不仅标志着我国改革的新起点、传递着平等的新理念，更预示着城镇化将成为经济增长的新引擎、给经济社会发展带来新红利。

（三）经济体制改革深化形成新的"制度红利"

深化改革是加快转变经济发展方式的关键。十八大报告提出了指导经

---

① 迟福林:《未来 10 年中国经济仍将处于上升通道》,《经济参考报》2012 年 11 月 5 日。
② 辜胜阻、李华、易善策:《城镇化是扩大内需实现经济可持续发展的引擎》,《中国人口科学》2010 年第 3 期。
③ 辜胜阻、李华、易善策:《均衡城镇化战略需要大都市与中小城市协调共进》,《人口研究》2010 年第 5 期。

济体制改革的新理论,认为经济体制改革的核心问题是处理好政府和市场的关系,特别强调各种所有制经济依法"平等使用生产要素、公平参与市场竞争、同等受到法律保护"的"三个平等"的公平竞争观,这是中国特色社会主义经济理论的重大创新。1978 年中共十一届三中全会以来,历次中共党代会都会有市场经济理论上的重大创新。1978 年的中共十一届三中全会提出了"让一部分人先富起来";1982 年的中共十二大提出了"非公有制经济是必要的、有益的补充";1992 年中共十四大提出"多种经济成分长期共同发展";1997 年中共十五大提出"非公有制经济是市场经济的重要组成部分";2002 年的中共十六大提出两个"毫不动摇",即必须毫不动摇地巩固和发展公有制经济,必须毫不动摇地鼓励、支持和引导非公有制经济发展;2007 年的中共十七大提出了对不同的市场主体法律上的"平等"保护和经济上的"平等"竞争这"两个平等",这是所有制经济理论的又一次飞跃;中共十八大的经济理论创新是把经济体制改革核心定位为处理好政府"有形之手"和市场"无形之手"的关系,提出不同市场主体竞争要实现"三个平等"即"平等使用生产要素、公平参与市场竞争、同等受到法律保护"。"三个平等"的公平竞争理论是中国特色社会主义经济理论的又一重大创新,特别是"平等使用生产要素"具有十分重要的现实意义。

目前,不同所有制主体在经济生活中的不平等有六种表现:一是资源占有的不平等。许多大中型国企获取稀缺资源既容易又便宜,如获得土地、矿产等自然资源,电网、电讯等特许经营权,政府投资项目等等。二是资金要素使用的不平等。国有企业和民营企业在经营条件上面临着显著的融资可获性和融资成本的差异。国企更容易从正规金融体系中获得资金。而大量民营企业却因为规模小、实力弱、经营管理机制落后、市场稳定性较差、资信等级不高、可抵押担保品较少等条件约束,常常遭遇银行等金融机构"重大轻小""嫌贫爱富"的"规模歧视"和"重公轻私"的"所有制歧视"。融资渠道狭窄使得民企总体融资成本显著高于国有企业。三是一些企业在一些上游产业、基础服务业形成寡头垄断,获得超额利润。四是在竞争性行业,存在市场准入和行政审批"两道门槛",民企比国企承担更多税费负担,造成不平等。五是在应对金融危机期间,地方政府建立和引进了很多新的国企,对民企产生"挤出效应"。六是在财产权的法律保护方面,对不同所有制主体的保护离"同等保护"的目标要求还有一定的距离。

落实平等竞争观需要深化改革,利用改革形成新的"制度红利"。改革开放以来,我国经济的辉煌除了得益于"人口红利""土地红利""资源红利"之外,还有一个重要因素是得益于通过改革产生的"制度红利"。上世纪80年代是农村改革所创造的"制度红利",上世纪90年代是国企改革的"黄金十年"推动了经济可持续发展,本世纪的第一个十年主要是加入WTO以后"开放倒逼改革"的十年。三个阶段的改革创造的"制度红利"推动了中国经济的辉煌,初步建立了社会主义市场经济体制。但改革是阶段性的,经济发展到一定阶段,旧红利不可避免会消失。为此,十八大报告把全面深化经济体制改革作为加快完善社会主义市场经济体制和加快转变经济发展方式的重大战略,开启了新一轮改革"大门"。进一步深化经济体制改革,强调更加尊重市场规律,更好发挥政府作用,努力营造更有效率、更加公平的市场环境。这将有助于激发不同所有制、不同规模市场主体活力、实现资源优化配置、提升要素使用效率,创造新的"制度红利",推动经济新发展。

三、转变经济发展方式的新思路与新战略

新时期,转变经济发展方式必须要正确处理好速度与效益、质量的关系,促进财富增长与民生需求均衡协调、经济社会发展与资源环境可持续的良性循环,把增强自主创新能力作为调结构、转方式的中心环节,把城镇化作为扩大内需的引擎,通过深化经济体制改革形成新的"制度红利",推动经济发展走上"创新驱动、内生增长"的轨道。

(一)处理好速度与效益、质量的关系,推动经济增长从速度至上转向"质量和效益优先",实现经济全面协调可持续发展

当前,要利用经济下行的压力,推动经济转型。不能再靠无效投资和放松房地产调控来稳定经济增长,而是要采取新的"组合型"政策,培育经济增长的内生动力,使其从速度至上和规模扩张转向"质量和效益优先"的轨道。一方面,要优化生产要素和资源的分配与投入,引导产业升级的方向;另一

方面要注重居民生活质量提升,努力推动区域经济平衡发展。具体而言:一要巩固实体经济的坚实基础,营造"让勤劳做实业能富,创新做实业大富"的市场环境,以实体经济的创新引领经济持续发展。二要靠有效投资特别是扩大民间投资,通过减税费的积极财税政策调动民间资本投资积极性,让其遵循经济规律"自然成长"。三要培植新的消费热点,探索将出口退税转为居民消费补贴,提高居民收入比重,使居民消费成为稳增长的持久动力。四要充分发挥欠发达地区的后发优势,在"东慢中快"和"东慢西快"的形势下,把中西部打造成"稳增长"的新"增长点"。五要大力发展战略性新兴产业和现代服务,寻求房地产调控的长效机制。六要促进出口多元化,努力实现外需稳定。

(二)处理好国家、企业、居民三方的利益分配关系,使发展成果更多更公平惠及全体人民,推动经济发展向均衡共享、包容性增长方式转变

合理调整收入分配关系,这既是一项长期任务,也是当前的紧迫工作。要提高居民所得,就要降低政府所得或降低企业所得,这是收入分配改革的最大亮点,也是最大难点。十八大报告提出"要规范收入分配秩序,保护合法收入,增加低收入者收入,调节过高收入,取缔非法收入"。从长远来看,要提高居民收入在整个国民收入中的比重,提高劳动报酬在初次分配中的比重。"两个提高"是对国家、企业、居民三方利益的重大调整。推进收入分配改革要按照"十二五"规划提出的"明显增加低收入者收入,持续扩大中等收入群体,加大对高收入者的税收调节力度"的政策取向。一要扩大中等收入群体比重,构建"橄榄型"财富分配结构。从全球视角来看,"橄榄型"社会具有较强的稳定性。中间阶层的壮大,有助于缩小贫富差距,减少贫富差距引致的对立情绪和社会矛盾。因此,要进一步调整产业结构,积极发展服务业尤其是金融、旅游、物流和信息等现代服务业,通过经济服务化培育大量"白领"阶层。要出台更多的优惠政策以促进中小企业成长,鼓励创业创新,让更多的就业者变成创业者,培育一大批中小"老板"。要实行综合与分类相结合的个人所得税制度,充分考虑家庭综合税负能力,以家庭为单位进行计征、抵扣和返还,切实减轻中低收入者税负。要将教育、医疗、保险、养老金等必要、重大支出作为税收减免和抵扣的重点,让中产阶层的收入增量能够拿得到、存得住、经得起花。要创造条件提高居民财产性收入。深化土地制度改革,尽快出台土地物权法配套法规,让农村居民拥有财产性收入,在稳定农民对承包地拥有长期物权的前提下,推进农村宅基地、住房、土地使用权的抵押贷款,促进土地流转和变现,使农民能够充分享受土地流转的增值收益。要完善资本市场体系建设,鼓励金融产品创新,提升居民理财水平,拓宽居民金融投资渠道,提高居民的股息、利息、红利等财产性收入。要研究专利和企业家才能这两大要素通过"技术资本化"和"管理资本化"参与分配过程的有效实现形式和途径。二要明显增加低收入者收入。逐步提高最低工资标准,建立健全职工工资正常增长机制,发挥工资指导线、劳动力市场价位、行业人工成本信息对工资水平的引导作用。要加强对劳动合同法等法律法规落实情况的监督,保护劳动者在分配中的地位和合法权益。深化矿产资源产品价格和税费改革,合理设置补偿费比例和中央地方份额,使中西部的矿产资源优势能惠及当地普通居民,缩减地区收入差距。三要加大对高收入者的调节力度。要加强对收入过高行业工资总额和工资水平的双重调控,严格规范国有企业、金融机构高管人员薪酬管理。国有企业应搞好企业内部分配,正确安排各层次劳动者的薪酬分配关系。利用法律、经济和行政手段,严厉打击非法收入,取缔不合法收入。

(三)处理好经济发展与资源节约、环境保护的关系,着力推进绿色发展、循环发展、低碳发展"三大发展",推动经济向低碳、绿色、集约的发展方式转变

加快推动经济向低碳、绿色、集约的发展方式转变,突破我国经济增长的资源环境制约,是"十二五"时期我国加快经济发展方式转变迫切需要解决的重要问题。十八大报告进一步强调要把生态文明建设放在突出地位,融入经济建设的全过程,着力推进绿色发展、循环发展和低碳发展,构建起资源节约、环境友好的生产方式和消费模式。这要求我们应把发展绿色经济上升到国家战略高度,使其成为我国转变高能耗、高物耗、高排放发展模式的重大战略举措。绿色经济是一种以资源节约型和环境友好型经济为主要内容,资源消耗低、环境污染少、产品附加值高、生产方式集约的一种经济形态。绿色经济综合性强、覆盖范围广,带动效应明显,能够形成并带动一大批新兴产业,有助于创造就业和扩大内需,是推动经济走出困境和实现经济"稳增长"的重要支撑。同时,绿色经济以资源节约和环境友好为重要特征,以经济绿色化和绿色产业化为内涵,包括低碳经济和生态经济等在内的高技术产业,有利于转变我国经济高能耗、高物耗、高污染、高排放的粗放发展模式,有利于推动我国经济集约式发展和可持续增长。[①] 积极探索绿色发展模式需要采取以下六条措施。一要利用利益引导机制,培育绿色新兴产业,推动绿色产业集聚,延长产业链,提升价值链,提高产品附加值。二要加强绿色技术研发、培育发展绿色产业的人才,建立支持绿色产业的产学研合作体系和绿色人才培养激励机制。三要完善金融投融资渠道,发展绿色金融,吸引天使投资、风险投资和股权基金等股权投资来发展绿色经济,通过绿色信贷政策引导社会资金流向绿色产业。四要通过政府采购和绿色产品补贴等措施,刺激绿色消费,推动绿色生产和绿色消费良性互动。五要探索建立绿色政绩考核机制,加快完善资源环境成本核算体系,进一步强化环境绩效在地方政绩考核的硬指标地位。六要加快修订和制定绿色经济相关法律法规,提高环境执法力度,逐步构建系统、高效的绿色经济法律体系,强化法律的执行力度。

(四)把增强自主创新能力作为经济结构调整和发展方式转变的中心环节,完善创新机制和政策体系,营造良好的创新环境,促进"中国制造"向"中国创造"转化,实现经济增长依靠技术进步和"创新驱动"

经济发展要实现创新驱动,首先必须深刻理解创新的内涵。认识创新,要防"创新是个筐,什么都往里装"的"庸俗主义"创新,又要避免把创新看成高不可攀、无所作为的"虚无主义"创新神秘化。熊彼特认为,创新是企业家通过新组合而产生新利润的活动,包括新产品、新生产方法、新市场、新材料供给、新管理五种形式。[②] 迈克尔·波特在《国家竞争优势》中认为,"创新"一词应该做广义的解释,它不仅是新技术,而且也是新方法或新态度。彼得·德鲁克在《创新与企业家精神》中提出,创新不是一个技术概念,而是一

---

① 辜胜阻、石璐珊:《让绿色经济成为稳增长与调结构的引擎》,《中国经济时报》2012 年 10 月 11 日。

② 约瑟夫·阿洛伊斯·熊彼特:《经济发展理论》,叶华译,中国社会科学出版社 2009 年版。

个经济社会的概念。① 因此,广义的创新还包括体制、机制、法治等方面的制度创新,即通常所说的改革。成思危教授认为,创新是指引入或者产生某种新事物而造成变化,大体有三种类型,技术创新、管理创新和制度创新。② 创新是多层次的,高端创新具有革命性、颠覆性、破坏性,而中端、低端创新则具有渐进性。

落实"创新驱动"发展战略关键要把建设创新型国家的国家意志变为企业行为。调查表明,企业创新有四大瓶颈:一是"动力不足,不想创新",因为激励机制缺失,创新无利可图。二是"风险太大,不敢创新",因为缺乏知识产权保护,创新往往是"九死一生"。三是"能力有限,不会创新",特别是中小企业面临严重的创新人才瓶颈。四是"融资太难,不能创新",融资体系不完善使企业创新面临资金约束。③ 当前,创造环境让企业创新有利可图,比打造"乔布斯"式的领军人物更为重要。现在有很多优惠政策支持企业创新,但实施起来很难。知识产权保护不力,让企业创新步履维艰。所以如何营造"做实业能致富,创新做实业能大富"的环境非常重要。具体而言:要建立利益补偿机制,完善有关财税政策,解决企业不想创新的问题;完善风险分担机制,加大对自主知识产权的保护与激励,营造良好的市场环境和创新氛围,让企业敢于创新;完善创新合作机制,鼓励中小企业与大企业进行战略联盟,实施有效的产学研合作,推进开放创新,让不同类型和不同规模的企业在互惠共生的环境中提高创新能力;重构为创新服务的金融体系,为企业创新建立良好的融资平台。

推进创新驱动战略,还需要从宏观层面进行全面部署和战略规划。全面整合创新资源,推进技术创新,建立起以企业为主体、市场为导向、产学研相结合的技术创新体系,促进创新链、产业链、资本链、人才链"四链融合"。完善知识创新体系,强化基础研究、前沿技术研究、社会公益技术研究,提高科学研究水平和成果转化能力,抢占科技发展战略制高点。运用高新技术加快改造提升传统产业,促进高技术产业发展和传统产业高技术化,提高产

---

① 彼得·F.德鲁克:《创新与创业精神》,张炜译,上海人民出版社、上海社会科学院出版社2002年版。
② 成思危:《论创新型国家的建设》,《中国软科学》2009年第12期。
③ 辜胜阻:《中小企业是自主创新的生力军》,《求是》2007年第5期。

业技术创新能力和市场竞争力。充分发挥人才作为第一资源的作用，坚持
尊重劳动、尊重知识、尊重人才、尊重创造的重大方针，建设一支规模宏大、
结构合理、素质优良的创新人才队伍，利用人才创业创新带动先进技术的
应用。

**（五）把城镇化作为扩大内需的引擎，积极推进农民工市民化，以新型城
镇化发展引导更大的消费需求和投资需求，推动经济发展转向"内需主导、
消费支撑"**

将扩大内需与推进我国城镇化进程紧密结合起来，可以实现经济发展
与内需持续扩大的良性互动，是扩内需、促增长的有效途径。但在长期的发
展过程中，我国城镇化存在诸多过度发展与失衡问题，使得其潜在内需难以
转化为有效需求。城镇化这件好事要办好，需积极推动城镇化发展模式从
外延型向内涵式转变，从"量"的扩张向"质"的提升转变。首先，要推进农民
工的市民化，解决农民工"半城镇化"问题。当前推进城镇化的健康发展要
高度重视农民工的现实需求，帮助其实现市民梦、安居梦、创业梦"三大梦
想"。积极推进农民工市民化进程，加快教育、医疗、住房、社会保障体系的
改革，改善城市农民工子女的就学条件，降低入学门槛，构建适合农民工特
点的医疗、住房及社会保障制度，解决农民工权益缺失问题。鼓励农民工以
创业带动就业。在城镇化进程中推动沿海产业向中西部转移，引导农民工
回归，鼓励"农海归"（由沿海回归流出地创业就业的农民），实现产业和劳动
力向中西部的双转移。其次，要科学布局城市群和大中小城市，构建合理的
城市格局。坚持"两条腿走路"：一是发展城市群推进城市化，二是通过做大
县城实施农村城镇化，实现城市化与农村城镇化并重。以发展城市群推进
城市化，要科学规划城市群规模和布局，加强城市群内交通、通讯和网络等
基础设施建设，以"智慧城市"为理念推动内涵型城市化发展。同时，也要依
托县城推进农村城镇化，根据不同的情况建设不同规模的城市：在 100 万人
口以上的大县，把县城发展为 30 万—50 万人的中等城市；在 50 万—100 万
人的中等县，以城关镇为依托建立 20 万—30 万人的中小城市；在 50 万以下
人口的小县，要把县城做大。再次，要把生态文明理念和原则全面融入城镇
化全过程，坚持"集约、智能、绿色、低碳"八字方针，促进城镇化与资源环境

承载能力相适应。

在推进新型城镇化发展过程中,还要注意因势利导、趋利避害,认真做好"五防":一是防有城无市的过度城镇化,避免使新市民变游民、新城变空城的"拉美化陷阱"。二是防有速度无质量的城镇化,不能一哄而起搞运动,一味追求城镇化高速度和规模扩张。三是防城镇化的"房地产化",避免城市土地财政而使过高地价推高房价。四是防地方以地生财消灭村庄逼使农民"被上楼"。五防特大都市"大城市病",避免大中小城市布局失衡而导致特大城市人口过度膨胀。

(六)以落实"三个平等"的公平竞争观为契机,不断深化市场经济体制改革,形成新"制度红利",激发新一轮经济增长活力

当前,推动经济新发展迫切需要通过深化改革进一步打破所有制障碍,破除民营企业在市场竞争中遭遇的"玻璃门"和"弹簧门",营造和谐有序、自由竞争、公平发展的市场环境。竞争是市场经济的基本理念和灵魂,实现公平竞争首先要保障不同市场主体"权利公平、机会公平、规则公平",实现不同市场主体在法律上"平起平坐"。政府要对不同市场主体"一视同仁"。落实"三个平等"的公平竞争观需要采取以下三方面措施。一要加快要素市场改革,建立要素价格的市场化形成机制,创造平等使用生产要素的前提条件。当前,要完善要素自由流动机制,进一步清理各种要素市场准入条件中有关所有制限制的条款,打破行业垄断与地区封锁,促进生产要素在全国市场自由流动,让各类市场主体在同一规则环境下参与要素市场竞争、获得生产要素。深化金融体制改革,发展多层次的金融体系,建立专门面向中小企业的政策性银行和引导民间资本参与建立中小金融机构,形成与企业构成相匹配的"门当户对"的金融格局,缓解中小企业"融资难、融资贵"难题。二要深化垄断行业改革和国企改革,减少行政审批,营造不同市场主体公平参与竞争的市场环境。按照"有进有退,有所为有所不为"原则,对国有企业的布局进行优化,在有进有退的过程中大力发展"混合经济"。对垄断行业,要尽可能引入竞争机制,通过竞争性领域放开市场、资本多元化改造、可竞争性环节分离等措施,在竞争中增强国有经济活力、控制力、影响力。打破行政垄断行业不仅要放开,还要在竞争模式、治理模式、财税体制、监管模式、

公共服务等多方面整体同步推进。进一步进行市场化取向的分类改革,对公益性行业、垄断性行业和竞争性行业三种类型国企进行不同的公司治理建设,构建不同类型的公司治理评价指标体系。进一步减少、简化行政审批,坚决清理和取消不合理收费。在政府采购中,要对不同所有制企业一视同仁。扶持民营中小企业拓展国内外市场,加大对中小企业科技创新、创业、人力资源培训等公共服务平台建设的财政资金投入,完善民营中小企业发展的公共服务体系。三要依法保护不同市场主体的合法权益,构建同等受法律保护的法治环境。加快建设法治政府和服务型政府,坚持依法行政、公正司法,不仅做到"形式上"的公平,还要做到在具体实施过程中的"实质公平",依法保护民营企业和企业家合法财产不受侵犯、合法经营不受干扰。尽快出台和完善各项法律法规以及相关配套措施,解决民营企业发展过程中遇到的体制性问题,保障民营经济稳定发展。严格按照《反垄断法》查处垄断协议、滥用市场支配地位和滥用行政权力排除、限制竞争等各种垄断行为。

(本文发表于《经济纵横》2013 年第 2 期。王敏、李洪斌协助研究)

—*16*—

发展循环经济需要"创新驱动"

胡锦涛同志在 2012 年 7 月 23 日省部级主要领导干部专题研讨班上的重要讲话中强调指出,要扎扎实实抓好实施创新驱动发展战略。"创新驱动"是区别于廉价"要素驱动"和"投资驱动"的新发展战略观。2012 年中国经济面临的最大任务是如何在经济下行压力下实现"稳增长"。区别于以往的保增长,现阶段的"稳增长"更加重视与转方式、调结构的有机结合,培育经济增长的内生动力,推动经济增长进入"创新驱动"的轨道。经过 30 多年的发展,支撑中国经济高速增长的传统优势已有所削弱,资源环境瓶颈约束日益明显,中国经济增长的区域结构也正悄然发生变化。按当代国际工业化标准,东部发达地区的中心城市已基本实现工业化,经济增长速度相对于此前工业化加速期逐渐放慢。相对于东部来说,西部有"后发优势",在劳动力、土地、能源、资源等生产力要素方面的约束较小,目前正处在工业化和城镇化进程快速推进阶段,将为中国经济"稳增长"提供有力支撑。目前,西部地区既要快速发展,但又不能走东部地区过度依赖廉价生产要素和"先污染,后治理"的老路,探索一条又好又快科学发展的道路就显得极为重要。

一、循环经济是青海稳增长和调结构的引擎

(一)青海省经济是典型的资源型经济,需要处理好发展经济与保护环境的关系

作为中国西部的后发省份,青海近些年发展速度很快但经济总量依然

较小。进入本世纪以来,青海十一年的平均增速是 12.5%,除 2009 年外,有十年增速超过 12%。青海省 2011 年全省生产总值为 1634.72 亿元,在西部地区仅高于西藏,只占全国 GDP 总量的 0.3%。从经济增长动力来看,1999年西部大开发以来,青海固定资产投资高速增长,投资对经济增长的贡献不断增强。2011 年青海固定资产投资增长 33%,比全国高 12.6 个百分点。而在青海大幅增长的固定资产投资中,投资结构不合理、投资效益偏低等问题比较突出。2011 年,规模以上工业企业中,国有控股企业工业增加值占青海省规模以上工业增加值的 48.2%,国有经济仍是全社会固定资产投资的最主要力量,民营经济力量较弱。[①] 在城镇化水平方面,2011 年全国城镇化率为51.3%,青海是 46.22%,比全国平均水平低了约 5.1 个百分点,比东部地区平均水平低了 16.6 个百分点。与此同时,青海城乡居民人均收入水平均大幅低于全国平均水平,城乡居民收入比远高于全国 3.13:1 的平均水平。

青海是一个典型的资源型省份。据统计,青海矿产资源保有储量潜在价值高达 17.25 万亿元之巨,占全国矿产资源保有储量潜在价值的 19.2%,人均占有 370 万元,是全国人均水平的 50 倍。[②] 经济发展中过度依赖资源、投资、劳动力等生产要素的结果是产业结构不合理,民营经济不活跃,资源环境面临较大压力等(见表 1)。在产业结构方面,青海省第二产业比重高于全国平均水平 10.7 个百分点,第三产业比重低于全国平均水平 10.1 个百分点,产业结构呈现出过度依赖资源产业、第三产业发展严重不足的问题。从轻重工业对比来看,2011 年,以有色冶金、化工、石油开采和加工、电力、黑色冶金、煤炭为代表的七大行业创造增加值 662.20 亿元,占全省规模以上工业增加值的 84.8%,工业结构呈现"重型化"特征。[③] 由于青海自主创新能力较弱,高投入、高消耗、低产出、低附加值的问题比较突出。国家统计局、国家发改委、国家能源局公布的《2011 年分省区市万元地区生产总值(GDP)能耗等指标公报》显示,2011 年中国万元 GDP 能耗为 0.793 吨标准煤(按 2010年价格),其中能耗最高的前三位是:宁夏,2.279 吨标准煤/万元;青海,

---

① 青海省统计局:《结构调整优化升级,速度效益齐头并进》,青海统计信息网,2012 年 5 月15 日。

② 陈颖:《青海省人口、资源、环境与经济、社会的协调发展研究》,《西北人口》2007 年第 5 期。

③ 青海省统计局:《调结构,转方式,工业在转型升级中腾飞》,青海统计信息网,2012 年 5 月15 日。

2.081 吨标准煤/万元;山西,1.762 吨标准煤/万元。同时,青海还存在资源综合回收率过低的问题,铅锌矿的综合回收率比全国平均水平低 5%—13%,钾盐低 2%—11%,煤矿和石油低 14%—16%。[①] 工业的主导地位和"重型化"特征,既增加了资源的需求,也不可避免地加重了对环境的污染。《2011 中国可持续发展战略报告》显示,青海资源环境综合绩效指数 103.5,远低于全国 199.9 的平均水平。

表1 2011 年全国与青海部分经济指标比较

指标	分 指 标	全 国	青 海
GDP	GDP 总量(亿元)	471564	1634.72
	人均 GDP(元)	35083	28827
	GDP 增速(%)	9.2	13.5
	GDP 中投资贡献率(%)	54.2	72.91
	固定资产投资增速(%)	23.6	34.2
产业	三次产业比	10.1:46.8:43.1	9.5:57.5:33.0
	规以上工业国有控股比重(%)	26.2	48.2
	重工业占工业增加值比重(%)	70.9	>84.8
城镇化	城镇化率(%)	51.3	46.22
	城镇居民人居可支配收入(元)	21810	15603.31
	农村居民人均纯收入(元)	6977	4608.47
资源环境	资源环境综合绩效指数(2009)	199.9	103.5

注:青海省 GDP 中投资贡献率为 2009 年数据,重工业占工业增加值比重 2010 年数据,全国规模以上工业国有控股比重为 2010 年数据,其余均为 2011 年数据,资源环境综合绩效指数以 2000 年全国资源环境绩效指数 100 为基点。

资料来源:由国家统计局网站、青海省统计局网站、国家和青海省 2012 年政府工作报告以及《2011 中国可持续发展战略报告》综合整理所得。

(二) 发展循环经济是摆脱"资源诅咒"和实现"创新驱动"的必然选择

"资源诅咒"是指丰富的自然资源可能是经济发展的诅咒而不是祝福,大多数自然资源丰富的国家比那些资源稀缺的国家经济发展水平更低的一种现象。世界上最富有的一些国家和地区,如日本、卢森堡、新加坡、瑞士和中国香港并没有富裕的自然资源,而塞拉利昂、中非、赞比亚、委内瑞拉等国

---

① 包庆山等:《青海盐湖资源综合开发利用产业链发展与延伸》,《辽宁化工》2011 年第 10 期。

家虽然自然资本占国民财富的比重超过25%,但经济发展一般。丰裕的自然资源在一定程度上有利于经济增长,但是对资源型产业的过度依赖却会对区域经济增长产生诸多负面效应,比如对人力资本、技术创新、对外开放度(外资投入)和私营经济的挤出效应,削弱制造业发展的"荷兰病"效应,以及政府经济干预程度趋于加强所反映的制度弱化效应等。① 就国内来说,与"西多东少"的自然资源分配格局相反,现实的经济发展状况是,西部省份经济绩效远远不如东部地区。徐康宁等人(2006)、邵帅等人(2008)通过实证检验证明,"资源诅咒"这一命题在中国内部的地区层面成立,尤其是西部地区,多数省份丰裕的自然资源并未成为经济发展的有利条件,反而制约了经济增长。②③ 上文对青海经济发展数据的分析显示,青海经济已经呈现明显的资源产业依赖的特征,工业在三次产业中比重最大,并且资源型工业在工业中占绝对优势地位,工业呈现"重型化"特征。与此同时,"资源诅咒"现象已在青海经济中有所显现,如对民营经济的挤压、非资源型制造业和服务业的薄弱、资源环境绩效排名较低、城乡收入差距较大等问题。如何摆脱"资源诅咒"是青海等资源型省份在经济发展中必须要考虑的问题。

青海既要发展经济,又要避免"资源诅咒",实现"创新驱动",发展循环经济是唯一的现实选择。青海发展循环经济不仅有良好的资源基础,而且促进循环经济发展的技术创新、产业集群以及基础设施也已经形成了一定规模。"西部大开发"战略的深入实施以及柴达木和西宁循环经济示范区的设立更是为青海经济转型提供了难得的机遇。在国家政策支持的引导下,东部地区经济较发达省份也积极开展对口支援,有效缓解了青海省经济发展中人才、资金、技术、管理等方面的实际困难。此时,加快发展循环经济,不仅对青海省自身可持续发展意义重大,而且对于资源赋存丰富、生态环境脆弱的地区走出一条通过发展循环经济,实现科学发展的可持续发展的道路,也具有重要示范意义。

---

① 邵帅、杨莉莉:《自然资源丰裕、资源产业依赖与中国区域经济增长》,《管理世界》2010年第9期。

② 徐康宁、王剑:《自然资源丰裕度与经济发展水平关系的研究》,《经济研究》2006年第1期。

③ 邵帅、齐中英:《西部地区的能源开发与经济增长》,《经济研究》2008年第4期。

二、青海发展循环经济需要创新驱动

（一）青海发展循环经济需要以"三环联动"为战略定位

循环经济是一种以减量化（reduce）、再使用（reuse）、再循环（recycle）"3R"为原则的新的经济发展方式，与传统经济发展方式有极大不同。传统经济是从"摇篮"到"坟墓"的经济，表现为"资源—产品—污染排放"的单向流动，特点是高开采、高消耗、高排放、低利用，对生态环境影响较大。循环经济则是从"摇篮"到"摇篮"的经济，倡导把经济活动组织成一个"资源—产品—再生资源"的反馈式流程，注重实现低开采、低消耗、低排放、高利用，对生态环境的影响较小。认识循环经济不能狭隘地单从企业层面理解，必须立足产业和区域等层面，把循环经济整合起来。概括来看，国内外学者一般将循环经济归结为三个层面的发展，一是企业内"资源—产品—再生资源"流程，即小循环，如美国杜邦公司；二是园区内产品和废弃物的相互利用，即中循环，如丹麦卡伦堡工业园；三是区域内包括生产、消费和回收再利用整个过程的物质循环，即大循环，如德国双轨制回收系统。① 区域经济要形成这种循环体系还需要财税政策、产业政策、技术政策、金融政策、土地政策等方面的政策支撑。

当前，中国发展循环经济主要是在综合考虑资源环境现状、环境质量要求、生态功能重要性等因素的基础上，通过选择循环经济试点并给予一定的政策优惠来推动的。青海具有明显的资源型特征和极其脆弱的生态环境。以柴达木盆地为核心的海西区和以省会为核心的西宁地区是青海主要的两个经济板块，是全省重要的工业经济支撑和经济增长点，随着这两个地区先后获批国家循环经济试点单位，循环经济将成为青海经济的一大特色。目前，全国两批循环经济试点单位大部分位于东部和中部地区，并且大都停留在企业层面和工业园区层面，如第一批中，上海化学工业区以化工为主，烟台开发区以机械和电子制造为主，张家港工业园以冶金为主，蒙西工业园以

---

① 谢家平、孔令丞：《基于循环经济的工业园区生态化研究》，《中国工业经济》2005 年第 4 期。

煤化工为主;第二批中上海莘庄工业园以现代制造业为主,福建泉港工业园以石化为主,武汉市青山区以钢铁石化为主,涉及的都是具体的工业领域。而青海是一个资源型省份,其境内主要经济板块柴达木循环经济试验区是一个资源型地区,区内资源具有品种多、组合好的特点,有利于区域性大规模整体开发、多产业集群联动发展。区内企业主要是资源开采和加工企业以及其配套企业,资源的综合利用效率低是区内企业的主要问题,而各企业和各产业之间生态链接不充分则是影响区域投入产出效率的主要因素。如果这些问题得到有效解决,区域整体对资源的消耗将大大降低,对环境的影响也将大大减轻。结合青海资源条件、区域特点和经济发展现状,青海发展循环经济应立足于企业、园区和区域三个层面,以"三环联动"为特色,实现小循环、中循环和大循环联动发展(见图1)。

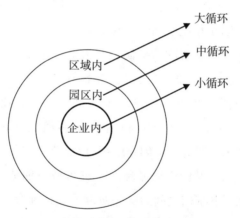

图1 青海省循环经济建设构想

(二)发展循环经济促进青海可持续发展需要"创新驱动"

在当前经济形势下,青海要实现又快又好地发展必须坚持创新驱动原则,正确处理好经济发展与资源、环境的关系,资源型经济与非资源型经济的关系以及工业化与城镇化的关系,进一步用循环经济理念统领资源开发和经济建设,在推动本省经济持续快速健康发展的同时,为资源赋存丰富、生态环境脆弱地区发展循环经济探索出一条可行的道路。青海发展循环经济,实现可持续发展需要采取以下六大战略对策。

1. 要把循环经济发展建立在技术和人才支撑的坚实基础上,推动企业进入"创新驱动"和循环利用的轨道,促进产业升级和经济转型

科学技术是第一生产力,人才资源是第一资源。发展循环经济,必须坚持以科技和人才为支撑。循环经济是建立在技术创新体系之上的新型经济模式,清洁生产、资源综合利用、污染治理、废物再循环、环境无害化等技术是建设循环经济的技术依托。[①] 青海要加强对循环生产技术的基础性研究,包括共性技术、关键技术和专门技术等,依托本地盐湖、煤炭和油气等资源基础加快建立有特色的区域创新体系。在技术创新过程中,企业是主体,政府是重要参与者,大学科研院所是技术源头,社会中介组织则是重要协调者。青海要加强政府、企业、社会中介和大学科研院所之间的分工协作,广泛地建立企业间及产学研紧密合作的创新机制。[②] 政府可加大投入,设立专项基金和适当调整现有科技资金的使用方向,用于支持循环经济的自主创新、引进消化吸收创新和集成创新。建立大企业和上下游中小企业之间以及国内、国外企业间的创新联动机制。努力形成一批基础好、竞争力强、发展前景好的高科技骨干企业,开发出更多具有自主知识产权的产品。促进国内外先进产业共生技术的对接和转移,实现国内外企业、大学和科研机构在战略层面的深层次结合,鼓励和支持企业同科研院所、高等院校联合建立研发机构、产业技术联盟等技术创新组织,形成支持自主创新的企业、高校、科研院所的合作生态,共同面向循环经济进行科技创新活动。依托两大循环经济试验区,加强各部门之间的统筹协调及支持配合,按照科技创新规律的要求优化配置创新资源,支持和引导创新资源向试验区集聚,引导和调节试验区的技术创新。[③] 针对青海省专业技术人员不足以及外流的问题,要围绕资源循环开发利用,制定有利于培养人才、吸引人才、留住人才、鼓励人才创业的政策。要推进省内大学与研究院所合作,建设研究基地,依托本地开发的重点任务、重大建设项目及重要研究课题,积极争取各方面的科技人才培养计划项目("西部之光"计划),提供良好的工作和生活条件,吸引国内

① 张小兰:《对技术创新与循环经济关系的分析》,《科学管理研究》2005 年第 2 期。

② 辜胜阻、李俊杰:《民营企业自主创新的动力机制困境与制度创新》,《科技进步与对策》2008 年第 11 期。

③ 辜胜阻、马军伟:《推进国家自主创新示范区建设的政策安排》,《财政研究》2010 年第 11 期。

外专门人才;也可支持企业通过技术入股、短期项目合作等激励机制,吸引科技人才来青海谋求发展或合作攻关。要推进院校与企业实质性对接,开设相关专业,加快培养适用技术人才。

2. 要加大对循环经济的金融支持,推动风险投资和股权投资与青海优质项目对接,积极推进企业上市和并购重组,大力发展中小金融机构和绿色金融新产品,实现金融创新与技术创新的"双轮驱动"

技术创新需要金融创新的支持。青海发展循环经济,需努力完善金融环境,加强金融创新,为企业融资提供适宜的制度环境,形成多元化融资渠道。要通过财政补助、贷款贴息等财税政策,提升项目稳定资金来源,减少融资成本,提高项目的整体回报率,形成效益共享、风险共担的融资体系。要充分利用国家和省级循环经济发展专项资金支持区域资源综合利用的高技术产业链项目。考虑设置循环经济产业基金,通过专业公司的运作,面向社会筹集资金,降低商业银行投资循环经济的经营成本。采取税收优惠和再投资税收减免等优惠措施,鼓励天使投资、风险投资(VC)和私募股权投资(PE)加大对资源节约和环境保护领域的资金投入,并建立完善的风险投资治理机制,保障风险投资融资渠道的畅通。要抓住东部地区 VC/PE 竞争激烈、平均收益较低、在国家政策优惠条件下向西部转移的机遇,积极发展优质项目源头,加强推广,促成东部 VC/PE 与青海优质项目源头的对接。近年来,青海省政府积极推动企业上市和上市公司并购重组,使盐湖集团、金瑞矿业、贤成矿业等公司得以重生,促进了资源的综合开发利用,取得了显著成效。未来要加大调研力度,建立上市资源库,加强上市后备资源管理工作,进一步推动水电、盐湖化工、矿产资源等行业中的优质企业上市融资,鼓励上市公司通过购买、兼并、股权置换等各种形式在青海乃至全国整合资源,鼓励符合条件的企业通过发行公司债、配股、定向增发等方式进行再融资。[①] 要大力发展民间资本市场,鼓励在法律框架内成立村镇银行、小额贷款公司和典当行等中小金融机构,发展民间资本参与的担保机构,发挥其信息和产业关联优势,帮助中小企业跨过实施节能减排、技术改造的"死亡之谷"。要积极研发绿色金融新产品,建立有效的绿色信贷风险补偿机制。

---

① 高云龙编著:《地方领导金融管理实务》,中国金融出版社 2012 年版,第 338 页。

3.要改变经济增长过度依赖资源初级开发的粗放发展模式,走深加工、集约式开发的道路,依托资源优势延伸产业链,依托循环经济试验区推动产业集群化发展,形成有比较优势的循环经济产业体系

我国中西部资源型地区的矿产资源开发目前基本上是单一型、粗放式的开发,资源综合利用程度低。在资源环境约束和企业竞争加剧的压力下,中国工业面临着实现从依靠耗费资源来支撑竞争力的阶段向依靠资源集约开发和产业集群发展来支持竞争力的阶段转变的关键时期。为此,青海要依托资源优势进行集约式开发,利用循环经济原理优化产业布局和规模,构建以生态链为链接的产业集群,形成专业化、特色化、有比较优势的产业体系。在资源开发环节,要积极引入先进技术,改进生产工艺,尽可能地降低原材料和能源消耗,最大限度提高单位资源利用率,实现投入少、产出高的集约化开发与经营。在生产加工环节,利用资源的特性进行深加工和精加工,努力延长产业链条,提高资源性产品的科技含量和附加值,逐步形成地区性品牌产业和拳头产品。要根据产品工艺和生产工序的内在联系,在多个企业或产业间进行工业生态的链接,提高相关企业或产业之间的关联度,形成多产业横向扩展、多资源纵深加工以及副产物和废弃资源循环利用相结合的资源循环圈,以生态化的产业集群来提升特色优势产业的整体竞争力。尤其柴达木地区,是国内惟一的无机(盐湖资源)、有机(石油、天然气、煤)、有色(铅、锌、铜)以及铁等多类资源集中组合配置的地区,有利于区域性大规模整体开发、多产业集群联动发展。要重点围绕盐湖资源、煤炭资源、有色金属、石油天然气、高原特色生物资源等优势资源进行综合开发,在多个产业或企业间进行工业生态的链接,使各类产业之间形成互动关系,推动多产业集群联动发展。构建循环型产业集群还需要信息网络的支持,要通过中介机构、协会等提供各类培训和咨询平台,有目的地组织企业家集会交流,推动企业之间的协作及企业协作网络的生成,促进企业之间形成知识、信息和经验的共享机制。

4.要做好承接东部产业转移的工作,有选择性的招商引资,有序引进民间资本,改善基础设施"硬件"和适宜外来企业成长的"软件",营造"扶商、安商、亲商"的发展环境

产业转移往往伴随着大量的资本、技术以及其他无形要素的进入,能够

为经济发展创造条件。青海承接东部地区产业转移有着明显的自然资源优势和成本优势。当前青海要营造良好的产业承接环境,有选择性地招商引资。首先,充分抓住第二轮西部大开发战略中对城镇基础设施投资力度加大的机遇,通过改善交通、电力等基础设施建设创造良好的硬环境。要加大城镇建设,促进发展新兴城市,为区域人口、经济和产业转移提供空间载体。完善区域内和区际间的物流网、电力网、通讯信息网建设,提升传统服务业,发展新型服务业,增强承接产业转移的支撑能力。以交通等基础设施为依托,进一步完善公路、铁路和航空等交通运输体系以及信息网络体系,尽早将格尔木建成西部又一铁路枢纽。其次,要理顺政商关系,转变政府职能,优化发展的软环境。建立健全政府的公共服务职能,以市场为导向,健全节能减排、综合利用、循环经济发展等方面的法规和政策。政府可以运用清洁生产审计、环境管理体系、绿色 GDP 考核等环境管理工具,对产业集群生态化项目给予投资、土地、信贷等方面的财政补贴或税收优惠,建立产业集群生态化发展的利益驱动机制和政策环境。要营造"扶商、安商、亲商"的良好氛围,让民间资本和外资企业在区域内形成集聚效应,引导产业集群参与者走上循环经济的轨道。最后,要以本地资源优势为依托,以经济效益为核心,将承接产业转移和优化产业结构、实现可持续发展结合起来,承接符合地方资源禀赋条件和主体功能定位的产业。充分利用"青洽会"、"柴达木循环经济项目推介会"等平台,以入园成功企业为典型,加大对试验区优势资源及优惠政策的宣传力度。要着眼于技术进步和产业升级,在土地、环保、节能、技术等方面设置一定的准入标准,防止被淘汰的、污染严重以及与本地区同质化的企业和项目转移到本地区,防止低水平重复建设和无序竞争。

5. 要把产业发展与城市建设结合起来,把资源型经济和非资源型经济结合起来,实现产城融合,把城镇化建立在多样化产业支撑的基础之上,实现城镇化与工业化的协调可持续发展

随着青海经济建设的发展,城镇化进程快速推进,但是全省城镇化发展不平衡的问题却很突出:全省 8 个州(地、市)中,海西州以 70.03% 的水平高居榜首,西宁市以 63.7% 的水平居其次,分别超过全省平均水平 25.31 和 18.98 个百分点,其后依次是海北州、玉树州、海南州、黄南州、果洛州、海东地区,城镇人口占各地常住人口比重分别为 32.78%、32.11%、28.47%、

25.69%、24.72%、22.83%，比重大幅低于全省平均水平。[①] 青海要进一步调整和优化产业结构，搞好产业规划和城镇规划，推动城镇化和工业化协调发展。要进一步提高工业化水平，加快工业园区建设，将工业园区作为城市建设和产业集聚互动的连接点，形成充满活力的产业群。在产业选择上，每年从资源产业受益中拿出一定比例，大力发展新能源产业、服务业和生态农业等接替产业，构建多元化的产业体系。要紧密结合国家产业振兴规划，利用青海拥有水能、太阳能、风能等多元组合的可再生能源资源的独特条件，建设大规模国家级可再生能源基地。要注重发展服务业，既重视信息咨询、物流配送等新兴服务业发展，又要重视零售、餐饮等传统服务业的发展，尤其是要依托三江源、可可西里自然保护区、中国第一"神山"昆仑山、唐古拉山等丰富的旅游资源，在"保护第一、适度开发、合理利用"的原则下，把旅游作为一大支柱产业来培育。要依托独特的生物资源，搞好农畜产品深加工，重点发展制种、肉食品、中藏药、生化制品、皮革、精炼油和果蔬加工等特色现代农业，将有机、绿色、高品质、高附加值和适度规模的畜牧业和生物产业与生态保护结合起来。要注重完善产业区的居住和服务功能，进一步促进人口向县城集中、产业向试验区集聚以及土地向农业能手集中，努力形成一批中心突出、分工明确、联系紧密的城镇群。积极研究促进农民工在城镇落户的政策措施，通过鼓励和推进土地草场承包经营权流转、农牧民宅基地置换、增加农牧民创业贷款等举措，促进农牧民人口向城镇转移。

6. 要把经济发展和生态环境的保护结合起来，把政府"有形之手"和市场"无形之手"结合起来，在生态环境可承受范围内，有效利用自然资源，推动全社会形成节约型、生态化、可持续的绿色生产方式和消费模式

青海是一个生态环境脆弱但又十分重要的省份。它地处"江河源"和"气候源"，是中国西北重要的生态功能区，是高寒生物物种的资源库，是全球气候的调节器。长江总水量的25%、黄河总水量的49%、澜沧江总水量的15%，都出自这一地区，三条江河每年向下游供水600亿立方米，成为"中华水塔"甚至"亚洲水塔"。但是目前，在人类经济活动所及范围之内，青海经济发展的生态系统已相当脆弱，主要表现为水资源大量减少，湖泊萎缩和冰

---

① 青海省统计局：《青海省城镇化水平发展现状》，青海统计信息网，2012 年 5 月 15 日。

川融化，生物多样性遭到严重威胁，草场退化及水土流失加剧，自然灾害频发等。这样的生态环境条件要求青海一定要在循环经济的减量化、再利用和再循环原则的指导下，在生态环境承受范围之内利用自然资源，将政府"有形之手"和市场"无形之手"结合起来推动节能减排。应加快建立和完善生态补偿机制和资源开发补偿机制。根据"谁破坏，谁补偿"、"谁受益，谁补偿"、"谁污染，谁治理"的原则，做好能源资源开发利用过程中的环境保护。建立健全资源税费制度，逐步提高资源税和矿产资源补偿费等税费的标准。① 要通过生态文明建设唤醒全社会的环境责任意识，形成企业绿色生产、政府绿色办公、社会绿色消费的氛围，实现人与自然的和谐发展。要继续加大产业结构调整力度，积极推进战略性新兴产业和高加工度工业发展，广泛推行清洁生产，支持和鼓励传统优势产业通过技术升级等手段提升竞争力，减少产业发展对生态环境的负面影响。要推动节能减排的参与主体由企业为主向企业与社会并重转变，大力提倡和发展符合低碳原则的交通体系和建筑物，推动全社会形成节约型、生态化、可持续的绿色生产方式和消费模式，努力实现自然生态系统和经济社会系统的良性循环。

（本文发表于《青海社会科学》2013 年第 1 期。李洪斌协助研究）

---

① 李佐军、张佑林：《我国西部地区环境保护的难点与对策》，中国经济新闻网，2012 年 9 月 11日。

—17—

扶持大学生以创业带动就业的战略思考

自 2008 年年底以来,温家宝同志多次在正式场合提到了大学生就业,强调"就业不仅关系个人生计而且关系到尊严",要求将高校毕业生就业工作摆在突出位置甚至是首要位置。就业是民生之本,大学生就业作为社会就业的重要组成部分,关系到人民的根本利益和社会稳定。当前,受全球性金融危机的影响,大学生就业形势更加严峻。面对危机,政府要把大学生就业与大学生创业结合起来,用创业带动就业,利用就业压力所形成的"倒逼机制"引导新的创业浪潮,使更多的大学生成为创业者。

一、创业带动就业是缓解大学生就业难的有效途径

自 1998 年高校扩招以来,我国大学生数量有了较快的增长,与此同时,大学生就业形势日益严峻,成为全社会关注的问题(见表 1)。大学生作为国家培养的高层次人才,是国家建设的重要战略资源,承担着中华民族伟大复兴的历史任务。大学生不能实现充分就业将给个人、社会和国家带来不利的影响。对个人而言,大学生就业难直接影响到大学生个人的生存生活,影响到与家人、朋友的关系;对社会而言,失业率较高增加整个社会保障系统的负担,加剧社会贫富差距,容易引发多种社会问题;对国家而言,知识型失业会造成巨大的经济浪费,削弱国家竞争力,影响经济社会可持续发展。一

方面,大学生失业将使庞大的培养成本变为沉没成本。以大学生每人每年1万元的培养成本计算,1千万名大学生的培养成本将高达1000亿元;另一方面,大学生失业是严重的人力资本流失和劳动力资源浪费。以每个劳动力一年创造的国内生产总值按1万元计算,如果实现1千万大学生的充分就业,我国每年将可多创造1000亿元的产值。

表1　1999—2007年全国高校招生人数及毕业生就业情况

年份	1999	2000	2001	2002	2003	2004	2005	2006	2007
招生人数(万人)	159.7	220.6	268.3	320.5	382.2	447.3	504.5	546.1	565.9
毕业生数(万人)	84.8	95.0	103.6	133.7	187.8	239.1	306.8	377.5	447.8
年末总体就业率(%)	84.6	84.2	75.7	64.7	70.0	73.4	73.2	—	—

资料来源:招生人数、毕业生数来自教育部历年教育统计年鉴及教育发展公报,其中高等教育招生、毕业人数为普通高校本科及专科招生、毕业人数;年末总体就业率转引自张腾元:《大学毕业生就业问题研究》,吉林大学硕士学位论文,2008年。

我国大学生就业难既有来自于经济结构本身的原因,也有当前全球经济金融危机的影响。一方面,当前中国以加工制造业和技术含量较低的第二产业为主,先进制造业和现代服务业发展不足的经济结构,对普通劳动力需求相对旺盛,对较高素质大学生吸纳能力不强。近年来,由于我国经济增长方式的转变,技术进步和资本有机构成的提高,经济增长对就业的拉动作用日益呈现下降趋势。据估计,"九五"时期国内生产总值每增长1个百分点能带动90多万人就业,"十五"时期下降到仅能带动80多万人就业。另一方面,受国际金融危机影响,企业用人需求总量减少,相当多的企业延缓或者放弃了招聘计划,可供给高校毕业生的就业岗位将进一步减少,数以百万计的大学生就业困难。2009年,毕业生数量增加9.3%,超过700万毕业生需要解决就业问题,而2008年9月至2009年3月间,企业岗位累计净减7.3%,市场供需矛盾突出。据统计,2009年一季度应届高校毕业生的签约率仅为20%—30%。[①]

为了解决大学生就业难题,近年来从中央到地方都出台了一系列应对措施,其中鼓励大学生创业被摆在了突出的位置。从中共十七大报告到

---

① 人保部:《高校毕业生签约率近三成二季度会更高》,《每日经济新闻》2009年4月14日。

2009 年的政府工作报告,"大力支持自主创业、促进以创业带动就业"成为应对就业难题的重大战略。鼓励大学生创业不仅是解决当前大学生就业压力的应急之策,也是推动中国经济迈向创业型经济的长远之计。

首先,创业具有扩大就业的倍增效应。创业不仅能够解决自身就业,而且在扩大就业方面具有倍增效应,一人创业可以带动多人就业。调查表明,平均每名创业者带动就业 3.8 人。长期以来我国大学生自主创业水平较低。据中国社科院发布的 2009 年《社会蓝皮书》的数据显示,2007 年实现就业的大学毕业生自主创业的比例是 1.2%,而在美国大学生实际创业的人数占到 20%。① 如果 700 万大学毕业生中有 10% 的人选择创业,按照"一人创业带动 3 人就业"的倍增效应计算,将解决一大批人的就业问题。

其次,创业是提高大学生素质的重要方面。首届世界高等教育会议发表的《高等教育改革和发展的优先行动框架》强调:"高等教育必须将创业技能和创业精神作为基本目标,以使高校毕业生不仅仅是求职者,而且首先是工作岗位的创造者。"②为鼓励大学生创业而开展的创业教育课程,将有助于强化大学生的动手能力、实践能力,培养大学生的创新精神,提高大学生的综合素质,使大学生能够更积极灵活地应对日益复杂多变的就业形势和经济社会发展环境。

再次,创业是实现技术创新和建设创新型国家的重要载体。为了转变长期以来的粗放型经济增长方式,提高技术进步对经济增长的贡献率,中央提出了推动自主创新和建设创新型国家的重大战略。创业作为科技成果转化的组织形式之一,是实现技术创新的重要载体,对促进经济增长、扩大就业容量和推动技术创新起了重要的作用。目前我国 75% 以上的自主创新产品、80% 以上的专利都是中小企业完成的。从国际经验看,1997 年亚洲金融危机后,韩国因失业大潮带来了"创业蜂拥期",为韩国新一轮的经济发展注入了新鲜血液;1980 年以后,美国超过 95% 的财富都是由经济大变革中新兴的中小企业创造的。③ 因此,当前金融危机给我国带来的不仅仅是挑战,同时也蕴含着机遇。

---

① 杜文景、王世玲:《2009 年〈社会蓝皮书〉发布明年就业形势更严峻》,《21 世纪经济报道》2008 年 12 月 16 日。
② 赵中建:《21 世纪世界高等教育的展望及其行动框架》,《教育发展研究》1998 年第 12 期。
③ 王烨捷:《把金融危机变成发展创业教育的良机》,《中国青年报》2009 年 3 月 2 日。

在危机时促进创业,有利于促进经济发展方式转变,建设创新型国家。

二、当前我国大学生创业面临的主要困难

创业是一项系统性工程,创业机会、创业能力和创业意愿是创业活动的三个基本决定因素。其中,创业机会指开创新事业的可能性以及通过自身努力达到创业成功的余地;创业意愿指一个人从潜在创业者变成实际创业者的期望程度;创业能力指创建和管理新事业的技术与商业知识和能力。[1] 从我国现实情况看,一方面,我国创业机会丰富,个体创业意愿比较强烈;另一方面,个体却因为缺乏创业能力,把握不好创业机会,创业容易失败而不得不放弃创业。[2]《全球创业观察中国报告》对中国创业环境的基本判断是中国的创业属于创业意愿强、创业机会多、创业精神强、创业能力弱的状况。大学生创业更是如此,据麦可思调查,全国 2009 届大学毕业生有创业意愿的达到 18%,而 2008 届大学毕业生实际创业的仅 1%。[3] 大学生创业虽然具有年纪轻、精力旺盛、学习能力和创新精神较强、专业知识和综合素质较高等优势,但同时也面临着资金短缺、经验缺乏、人际网络缺乏、创业能力较弱等创业障碍,致使大学生创业的成功比率较低。据统计,广东大学生创业成功率只有 1%,全国大学生创业成功率最高的浙江省只有 4%。[4] 当前我国大学生创业面临的瓶颈主要表现在以下几个方面:

(一)大学生创业教育相对滞后,创业能力有待提高

创业是一项高风险的活动。据《中国人才发展报告 NO.5》的不完全统计,一般创业企业的失败率在七成,大学生创业成功率则只有 2%—3%。据教育部 2004 年的一项报告,全国 97 家比较早的学生企业,盈利的仅占 17%,5 年内仅有 30% 能够生存下来。[5] 从创业活动的三个基本决定因素来看,创

① Gnyawali D.R.and Fogel,D.S.,"Environments for Entrepreneurship Development :Key Dimensions and Research Implications",*Entrepreneurship Theory and Practice*,1994,(18).

② 张玉利、陈立新:《中小企业创业的核心要素与创业环境分析》,《经济界》2004 年第 3 期。

③ 王伯庆:《搬走大学生创业路上"三座大山"》,《中国教育报》2009 年 4 月 9 日。

④ 宋伟:《大学生创业成功率较低忌"盲人摸象"》,《人民日报》2009 年 3 月 4 日。

⑤ 祝捷、董伟:《知识失业"逼迫"创业教育必须前行》,《中国青年报》2009 年 9 月 22 日。

业能力是实施创业活动的保障,是创业活动发生的充分条件。对于大学生
而言,由于实践活动缺乏,创业能力的提升更主要来自于高等教育阶段的创
业教育。多年的全球创业观察(GEM)报告均显示,受过高等教育或研究生
教育的个体从事创业活动的比例更高。然而,当前创业教育的发展远不能
满足中国大学生强烈的创业意愿及其对创业技能培养的需求。调查数据显
示,78.95%的中国学生表示自己希望能创业,但仅47.22%的大学生参加过
有关创业方面的活动,在创业能力的获取上,有3/4以上的学生希望学校进
行创业创新教育。[1] 大学生创业教育相对滞后主要表现在:一是创业教育普
及率还比较低,创业教育没有得到足够的重视。2005年初,美国已有1600
多所高等院校开设了创业学课程,而目前我国只有94所高校开设了KAB创
业教育课程。[2] 二是创业教育课程设置尚不合理,教学方式还不灵活,尤其
是实践性教学环节更为薄弱。三是缺乏具备一定理论知识、具有一定创业
实践经验的教师,创业教育的师资力量有待加强。

(二) 大学生创业融资仍然困难,融资体系需要健全

创业融资是创业最重要的要素之一,相当多的创业者在创业过程中都
遇到创业资金筹措困难的问题,甚至因此而搁浅了创业梦想。广东省2008
年的调查显示,有73.47%的大学生所能承受的自主创业资金不足10万元,
61.63%的大学生认为"缺乏启动资金"是创业的最大障碍。[3] 创业融资包括
直接融资和间接融资,前者主要是指不通过金融中介机构的民间借贷、股票
债券、风险投资等,后者主要是银行信贷资金。根据2006年中国创业观察报
告的研究,创业融资主要依靠血缘、亲缘关系,其次才是金融机构的信贷融
资和政府的资金扶持。对于多数大学生而言,既少有自有资本,缺乏信用记
录,也无固定资产或抵押品,想从银行获取贷款相当困难。近年来,政府出
台了鼓励大学生创业的小额信贷扶持政策,但因手续繁琐、配套措施缺乏,
实施情况极不理想。例如,广州市大学生小额贷款优惠政策自2005年实施
以来,至今没有贷出一笔。从国际经验来看,风险投资是创业企业融资的重

---

[1] 全国高等学校学生信息咨询与就业指导中心:《大学生创业和创业教育问题调查报告2007》。
[2] 梁杰:《创业教育在高校走俏改变就业观提高创业成功率》,《中国教育报》2009年3月8日。
[3] 刘茜:《大学生创业步履依旧"蹒跚"》,《南方日报》2009年4月14日。

要渠道。风险投资中的天使投资,更是专门为那些具有专有技术而缺少自有资金的创业者所准备。天使投资者更多由私人来充当投资者角色,投资数额相对较少,对被投资企业审查不太严格,手续更加简便、快捷。但与美国等发达国家相比,中国风险投资发展仍然滞后,总体规模还比较小,天使投资的发展严重滞后。

(三) 大学生创业成本还比较高,创业环境有待改善

创业环境是大学生创业的外部条件和活动舞台,良好的创业环境是大学生成功创业的基础。《全球创业观察中国报告(2007)》显示,2007 年中国在 31 国中排名 16 名,排在巴西、意大利、俄罗斯、西班牙等国的前面,创业环境评分略高于平均值,略高于国际中等水平。① 但中国整体的创业环境没有得到大的改善。一方面,近年来从中央到地方为了推动大学生创业都出台一系列创业优惠政策(见表2),但是在实践中,很多地方却没有真正落实好政策,致使大学生创业遭遇"收费经济""执法经济"等难题,创业成本升高。在行政方式上,审批事项繁多,审批手续复杂,行政效率低下。《全球创业观察中国报告(2006)》中指出,与其他国家和地区相比,我国创业政策方面的劣势在于新公司的审批成本高,平均创办一个企业需要 6 次批示,耗时 30 天。而英国、新加坡、中国香港只需 2 次批示。在冰岛创办一个企业只需 5 天就可将所有手续办完。② 另一方面,大学生创业政策扶持体系还不够完善,特别是在提供创业信息、强化创业指导、营造创业氛围等方面还很欠缺,严重影响了大学生的创业意愿。

表2 大学生创业扶持政策

扶持方式	政 策 内 容
创业基金	拜丽德全国大学生创业基金"千万亿"工程:针对全国高校(含有关科研院所)在校大学生,以十人团队为一资助单位,每个项目投资的额度为 10 万元
小额担保贷款	可按照有关规定向银行申请 2 年期限最高 5 万元的小额担保贷款
贷款财政贴息	小额担保贷款财政贴息 50%

---

① 高建:《全球创业观察中国报告:创业转型与就业效应》,清华大学出版社 2008 年版。
② 唐学锋:《为高技术企业筑巢——高技术企业创业与企业孵化器》,重庆出版社 2006 年版。

续表

扶持方式	政　策　内　容
税费优惠	注册之日起 3 年内免交登记类、证照类和管理类的行政事业性收费 大学毕业生在毕业后两年内自主创业,注册资金 50 万元以下允许分期到位 大学毕业生新办指定行业经批准,最多免征或减征企业所得税两年
创业培训	加强创业课程设置和师资配备,对参加创业培训的创业者给予职业培训补贴

资料来源:辜胜阻:《民营企业技术创新与制度创新探索》,科学出版社 2008 年版,第 351 页;《大学生创业优惠政策》,大学生创业网,http://www.studentboss.com/html/news/2007 – 10 – 18/12843.htm。

三、鼓励和支持大学生创业的对策思考

尽管大学生创业具有一定的优势,但创业教育相对滞后、创业融资比较困难、创业环境有待改善仍然是制约大学生创业的主要瓶颈。当前迫切需要从直接关系大学生创业最为迫切的方面着手,通过加强创业教育提高大学生的创业能力,通过改善创业环境增加大学生的创业机会,通过完善融资体系提高大学生的创业意愿,积极引导大学生创业浪潮,使更多的大学生成为创业者(见图 1)。

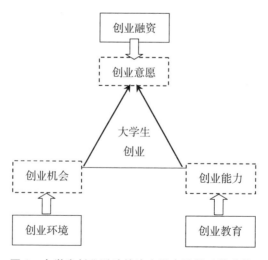

图 1　大学生创业活动的决定因素及其政策支持

注:虚线方框表示创业活动的三个基本决定因素,实线方框表示对创业活动决定因素的支持政策

（一）加强大学生创业教育，提高大学生创业能力

联合国教科文组织认为，创业能力是学习的第三本护照，创业教育与学术教育、职业教育具有同等地位。创业教育是激发大学生创业动机、提高创业能力的基础，在促进大学生创业方面绩效显著。尽管从 2002 年教育部确定清华大学、中国人民大学、复旦大学等为我国创业教育试点院校以来，我国创业教育取得了较大的进步，但与欧美大多数国家相比尚处于起步阶段。当前，需要借鉴发达国家创业教育的成功经验，探索建设有中国特色的大学生创业教育体系：一是强化创业教育理念，在高等院校普遍推行创业教育。要加大对创业教育的资金投入力度，加强高校创业教育，将 KAB 创业教育课程推广到更多的高等院校，将创业教育作为大学生的公共必修课和基础课，提高创业教育地位，推动创业教育由精英模式向大众模式、由业余实践向系统学习，在高校普遍推行创业教育。二是加强创业教育师资队伍建设。鼓励教师走进企业、吸引企业家走上讲堂、开展师资培训和交流。斯坦福大学的教授每周允许有一天在企业兼职，对企业的运行状况就有很好的经验，然后又指导他的学生，这种培养模式的成效十分显著。据统计，硅谷 60%—70% 的企业是由斯坦福大学的老师和学生创设的。麻省理工学院的毕业生和教师自 1990 年开始平均每年创建 150 个新公司，仅 1994 年这些公司就雇佣了 110 万人，创造了 2320 亿美元的销售额。[①] 三是创新创业教育课程设置和教学模式。编撰适合学生多样化创业需求的创业教育教材，完善创业课程设置和教学内容，培育包括创业兴趣和价值观念、创业心理品质、创业技巧和能力等在内的全面创业素质；改进创业教学模式，将课堂讲授、案例讨论、角色模拟、基地实习、项目实践等教学方法结合起来，提高教学效率。也可以尝试通过开展包括论坛、创业计划竞赛、培训班等多种形式的创业教育模式。鼓励高校、政府和企业联合建立大学生创业见习基地、创业实习基地，设立创业岗位，通过开展模拟创业积累创业经验，提高大学生创业实践能力。

---

① 侯锡林：《企业家精神教育：高校创业教育的核心》，《高等工程教育研究》2007 年第 2 期。

（二）完善创业融资体系，增强创业资本的可获性

创业者的融资需求往往具有融资额度较小、无担保抵押、前景不确定等特点，我国现有的融资渠道和金融体系无法满足创业者的融资需求，迫切需要构建多层次、多元化的创业融资体系：一是完善小额信贷政策。目前小额贷款条件严格、额度有限、手续繁琐，如一般要求要先办企业才能申请贷款，而办企业所要取得的执照和场地租赁的费用往往就难倒了不少创业大学生。需要进一步完善小额信贷政策、简化贷款程序、减少对创业项目的过多限制。适当放松小额担保贷款的利率，增强对金融机构推广小额贷款的内在激励。二是加强信用担保体系建设。充分发挥政府担保的作用，建立"大学生创业担保基金"，通过担保风险的补偿和担保机构的激励，如按税后利润的一定比例提取风险准备金或对实际发生的代偿损失部分抵扣所得税，提高商业性的小额贷款担保机构的积极性，为大学生创业获取贷款提供便利。三是设立政府、高校和企业等多方面参与筹资的大学生创业基金。借鉴拜丽德全国大学生创业基金"千万亿"工程的模式，政府联合企业或有关部门设立大学生创业基金，由企业冠名并对创业项目进行审批，全权发放免息贷款或资金支持，政府不再单设申请门槛，而对参与项目的企业按发放的金额和数量给予适当的减税和表彰。探索把扶助大学生创业与企业慈善行为结合起来，利用慈善资本成立"大学生创业慈善基金"，[①]对参与该项目的企业给予慈善捐助的税收减免和政策优惠。四是鼓励和引导风险投资支持大学生创业项目。引导民间资本进入风险投资和天使投资，或鼓励社会资金成立大学生创业风险投资基金，支持大学生创业项目。利用包括税收优惠、财政支持等在内的激励措施，引导基金前移，发挥天使投资支持创业项目和初创企业的作用，真正解决我国大学生创业的早期资金瓶颈障碍。地方政府应积极搭建投资与创业者交流平台，建立项目风险和资产评估机制，方便大学生通过商业计划书和创业比赛获得风险投资，实践创业梦想。

---

① 陈华：《鼓励企业设立创业慈善基金更新时间》，《深圳特区报》2009 年 3 月 9 日。

（三）创业基地，优化大学生创业环境

优化大学生创业环境，一方面，要依托高新技术开发区、经济技术开发区和大学科技园建立大学生创业园，为大学生创业提供良好载体。充分利用全国高新区和科技园，建立大批的创业孵化器，为大学生创业提供免费或优惠的办公场地、创业辅导、孵育保障以及畅通的创业融资、成果转化及项目合作交易渠道，对进入创业园的大学生创业企业以高新技术企业的标准给予政策优惠，促进更多大学生实施以技术创业带动大学生团队就业和社会就业。另一方面，要完善大学生创业政策支持体系，贯彻落实相关优惠政策，有效地降低创业门槛和创业成本。政府首先要树立创业服务观念和服务意识，有关部门在创业者办理有关手续时，要提供更加方便快捷的优质服务；开通大学生创业绿色通道和"一站式"的创业服务，出台注册"零首付"、资本金分期到位等降低创业门槛、简化创业程序、提高创业的审批效率的具体措施；减轻大学生创业的税费负担，杜绝乱收费、乱罚款和乱摊派的"收费经济"、"执法经济"现象，落实好税收优惠、费用减免和财政补贴等优惠政策，使大学生创业有一个外部成本较低的成长环境；借鉴和推广中国青年创业国际计划（YBC），通过动员社会各界特别是工商界的资源，为创业大学生提供导师辅导以及资金、技术、网络等全方位创业支持。此外，创业需要有一种崇尚创新、宽容失败、支持冒险、鼓励冒尖的文化氛围。要通过报刊杂志、广播电视、互联网等媒体的创业宣传，加大创业政策宣传力度，让更多的大学生了解政策内容。引导大学生树立新形势下的正确就业观念，让全社会真正实现传统就业观向现代就业观的转变，激发大学生创业热情，为大学生创造良好的社会创业环境。

（本文发表于《教育研究》2015年第5期。洪群联协助研究）

—*18*—

创新型国家建设中的
制度创新与企业技术创新

改革开放以来,我国经济建设取得了巨大成就,已经成为世界第二大经济体和全球第二大贸易国。然而,经济高速增长的背后却存在巨大的隐忧:一是经济增长仍然依赖生产要素的高投入和资源的高消耗,粗放型特点明显。随着高成本时代的到来,低价工业化模式已经难以为继。二是对外技术依存度较高,大量关键设备依赖进口,一些产业、产品的核心技术受制于人,利润分配受控于人。[①] 在这种背景下,我国提出了建设创新型国家的战略,目的在于通过科技进步和创新实现经济增长方式转变,提升产业自主创新能力,推动从制造大国向创造强国的转变,保持我国的国际竞争力和实现未来经济社会的可持续发展。当前加快推进创新型国家建设显得尤为重要和紧迫。本轮全球金融危机影响下的世界政治经济格局正在发生重大变化,发达国家在应对危机的过程中积极利用其技术优势,以发展低碳经济、绿色环保、知识产权等为重要手段,推动国际经济秩序重构,强化其全球竞争优势。[②] 在这种大变局下,中国迫切需要加快创新型国家建设步伐,进一步提高自主创新能力,防止在新的国际经济新秩序中处于被动局面,争取在新一轮全球经济增长中占得先机。

---

① 辜胜阻:《企业创新是国家强盛的基石》,《人民日报》2007 年 3 月 10 日。
② 中国科学院:《2010 高技术发展报告》,科学出版社 2010 年版。

技术创新与制度创新是创新型国家最重要的组成部分。政府和企业是创新型国家建设最重要的参与者,分别扮演着制度创新主体和技术创新主体的角色。尽管创新型国家建设的衡量标准多是纯粹的技术创新指标,然而为实现创新型国家的目标,绝不能忽视制度创新的作用。

一、创新型国家建设中政府的制度创新

制度(Institutions)是调整人类行为的规则,是收入的过滤器和调节器,是一种激励机制,是一种游戏规则。[①] 制度为人类提供了一个基本结构,它为人们创造出秩序,并试图降低交换中的不确定性。[②] 在创新型国家建设过程中,作为激励功能的制度可以充分调动人的积极性和创造性,发挥人的潜能;作为市场配置功能的制度可以充分调动包括资金资源在内的各种社会资源并实现这些资源的优化配置;作为资源整合功能的制度可以实现资金、人才、技术三大高科技要素的互动和集成,发挥合力作用;作为服务保障功能的制度可以营造良好的环境,促进创新的顺利完成;作为文化培植功能的制度可以形成尊重创新、敢于创新的社会氛围。作为最主要的制度供给主体,政府在创新型国家建设中的核心功能就在于构造一个有利于技术创新的制度框架。从国际经验来看,当今世界公认的 20 多个创新型国家,无不走过了政府主导下的技术创新的历程。因此,为了实现创新型国家的战略目标,需要政府建立和完善一整套支持创新的制度体系。

(一)财税制度创新

在建设创新型国家的过程中,国家的财政政策有着直接而关键的作用。财政政策是由政府通过直接控制和调节,从收入和支出两个方面来影响国家资源分配的政策手段,其主要工具是增加政府财政支出和税收优惠。因此,政府支持创新的财政税收政策主要包括以下几个方面:

一是要加大财政科研投入,调整投入结构,提高科研投入使用效率。2009 年中国全年研究与试验发展(R&D)经费支出占国内生产总值(GDP)

---

① 辜胜阻等:《新经济的制度创新与技术创新》,武汉出版社 2001 年版。
② 道格拉斯·C.诺斯:《制度、制度变迁与经济绩效》,刘守英译,上海三联出版社 1994 版。

的比重为 1.62%，①低于国际公认的 2%的标准。科技投入用于企业的比例比较低，经济发达国家科技投入大约有 30%用于扶植企业，我国科技投入有 90%以上用于科研单位和大专院校。② 为此，要逐步加大财政科技投入，调整科研投入在基础研究与应用研究、大学科研院所与企业之间的分布结构，吸引更多企业参与研究和创新，促进研发主体从国有科研机构和大学转变为企业；要提高科研投入资金的使用效益，改革和强化科研项目的经费管理，调整和完善科研经费管理的制度体系。

二是要完善支持创新的政府采购政策。"十一五"规划已将政府采购纳入创新政策，未来应该探索支持创新的政府采购的具体措施和手段。可以进一步研究对国产高新技术产品的"首购"政策和"优先购买"政策；允许将大额采购合同实行分割招标，建立中小企业参与政府采购的优惠政策；③重视通过对国外技术产品的消化吸收带动本国企业创新，如三峡工程中对国外技术产品的引进消化吸收大幅提升了我国相关领域产业技术水平与创新能力。

三是要改革税收制度、强化政策执行力度。相对财政投入，税收政策体现的是一种激励，是当今世界各国政府扶持科技产业的重要途径。当前，我国促进技术创新的税收政策还存在支持力度不够和执行不到位的问题。为此，要转变进出口税收政策优惠的重心，实现进口税收政策的优惠从对企业进口整机设备逐渐转变到鼓励国内企业研制具有自主知识产权的产品和装备所需要的重要原材料和关键零部件上；要优化所得税制度，允许企业按销售收入的一定比率在税前提取科技发展准备金，允许企业将用于研究开发的设备仪器加速折旧，强化技术开发费 150%抵扣应纳税所得额等若干配套政策的执行力度，进一步提高创新企业计税工资的标准，调动企业吸引创新人才的积极性。

（二）金融制度创新

融资难是企业技术创新最大的外部瓶颈，也是建设创新型国家的重大

---

① 肖明、李娇凤：《"十二五"研发投入指标或再提高》，《21 世纪经济报道》2010 年 4 月 28 日。

② 蒋正华：《提高自主创新能力　改变经济增长方式》，《中国高校科技与产业化》2007 年第 8 期。

③ 课题组：《创新型国家支持科技创新的财政政策》，《经济研究参考》2007 年第 22 期。

障碍,特别是在我国特定的资本市场、金融结构的背景下,构建一个支持创新的多层次金融体系是政府迫切的任务。

1. 完善多层次资本市场

一方面,在支持高技术产业进程中,做强主板,壮大创业板,大力推动新三板和产权交易市场的发展。由于创新具有不同的层次和阶段,技术创新的主体——企业具有不同规模和生命周期,这决定了为企业技术创新提供融资支持的资本市场必然是一个多层次的资本市场。当前我国主板市场容量有限、中小企业板需要进一步完善、代办股份转让系统发展不充分、创业板尚处发展初期,资本市场发展表现出产品结构单一、层次互补功能不足等问题,企业上市犹如"千军万马过独木桥"。为此,要进一步推进创业板健康发展,使更多具有创新能力的优质企业与资本市场对接;要建立全国性的技术产权交易市场,将股份代办股份转让系统推广覆盖到全国国家级高新区,探索建立支持创业企业融资的场外交易市场;要进一步探索多种形式的债券融资方式,加快债券市场制度建设,建立多层次的债券交易市场体系,健全债券评级制度,为企业通过发行债券融资营造良好的市场环境。① 另一方面,要构建完整的创业投资链,大力发展风险投资和私募股权基金,完善天使投资机制。创新型国家建设离不开风险投资事业的健康发展。风险投资不仅能解决科技成果转化及其产业化的资金短缺问题,而且能把资金、技术、人才、信息、管理、市场等各种经济资源集成一个系统,形成有效配置,提高要素使用效率,分散技术创新风险。发展风险投资,要拓宽资金来源,实行投资主体多元化,允许保险资金、银行资金、社会资本都可以参与创业投资基金;要完善鼓励风险投资发展的财政、税收政策。适当降低风险投资企业的所得税率,或按照其投资额给予税收减免,对于参与天使投资的个人可按照其投资额给予适当的所得税抵扣;要设立政策性风险投资担保基金,对风险投资公司所投资的项目提供部分担保,完善相应的担保政策,降低投资风险;要制定《风险投资促进法》,进一步完善《合伙企业法》中有限合伙制在风险投资企业组织形式上的操作方案。当前支持创新型国家建设的风险投资(VC)和私募股权基金(PE)的发展需要着力推进三个改变:一是改变一哄

---

① 辜胜阻、洪群联、张翔:《论构建自主创新的多层次资本市场》,《中国软科学》2007 年第 8 期。

而起的非理性行为;二是改变重短轻长的短期行为,鼓励"把鸡蛋孵化成小鸡、把小鸡养成大鸡"的长远战略;三是改变重"晚期"轻"早期"的急功近利行为,避免出现 VC 的 PE 化以及私募基金大量在企业上市前投资的投机现象。同时,构建完整的创业投资体系还要十分重视天使投资的作用。要积极鼓励富人开展天使投资活动,培育壮大天使投资人群体,并通过构建网络和信息平台、健全相关政策和法律法规、优化区域市场环境等一系列措施完善天使投资机制。

2. 发展中小社区银行,扩展间接融资渠道

要改变我国创新型企业外源性债权融资遭受的"规模歧视"与"所有制歧视"的现状,迫切需要通过调整金融结构,建立面向中小企业的金融机构。首先,建立面向科技型企业的中小社区银行。要借鉴美国硅谷银行的模式,优先在高新技术开发区鼓励民间资本试办社区银行,化解科技型创业企业融资难问题。其次,规范发展非正规金融。要放松金融管制,引导民间非正规金融发展成社区银行或互助合作性金融组织,从制度上缓解中小企业创业融资难问题。[①] 再次,完善信用担保制度。要建立包括以政府为主体的非营利性信用担保、商业性信用担保和互助性担保在内的多层次的信用担保体系。特别要在适度控制担保风险的基础上,允许创新型企业按有关规定用知识产权和有效动产作为财产抵押向银行贷款,建立高效的贷款抵押管理体制。

(三)法律制度创新

完备的法律体系是国家占领技术创新制高点、保持技术领先、获取长期竞争优势的重要保障。改革开放以来,我国在技术创新的法律建设方面获得了较大发展,不仅制定实施并适时修订了科学技术的基本法——《中华人民共和国科学技术进步法》以及相关法律法规,而且逐渐与国际接轨,加入了一些相关的国际条约。当前,在完善支持创新的法律制度上,首先,要加强立法,根据《科技进步法》的基本框架,做好配套制度的制定和实施,加强

---

① 辜胜阻、肖鼎光、洪群联:《完善中国创业政策体系的对策研究》,《中国人口科学》2008 年第 1 期。

配套细则实施过程的调研和评估,及时发现实践中的问题并提出解决措施,不断完善有利于自主创新的制度环境。[①] 其次,要以《国家知识产权战略纲要》的启动实施为契机,加强自主知识产权保护战略。改善知识产权的保护方式,可适当降低专利申请费用和专利年费的标准,降低被保护者的成本;完善专利信息平台,建设专利动态监测及预警机制,继续加强专利产业化工作;建立知识产权纠纷的仲裁、协调机制,严厉打击知识产权侵权案件,保护创新的利益不受侵害。再次,要积极参与国际知识产权领域的交流合作,为扩大国际经济技术合作创造良好条件。鼓励拥有知识产权的企业组建行业协会,积极应对国际贸易技术壁垒,有效化解跨国公司滥用知识产权阻碍我国自主创新的问题。

(四)人才制度创新

优秀的海外归国人员在创新型国家建设过程中具有不可替代的作用:一方面,他们活跃在教育和科研领域,为创新型国家建设提供有力的智力支持。据统计,我国留学回国人员已占国家重点项目学科带头人的72%,两院院士的80.5%。2006年国家自然科学奖的67%、科学技术发明奖的40%、科技进步奖的30%,其第一完成人都是回国留学人员。[②] 另一方面,他们积极投身于创办高新技术企业,是创新型国家建设的排头兵。从1978年至2009年,中国各类回国留学人员总数达到49.74万人,[③]他们中有许多人选择了创业,涌现出一批拥有自主知识产权、在各自领域内位居全国甚至国际前列的高新技术企业。但是,我国的海外留学人员归国的比例较低,目前只有1/3的海外留学生选择回国。未来,要营造贯彻落实全国人才工作会议和实施《国家中长期人才发展规划纲要(2010—2020年)》的良好社会环境,进一步吸引吸收更多的海外高层次人才回国创业,为建设创新型国家作贡献:第一,创新人才引进聘用模式。要树立"不求人才为我所有,更重人才为我所用"的理念,打破国籍、户籍、身份、档案、人事关系等人才流动中的刚性制约,通过人才的"柔性流动",使更多的海外留学人员能更方便地回国服务。

---

① 万钢:《建设创新型国家的重要法律保障》,《科技日报》2007年6月1日。

② 柯进:《大批留学人员归国 如何为他们发展加大"引擎"》,《中国教育报》2010年6月2日。

③ 张冬冬:《30年留学归国人员近50万人 去年首超10万》,2010年6月29日。

同时,通过兼职、开展合作研究、回国讲学、进行学术技术交流、从事考察咨询、开展中介服务等各种适当形式实现海外留学人员回国发展。第二,建立全国性的留学人才信息系统。解决当前留学人才供求信息不对称的问题,需要建立一个全国统一、便利高效、准确丰富的留学人才信息系统,从而使在外留学人员能够查询到国内准确的人才岗位需求信息,也使国内用人单位也能查找海外留学人才的供给信息。第三,完善留学人员回国创业的保障体系。建设创新型国家,不仅需要吸引留学人员回国从事教育科研,更需要鼓励大批优秀留学人员归国创业。留学人员回国创业的支持体系的核心是要以留学人员创业园为载体,在创业上支持留学人员以专利、专有技术、科研成果等在国内进行转化、入股,创办企业,并对留学人员创办的高新技术企业在税收、融资、劳动人事等方面提供便利;①重点是建立和完善针对海外留学人才及其家属子女的医疗、教育、失业、养老、住房等为主要内容的社会保障体系,为留学人员解决后顾之忧;关键是营造尊重留学人员、适合留学人员发展的社会氛围,包括良好的工作环境、和谐融洽的人际环境、民主活泼的学术环境以及尊重理解的社会环境。

二、创新型国家建设中企业的技术创新

美国经济学家熊彼特认为,所谓"创新",就是"建立一种新的生产函数",即把一种从来没有过的关于生产要素和生产条件的"新组合"引入生产体系。② 创新与发明的一个重要区别就在于创新通过新工具或新方法在实际中的应用创造新的价值。可见,技术创新是新工艺、新产品从研发到投入市场直至进入实际应用的全过程,其重要特征是满足市场需求、追求商业利润。在市场经济环境下,企业会在市场机制的激励下从事技术创新,企业家能够通过市场来实现生产要素的重新组合,发挥其他组织和个人无法替代的重要作用。所以,在创新型国家建设过程中,企业是技术创新、技术开发和科技投入的主体。从当前的实际情况看,我国企业多依赖自然资源和低劳动力成本形成竞争优势,技术创新能力总体上还比较薄弱,企业还没有成

---

① 黄抗生:《三大计划吸引留学人才为国服务》,《人民日报(海外版)》2007 年 1 月 8 日。
② 约瑟夫·熊彼特:《经济发展理论》,何畏等译,商务印书馆 1991 年版。

为技术创新的主体。据统计,2008 年我国大中型工业企业中有研发活动的仅占 24.9%,研发经费支出仅占企业主营业务收入的 0.84%。[①] 国内拥有自主知识产权核心技术的企业仅为万分之三,98.6% 的企业没有申请专利。[②]因此,在建设创新型国家的时代背景下,企业要认识到自主创新的重要性,要通过建立激励机制,促进创新要素向企业集聚,要在技术引进的同时加强消化吸收再创新,要健全合作机制,形成良性互动,发挥协同效应,切实转变增长方式和发展战略。

(一)创新要素的集聚与激励

企业的技术创新离不开企业的 R&D 投入。统计数据显示,我国企业 R&D 经费占销售收入的比重平均为 0.5%,远远低于发达国家 3%—5% 的一般水平。发达国家经验表明,企业 R&D 经费投入只有达到其销售收入的 5% 以上,才有较强的竞争力,2% 只能维持企业的基本生存,投入仅占 1% 的企业极难生存。企业的技术创新也离不开创新型人才的集聚。世界主要创新型国家的技术创新成果主要是由企业完成,技术创新人才也主要集聚在企业。据统计,美国有 80% 左右的优秀人才集聚在企业。相比之下,我国有很大部分科技人才集中在机关、高校和科研院所,科研人员过多地集中于企业之外,远离市场。这种人才分布结构显然不利于国家经济结构的调整和以企业为主体的技术创新体系的建设。

为了使企业真正成为技术创新的主体,必须引导创新要素向企业集聚,建立有效的激励机制。首先,在加大政府科研经费投入的同时,企业也应该积极转变发展观念,加大企业研发资金的投入,提高 R&D 经费投入强度。其次,要重视研发人员在企业发展中的重要作用,进一步提高研发人员的待遇,并采取多种措施吸引研发人才向企业积聚。以深圳市为例,目前深圳 90% 的研发人员、科研投入、专利和研发机构来源于企业,实现了以企业为主体的自主创新。要学习深圳经验,确立以企业为主体的自主创新方针,把企业真正建设成为技术创新的主体。再次,要建立以鼓励创新为导向的人才

---

① 郑新立:《运用科技力量推动发展方式转变》,《经济日报》2010 年 3 月 15 日。

② 徐冠华:《大力优化体制和政策环境　积极推进创新型企业建设》,《科技日报》2007 年 2 月 27 日。

激励机制。要通过不断完善分配方式和奖励形式,形成切实有效的激励机制,充分调动创新型人才的积极性和创造性,鼓励科技人员以自主知识产权、科研成果等为资本,参与企业投资和收益分配。鼓励有条件的高新技术企业采取股份期权的试点等,对有贡献的高级管理者、骨干技术人员实施股权激励。最后,要培育优秀的企业文化。成功企业的重要推动力来自于其源源不断的创新成果,而创造这些成果的创新行为又受到企业本身独特文化的影响,创新文化是现代企业成功发展的深层次原因之一。当前我国企业对企业创新文化认识上存在一些偏差,应该从以下几个方面深入认识和培育企业创新文化。一要重视企业家创新精神的培养。创新型企业家,对企业成为技术创新的主体以及企业技术创新成功,都具有举足轻重的作用。[1] 如果企业家创新精神缺乏、不善于创新,那么企业就往往没有创造力,也就难以生存和发展。建立以市场为导向的企业家激励制度,对于充分发挥企业家的创新精神具有关键作用。二要重视员工创新积极性的发挥。要在加强员工培训力度的同时,注重培养员工的自主学习能力;要鼓励交流合作,强化研发人员的市场意识,让不同部门的员工、研发人员及客户之间实现主动交流;要在企业中营造鼓励创新、宽容失败的氛围,为员工提供舒适和宽松的工作环境,将企业建成创新者的乐园。

(二)技术引进与消化吸收

当前,在自主创新和技术引进的关系上,社会上存在着两种认识上的误区:一是认为自主创新是完全依靠自己创新,忽视合作与开放;二是认为模仿创新成本低,盲目依靠技术引进。事实上,现代技术的综合性与复杂性决定了企业不能单打独斗、自我封闭。通过合作创新,形成创新网络体系,能有效地降低研发风险和创新成本,提高创新效益。在当今科技经济全球化的态势下,强调自主创新也不是排斥技术引进,技术引进是自主创新的重要辅助和补充。但是,引进技术不等于引进技术创新能力。要避免盲目依靠技术引进从而陷入"引进、落后、再引进、再落后"的怪圈,就必须着眼于技术引进的消化、吸收再创新。日本、韩国的技术进步就是通过技术引进帮助建

---

① 王顺义:《创新型国家呼唤创新型企业家》,《上海科技报》2006 年 2 月 22 日。

立自主的产品开发平台,然后以自主的产品开发平台吸收国外技术知识,通过自主创新获得竞争优势,实质上走的是引进、吸收再创新道路。数据显示,日本、韩国的技术引进和消化吸收投入之比达到了 1:5 到 1:8。而我国技术引进和消化吸收严重脱节,2008 年我国大中型工业企业引进技术和消化吸收经费支出之比仅为 1:0.24。① 因此,首先,要加大对引进技术和合作技术的研发投入,实现企业的技术创新要由重引进向重引进消化吸收的转变。其次,要提高技术引进的适用性和有效性。从现实经验看,一些企业盲目引进国外最新的技术,却没有考虑到具体的国情和企业的生产技术条件,造成了巨大的浪费,也没有获得明显的经济收益和创新能力的提升。因此,在技术引进之前要对引进的技术做好充分的评估和分析。再次,创新多种形式的引进技术方式,特别要借鉴三峡工程走"引进技术、联合设计、合作制造、消化吸收"的自主创新和技术引进相结合的道路的模式,②做好技术引进过程中的制度安排,走自主创新与技术引进相结合的道路。

(三) 合作创新机制

在提升创新能力的过程中,对于我国这类技术后发国家来说,合作创新是多数企业现实可行的路径选择。③ 中小企业由于体制的灵活以及竞争的压力,往往创新意识强,对新的技术机会非常敏感,具有明显的"行为优势",但其规模和实力明显不强。大企业具备较充足的创新资源,具有技术创新的"资源优势",能获得较高的技术创新规模经济收益,但市场垄断地位和企业组织刚性会阻碍创新的涌现,创新活力不足。④ 在创新型国家建设中,作为知识创新主体的大学、科研院所与作为技术创新主体的企业分别承担着不同的功能。大学和科研院所主要从事知识生产、传播和转移及人才培养的工作,在加强基础性科学研究的同时,积极参与到产学研合作创新之中,为企业技术创新提供坚实的科学和技术支持。长期以来,我国的大学、科研

---

① 郑新立:《运用科技力量推动发展方式转变》,《经济日报》2010 年 3 月 15 日。
② 科技部办公厅调研室:《我国产业引进消化吸收国家技术与发展自主知识问题研究报告》,《2006 年科学技术部重大调研课题研究报告》2006。
③ 辜胜阻:《我国民营企业自主创新的问题及其对策思路》,民主与建设出版社 2007 年版。
④ 罗艾·劳斯韦尔、马克·道格森编:《创新聚集——产业创新手册》,陈劲等译,清华大学出版社 2000 年版。

院所和企业在各自系统内部从事科技活动,缺乏必要的合作:一方面,我国的产业技术过多地依靠技术引进,有的产业甚至形成对国外技术的高度依赖,缺乏自主创新能力;另一方面,大学、科研院所的研发活动往往存在着单纯的技术导向倾向,对市场需求和规律缺乏把握,成果往往不能符合市场需求,存在着科技成果转化率不高的难题。实践证明,产学研合作既可以克服企业在技术研发方面的劣势,也可以解决学校和科研机构在成果转化上的弱点。

因此,推进合作创新,实施有效的产学研合作,可以使企业在互惠共生的合作环境中实现优势互补,并获得持续的创新能力。首先,要灵活选择合作创新的形式。当前国内主要的合作创新形式有合同创新、技术许可证、R&D合作、战略联盟等,不同的合作创新形式具有不同的特点。合同创新可以一般用于短期合作,可以缩短周期,但比较难以选择合作伙伴;R&D合作的优点在于共担费用和风险,成果往往是层次较高的专利和知识产权,但容易造成知识泄漏或产权纠纷的问题。[1] 因此,企业要根据自身条件和需求灵活地选择合作创新形式。针对我国现状,由政府引导的产学研合作创新是一种有效的方向。可以根据科技发展纲要确定的一批重点领域、优先主题及重大专项,以大型项目为依托,由政府组织公共研究机构、大学和企业共同研发、分工协作,实施面向市场的官产学研一体化运作。其次,要明确风险分担和收益共享机制。要有效地确定和解决合作创新的风险分担和收益共享的难题,一方面要强化沟通和交流,建立信任机制。只有加强产学研各方的相互信任,才能使知识和技术的交流、创造、共享、转移顺利实现,减少合作创新的成本和风险,提高创新绩效。另一方面要建立完善的契约体系,明确合作创新各方的权利和义务、风险和收益,建立制度化的约束机制。

三、研究结论

技术和制度是创新型国家建设的两个轮子,两者共同作用、缺一不可。在实践中许多国家和地区都抛开了单纯依靠技术创新推动创新型国家建设

---

[1]　周赵丹、刘景江、许庆瑞:《合作创新形式的研究》,《自然辩证法通讯》2003年第5期。

的发展方式,积极谋划技术创新和制度创新的协同,实现了较大的发展。美国硅谷就是技术和制度双轮驱动推进创新发展的典型案例,硅谷风险投资制度的创新充分发挥了市场筛选功能、产业培育功能、风险分散功能、政府导向功能、资金放大器的功能、要素集成功能、激励创新功能、降低交易成本的功能、更新人们创新观念的功能以及管理等增值服务的功能,[①]实现了技术创新与制度创新的良性互动,成就了硅谷新经济的迅猛发展。对于现阶段的中国,创新型国家建设,制度重于技术。一是中国正处于市场经济体系进一步完善的阶段,制度建设本身就是前提和基础。只有把原来抑制创业人员的主动性、积极性的计划经济制度改成一个能够充分发挥创业者的积极性和创造性的、符合于社会主义市场经济要求的制度,才能实现经济增长方式的转变,才能真正做到自主创新,才能最终建成创新型国家。[②] 二是从创新型国家的发展规律看,制度创新在建设创新型国家进程中发挥着重要作用。片面的从技术创新的角度来考虑创新问题很难形成有效的内生自主创新能力。所有创新型国家都是市场经济体制比较完善的国家,都注重以政府为主导建设国家创新体系,加强体系内各个创新主体的互动。[③] 因此,未来中国的创新型国家建设要扭转重视技术创新而忽视制度创新的思想倾向,立足于技术创新的同时积极探索制度创新,实现技术创新与制度创新的协调互动。

(本文发表于《江海学刊》2010 年第 12 期。李华、洪群联协助研究)

---

① 辜胜阻等:《新经济的制度创新与技术创新》,武汉出版社 2001 年版。
② 吴敬琏:《制度安排重于技术演进》,《企业改革与管理》2006 年第 4 期。
③ 赵凌云:《创新型国家的形成规律及其对中国的启示》,《学习月刊》2006 年第 3 期。

19

扶持农民工以创业带动就业的
战略意义与实施对策

一、全球金融危机与农民工面临"就业难"

从世界范围来看,全球金融危机已经对世界各国造成了巨大的冲击,就业压力逐渐成为日益严峻的经济社会问题。就业是民生之本,危机对民生的影响突出表现为大量企业经营困难甚至倒闭而引发的大量失业。美国 20世纪 30 年代大危机时,失业率曾经超过 20%。国际劳工组织也在近期的报告指出,发达国家的金融危机正演变为全球性的经济和就业危机。[①] 就中国而言,当前危机的影响仍在不断加深,全球金融危机对中国的影响不仅表现在实体经济方面,而且已经波及民生,并突出表现为就业形势的恶化,为以农民工为代表的存量就业和以毕业大学生为代表的新增就业出现了较大困难。

在当前异常严峻的就业形势下,农民工的就业环境也发生了显著变化。受全球金融危机的冲击,大量农民工失业,就业困难增加,农民工"就业难"的问题凸显出来。有很多报道和文章甚至使用"失业潮"、"返乡潮"来描述当前的农民工的就业困难。[②] 据农业部抽样调查,目前有 15.3%的

---

① International Labor Organization, *Global Employment Trends : January 2009*, 2009.

② 谢卫群:《辩证看待农民工返乡潮 转"危"为"机"》,《人民日报》2009 年 12 月 1 日;甄静慧:《金融海啸与民工失业潮》,《南风窗》2008 年第 23 期;常红晓等:《农民工失业调查》,《财经》2009 年第 2 期。

农民工失去了工作或者没有找到工作。[①] 数以千万计的农民工失业,而计划招工的企业和空闲岗位同时在减少。据调查,2009 年春节后计划招工企业的数量与 2008 年相比减少了 20%,空岗数量减少 10%,[②]因而农民工的就业问题尤为突出。从地区分布来看,农民工相对集中的地区也是金融危机影响较为严重的地区。据统计,在东部地区务工的农民工占全部外出农民工的比重在 70% 以上,而这里是受金融危机冲击最大的地区。从行业分布来看,农民工相对集中的行业也是金融危机影响较为严重的行业。在制造业中的农民工占农民工总数的 30%,建筑业则占 23%。[③] 但是,伴随着外需的减弱,大量劳动密集型的制造业企业缺乏订单,出口受阻;同时,房地产等建筑行业也进入调整期,新开项目减少,直接影响到农民工的就业问题。

应当看到,危机的影响是双重的,不仅会对原有的经济发展形成冲击,而且会形成"倒逼"的机制改变原有发展路径。从这种意义上来看,就业困难一方面是压力,同时也会形成"倒逼"机制,激发人们的创业热情。改革开放之初,我们也面临着类似当前的就业困境,数以千万计的城镇知识青年返城。面对当时的就业压力,政府放宽政策允许非公经济的发展,一大批人通过自谋职业进入非公经济领域,掀起了一次创业浪潮。1979—1984 年,全国共安置 4500 多万人就业,城镇失业率从 5.9% 迅速下降到 1.9%,[④]非公经济发挥了重要作用。从表 1 中可以看出,1978—1984 年城市新就业的人口中全民所有制企业吸纳就业所占的比重从 72% 降至 57.6%,而从事个体劳动的人数上升迅速,到 1984 年已占全部就业的 15%。创业型就业成了当时缓解沉重就业压力的一大创举,在非公经济发展相对较快、创业活动相对活跃的地区,就业压力也就相对较小。历史经验启示我们,危机会形成一种"倒逼"机制,在政策的引导下,待业者被迫创业最终化解了就业的压力。

---

① 赵琳琳:《2000 万农民工因金融危机失业返乡》,《广州日报》2009 年 2 月 3 日。
② 人力资源社会保障部:《农民工就业形势、对策和建议》,2009 年 2 月 6 日。
③ 国务院研究室课题组:《中国农民工调研报告》,中国言实出版社 2006 年版。
④ 莫荣:《中国就业 55 年的改革和发展》,《中国劳动》2004 年第 11 期。

表1 1978—1984年城市新就业人数及安置去向

年份	当年就业总量（万人）	全民所有制		集体所有制		从事个体劳动	
		就业量（万人）	占总量（%）	就业量（万人）	占总量（%）	就业量（万人）	占总量（%）
1978	544.4	392.0	72.0	152.4	28	0	0
1979	902.6	576.5	62.9	318.1	35.2	17	1.9
1980	900.0	572.2	63.6	278.0	30.9	49.8	5.5
1981	820.0	521.0	63.5	267.1	32.6	31.9	3.9
1982	665.0	409.3	61.5	222.3	33.4	33.4	5.0
1983	628.8	373.3	59.4	170.6	27.1	84.0	13.4
1984	721.5	415.6	57.6	197.3	27.3	108.6	15.1

资料来源：国家统计局：《中国统计年鉴》（1983—1985），中国统计出版社。

　　一般认为，创业有生存型创业和机会型创业两种类型。生存型创业背后的主要动力机制是"倒逼"机制。改革开放以来，三次创业的活跃期显示，个体工商户与私营企业户数的增长率显著升高都与失业率有密切联系（见图1）。因而，面对当前的就业压力，也要充分重视"倒逼"机制对创业活动的

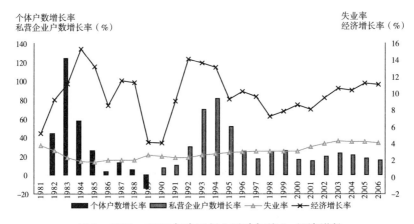

图1 1981—2006年我国创业活动与就业、经济增长

资料来源：中华全国工商业联合会：《中国民营企业发展报告（2004）》，社会科学文献出版社2005年版；中华全国工商业联合会：《中国民营经济发展报告（2005—2006）》，社会科学文献出版社2006年版；1980—2006年各年《中国统计年鉴》。

推动作用，抓住机遇，用创业带动就业，主动引导第四次创业浪潮，利用危机"倒逼"机制使更多的劳动者成为创业者。如果说30年前的创业浪潮是改革开放以来的第一次，即以城市边缘人群和农民创办乡镇企业为特征的"草根创业"，那么第二次创业浪潮则是以体制内的精英人群（科研部门的科研

人员和政府部门的行政精英)下海创业为特征的精英创业。据报道,1992 年邓小平南方谈话后,有 10 万人从体制内走向体制外"下海"经商。第三次是加入世界贸易组织后,伴随新经济的发展以大量留学人员回国创业为特征的"海归"创业。当前,第四次创业浪潮正在形成,即由这次全球金融危机和就业危机所"倒逼"的农民工创业和大学生创业。由金融危机带来的就业压力已使很多人选择自己创业。例如,从 2008 年 9 月以来,淘宝网上新开店铺每个月近 20 万家,每天有 5000 人在淘宝网上开店,网络创业热潮正扑面而来。[①]

二、鼓励农民工创业的必然性和战略意义

农民工是我国劳动力流动过程中的一个特殊群体。在对其有关的研究中,农民工返乡创业受到相当多的关注。早在 20 世纪 90 年代有学者就指出"打工潮"的兴起,带出了"创业潮""开发潮""建城潮",开创了农村进一步开发劳动力资源和解放生产力的新机遇与新的增长点。输出劳动力回家乡创办企业,也可以实现农村富余劳动力的就地转移,为避免"城市化过度综合症"的出现提供了一种有益的探索。[②] 通过一些地区"创业神话"的描述,很多学者都相信"民工潮"的背后将有回乡的"创业潮"。[③] 还有人认为返乡创业是外出劳动力的最终归宿。[④] 同时也有学者调查研究后指出,虽然不乏回乡创业的生动案例,但是绝大部分回流者回到了传统经济结构之中,返乡创业只是个别现象,调查结果并不支持"创业神话"。因而,从城市化进程的历史角度观察问题,农村劳动力外出就业的意义远大于回流。[⑤] 由此可见,前期的研究对于是否支持农民工返乡创业的结论并不一致。

当前农民工流动已进入新的阶段。据调查,2000 年后回乡创业占全部

① 徐安琰:《淘宝每月新增 20 万卖家》,《杭州日报》2009 年 1 月 16 日。
② 秦德文:《阜阳地区民工潮回流现象的调查与思考》,《中国农村经济》1994 年第 4 期。
③ 王郁昭、邓鸿勋:《农民就业与中国现代化》,四川人民出版社 2005 年版;欧阳普、廖闻菲:《2005 年湖南省劳动就业工作稳步前进》,《统计信息》2005 年第 16 期。
④ 庾德昌、王化信:《外出农民回乡创业的理论与实践》,中国农业出版社 1999 年版。
⑤ 白南生、何宇鹏:《回乡,还是进城?——中国农民外出劳动力回流研究》,《社会学研究》2002 年第 3 期。

返乡创业人数的 65.4%,即 2/3 的回乡创业者是在近几年实现的,农民工回乡创业步伐正在明显加快。[1] 同时,农民工的就业环境也发生了显著变化,扩大农民工就业是应对全球危机和维护稳定的重大战略。因此,对待农民工返乡创业问题,需要结合当前人口流动的新趋势和就业环境的新变化,充分认识农民工回乡创业的必要性和重要意义。

(一)鼓励农民工创业的必要性与战略意义

在当前的就业压力下,迫切需要实施积极的就业战略,多种渠道妥善解决当前农民工的就业难题。鼓励农民工创业的当务之急是为了应对当前的就业危机;从长远发展来看,农民工创业有利于解决"三农"问题,有利于工业化的可持续发展,有利于城镇化的健康发展,可以"引爆"中国最大的内需。

1. 鼓励农民工创业是解决农民工就业问题,缓解当前的就业压力的有效途径

创业不仅能够解决自身就业,而且在扩大就业方面具有倍增效应,一人创业可以带动多人就业。调查表明,平均每名创业者带动就业 3.8 人。据调查估计,回乡农民工已经有 800 万人创业,并带动了 3000 万人就业,达到了"吸引一人返乡创业,带动一批人就业致富"的效果。[2] 安徽现有 70 万农民工回乡创业,约占全省转移就业农民工总数的 7%。[3] "引凤还巢"正在成为安徽非公经济发展的一支生力军。因而,破解当前的就业压力重在"开源",即创造新的就业载体,通过鼓励创业来带动就业。

2. 鼓励农民工创业有利于提高农民收入和农村消费水平,进一步扩大内需

扩大内需的关键在于启动农村消费市场,农村消费市场活跃的关键又在于提高农民收入。农民工返乡一人创业,可以致富一方,进而拉动内需。

---

[1] 农民工回乡创业问题研究课题组:《农民工回乡创业现状的调查与政策建议》,《人民日报》2009 年 2 月 5 日。

[2] 农民工回乡创业问题研究课题组:《农民工回乡创业现状的调查与政策建议》,《人民日报》2009 年 2 月 5 日。

[3] 汪孝宗:《安徽:"凤还巢"工程引农民工"返乡创业"》,《中国经济周刊》2009 年第 3 期。

一方面,农民工回乡创业可以吸纳当地农民进入企业。农民通过兼业经营,获得打工收入,有利于提高非农收入。另一方面,很多农民工回乡创业所从事的经营活动与当地的农业生产相联系。在这种"农产品加工企业+农户"的模式下,不仅分散的农户被有效地组织起来,加强了与市场的联系,而且深化了农产品加工,提高了当地的农业产业化水平,有利于帮助农民增收。通过回乡创办经济实体,返乡农民工有效带动一大批农民发展生产和就业致富,已从昔日的城乡游民转变为当地经济的"领头羊",成为县域经济发展的重要推动力量。

3. 鼓励农民工创业有利于减少大规模的异地流动带来的沉重代价

农村劳动力的外出虽然有力地推进了中国工业化和城镇化的整体水平,但同时也产生了诸多的社会负面效应。由于家庭分离,农民工的异地流动形成了诸如农村劳动力弱质化和留守问题等巨大的社会代价。当前农村地区的留守儿童、留守妇女和留守老人问题相对突出。首先,留守儿童数量庞大。目前全国农村留守儿童约 5800 万,在全部农村儿童中,留守儿童的比例高达 28.29%。[①] 由于家庭的不完整、父母在家庭功能中缺位,农村留守儿童的健康成长受到严重影响,出现了学习滞后、心理失衡、行为失范、安全堪忧等诸多问题。其次,大量农民工夫妻分居,严重影响了农民工正常的家庭生活。再次,农村地区人口老龄化相对严重。第五次全国人口普查资料显示,60 岁及以上的农村老年人口占农村人口的 10.92%,2001 年农村老年抚养比为 11.6%,比城市的 11.25% 和镇的 9.68% 都高。[②] 在目前农村仍以家庭养老为主的情况下,大量留守老人缺乏照顾,感觉孤独。而农民工回乡创业将有利于农民工的就地就近转移,化解多年来农民工进城务工所形成的一些社会问题,减少大规模的异地流动带来的不利影响。

4. 鼓励农民工返乡就业和创业有利于农村水利等基础设施建设和整个新农村建设

返乡农民工对当地县域经济而言,不仅是"资金库",而且是"人才库"。农民工返乡也为新农村建设注入了新的力量。农民工群体以初中文化的青

---

① 陈丽平:《农村留守儿童高达 5800 万　新数字催生新建议》,《法制日报》2008 年 3 月 3 日。
② 丁志宏:《人口流动对农村留守老人的影响》,《人口研究》2004 年第 4 期。

壮年为主,整体上年龄较轻,是农村劳动力中受教育程度较高的群体。据调查,全国农民工的平均年龄为 28.6 岁,其中 40 岁以下的占 84%。[①] 与未外出的农村人口相比,农民工的劳动力素质普遍较高,是农业生产的主力军。这一部分人在农村大量流失势必影响农村建设和农业生产。据调查,一些地区由于缺乏必要的青壮年劳动力,当地的耕地要么被撂荒,要么被粗放经营,农业生产率下降,农业基础设施建设更是无法开展。农民工具有在外的经历,见多识广,他们回乡后不仅成为当地农村与外界联系的重要桥梁,成为当地农村了解外界的重要渠道,带回的城市文明还给当地的农村文化带来了冲击,对人们原有的生活方式能够产生积极的影响,有利于实现"人"的城镇化。

5. 鼓励农民工创业有利于农村城镇化和县域经济发展

当前,农民工回乡创办的企业近半数在小城镇或县城。农民工返乡创业在增强县城经济实力、集聚资金、扩大城镇人口规模等方面都能起到重要的作用。首先,农民工返乡创业直接推动了县城的民营经济的发展,使县城能够形成一定的产业支撑,极大地提升县城的经济实力。其次,农民工通过返乡创业,带动资本等要素向城镇集聚,有效推动了当地城镇的建设。有些农民工甚至直接投资参与城镇建设,进而形成城镇建设多元化的投资主体,有利于克服城镇化进程中的资金约束,加速了农村城镇化的发展。再次,国际经验表明,当一个城镇的人口达到 10 万人时,城市的集聚功能才能得以充分发挥。农民工返乡创业加速了人口向县城的集中,扩大了当地的人口规模。

(二)鼓励农民工创业与引导新一轮创业潮的可能性

当前,农民工创业既有必要性,又有可能性。从外部环境来看,就业压力所形成的"倒逼"机制、产业转移所形成的创业机遇及一些经济政策的陆续出台都为鼓励农民工创业提供了条件;从农民工自身来看,多年的打工经验为农民工从打工者转变为创业者提供了可能。

---

① 国务院研究室课题组:《中国农民工调研报告》,中国言实出版社 2006 年版。

1. 产业转移所形成的创业机遇

东部地区结构转型和产业升级需要劳动密集型产业将向中西部地区转移,这为农民工返乡提供了创业机遇。一是基于要素价格相对优势的创业机遇。当前,东部地区的要素资源价格不断升高,导致土地租金等创业成本较高,返乡创业更具吸引力。例如,原来中国水暖工业三大基地之一的温州市梅头镇集聚了很多河南省固始县人,他们在这里租地办翻砂厂,生产水暖器材半成品,向较大企业供货。但近年由于当地租金已由 10 多年前每亩每年 4000 元增加到 4 万元左右,2005 年后,很多人陆续"打捆"移址到家乡创业。目前水暖工业已经成为河南省固始县的六大支柱产业之一。① 二是基于为大企业配套而产生的机遇。当前一些东部的劳动密集型企业向中西部转移,这就需要相当多的企业为其提供配套服务及上下游产业链上的协作,也为当地的创业提供了良好的机会。

2. 积极创业政策的实施

回顾前三次创业浪潮,其背后都有宏观政策的积极推动(见表 2)。改革开放初期的创业浪潮得益于国家出台的恢复和发展个体经济的政策。1992年前后的创业浪潮得益于邓小平南方谈话和社会主义市场经济体制改革目标的确立。同时《有限责任公司规范意见》和《股份有限公司规范意见》两份文件的出台进一步带动了创业浪潮的高涨。2002 年前后的创业浪潮一方面得益于加入世界贸易组织等宏观环境改变,积极鼓励"海归"创业;另一方面政府提出"实施积极的就业政策",大规模开展创业培训项目,并以项目开发、融资服务、跟踪扶持等对创业进行配套服务。

表 2　改革开放以来推动创业高潮重要的政策举措与法规文件

时间	代表性的的政策举措与法规文件
第一次创业浪潮	1980 年 8 月,提出实行劳动部门介绍就业、自愿组织起来就业和自谋职业相结合的"三结合"就业方针 1981 年 7 月《关于城镇非农业个体经济若干政策的规定》 1981 年 10《关于广开门路,搞活经济,解决城镇就业问题的若干规定》等

---

① 崔传义、潘耀国、伍振军:《河南省固始县鼓励支持农民工回乡创业实地调研报告》,2008 年。

续表

时间	代表性的的政策举措与法规文件
第二次创业浪潮	1992 年春邓小平同志南方谈话 1992 年 5 月《有限责任公司规范意见》和《股份有限公司规范意见》 1992 年中国共产党十四大报告确立社会主义市场经济体制的改革方向等
第三次创业浪潮	2001 年 5 月《关于鼓励海外留学人员以多种形式为国服务的若干意见》 2001 年原劳动保障部引进国际劳工组织"创办你的企业"的 SYB 培训 2002 年 9 月《中共中央、国务院关于进一步做好下岗失业人员再就业工作的通知》 2002 年 12 月《下岗失业人员小额担保贷款管理办法》 2002 年 12 月《关于下岗失业人员再就业有关税收政策问题的通知》 2003 年原劳动保障部依托全国 10 个创业基础较好的城市建设国家创业示范基地等

当前,农民工创业也已经得到了中央和地方政府的共同鼓励(见表3)。中央连续出台有针对性的文件,从提出鼓励农民工返乡创业到明确要求完善支持农民工返乡创业的政策措施。同时,不少地方政府也出台了一些引导和鼓励农民工返乡创业的政策,并对支持农民工创业的优惠办法进行了积极的探索,改善了农民工创业的环境。

表3 近来关于支持鼓励农民工创业的相关文件与表述

时间	文 件	表 述
2008 年 9 月	《关于促进以创业带动就业工作指导意见的通知》	重点指导和促进高校毕业生、失业人员和返乡农民工创业
2008 年 10 月	《中共中央关于推进农村改革发展若干重大问题的决定》	鼓励农民就近转移就业,扶持农民工返乡创业
2008 年 12 月	《关于切实做好当前农民工工作的通知》	抓紧制定扶持农民工返乡创业的具体政策措施,引导掌握了一定技能、积累了一定资金的农民工创业,以创业带动就业
2009 年 1 月	《中共中央国务院关于 2009 年促进农业稳定发展农民持续增收的若干意见》	充分挖掘农业内部就业潜力,拓展农村非农就业空间,鼓励农民就近就地创业
2009 年 2 月	《关于做好春节后农民工就业工作有关问题的通知》	根据当前新的就业形势,完善支持农民工返乡创业的政策措施

3.农民工自身条件

如果说普通农民成为外出打工者是第一次飞跃,那么农民从打工者成为创业者则是第二次飞跃。发展经济学家托达罗认为,农村剩余劳动力进入城市非正规部门,而非正规部门用极为低廉的费用培养了劳动力,在人力资本的形成中扮演着重要角色。农民工通过外出打工的经历,不仅获得了人力资本,而且也积累了一定的社会资本,为创业提供了有利条件。打工场所是锻炼人的"熔炉"和培养人的学校,外出打工是农民工回乡创业的"孵化器"。他们回乡创业具有以下几大优势:第一,经历了城镇化和工业化的洗礼,接受了现代城市中创业观念的熏陶,熟悉了市场规则,磨练了意志,具有饱满的创业激情;第二,通过打工直接和间接学习,不少农民工已经成为熟练的产业工人、企业技术骨干,甚至成为管理人员,拥有一定的技术和资本,具备了创业能力;第三,农民工在外打工也积累了一定的社会资本,在自己创业过程中可以与原来的打工企业老板和客户保持多种形式的联系,拥有相对优越的创业资源;第四,对于家乡的市场情况更加了解,对家乡的认同感使他们在外学有所成或者积累一定资金后愿意返乡归根,具有回乡创业的意愿。

三、支持农民工以创业带动就业的对策思考

面对危机,政府要把扩大就业作为第一工作目标,利用就业压力所形成的"倒逼"机制引导新的创业浪潮,用创业带动就业。要通过给广大农民工提供创业培训提高农民工创业能力,增强创业意识,通过有效的货币政策和财政政策保障农民工创业资本供给,降低创业"门槛"和创业成本,建立各类返乡农民工创业园区,提高农民工创业的组织化程度,使更多的打工者成为创业者,让农民工返乡创业就业和就地城镇化"引爆"农村内需(见图2)。

(一)把农民工创业与农村城镇化结合起来,中央和地方政府要联手依托县城发展一批中小城市,让农民工在新兴城市安居乐业,为农民工市民化和实现创业梦想创造机会

鼓励农民工返乡创业并不是让其返回农村,而是要将农民工创业与多

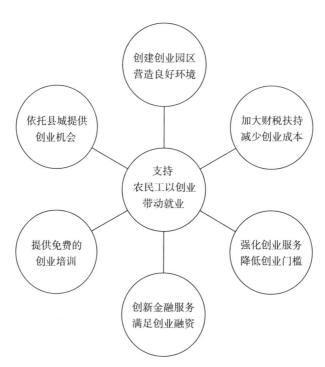

图2　支持农民工以创业带动就业的战略对策

向分流农民工、走多元城镇化道路统筹考虑,使农民工返乡创业成为农村城镇化的有力推手。浙江省义乌市是一个通过农民创业带动就业推动县域城镇化的成功典范。义乌通过农民创业所推动的城镇化,使原来只有2万人口的县城发展成拥有70万以上城区人口、位居全国百强县第八位的中等城市,实现了由落后的农业小县到实力雄厚的经济强市的跨越,由创业农民转变成的职业商人构成了义乌小商品市场的主体。当前,把县城作为农民工创业的主要载体,鼓励创业农民工向县城集聚,发展依托县城的新型城镇化是将农民工创业与农村城镇化的结合起来的重要途径。县城是县域工业化、城镇化的主要载体,是农村城镇化最有发展潜力的区位,是形成城乡经济社会发展一体化新格局的重要战略支点。鼓励创业农民工向县城集聚,发展依托县城的新型城镇化不仅可以逐步形成县域范围内功能互补、协调发展的"中小城市—中心镇—集镇"体系,有效提高农村城镇化的发展质量。而且鼓励创业农民工向县城集聚,有利于农民工的合理流动和市民化,改变当前已经进城的农民工实际上仍是没有市民化的"半城镇化"状态,满足农民的"城市梦"。更重要的是依托县城的新型城镇化是我国最大的内需所在,发展依托县城的新型城镇化可以创造出持续增长的需求。据国家统计局数据,2007年中国共有城市656个,其中人口规模在20万以下的城市不到全部城市的一半(见图3),依托县城发展中小城市潜力巨大。为此,一要按中小城市标准规划,在2800多个县级市、县、区中依托县城建设一批具有一定规模效应和集聚效应、人口规模为10万—30万人的城市。二要在县城等中小城市率先全面推进户籍管理制度改革,增强县城等中小城市吸引力,使农民工能够在户籍所在地的县城就地市民化。

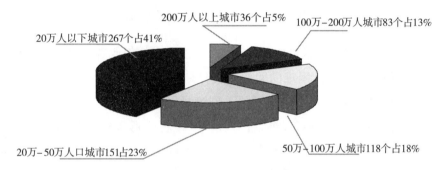

图3 我国2007年656个城市规模分布

资料来源:国家统计局:《改革开放30年报告之七:城市社会经济建设发展成绩显著》,http://www.stats.gov.cn,2008年。

(二)提供免费的创业培训,提高农民工创业能力,增强创业意识

创业是一个十分复杂的过程,创业者必须具备多方面的综合素质才能成功创业。创业培训在激发创业激情、提高创业能力等方面具有积极的促进作用。从国外的实践经验看,政府都是创业培训的积极推动者,收到很好的实效。当前,鼓励农民工返乡创业同样需要政府的积极参与。一是在创业培训保障上,政府要加大对农民工培训的投入,将农民工培训资金列入政府预算,通过投资组织实施大的培训项目,确保创业培训能够有效开展。二是在创业培训内容上,要将技能培训与培养创业意识、创业能力结合起来。要重视创业的典型示范在培养创业意识、激发创业激情中的作用,通过舆论宣传、物质和精神鼓励等措施,积极发挥创业带头人的典型示范作用。要强化农民工技能培训,突出培训的实用性和针对性,使农民工拥有一技之长。

要加强创业辅导和指导,邀请创业之星、企业家、专家学者向返乡创业者传授创业经验和创业技能、现代经营管理理念和政府扶持返乡创业的优惠政策,解决他们创业过程中遇到的困难和问题。三是在创业培训机制上,要在政府主导的原则下,引入多方主体参与,充分发挥各类职业学校、技术学校和培训机构、农业协会、农村经济组织及农村龙头企业的积极作用,积极整合多方培训资源。尤其要加强培训的师资队伍建设,确保培训质量。四是在创业培训的运行上,要建立培训信息反馈机制和培训效果的评价机制,防止培训项目出现"叫好不叫座"的现象,提高创业培训的效率。

(三) 创新金融服务,为农民工创业提供创业资本

创业融资是创业最重要的活动之一,相当多的创业者在创业的过程中都遇到创业资金筹措困难的问题。农村是中国金融体系中尤为薄弱的地区,农户和中小企业的金融需求得不到满足是农村金融的主要矛盾。据测算,农村金融的供需缺口在继续扩大,2010 年将达到 5.4 万亿元,2015 年将达到 7.6 万亿元。[①] 在这种情况下,农民工创业过程中遇到的突出困难就是创业资金问题。据调查,近八成农民工回乡创办的企业发展得不到金融机构的支持,农民工回乡创业开业时主要靠自有资金。[②] 因而,鼓励农民工返乡创业就必须加强农村金融体系建设,创新金融服务,有效解决农民工创业的资金障碍。一要放宽创业融资抵押物的范围。当前,有相当多的地区已经进行了积极而有意义的尝试,如允许返乡创业农民工房屋产权、机器设备、大件耐用消费品和有价证券及注册商标、发明专利等无形资产均可作为抵(质)押品。要在此基础上进一步探索,试行农民承包土地抵押。二要加强政策性金融的扶持力度,放宽政策性金融的扶持对象和地区范围,加大对农民工创业贷款的支持。三要放宽农村地区银行业金融机构准入政策,培育农村新型金融机构,健全农村金融机构组织建设。要积极发展服务于农村的中小银行,进一步推进村镇银行、贷款公司、农村资金互助社等三类新型农村金融机构的试点工作,有效填补农村金融服务的空白。四要针对农

---

① 王敬东:《创新体制机制 破解农村金融难题》,《人民日报》2009 年 1 月 9 日。
② 农民工回乡创业问题研究课题组:《农民工回乡创业现状的调查与政策建议》,《人民日报》2009 年 2 月 5 日。

民工创业的特点,创新金融产品,有效满足贷款需要。要积极发展小额信贷,为农民工回乡创业提供额度不大但期限长、利息低、覆盖面广的贷款。五要加强农村信用担保体系建设,要充分发挥政府担保的作用,建立"农民工回乡创业担保基金",通过担保风险的补偿和担保机构的激励,提高商业性的小额贷款担保机构的积极性,为农民工回乡创业获取贷款提供方便。

(四) 强化创业服务,尽可能降低创业"门槛"

宏观调控有着多重目标,在多重目标中要突出重点,确保重中之重。面对严峻的就业形势,政府要努力扩大就业,用创业带动就业,就业是民生之本,保就业目标应高于保增长目标。要在政府宏观调控的多重目标中树立"就业和创业是工作重中之重"的观念,把就业工作放在政府政绩考核的首位。中国的创业环境仍待优化,创业仍然面临较高的"门槛"。《全球创业观察中国报告(2006)》中指出,与其他国家和地区相比,我国创业审批程序相对复杂、耗时较多。因而,鼓励农民工创业要重视政府创业服务的改善。首先,在创业服务观念上,要转变思想,强化政府的服务意识。要理顺政企关系,树立为企业服务的思想。其次,在创业服务方式上,要简化程序,提高创业的审批效率。针对农民工创业,及时开辟农民工创业的绿色通道,要按照"特事特办"的原则,设立审批大厅,相关部门集中并联审批,提供"一站式服务"。再次,在创业服务内容上,要放宽登记条件,降低创业"门槛"。要放宽创业市场准入,按照"非禁即入"的原则,凡是国家法律法规没有明令禁止和限制的行业和领域都不能设置限制条件。要放宽经营场所的范围,回乡创业人员的家庭住所、租借房、临时商业用房,可视为创业经营场所。另外,要建立健全政策扶持、创业服务、创业培训"三位一体"的工作机制,使更多的打工者成为创业者。

(五) 进行财税扶持,使农民工创业成本最小化

在创业之初给予创业者以财税支持是世界各国鼓励创业活动的普遍做法。当前鼓励农民工创业的财税政策可以从以下方面考虑:一是加大财政扶持。要将财政政策与其他相关措施综合考虑,配套实施,为创业培训、创业服务、创业融资等措施的实施提供强有力的资金支持。二是给予税收优

惠。对于农民工的新创企业可以规定在一定期限内实行免税政策或者优惠税率;对于在解决就业方面贡献突出的企业实行优惠税率或者实行"先征后返"的办法。三是扩大财政补贴。要设立农民工返乡创业专项扶助基金,为农民工返乡创业提供融资补贴;将农民工参加创业培训纳入就业再就业培训补贴范围;政府也可以在一定时期内对新创企业给予用地、厂房租赁、用电和用水方面的政策支持,通过财政补贴,以低于市场的价格提供给返乡农民工创业。四是减免行政收费。减免返乡农民工创业的工商登记费等行政事业性收费。通过"减税、降息、免费",对农民工创业给予特殊的减免优惠,大力降低农民工的创业成本。

(六) 创建各类创业园区,营造农民工创业的良好小环境

20 世纪 80 年代,乡镇企业的异军突起极大地推动中国的经济发展。但是,许多地方乡镇企业的发展缺乏规划,布局分散,甚至出现"村村点火,户户冒烟"的现象,造成集聚效应不强,效率低下的问题。当前鼓励农民工创业要竭力避免这种现象的重演。创业园集多重功能为一体,不仅是"政策洼地",创业者的天堂,而且也是政府加强经济规划、增强集聚效应的重要工具。安徽在全省建成 124 个创业园及 123 条创业街,为农民工返乡创业构筑了良好的创业平台。2008 年返乡创业农民工 5.26 万人,创办经济实体14706 个,带动就业 27.25 万人。[①] 当前要组建农民工创业园,制定优惠政策,搞好创业规划,增强农民工创业的组织化程度。要比照外商享受的政策,对园区内企业实行同样优惠的政策,在基础设施、政策扶持、配套服务、产业引导、人才供给、土地优惠等方面给予农民工创业系统的支持;要设立农民工返乡创业者指导(服务)中心,打造优质创业平台,为农民工创业提供咨询和信息服务;要积极营造园区浓厚的回乡投资氛围,增强对农民工返乡创业的吸引力。

总之,大规模的农民工异地流动在经济发展上创造了辉煌的成就,但同时这种"候鸟"式的流动也有巨大的社会代价。当前,伴随着宏观经济形势的变化、东部产业向中西部的梯度转移、农民工多年打工经验的积累和国家

① 汪孝宗:《安徽:"凤还巢"工程引农民工"返乡创业"》,《中国经济周刊》2009 年 3 月 3 日。

强农惠农政策的实施,农民工回流的态势正日益加强。鼓励农民工返乡创业就业不仅是顺应农民工流动趋势新变化的需要,而且也是缓解就业压力、积极扩大内需的重大战略举措。将农民工返乡创业的意愿转变为现实需要政府强有力的鼓励和扶持。当前,一部分农民工返乡创业的条件已经具备,但创业环境尚待改善,创业政策仍需优化。要从创业机会、创业培训、创业融资、创业服务、创业成本、创业孵化及园区等方面构建一个相对完整的扶持农民工创业的政策体系,以积极引导新一轮农民工创业浪潮。

(本文发表于《中国人口科学》2009 年第 6 期。武兢协助研究)

—20—
区域经济文化内涵及对区域
创新模式的影响机制

一、区域经济文化的内涵

迈克尔·波特认为,经济文化是指那些对个人、单位及其他机构的经济活动有影响的信念、态度和价值观,这些态度、价值观和信念在人类行为和进步过程中起着重要作用。[①] 本文认为,区域经济文化是一个地区在长期实践中所形成的在创新、创业、合作与竞争等经济问题上的基本价值观,它主要包括以下内容:

1. 创新精神

熊彼特认为,经济发展的驱动力量来自新的组合即创新,而企业家的职能就在于实现这种新的组合,也就是说创新是企业家的根本职能。[②] 熊彼特以首创精神来定义企业家精神的核心。硅谷模式的成功就在于硅谷创业人发扬的艰苦奋斗的创业精神,追求的是"冒险求变,勇于竞争"的进取精神,开创从前没有的事业。这种首创精神就是创新精神。

---

① 塞缪尔·亨廷顿、劳伦斯·哈里森:《文化的重要作用——价值观如何影响人类进步(中译本)》,新华出版社 2002 年版。
② 约瑟夫·熊彼特:《经济发展理论》,商务印书馆 1990 年版。

2. 创业意识

创业意识不仅是一种发现和捕获市场机会并创造价值的潜在动力,更是创业企业诞生与发展壮大的灵魂和精神支柱。创业本身与创新是分不开的,硅谷的经验表明:企业的创新是通过创业来实现的,人们在实现自己的创业梦想中实现了技术的创新。新创企业数是一个区域创业精神的最直观表现。2006 年,中国每十万人平均新注册企业数为 1.26 个,而在创新上表现较为突出的北京则达到了 9.26 个,这表明该地区的创业意识极其活跃。

3. 流动偏好

要素流动是经济增长和创新实现的关键。雅各布(Jacobs,1969)认为,城市之所以是创新的基地,正是因为在城市里,不论是知识还是商品,其差异性和多样化提升了知识的外部性,最终推动了创新和经济增长。[①] 差异性和多样化在很大程度上来源于人口的流动及由人口流迁所带来的技术流、信息流、经验流、知识流和资金流。负载在劳动力之上的知识、信息、技术及其文化差异是形成创新思想的源泉之一。在人员流动性上,尤以浙江温州最为典型。温州人受海洋文化的影响,形成敢于离土又离乡、四海为家、到处闯荡的品质。温州人的足迹遍布全国、走向世界,在全国各地有 160 多万温州人在创业,世界各国有 40 多万温州人在闯荡。[②]

4. 开放思维

开放思维有利于改变民众对既有文化价值框架的认识,开阔人们的视野,拓展经济主体的行为领域。丹妮(Dennie,2006)认为,创新和创造力一样,在实施的过程中似乎很难实现,但是当引入一种合适的氛围和开放的态度时,这种不可思议变得很容易实现。[③] 社会成员普遍拥有一种开放思维,将会为企业创新活动营造一种宽松的环境。开放思维往往是人们接受新观点、新事物的基础,也是创新成果容易被接受和传播的前提。一个地区的经

---

① Jane Jacobs, *The Economy of Cities*, New York: Random House, 1969.

② 辜胜阻、李俊杰:《区域创业文化与发展模式比较研究》,《武汉大学学报》2007 年第 1 期。

③ Dennie Heye, "Creativity and Innovation: Two Key Characteristics of the Successful 21st Century Information Professional", *Business Information Review*, 2006.

济开放程度越高,在一定程度上反映了该地区民众的思维越开放。

5. 合作意识

艾伯特·赫希曼认为合作与创新是企业家精神两个同等重要的因素,不发达国家并不缺乏创业型人才,而是缺乏合作精神。[1] 合作意识通过信息交流与知识共享等多种形式,促进资源共享,降低交易成本,提高经济效率。从有利于技术创新的角度看,创新主体之间的合作不仅是企业降低风险和缩减成本的重要战略,还是企业获取外部知识和提升技术创新能力的重要途径。从知识创新的角度看,科技论文合作等是合作意识的反映;从技术创新的角度看,产学研的合作创新、联合申请专利数等是反映合作意识的重要方面。

6. 信用观念

信用是指能够履行跟人约定的事情而取得信任,是社会主体的一种债务道德和经济发展的昂贵资源,强调放弃短期机会主义收益,通过长期积累信用资本,为社会网络的形成奠定基础。个人或企业间彼此相互信任是市场经济条件下信用形成的前提条件,而良好的信用又是彼此信任、协同合作的基础。对于具有高风险的创新行为来讲,信用是消除市场不确定、减少交易成本、强化创新预期收益的重要因素。

二、区域经济文化对创新的影响机制

在文化作用于经济的研究中,一般认为由于文化的形成是一个长期过程,并具有强烈的路径依赖,因此,对于经济个体而言,文化影响了经济行为和绩效。然而,文化并不直接影响经济绩效,而是通过一些中间变量或传导机制来实现。我们认为,区域经济文化对创新的影响机制是通过两个路径来实现的:一是区域经济文化影响经济活动中主体的价值观,进而影响其创新行为和模式;二是区域经济文化发挥制度上的调节作用,促进区域创新的有效进行。

---

[1] 李丽:《文化资本与企业发展研究》,华中农业大学博士学位论文,2004 年。

（一）区域经济文化对经济活动主体的影响机制

1. 区域经济文化影响个体的创新、创业意识，促进企业家阶层的形成，通过企业家行为实现创业和技术创新

韦伯认为，欧美资本主义经济的发展在于"宗教革命"所形成的新的精神气质培养了一批市场经济发展所必须的、守纪律而且能够吃苦、具有奉献精神的劳动力大军以及创业企业家。[①] 区域经济文化能够发挥创造作用，培育企业家精神，促进企业家阶层的形成。企业家不仅是创业的主体，更是决定创业企业经营理念的关键因素，经营理念将直接影响企业创新决策。根据熊彼特的解释，企业家精神包括"首创精神"、"成功欲"、"甘冒风险，以冒险为乐事"、"精明理智"和"事业心"。因此，区域经济文化激励着许多具有潜在创业优势资源的创业者去尝试实践创业活动，他们具有较强的冒险精神，在创业企业发展到一定规模与阶段后，追求更大成功的持续动力会激励创业者们不断进行技术创新与制度创新。此外，大量具有创新精神和创业意识的企业员工或科技人员，脱离原有的企业而创立新的企业，企业衍生使企业之间保持了技术创新的活力和竞争压力。1957 年硅谷首家公司仙童成立，到 1984 年，直接或间接从仙童公司衍生出来的企业达到 70 多家，同时也培育了一批杰出的企业家。正是硅谷人崇尚创新创业精神促成了硅谷最具爆炸性的发展。

2. 区域经济文化影响个体的流动偏好和开放思维，促进创新人才流动和交流，通过人才的合理配置实现技术创新

在以创新为驱动的知识经济时代，知识型劳动者成为决定生产和管理运作的主体。随着技术复杂性、缄默性、内生性的凸现，技术创新越来越难以通过机械的学习或单纯的"引进"来产生。这种专业化的知识或技术只能通过每天的实践和使用技术所掌握，并且传递途径绝大部分依赖于非正式的个人接触，通过"干中学"、"用中学"和"个人之间的相互作用中学习"来完成的。[②] 显

---

① 韦伯：《新教伦理与资本主义精神（中译本）》，生活·读书·新知三联书店 1987 年版。

② Nelson, R. R. and Winter, S., *"An Evolutionary Theory of Economic Change"*, Harvard University Press, 1982.

然,员工流动能够促进技术和知识在企业间传递和扩散,为企业积累信息和知识,影响企业技术创新的实现。区域经济文化包括强烈的流动偏好和开放思维,使区域内的创新人才具有较强的流动性,有利于创新人才流向合适的企业、合适的岗位,为企业提供了创新的源泉,实现创新人才的优化配置。此外,企业的开放程度直接影响了外来人才的引进和作用的发挥。一个封闭治理的企业组织,往往对内部成员具有高度的信任,而对外部人才缺乏信任的基础。相反的,具有开放思维的区域文化,往往能够开拓企业主体的视野和行为领域,使企业能够形成较为开放的治理结构,能将企业外部创新资源与内部治理相结合,更容易接受外来人才,建立信任基础,有利于技术人才在企业关键领域发挥作用。

3. 区域经济文化影响企业文化,促进企业合作意识的提升,通过合作创新提升技术创新能力

近年来,企业技术创新越来越和企业文化联系在一起。有的学者认为,"创新可以刺激增长,但是增长是不能被控制的,任何一个优秀的组织要做的就是创造一个允许创新具有旺盛生命力的氛围,这种氛围就是企业文化"①。企业文化既发挥一种支持创新与否的价值导向作用,也往往对企业技术人才创新与否起到激励的作用。在一个以创新为目标的企业里,企业成员不仅将创新作为责任,并通过竞争合作意识,产生不断创新的动力。企业文化的形成,一方面是企业内部成员在企业发展过程中不断调整融合的结果,另一方面是区域文化作用的结果。特别对于初创企业而言,区域文化对企业文化的影响更加显著。同时,优秀的企业创新文化也有助于实现合作创新。企业与研究机构之间分工合作,形成互惠共生体,企业为研究机构提供信息与资金,研究机构为企业提供科研成果,由企业负责科研成果产业化,从而共同推动创新活动。因此,合作创新克服了不同主体在创新上的劣势,取长补短、优势互补,可以分散创新风险、节约创新成本、缩短创新时间、促进成果共享、提高创新效益。区域经济文化促进了区域内部创新主体克服"自己创新",加强创新主体之间的合作,扩宽信任网络,从而有利于创新主体在合作创新中获取知识外溢,使企业的创新能力通过"干中学"的学习

① Geoffrey C.Nicholson,"Keeping Innovation Alive",*Research-Technology Management*,1998,(5).

机制和合作创新的机制得到提升。

4. 区域经济文化影响社会成员的思维方式，促进区域创新外部环境的改善，通过社会成员的支持促进企业技术创新

文化是规范和影响社会成员思维方式的重要因素。社会成员的认知和态度直接影响了企业创新路径的选择。由于社会成员鼓励冒险、宽容失败的态度，创业者和创新人才获得了进行创新的动力支持；由于社会成员开放思维和接受新事物的态度，创新的成果更容易为社会所接受；由于社会成员重视诚信的态度，对创新主体的行为进行自觉监督，从而增强企业的市场规则意识和竞争意识；由于社会成员对创新的认可与重视，他们即使没有具备进行技术创新的条件、机会和能力，也会为创新提供多方面的支撑服务，健全支持创新的社会服务体系和中介组织，形成支持和鼓励创新的外部环境。

（二）区域经济文化对制度因素的影响机制

1. 区域经济文化影响产权安排，推动着企业制度演进，促进有利于企业技术创新的组织制度形成

在制度变迁理论中，文化影响着衡量与实施契约的费用，而且文化通过知识、观念和意识形态对企业家决策发生影响。[1] 中国改革开放初期，在乡镇企业制度创新初始阶段，能人企业家凭地缘、血缘关系和自身能力，通过人们对集体制的路径依赖与社会成员达成广泛的非正规合约，利用模糊产权组织生产、配置资源。但模糊产权的效率具有边界性，所以随着价值观念的时空变迁，逐渐演变为产权明晰度不断增强的经济运营模式。例如，改革开放以来，在浙江企业家群体的推动下，浙江企业制度创新层出不穷，成为体制创新的"多发区"，保持着体制创新的先发优势。从农户加工开始起步，经历了挂户经营、双层经营、承包经营、联户经营、股份合作制、股份制公司等历程，最终发展到企业集团阶段。[2] 在一个开放思维活跃、合作意识浓厚且信用观念备受重视的区域，有限责任制度、股份制的现代企业制度将更容易出现。区域经济文化在一定程度下可以减少制度变迁的成本，起到促进

---

① 高波、张志鹏：《文化资本：经济增长源泉的一种解释》，《南京大学学报》2004 年第 5 期。

② 严北站：《区域文化对集群创新网络的影响机制分析》，《经济论坛》2007 年第 17 期。

企业制度演变润滑剂的功能。企业制度的演进将为企业技术创新提供良好的保障。企业产权制度的演进，尤其是股份制的实现，改变了企业的融资方式和融资规模，为企业技术创新提供了融资保证；企业治理模式的现代化，尤其是家族化治理向职业化治理的转变，有利于职业经理人创新才能的发挥。

2. 区域经济文化影响区域创新政策的形成和作用的发挥，通过政策支持推动企业技术创新

地方政府的行为除了受到经济制度、政治体制的影响之外，也会受到文化因素的影响。在一个以"官本位"文化为主导的区域，各种资源将会围绕着官场来配置，地方政府的行为将会忽视市场经济的作用、不重视企业的地位，不利于企业家精神的培育；而在一个重视创业、创新的"商本位"文化为主导的区域，"亲商"、"重商"的氛围浓厚，地方政府往往具有比较强烈的求新务实、开放创新的精神，重视市场经济的作用、重视企业的地位和企业家的作用，秉持"政企平等"的观点和态度，采取更多有利于企业家成长和企业创新的区域政策。温州的竞争优势，一方面来源于温州人吃苦耐劳、敢于闯荡的冒险精神，另一方面来源于地方政府恪守的"小政府、大市场"的执政理念。深圳是全国率先提出建设创新型城市目标的地区，为了鼓励创新，深圳近年来出台了"引进创新型人才入户"、"向自主创新型企业倾斜"等一系列区域创新政策，这些政策与深圳独具的区域经济文化是分不开的。

3. 区域经济文化促进社会创新网络的形成，通过集群创新使个人创新变成"集体行为"

区域经济文化中的创新精神和创业意识以创新和创业为载体对创新资源产生了巨大需求，加速创新创业要素流动和集聚，从而在地理空间邻近、要素集聚的基础上实现产业集群，并使集群的各个行为主体在交互作用与协同创新过程中建立起多层次的创新网络系统。而信用观念、开放思维及合作意识，有利于区域中创新主体结成信任与合作的关系。在创新网络中，大学和研究机构等作为基础知识研究的源泉，不仅直接提供创新型的知识、信息和技术，而且通过教育培训、成果转化、联合攻坚和人才提供等间接途径对企业进行技术和知识资源供给；企业间结成合作与信任的网络，实现集群协

作与专业化分工,通过交流与互动促进创新知识和技术的扩散,通过合作创新共享集群创新资源、降低创新成本,以共同应对市场风险、攻克创新中的技术难题。中介组织提供法律保护、宣传推介、税务审计、融资支持、信息咨询以及广告策划等专业服务;政府建设公共服务平台,保障激励创新的制度供给,完善区域创新环境。区域创新网络的建立,促进了各机构实体间的相互交流与合作,使技术创新从"个体行为"变成"集体行为",促进了集群创新的实现。

(三)区域经济文化影响区域创新模式的实证研究

为检验区域经济文化与技术创新绩效之间的关系,本文构建一个反映区域经济文化活跃程度的评价体系,将其作为一个独立变量引入到知识生产函数中。本文采用 2004 年的工业企业新产品产值来表示创新产出(Y);考虑到创新产出对资本投入具有时间滞后性。用 2002 年研发投入来表示创新资本投入(K);用具有大专及以上学历的就业人员来表示创新劳动投入(L)。在区域经济文化的指标构建上,用高技术产业从业人员比重来反映创新精神,个体私营企业从业人员的比重及每十万人平均新注册企业数来反映创业意识,用城镇单位就业人员增加来自农村及其他省份的比重来反映流动偏好,用进出口贸易总额占 GDP 的比重来反映开放思维,用高校、科研院所科技活动筹集经费来自企业资金的比例及专利联合申请数来代表合作意识,用守信用的情况来反映信用观点。[①] 对数据进行无量纲化处理,并赋予每个指标相同权重,加权平均后得到各地区区域经济文化评价的得分。本文观测样本为除西藏以外的 30 个省、直辖市、自治区。实证结果如下:

$$\log(Y) = 0.747690\log(K) + 0.504751\log(L) + 0.531592\log(Z)$$
$$(0.190599)* \qquad (0.176938)* \qquad (0.271228)**$$

其中,括号内表示系数估计量的标准差,*、**分别表示参数在 1% 和 10% 的置信水平上显著。调整后的 R^2 为 0.826623,方程总体上拟合效果较

---

① 高技术产业从业人员占全部从业人员的比重根据《中国科技统计年鉴》(2004)和《中国统计年鉴》(2004)计算所得,个体私营企业从业人员占全部从业人员的比重、进出口贸易总额占 GDP 的比重来自《中国统计年鉴 2005》,每十万人平均新注册企业数、高校科研院所科技活动筹集经费来自企业资金的比例、专利联合申请数来自《中国区域创新能力报告 2005—2006》,城镇单位就业人员增加来自农村及其他省份的比重来自《中国劳动统计年鉴 2005》,守信用的情况参见张维迎、柯荣住:《信任及其解释》,《经济研究》2002 年第 10 期。

好。由上式可知,区域经济文化与创新资本投入、创新劳动投入一样,对区域创新产出具有正效应。正是因为如此,有学者将文化视为和物质资本、人力资本相类似的、具有同样重要地位的另一种资本形式——文化资本。①

北京、上海和广东地区是我国创新产出较高并且区域经济文化评价居于前列的地区,也是中国区域创新体系建设比较成功,区域创新活动非常活跃的地区。2006 年北京、上海和深圳三市高新区产值分别为 3449.4 亿、2430.1 亿和 1601.9 亿,分别占全国比重的 9.6%、6.8% 和 4.5%。不同的区域经济文化会导致不同的创新主体行为,对区域创新体系的特征产生不同影响,从而发展形成不同的区域创新模式。上述三个地区的区域创新体系呈现出三种典型的模式,即北京的中关村模式、上海的张江模式和广东的深圳模式。

深圳区域创新体系是由市场主导和选择的,真正形成了以企业为主体的自主创新体系。深圳有良好的融资条件、宽松的政策环境、领先的商业意识和完善的市场机制以及毗邻香港的地理位置。在区域经济文化方面,深圳的流动意识尤为强烈,是一个典型的移民城市,在深圳 1400 万居民中有超过 1200 万外来人口,比重高达 85.71%。② 作为移民城市存在着有利于创新创业的文化氛围,创业、求实、艰苦奋斗的精神已经融入深圳的创业实践中。不同地区的人才,带着不同的人文背景和不同的技术专长来到深圳,使深圳成了一座孕育各种新思想、新观念、新机制的大熔炉,营造了一个灵活、高效和充满活力的创业环境。深圳移民在实现自己创业梦想的过程中推进了企业的技术创新。深圳在创新体系方面成功实现了两个重大转变。一是实现了工业发展从依靠"三来一补"向以高新技术产业为主导的转变;二是实现了高技术产业发展从依赖外资向自主创新为主导的转变。

北京区域创新体系是政府主导型,政府在一定程度上担当了科研开发的主体。如果说深圳的区域创新主要靠"外引",而北京则主要是"内生"。北京中关村的主要优势是拥有以北大、清华为代表的国家重点大学 31 所,有以中科院为首的科研院所 113 家,这些科教资源形成了强大的"知本"优势。这种"知本"优势,为中关村孕育了高校和研究机构所特有的浓厚创新创业

---

① 戴维·思罗斯比:《什么是文化资本?》,《马克思主义与现实》2004 年第 1 期。
② 秦鸿雁:《深圳人口突破 1400 万,外来人口超 1200 万》,《南方都市报》2007 年 9 月 20 日。

精神,使得中关村不仅是技术创新源、高技术企业的孵化器、高技术产业的辐射源,而且也成为企业家人才和技术人才的培养基地。同时,政府为中关村区域创新体系的建设提供了良好的条件,中关村实施国家"863 计划"、"攀登计划"、"攻关计划"的项目总数分别约占全国的 41%、61% 和 40%。中关村地区的研发经费的投入一直占全国总投入的 1/6 以上。丰富的科教资源和雄厚的研发资金支持,使得中关村的区域创新体系呈现出明显的技术研发优势。2006 年,中关村高新技术企业共申请专利 5570 件,占全国高新区的 31.62%。[①] 北京向外技术输出额达到 693.7 亿元,占全国比重 38.35%,居全国第一。园区拥有 18096 家创新型企业,占全国高新区的 39.5%,大量技术专利申请体现了创新精神的活跃,而创新型企业的大量出现则反映了企业家创业意识活跃。中关村是一个创业+创新型区域,高技术企业的企业家多由科技人员"下海"演变而成,带有很强的科学家色彩。中关村催生了一大批创业型企业家,创业者群体引领了中关村创业创新文化的建设。

上海区域创新体系是市场和政府共同主导型,上海张江模式的文化支撑是一种本地"海派"文化和大量留学归国创业人员的多元国际文化的融合。这种国际融合文化具有思维开放和求新求变的特点。通过大量引进中外资企业研发中心、与高校和科研院所合作创立分支研究机构,直接嵌入本地产业链,推进集群创新,张江实现了产学研有效结合,提高了自主创新能力,融入了国际创新网络;政府视野开阔,以管理创新、服务创新和融资创新等体制创新推进区域创新体系建设;得益于优良的区域创新环境和开放的区域经济文化,张江吸引了大量留学归国人员,促进了技术创新人才的合理配置,营造了张江浓厚的创新创业氛围。在张江的 4 万多名人才中,留学生就有 4800 多人,留学生投资创办的企业达 570 余家。[②] 张江利用内部优良环境和领先体制成功整合了外部创新资源,实现了创新链与产业链的结合。凭借卓越的商业氛围、深厚的工业基础、国际化的创新资源积聚、企业的创新主体地位、长江三角洲经济体的联动,上海区域创新能力处于全国领先地位。

---

① 张忠旭:《中关村专利申请和标准制定最高可获 200 万元资助》,《科技日报》2007 年 6 月 16 日。

② 《上海张江国家留学人员创业园》,《神州学人》2006 年第 9 期。

三、结论与建议

文化对经济发展和技术创新起着重要作用,区域经济文化越活跃越有利于区域技术创新。因此,在创新型国家战略背景下,如何使自主创新的"国家意志"变成"企业行为",塑造优秀的区域经济文化、营造良好的区域创新环境是极其重要的。区域经济文化的重塑可通过两个路径来实现:一是需要从微观民众个体观念意识入手,培育创新创业精神。民众个体是区域经济中创业行为和创新文化精神的主体和微观基础,社会需要鼓励冒险,宽容失败,弘扬合作与信用文化,重视以创新为代表的开放价值观,形成一种"自下而上"的文化变迁革新路径。二是需要重视政府作用,营造创新制度环境。区域的社会制度文化是区域经济文化的重要有机构成。政府则需要尊重创业者,保护纳税人,重商、安商、亲商,从"全能政府"、"管制政府"向"有限政府"、"服务政府"转变,发挥文化重塑的制度环境保障作用,实现"自上而下"的文化制度变迁。

(本文系国家自然科学基金项目"高技术企业区域发展与创新模式研究"(项目编号:70573080)、国家科技部软科学项目"区域文化与企业自主创新"(项目编号:2006GXS2D083)的研究成果,发表于《经济纵横》2008 年第10 期,《新华文摘》2009 年第 2 期全文转载。洪群联、杨威协助研究)

—21—
完善国家创业政策体系的意义与对策

十七大报告明确提出要"促进以创业带动就业……完善支持自主创业、自谋职业政策,加强就业观念教育,使更多劳动者成为创业者。健全面向全体劳动者的职业教育培训制度"。创业对促进经济增长,扩大就业容量,推动技术创新的重要作用已为各国学界和政府所认识。一国(或地区)的创业活动不仅能促进当前的经济增长,而且特别能对未来年度的经济增长起到积极的促进作用。① 中国中小企业创造的最终产品与服务价值已占全国的58%,提供了75%以上的城镇就业机会,60%以上的发明专利和超过八成的新产品研发。② 这些中小企业中的大部分是新创立的企业,并已经成为推动中国经济发展的重要力量。当前我国良好的经济增长环境蕴含着大量的创业机会,仅2006年中国就约有1.4亿18—64岁的成年人参与到创办时间不超过三年半的创业企业中。③ 然而由于中国创业扶持政策存在一些缺陷,造成创业失败的比例较高,创业的就业带动效应难以充分发挥。全球创业观察(GEM)报告显示,2003年中国创业企业关闭率为8.04%,是GEM平均水平的1.8倍。④ 因此,有必要通过完善中国创业政策体系,进一步提高中国

① 邱琼、高建:《创业与经济增长关系研究动态综述》,《外国经济与管理》2004年第1期。
② 国家发展与改革委员会中小企业司:《2006年中小企业发展情况和2007年工作要点》。
③ 作者根据2006年《全球创业观察报告》和2007年《中国统计年鉴》中数据计算得出。
④ 姜彦福等:《全球创业观察2003:中国及全球报告》,清华大学出版社2004年版。

的创业活动水平,推动中国经济迈向"创业型经济"。

一、创业的内涵与创业政策理论框架

(一)创业概念的内涵

早在二三百年前,"创业"一词就出现在经济文献中,到 20 世纪 80 年代,创业开始作为一个学术研究领域出现。但由于学者们对创业内涵的阐释各有侧重,到目前为止,学术界尚未就创业的定义达成共识。从本质上看,创业的核心是创新。熊彼特(Schumpeter)指出创业是实现创新的过程,创新是创业的本质和手段。创业者的功能是实现生产要素的新组合。这种新组合可以包括产品创新和服务创新、生产工艺创新和业务流程创新、企业组织创新、企业制度创新等方面。[①] 德鲁克(Drucker)进一步指出,仅仅是开一家"既没有创造出新的令人满意的服务,也没有创造出新的消费需求"的熟食店,不是创业,只有那些能够创造出一些新的、与众不同的事情,并能创造价值的活动才是创业。[②] 美国学者莫里斯(Morris)[③]对近几年欧美地区创业核心期刊的文章和主要教科书进行了文献检索,发现其中的 77 个创业定义中,出现频率最高的关键词主要有:开创新事业,创建新组织;创造资源的新组合,创新;捕捉机会;风险承担;价值创造。国内学者雷家骕(2007)认为,创新是"建立一种新的生产函数",而创业本质上就是建立新的生产函数加上建立新的组织,是创新的载体和实现形式。[④] 基于以上的研究,我们将创业的内涵界定为:通过创新实现各种资源的新组合、开创新业务、创建新组织,通过捕捉机会并承担风险进而创造价值。

(二)创业政策的理论框架

创业政策是通过一系列的制度安排或政策工具来增加创业机会、提高

[①] 约瑟夫·熊彼特:《经济发展理论》,何畏等译,商务印书馆 1990 年版。

[②] 彼得·德鲁克:《创新与创业精神》,上海人民出版 2002 年版。

[③] Morris, M.H., "Entrepreneurship Intensity: Sustainable Advantages for Individuals, Organizations and Societies", Westport, Corm: Quorum, 1998.

[④] 雷家骕:《国内外创新创业教育发展分析》,《中国青年科技》2007 年第 2 期。

创业技能、增强创业意愿，从而提升创业水平，促进"创业型经济"的发展。创业政策涉及从地区到国家、从低技术经济到高技术经济等十分广泛的经济发展领域。全球创业观察（2002）的分析框架提出了 9 个方面的创业环境条件：金融支持、政府政策、政府项目、教育和培训、研究开发转移、商业环境和专业基础设施、国内市场开放程度、实体基础设施的可得性、文化及社会规范。① 该框架着眼于全球范围的创业环境分析，框架中提出的环境条件比较注重普遍性，而缺乏指导特定国家创业政策的针对性。丹麦学者霍夫曼（Anders）通过对 OECD 国家中创业环境居于前三位的韩国、加拿大和美国创业政策的分析，认为破产制度、个人所得税、劳动力市场规制、创业教育和创业投资是提高创业水平最重要的政策领域。②

荷兰创业经济学家蒂里克（Roy）基于对创业供给（创业者）和创业需求（创业机会）相互作用机制的分析，指出了政府扶持创业的六条政策渠道。一是创业需求。主要通过技术进步、收入政策等来影响创业机会的种类、数量和可获得性，以创造更大的创业空间。二是创业供给。主要通过移民政策、城镇化进程中的区域发展政策、家庭补贴及儿童福利政策等来影响潜在的和未来的创业家数量。三是通过提供金融和信息资源来连接资本与知识。金融资源包括创业投资、补贴和贷款担保等；信息资源包括提供创业信息、创业咨询及创业教育等。四是通过在教育系统引入创业元素、加强新闻媒体对创业的关注等方式来培育创业文化。五是风险—补偿机制。通过税收政策、社会保障、收入政策、劳动市场法规、破产法规等来影响潜在创业家的创业选择。六是通过市场竞争政策、知识产权保护政策、企业建立政策等来削弱大企业的市场力量，消除小企业的进入障碍，增强市场的可进入性。③

瑞典学者伦德斯特伦和史蒂文森（Anders Lundström, Lois Stevenson）在其创业政策理论框架中提出，针对创业种子期和初创期，要通过减少进入和

---

① 高建：《中国的创业活动更趋活跃——来自 2006 全球创业观察（GEM）中国报告的分析》，《中国科技投资》2007 年第 9 期。

② Anders Hoffmann, "A General Policy Framework for Entrepreneurship", FORA－Centre for Economic and Business Research, www.foranet.dk, 2004.

③ Roy Thurik, "Entreprenomics: on Entrepreneurship, Economic Growth and Policy", *Entrepreneurship, Growth and Public Policy*, Z.J.Acs, D.B.Audretsch and R.Strom（eds.）, Cambridge University Press, Cambridge, UK, 2007.

退出"壁垒";增强创业者获得建议、信息、网络、指导、孵化的可能性;提供小额贷款和种子基金等措施来增加创业机会。要通过开展创业教育,制定创业培训项目,支持学生创业计划等方式,提高创业技能。要通过宣传创业的社会作用,树立创业模范等方式,增强创业意愿。而针对创业成长期,创业政策的重点是要帮助创业中小企业获得融资、网络、专业意见等生存和成长所需的资源,提高创业企业家的管理技能,增强成长动力。他们同时指出创业三要素中首要的是激发创业意愿和培养创业技能,这是创业的基本动力来源。其政策框架围绕创业机会、创业技能和创业意愿三个创业核心要素,并涵盖了从创业种子期至创业后 42 个月的整个创业阶段,具有较好的学术价值和借鉴意义。[①]

创业政策一般可以分为四种类型:(1)中小企业政策的推广;(2)新企业的创立政策;(3)细分创业政策;(4)全面的创业政策(整体创业政策)。当前我国实施的创业扶持政策主要是第一类和第三类创业政策:一是政府扶持创业的法律法规主要是中小企业政策的延展,如《中华人民共和国中小企业促进法》(2003)、《中小企业发展专项资金管理办法》(2004);二是创业政策侧重对不同类型创业群体的支持:如《国务院关于鼓励支持和引导个体私营等非公有制经济发展的若干意见》(2005)、《财政部、国家发展改革委关于对从事个体经营的下岗失业人员和高校毕业生实行收费优惠政策的通知》(2006)、《科技型中小企业创业投资引导基金管理暂行办法》(2007)等。可以说,中国的创业扶持政策还仅是中小企业政策和科技创新政策的组成部分,并不是一种系统全面的整体创业政策。

二、当前中国的创业扶持政策现状及其缺陷

(一)中国创业扶持政策现状分析

近年来,中国各级政府对创业越来越重视,扶持创业的法律和政策相继出台。当前中国的创业扶持政策可以从以下三个方面来加以考察。

---

① Anders Lundström &Lois Stevenson, *Entrepreneurship Policy for the Future*, Volume 1 of the Entrepreneurship for the Future Series, Swedish Foundation for Small Business Research, 2001.

1. 创业机会方面

为扩大创业规模,降低创业弱势群体的创业成本,政府规定下岗失业人员、退役军人及基层创业的高校毕业生,可申请 2 年期限最高 5 万元的小额担保贷款,并且财政贴息 50%—100%。此外,对从事个体经营的下岗失业人员、高校毕业生免交登记类、证照类和管理类的事业性收费 3 年。为鼓励高技术创业,对国家高新区内新创办的高新技术企业免征所得税两年,两年后减按 15% 的税率征收。对一般符合条件的小型微利企业,减按 20% 的税率征收企业所得税。①

为帮助创业企业融资,中国政府大力发展创业投资和各种创新基金,对向各种创新基金的捐赠给予税前扣除以扩大基金规模,同时建立了创业投资引导基金,对符合条件的创业投资企业也给予按投资额的 70% 抵扣应纳税所得额的优惠,②促进了创业投资的发展,2007 年前 11 个月中国创业投资总额达到 31.80 亿美元。③ 此外,中国正尝试建立多层次的创业创新资本市场,2004 年设立了中小企业板,2006 年启动代办股份转让系统的试点,现正探索完善技术产权交易市场并积极准备创业板市场的推出。

政府通过集群式创业的方式,增强创业企业对信息、社会网络、孵化平台等资源的可获得性。在一般产业,以区域性小企业创业基地的形式;在高技术产业,则以科技创业孵化器的形式来构建创业集群。科技企业孵化器或称高新技术创业服务中心是培养高新技术企业和企业家的创业服务机构,主要有科技企业孵化器、留学人员创业园和大学科技园三种形式。2005 年中国科技企业孵化器达到了 534 家,其中国家级 135 家,建立在国家高新区内的有 239 家,毕业企业已经达到 15815 家,毕业企业创造的营业总收入达 1433.3 亿元。④ 2006 年底,中国已成立了留学人员创业园 100 多个,入园

---

① 数据来源于《关于改进和完善小额担保贷款政策的通知》(2006)、《财政部、国家发展改革委关于对从事个体经营的下岗失业人员和高校毕业生实行收费优惠政策的通知》(2006)、《实施〈国家中长期科学和技术发展规划纲要(2006—2020 年)〉的若干配套政策》(2006)、《企业所得税法》(2008)。

② 数据来源于《关于促进创业投资企业发展有关税收政策的通知》(财政部、国家税务总局,2007)。

③ 周明:《今年前 11 个月中国创业投资比去年全年增长 78.9%》,《中国证券报》2007 年 12 月 28 日。

④ 科学技术部:《2005 年科技企业孵化器发展情况分析》。

的留学人员企业 6000 多家，人数 15000 多人。① 2005 年底中国已建成 62 个大学科技园，转化科技成果近 3000 项，有在孵企业 5700 多家，累计毕业企业 1400 多家，提供就业岗位 7 万余个。②

2. 创业技能方面

1998 年教育部公布的《面向 21 世纪教育振兴行动计划》提出："加强对教师和学生的创业教育，鼓励他们自主创办高新技术企业"。1999 年全国教育工作会议提出："要帮助受教育者培养创业意识和创业能力。"③在此基础上，高校逐步允许科技人员离岗创办高新技术企业、中介机构，并可在规定时间内（原则上为两年）回原高校竞争上岗。2002 年中国教育部已确定清华大学、中国人民大学、复旦大学等为我国创业教育试点院校。此外，中国还通过中小企业银河培训工程为社会创业人士提供创业和管理技能培训，至 2006 年 5 月已累计培训了 1.55 万名创业者。④ 2007 年 12 月，中国启动了火炬创业导师行动，首批聘请了 39 位企业家和专家成为火炬创业导师，以帮助初创企业和创业者提高创业技能。

3. 创业意愿方面

自 2002 年以来，中国加入"全球创业观察"研究体系已进入了第六年。清华大学撰写了四个中国创业研究报告，成为研究中国创业问题的重要工具。再加上，近年来清华大学、南开大学、浙江大学等高等学府纷纷建立的创业研究专门机构，使中国的创业研究初具规模，成为传播创业思想的重要阵地。中国于 2001 年 8 月建立中小企业信息网，2006 年底总站和分网已拥有 36 万企业会员。⑤ 2007 年 12 月，国家科技部主管的中国技术创业协会在北京成立，这些设施和机构已成为开展创业交流、树立创业模范、传播创业意识的重要平台。

---

① 张景华：《中国留学人员创业园喜中有忧》，《光明日报》2006 年 10 月 21 日。
② 科学技术部、教育部：《国家大学科技园"十一五"发展规划纲要》。
③ 教育部高教司编：《高职高专教育改革与建设——1999 年高职高专教育文件资料汇编》，高等教育出版社 2000 年版。
④ 郑昕：《以创新精神开拓创办小企业工作新局面》，2006 年 12 月 6 日。
⑤ 国家发展与改革委员会中小企业司：《2006 年中小企业发展情况和 2007 年工作要点》。

（二）中国创业政策的缺陷与创业"瓶颈"

从重视科技创业、下岗再就业到重视普遍的创业活动，从单纯提供优惠政策到提供创业辅导，中国的创业政策正在不断改进。但创业活动是一项复杂的系统工程，中国创业政策的制定缺乏理论上的系统思考，造成创业政策的扶持力度不够，创业水平相对较低。数据显示，美国每千人所拥有的中小企业数是 103.8，韩国是 58，欧盟是 51.1，而中国仅为 32.7，不足美国的 1/3。[①] 我国的创业"瓶颈"和创业政策缺陷主要表现在以下几个方面：

1. 创业融资难，融资缺口大

根据 2006 年中国创业观察报告的研究，创业融资主要依靠血缘、亲缘关系，其次才是金融机构的信贷融资和政府的资金扶持。初创企业时常是无资信、无固定资产，想从银行获取贷款相当困难，这一问题在世界范围内普遍存在。另外，由于中国 90%以上的中小企业是私营企业，在以国有商业银行为主体的银行体系中，初创企业融资除了受到"重大轻小"的"规模歧视"外，还要受到"重公轻私"的"所有制歧视"，融资难度更大。据对中关村所做的一项研究表明，中关村科技园区 7200 家具备一定规模的企业中，就至少有 280 亿元人民币的资金需求缺口，而 90%的中小科技型企业长期处于发展资金极度短缺之中。对 GDP 贡献超过 50%的中国中小企业，所获得贷款占全部金融机构贷款比重只有 10%左右。[②]

2. 有效规避创业风险的机制不健全

初创中小企业由于各方面条件的限制，与大企业相比承担风险的能力相对较弱。有关研究表明，约有 50%的中小企业在创立的 3 年内死亡了，在剩下的 50%企业中又有 50%的企业在 5 年内消失，即使剩下的这 1/4 企业也只有少数能够熬过经济萧条的"严冬"。[③] 美国等发达国家主要通过发达的创业投资体系来分散初创企业的风险，与之相比，中国的创业投资发展仍然滞后。从总体规模上看，美国创业投资占 GDP 的比重为 1%，而 2006 年中

---

① 辜胜阻、肖鼎光：《完善中小企业创业创新政策的战略思考》，《经济管理》2007 年第 7 期。
② 辜胜阻：《用过剩流动性破解创新融资难》，《科技日报》2007 年 7 月 22 日。
③ 国家发展与改革委员会中小企业司：《2006 年中小企业发展情况和 2007 年工作要点》。

国创业投资仅占 GDP 的 0.025%,[①]差距明显。从结构上看,创业投资可以分为一般创业投资和天使投资,后者单笔投资额度小,主要针对种子期和初创期的企业融资,并能有效提高创业企业对下一阶段创业投资的吸引力。美国的天使投资总额已与一般创业投资相当(见表1)。2006 年中国种子期投资占境内创业投资额总量的比重仅为 17%,[②]天使投资的发展严重滞后。创业投资的介入不仅帮助初创企业融资,还能凭借自身经验,帮助企业提高管理水平;创业投资通过组合投资规避项目风险和市场风险,着眼企业的发展前景和长期经营利润,能够降低创业失败的几率。而我国创业投资发展的相对滞后,既不能为创业企业提供足够的融资支持,也不能充分发挥其分散风险的制度功能。

表1　美国创业投资与天使投资比较

		2002 年	2003 年	2004 年	2005 年	2006 年
一般创业投资	总额(亿美元)	219	197	224	230	264
	投资创业企业数(个)	3092	2920	3073	3131	3608
	投入种子期和初创期企业的资金比重(%)	1.5	1.8	2.0	3.6	4.3
天使投资	总额(亿美元)	157	181	225	231	256
	投资创业企业数(个)	36000	42000	48000	49500	51000
	投入种子期和初创期企业的资金比重(%)	47	52	–	55	46

注:一般创业投资数据根据 Pricewaterhouse Coopers/National Venture Capital Association,*Money Tree Report*,*Historical Trend Data for the U.S.*(www.pwcmoneytree.com)计算;天使投资数据来源于 Jeffrey Sohl,"The Angel Investor Market 2002 – 2006",Center for Venture Research,University of New Hampshire(www.unh.edu)。

3. 创业扶持对象设限,竞争环境有待优化

　　政府给予科技人群和弱势人群创业以融资倾斜和税收优惠,但对一般人群的扶持力度较弱;对高技术创业高度重视,但对低技术行业创业活动的支持不够,不利于创业活动的普遍开展。德鲁克(2002)早就指出,"高科技

---

　　①　李良、朱茵:《中国创投业迎来"黄金时代"》,《中国证券报》2006 年 12 月 8 日。
　　②　北京软件和信息服务业促进中心等:《中国天使投资研究报告(2006)》,《新经济导刊》2007 年第 1 期。

只是创新与创业领域的一部分,绝大部分创新产生于其他领域"。此外,近年来出台的政策多是参照企业规模和所有制设计的,对大企业优惠多,对中小企业考虑少;对公有制企业优待多,对非公有制企业考虑少。各地中小企业之间在相当大的范围内存在低水平过度竞争的问题。市场竞争不公,降低了中小企业创业的预期收益,挫伤了中小企业创业的积极性。

4. 创业服务体系不完善,创业成本较高

政府的不规范行为极大地提高了中小企业的创业成本。2005 年美国哈佛大学、耶鲁大学和世界银行对 85 个国家和地区的创业环境进行了系统调查。结果表明,从注册一家公司到开业平均所必经的审批时间,加拿大需 2 天,而中国内地则需要闯过 7 道关,历时 111 天。注册审批费用在美国、英国、加拿大不到其人均年薪的 1%,而在中国内地则占到 11%。① 此外,企业创业创新的服务机构数量少,专业化水平低,运行不规范,服务功能单一,加大了创业企业的运营成本。调查显示,最近半年得知他人创办企业的个体,投入创业活动的水平可达那些缺乏别人创业信息的人的 2—3 倍。② 创业信息的广泛传播有助于提高创业活动的水平。但作为传播创业信息的重要平台之一的中国中小企业信息网的全部企业会员不到中小企业总数的 1%,③ 难以满足广大创业企业获取和发布相关信息的需要。

5. 创业教育落后,创业人才短缺

为了适应美国经济结构的变革,美国百森商学院 1967 年在全球第一个设立了创业教育课程,目前美国创业教育已贯穿从小学到大学的教育体系。欧盟大多数国家也在致力于在本国的教育系统中强化创业教育,而中国才刚开始在高校进行创业教育试点。多年的全球创业观察(GEM)报告均显示,受过高等教育或研究生教育的个体从事创业活动的比例更高。④ 当前创业教育的发展远不能满足中国大学生强烈的创业意愿及其对创业技能培养

---

① 周天勇:《个体户为何减少了 810 万》,《人民日报》2006 年 8 月 21 日。

② Paul D.Reynolds, William D.Bygrave, Erkko Autio, et al., 2004, *Global Entrepreneurship Monitor 2003 Executive Report*, Babson College, London Business School, Ewing Marion Kauffman Foundation.

③ 辜胜阻、肖鼎光:《完善中小企业创业创新政策的战略思考》,《经济管理》2007 年第 7 期。

④ Niels Bosma, Rebecca Harding, "Global Entrepreneurship Monitor 2006 Results", http://www.gemconsortium.or.

的需求。最新的调查数据显示,78.95%的中国学生表示自己希望能创业,但仅47.22%的大学生参加过有关创业方面的活动,因此在创业能力的获取上,有3/4以上的学生希望学校进行创业创新教育。① 创业教育落后限制了民众创业精神和创业技能的培养,不仅抑制了创业家的成长,还使得创业企业难以获得合适的人才。另一项问卷调查显示,有49%创业者认为"最头疼的问题是缺少合适人才"。②

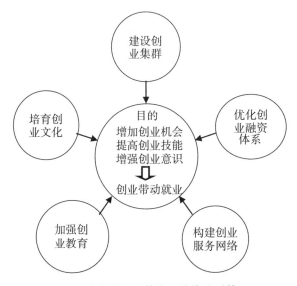

图1 完善创业政策体系的战略对策

三、完善中国创业政策体系的对策思考

中国创业活动与其他国家既有共性,又存在差异性。针对中国创业活动的问题和创业政策的缺陷,本文从创业融资、创业服务、创业集群、创业教育和创业文化五个方面提出了完善中国创业政策体系、促进创业带动就业的战略对策(见图1)。

---

① 全国高等学校学生信息咨询与就业指导中心:《大学生创业和创业教育问题调查报告》,中国高等教育学生信息网,2007年11月22日。

② 《〈快公司2.0〉创业者生态调查活动问卷分析》,《中国电子商务》2007年第5期。

一、优化创业融资体系,提高创业融资水平,构建分散创业风险的有效机制

1. 放松金融管制,大力发展中小社区银行,提高中小企业创业的外源性融资水平

发展与创业企业规模结构和所有制形式相适应的银行体系,社区银行是一种有效的形式。它一般是指资产规模较小(如美国的标准是10亿美元以下),以营利为目的,经营范围局限于一定区域的现代商业银行。其竞争优势首先是扎根当地,能够利用当地关系网络获取社区内创业者和中小企业的软信息,减少信息、谈判和监督成本,从而能解决银行与中小企业之间信息不对称的顽疾。其次,具有"草根"特质的社区银行,与同为"草根"的中小企业具有体制上的对称性,而且真正将当地吸收的存款用于社区经济发展,更能获得当地政府和创业者的支持。中国未来的社区银行可以借鉴我国村镇银行和美国硅谷银行的模式,优先在高新技术开发区鼓励民间资本试办社区银行,化解科技型创业企业融资难问题。在高新区外民营经济发达地区,应放松金融管制,引入民营机制,引导民间非正规金融发展成社区银行,从制度上缓解中小企业创业融资难问题。

2. 优化创业投资结构,完善创业融资资本市场体系,拓展创业企业的股权融资渠道

发达国家的经验表明,资本市场、创业投资和创业企业的相互联动,形成了一整套独特的发现和筛选机制,成为创新和创业的发动机。应抓住当前国家推进多层次资本市场体系建设的契机,优化创业投资结构,完善为创业融资服务的资本市场体系。

一方面,需要优化创业投资结构。应扩大创业投资规模,通过政府引导,让保险资金、银行资金、社会资本都可以参与创业投资基金的设立,使其拥有一个新的资金汇聚渠道。更重要的是要优化创业投资结构,大力发展天使投资。建议我国尽快制定天使投资的专门扶持政策和法律法规体系,构建天使投资与创业企业的网络交流平台,在有条件的地方鼓励民营企业

家等先富人群加入天使投资网络,建立区域性天使投资市场试点,以优化创业投资结构。另一方面,需要完善为创业融资服务的资本市场体系。发达的资本市场既是创业投资的最佳退出通道,又是创业企业的重要融资渠道。当前,推出创业板的条件已经比较成熟,创业板不久有望出台。创业板必须在发行条件和目标定位上紧紧围绕成长型、科技型、创新型的创业企业,充分发挥其区别于主板、中小企业板和其他融资方式的特定优势。其次,应总结代办股份转让系统成功试点的经验,加强挂牌标准、信息披露、转板机制等制度建设,先将其加速覆盖到其他的国家高新区。此后,在规范化和标准化运作的基础上,将代办股份转让系统逐步覆盖全国的创新创业企业,为发展真正意义上的"三板市场"奠定基础。要积极发展技术产权交易市场。可在各类地区性技术产权交易机构基础上,建立全国性的技术产权交易市场管理机构,制定统一管理原则;通过建立技术产权交易全国信息共享平台,加强行业自律和监管。利用技术产权交易市场的作用机制,提高技术与资本两个市场的交易效率,为大量暂时达不到上市"门槛"的科技型中小企业提供融资安排。

(二)构建创业服务网络系统,提供针对性的、有效率的创业服务,增加创业机会

多层次、全方位、网络化的创业服务能够极大的降低企业创立和成长的成本,使创业者能够发现、识别直至开发创业机会。中国创业服务网络系统应覆盖从高技术到低技术全行业的创业活动,应针对种子期、初创期和成长期创业企业的不同需要提供专门服务。一是要提高政府的管理服务效率,缩短企业注册时间,减少审批环节,实现"一站式"服务。要降低进入"门槛",减轻初创中小企业的税费负担,杜绝乱收费、乱罚款和乱摊派,轻赋养育中小企业,营造一个外部成本较低的成长环境。二是各地要进一步将富有创业实践经验、熟悉创业政策的成功创业家(包括离退休人员)及管理、咨询、财税、法律等专业服务人员组织起来,建立高素质的创业辅导队伍,立足于区域特色为创业者提供信息、咨询、指导、培训等创业服务,帮助和鼓励有意创业者识别创业机会,开展创业行动。这里要依托创业基地和创业服务机构,打造优秀创业服务品牌。三是在创业中小企业成长阶段,要扩大国家科技创新基地向全社会开放,推进大学、科研院所和大企业同中小企业的合作,帮助创业企业借助"外脑"、运用社会资源弥补企业自身不足,增强成长力。

（三）加强创业基地、科技孵化器等创业集群建设,集聚社会资本,形成创业集群效应,降低创业风险

创业信息、知识和社会资本的获取通常是创业者的弱项,但同时也是创业成败的关键。集群系统在知识溢出、信息扩散和网络关系等方面具有正的外部性,对于创业有着重要的作用。将创业企业纳入集群系统可以帮助创业者及创业企业利用知识溢出获取创新技术和产品的信息,通过网络学习积累创业及管理经验,通过网络交流积累社会资本。因此,政府应加强以创业基地和科技创业孵化器为主要形式的创业集群建设,通过集群效应降低创业风险,提高创业成功率。当前中国政府对科技创业集群的扶持力度最大,扶持体系较为完备,下一步一是要把重点放到整合资源、完善功能,优化服务、培育品牌上来。二是要加强全国科技孵化器、创业园等科技创业集群之间的网络交流,发挥资源共享、优势互补、互惠发展的整体效能。而对以市场力量推动的、一般产业的创新创业活动,政府要加大扶持力度,可以考虑将有限的资金、人力及政策资源集中到各地的创业基地中,实现资源的优化配置,促进一般产业创业集群的发展,提高创业成功率。

（四）通过提升创业教育地位、改进创业教学内容和模式等措施,加强高校创业教育,提升创业意愿和技能

创业机会只是创业活动的外部环境因素,一个国家创业活动水平的提高,最终要靠创业者愿意并且有能力成功创业。创业技能和创业意愿的提升关键在于以培养具有开创性个性的人为目的的创业教育,这也是中国创业政策最大的缺陷所在。考虑到政府教育支出水平有限,中国应分阶段,先在高等教育中加强创业教育,待民众创业认识提升到一定水平之后,再普及到包括中小学在内的整个教育系统。加强高校创业教育,首先要在高校明确设立创业学科,组织专家制定指导性的课程体系框架和教学大纲,以提高创业教育地位。二要完善创业课程设置和教学内容,培育包括创业兴趣和价值观念、创业心理品质、创业技巧和能力等在内的全面创业素质。三要改进创业教学模式,将课堂讲授、案例讨论、角色模拟、基地实习、项目实践等教学方法结合起来,提高教学效率。也可以尝试将创业教育引入职业技术教育和成人教育领域,通过开展包括论坛、创业计划竞赛、培训班等多种形式的创业教育模式,扩大创业教育的培养对象,提高职业技术人才的创业水平。

(五)通过政府引导和制度创新,传播创业信息,树立创业典型,弘扬创业文化

创业需要有一种崇尚创新、宽容失败、支持冒险、鼓励冒尖的文化氛围和制度保障。中国应加强报刊杂志、广播电视、互联网等媒体的创业宣传,传播创业信息和成功创业故事,提高大众的创业认识。要通过构建创业科研、实践等相关活动的奖励机制,鼓励创业研究,树立创业模范。如瑞典设立的"瑞典创业与小企业研究奖",对提高创业研究水平具有积极作用。在制度层面,要进行破产制度创新,放宽对创业失败者的限制,减少他们重新创业的制度障碍;进行社会保障制度创新,保障创业失败者的基本生活,同时也能减少预创业者的失败恐惧感,提高创业水平。通过这些举措,在社会上营造尊重创新创业人才、崇尚创业精神、支持创新产品、宽容创业创新失败的风气,使创业创新成为社会习惯,为中小企业创业创新提供文化支撑和制度保障,增强创业意愿。

(本文系国家自然科学基金项目"高技术企业区域发展与创新模式研究"(项目编号:70573080)的研究成果,发表于《中国人口科学》2008 年第 1 期,《新华文摘》2008 年第 11 期全文转载。肖鼎光、洪群联协助研究)

—22—

民营企业自主创新面临的
动力机制困境和制度创新

一、民营企业自主创新面临的动力机制困境

建立"以企业为主体、产学研相结合的"技术创新体系,需要建立一套支持民营企业技术创新的制度安排,而目前我国在推动民营企业自主创新的制度设计上,还存在一定的机制缺陷,导致民营企业创新乏力。国家知识产权局资料表明:我国国内拥有自主知识产权核心技术的企业占比仅为0.3%。99%的企业没有申请专利,60%的企业没有自己的商标。①当前,民营企业自主创新主要面临以下五个方面的困境:

(一)技术创新的高投入与创新激励机制不足

创新的高投入是制约我国民营企业技术创新的主要原因。技术创新在知识经济条件下具有加速扩散的特点,创新周期日益缩短,企业如不能及时收回创新投入,则会导致经营恶化。由于民营企业缺乏密集的资本投入,在投资倾向上,投资机构更愿意投向资金回报率高、回收周期短的传统行业。因此,技术创新激励是促进民营企业自主创新的核心问题。企业技术创新

---

① 原国锋、李薇:《99%的企业没有申请专利》,《人民日报》2006年1月4日。

的激励问题主要取决于创新收益、交易制度与关系、在政府采取措施下私人收益率与社会收益率是否一致,以及企业对员工的激励机制等。① 我国民营企业技术创新的激励机制不足,导致民营企业不能跨越高投入的门槛。

首先,政府对民营企业技术创新的财政税收政策扶持不到位、不系统,使民营企业缺乏必要的利益补偿。财政对民营企业和中小企业的研发投入扶持政策力度较小;税收制度对民营企业技术创新活动还存在一定阻碍;政府对民营企业技术创新产品的政府采购政策不到位、不系统、不具体。民营企业技术创新得不到有效的利益补偿,技术创新收益不高,挫伤了民营企业的创新积极性。

其次,资源的粗放使用和企业既定的增长模式转变困难,也制约了创新的内在动力。目前,劳动力和资源的低成本仍是大多数民营企业的优势,在廉价资源与劳动力支撑下的传统增长方式仍有较大的利润空间,仍是民营企业创新动力的障碍。

行政力量扭曲资源配置也影响民营企业技术创新的积极性。由于靠机会、靠寻租获得垄断资源而获取较高利润,企业投机心理较强,对自主创新的必要性还认识不够。

(二)创新的高风险与风险分担机制不健全

企业技术创新面临的主要风险有市场需求带来的不确定性风险,技术开发、技术应用和技术转换的风险,以及企业管理体制和组织结构等风险,②这导致高技术企业"成三败七,九死一生"。民营企业缺乏创新管理的基本经验,无力应对创新的巨大风险,企业内部还缺乏降低技术创新的不确定性的机制,普遍存在"创新恐惧症"。

民营企业的所有权特点决定了民营企业的产权结构过于集中,不利于分散创新风险。合伙制和承担无限责任的民营企业,一旦创新失败不仅会影响企业的发展,有时甚至会倾家荡产。在巨大的风险面前,民营企业家普遍存在短期行为倾向,创新欲望和冒险精神自然不足。

我国支持企业创新的风险分担机制和政策仍不健全。风险投资业发展

① 柳卸林:《技术创新经济学》,中国经济出版社 1993 年版。
② 傅家骥:《技术创新学》,清华大学出版社 1998 年版。

缓慢,一个具有企业家才能的高素质风险投资阶层远未形成,民间资本和民营主体介入风险投资的较少,民营企业很难通过风险投资渠道获得创新融资。民企不敢创新的另外一个原因还在于知识产权保护环境不佳,与自主创新相比,模仿的成本低、效益好。模仿创新具有很强的市场针对性,较高的商业前景,和有效降低技术的不确定性等特点。在我国企业普遍研发能力不足、创新实力有限的情况下,模仿是中小企业的首要选择。由于知识产权保护不够,大多数企业开发新产品以仿造为主,创新企业开发的新产品很快就被其他企业模仿,享受高额利润的时间极短,创新成果难以得到合法保护。正由于创新具有高风险,民企对开发新技术望而生畏。有人甚至认为:"不创新慢慢死,一创新就快速死"。

此外,创业创新的制度环境不佳使我国民企自主创新风险加大,举步维艰。一个典型的案例是到中关村创业的某留学归国人员,艰苦开发的远程医疗会诊系统在国内定价 5 万元无人问津,但被纳斯达克上市公司以 1800 万美元收购,两年增值 120 倍,国内医疗机构却愿意以高价采购。[①] 这表明扶持科技型中小企业成长的环境还很不完备,来自这些企业的自主创新技术和产品很难得到市场的认同和接受,加大了企业自主创新的市场风险。

(三)民营企业创新的人才瓶颈与合作创新机制缺乏

由于民营企业间及产学研的经常性创新合作机制尚未建立或不健全,民营企业创新能力不能通过"干中学"的学习机制和产学研合作机制得到提升,普遍创新能力不高。据《中国知识产权报》报道,在民营企业发达的浙江,80%的民营企业缺乏新产品开发能力,产品更新周期两年以上的企业占55%左右。[②]

民营企业缺乏技术创新必须的研发力量。由于我国 90%以上的民营企业是家族企业,企业治理结构对外来人才具有排他性,影响外部人力资本充分发挥作用,[③]缺乏吸引创新人才的平台。社会对民企还存在偏见,民企偏小的企业规模、较差的工作环境、不健全的社会保障和较少的教育培训计划

---

① 科学技术部专题研究组:《我国产业自主创新能力调研报告》,2006 年。
② 吴辉:《自主知识产权撑起"浙江创造"》,《中国知识产权报》2005 年 8 月 24 日。
③ 辜胜阻:《民营经济与高技术产业发展战略研究》,科学出版社 2005 年版。

等障碍,导致民营企业创新人才的流失问题很突出,严重影响企业创新的连续性。来自上海的调查数据表明,74.8%的企业都认为创新中面临困难最大、障碍最多的环节在于技术研发阶段和技术成果产品化阶段,[①]人才是制约民营企业自主创新的首要因素。

家族信任的排外性和职业经理的道德风险制约了民营企业引入企业家和创新领袖。家族企业内的高度信任和对家族外成员的低信任,形成了我国家族企业不连续的信任格局,家族外的成员很难通过获取家族内信任的途径进入民营企业,即使引进了职业经理人,也会遭到家族元老的排斥。由于信任拓展的艰巨性,使大部分以家族经营为特征的民营企业陷入了"家庭主义困境"。[②]同时,企业家异质人才的特征导致其存在较高的道德风险,也阻碍了民营企业引入企业家和创新领袖。

民营企业技术知识存量缺乏,不擅长借助"外力"和"外脑",企业间及企业与科研机构间创新合作的缺乏,加大了自主创新的难度。民营企业技术力量比较薄弱,缺乏技术创新和管理的基本经验,以及持续进行技术创新的知识存量。而且,民营企业间缺乏创新联动和协调机制以及基于产业链的联合研发和技术协作项目,所以民营企业往往是单打独斗,相互竞争过度、合作不足,限制了自主创新的步伐。民营企业与外部研发机构也缺乏经常沟通,不能通过协作建立产学研一体的研发联盟。来自上海的调查显示,有一半的企业从未与高校和科研院所进行过合作研发,而研发合作又往往采取特定签约项目的形式,全面紧密的产学研合作项目较少。这样,民企创新能力不能通过合作机制得到提升。

(四)创新的资本密集特征与民营企业融资体制制约

技术创新的两个最重要环节就是技术研发和科研成果的产业化,而这两个环节都需要密集的资金投入,大多数民营企业在创新中都遭遇融资瓶颈。对于创新型民营企业,尤其是处于孕育和发展阶段的,由于风险高、对资金需求量大、未建立良好的信用,很难从融资机构获得贷款。为此,发达

---

① 上海市工商业联合会:《上海民营企业自主创新报告》,长三角民营企业自主创新论坛 2006 年发布。

② 李新春:《信任、忠诚与家族主义困境》,《管理世界》2002 年第 6 期。

国家一般通过政府投资或资助、风险公司投资、国家设立信用担保基金等方式满足创新型企业的特殊融资需求。[①] 而我国民营企业间接、直接融资渠道都不畅通,致使很多民营企业自主创新成为"无米之炊"。

首先,因为民营企业资信差、寻保难、抵押难,从银行获取间接融资相当困难。银行对贷款风险的规避态度,使银行基本上把大中型企业作为重点服务对象,缺少适应民营中小企业需求的灵活融资服务。民营企业在创新融资中和银行间存在信息不对称,逆向选择和道德风险在创新融资市场上大量存在。[②] 据"中关村发展"课题组对中关村 964 家民营科技企业的调查,从企业的成长阶段到成熟阶段,70% 至 77% 的企业靠"内部积累"作为其主要资金来源(见表 1)。因此,民营企业创新机制的激活,必须进行融资体制的配套改革。

表 1　中关村民营科技企业不同发展阶段的融资渠道　　(单位:%)

资金来源	成长阶段	扩展阶段	成熟阶段
内部积累	76.8	74.0	70.7
银行或信用社贷款	44.1	52.0	65.9
国家政策性贷款	16.9	13.3	31.7
民间借贷	17.8	20.7	4.9
资本市场	16.3	30.7	14.6
私募股权融资	13.1	12.0	9.8
其他	4.7	1.3	/

注:表中数据表示各成长阶段使用该种融资渠道的企业占企业总数的比例。
资料来源:王小兰、赵宏:《突破融资瓶颈——民营科技企业发展与金融创新》,社会科学文献出版社 2006 年版。

其次,我国高技术企业尤其是民营中小企业,通过资本市场直接融资比例很低,2004 年仅为 3%,2005 年直接融资尚不到 500 亿元,仅占融资总额的 1.5% 左右,而发达国家中小企业直接融资比重高达 60% 左右。这样,国内大量优质企业纷纷奔赴海外上市。截止到 2004 年底,境外上市公司中仅前 10

[①] 傅家骥:《技术创新——中国企业发展之路》,企业管理出版社 1992 年版。
[②] 苗启虎、陈洁、王方华:《技术创新融资中的信息不对称及治理》,《科学学研究》2006 年第 1 期。

家公司净资产总额就达到 11433 亿元,净利润总额达到 2354 亿元,比深沪两市公司利润总和高出 3%。[①] 香港、美国、新加坡 3 个主要海外上市地共有 256 家中国企业上市。

民营企业创新融资缺乏,还在于科技投入体制的缺陷,民营企业创新活动很少能从政府部门得到研究开发支持。当前,政府科技投入体制还倾向于将大部分资金投入到高等院校和政府所属的科研院所,投入到企业的很少,而投入到民营企业的则更少。

(五)创新的开创性与创新文化价值缺乏

企业技术创新是在特定社会经济环境下的一项创造性活动,它的开创性决定了企业要想顺利开展技术创新,就要建立一个鼓励创新、敢于冒尖和打破常规的创新文化价值体系。创新文化价值体系包括两个层面:一是个体创新创业价值观;二是社会创新创业价值观。个体创新创业价值观包括以下几个方面:致富欲望、创业冲动、吃苦精神、流动偏好、冒险精神和合作意识;社会创新创业价值观包括:崇商敬业、鼓励冒险、宽容失败、信用意识和开放思维。[②]

我国经济文化中存在某些阻碍创新的因素,制约我国民营企业技术创新,不能有效发挥文化对技术创新的激励功能。在个体创新创业精神方面,在我国占主导地位的不是创业文化,而是守业文化;不是甘冒风险的创新文化,而是"小富即安"的保守文化。创业者在思想观念上具有十分典型的因循守旧、墨守成规的保守性。人们求稳怕变,甘于清贫,怕担风险,少有开创精神,不敢创业,缺乏流动偏好,是典型的风险回避型社会。

在社会创新创业的价值观方面,存在以下三个方面的不足:(1)强政府和寻租文化导致不良的政商关系,增加了企业技术创新的交易成本,加剧了获取技术创新资源的困难程度,扰乱了正常的市场交易规则,增加了民营企业技术创新的不确定性。(2)竞争独赢而非合作共赢的文化导致企业间缺乏信任和合作创新的基础。很多技术知识和技术创新是在正式和非正式的交流中不断传播和创造出来的,企业间的独赢思维导致企业学习能力差,知

---

① 徐冠华:《关于自主创新的几个重大问题》,《新华文摘》2006 年第 11 期。

② 辜胜阻、李俊杰:《区域创业文化与发展模式比较研究》,《武汉大学学报》2007 年第 1 期。

识获取渠道有限,技术创新能力得不到提升。(3)缺乏宽容失败的文化强化了创新的风险。"成王败寇"的思维强化了企业技术创新失败的后果,挫伤了企业技术创新的积极性。

二、推进我国民营企业自主创新的制度设计

实施民营企业的自主创新战略,必须依靠制度创新。要通过利益补偿机制,解决民营企业的创新激励问题;通过风险分担机制,分担民营企业的技术创新风险,降低创新成本;通过建立合作机制,提升民营企业的创新能力;通过重构金融体制,解决民营企业创新融资难问题;通过重构创新文化价值体系,充分发挥创新文化的激励作用。从多方面激发企业的创新意愿,使自主创新真正成为民营企业的内在需求(见图1)。

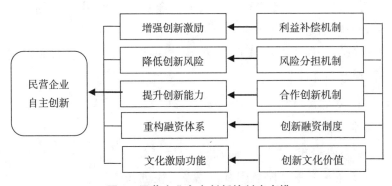

图1 民营企业自主创新的制度安排

(一)加大财税政策扶持,建立利益补偿机制,激励企业创新

针对创新动力不足问题,需要政府完善促进自主创新的财政、税收、产业、科技开发及政府采购政策,注重其可操作性和有效实施,对企业自主创新进行利益补偿,让其有利可图。

1. 加大各级财政对企业的研发投入,提高中小企业创新基金的支持强度

我国政府财政研究开发投入占全社会研究开发投入比重从1995年的50%下降到2003年的29.92%,远低于多数国家相应发展阶段50%左右的水

平,更低于印度、巴西60%—70%的水平。[①] 中小企业创新基金对提高民营企业生存、发展和创新能力具有重要意义。至2005年底,我国共完成创新基金项目验收3295项,项目实现产品累计销售收入1188.6亿元,上缴税金137.7亿元,出口创汇16.6亿美元,分别比立项时增长了8.6倍、9.6倍、5.4倍。[②] 但中小企业创新基金规模较小,建议提高创新基金的资助强度,扩大资助范围,加强地方财政对创新基金的投入,使其成为科技型中小企业创新融资的重要力量。

2. 加大民营企业创新的扶持力度,为企业研发提供更有效的财税激励

目前民营研发型企业中,增值税负担占70%以上,有的甚至超过80%,[③]挫伤了企业技术创新投入的积极性。要研究现行税收体制中阻碍民营企业技术创新的因素,改革不利于技术创新的税收制度,更有效地激励企业进行技术开发投入。可考虑建立科技开发准备金制度,对中小企业创新予以扶持,允许企业特别是有科技发展前景的中小企业,按其销售收入一定比例提取科技开发基金,以弥补科技开发可能造成的损失。[④] 同时,加强对这一基金使用的规范和管理。

3. 完善政府采购措施,引导政府采购向高技术产品倾斜,强化相关配套政策体系的执行力

应完善政府采购政策的实施细则,并在政策出台后强化执行和制定配套措施,使政府采购的战略意图真正惠及自主创新产品的生产企业。另外,要研究国务院《国家中长期科学和技术发展规划纲要(2006—2020)》对企业创新规定的配套政策体系的执行效果,强化政策的执行力度,充分调动企业对研发投入的积极性。

(二)发展风险投资,加大对知识产权的保护,完善风险分担机制

完善的资本市场、政府对创新创业的扶持、健全的知识产权制度和鼓励

---

① 徐冠华:《关于建设创新型国家的几个重要问题》,《中国软科学》2006年第10期。
② 《创新基金有效推动科技型中小企业创新创业活动》,科技部网站,2006年4月5日。
③ 于维栋:《民营高新企业赋税重,影响自主创新》,《中国民营科技与经济》2006年第4期。
④ 韩凤芹:《积极运用税收政策促进高技术产业发展》,载张晓强编:《中国高技术产业发展年鉴(2005)》,北京理工大学出版社2005年版。

创新的文化对化解创新风险和激励企业创新冒险是非常必要的。尤其是风险投资,其最重要的制度功能在于通过其特殊的运作机制,降低和分散高新技术产业面临的技术创新风险,调动创业者的创业积极性和投资者的投资积极性。

1. 建立风险投资的母基金,为民营企业技术创新提供风险投资

要积极探索建立国家级风险投资母基金(Fund of funds),可以首先新增一部分财政资金建立母基金,或者将现存科技投入中的一部分转化为母基金。并对主要投资于中小高新技术企业的创业风险投资企业,实行投资收益税减免或投资额按比例抵扣应纳税所得额等优惠政策,对风险投资的发展实施提供有效支持。

2. 加大对中小民营企业的创业扶持,营造良好的创新创业环境

在美国,小企业创新研究计划(SBIR),要求国防部、国家科学基金会等10个部门,每年在 R&D 预算中安排 2.5%经费,对中小企业创业实施无偿资助。1983—2003 年的 21 年里,政府通过此计划给予小企业的资金约达 154亿美元,共资助了 76000 多个项目。[①] 为了推进中小企业创业与创新,一方面,要鼓励科技人员"下海",推进科研机构的企业化转制和科技人员创新创业;另一方面,要推进民营企业家"上山",实现民营经济与高科技的对接。另外,还要培育创业孵化机制和创新机制,吸引创新要素集聚,形成创新与创业的良好互动。

3. 切实保护自主知识产权,使民营企业创新利益不受侵害

创新的风险还来自于创新者的知识产权得不到保护,大量模仿行为的出现,打击了民营企业的创新积极性。因此,自主知识产权保护是自主创新的重要环节,要形成尊重他人知识产权、保护创新的良好社会风气。可以借鉴国外经验,鼓励拥有知识产权的企业组建行业协会或联合组织,以及形成知识产权纠纷的仲裁、协调机制,严厉打击知识产权侵权案件,保护创新的利益不受侵害。

---

① 徐冠华:《关于建设创新型国家的几个重要问题》,《中国软科学》2006 年第 10 期。

（三）鼓励企业技术联盟，推进产学研合作，健全创新合作机制

合作创新是企业基于降低风险和缩减成本的重要战略，也是企业获取外部知识和能力的重要途径，[①]能有效提高企业创新的回报率。通过合作创新，广泛地建立企业间及产学研紧密的合作创新机制。在企业间建立大企业和上下游中小企业之间的合作机制，国内、国外企业间的创新联动机制；在产学研合作上，形成支撑民营企业自主创新的企业、高校、科研院所的合作生态，使民营企业的创新能力在合作与开放中得到提高（见图2）。

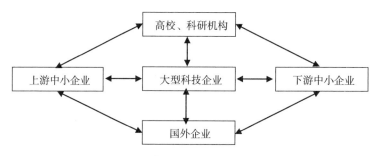

图2　民营企业合作创新的模式

1. 推进中小企业与大企业之间的战略技术联盟，让大企业与中小企业在创新合作中优势互补

国外研究表明：中小企业由于体制的灵活以及竞争的压力，往往创新意识强，但其缺乏技术创新的规模优势。相反，大企业具有技术创新的"资源优势"，但市场垄断地位和企业组织刚性致使其创新活力不足。[②] 推动大企业和中小企业建立战略技术联盟，促进企业间以分工合作的方式进行重大的技术创新的联合研发，可以实现资源共享和优势互补。

2. 推进企业与科研院所之间的产学研合作，使企业获得持续的创新能力

产学研合作可以克服企业资源约束，突破自身界限，减少风险承担。注

---

① Badaracco J.L., *The Knowledge Link: How Firms Compete Through Strategic Alliances*, Boston: Harvard Business School Press, 1991.

② 罗艾·劳斯韦尔、马克·道格森：《创新和公司规模.创新聚集——产业创新手册》，清华大学出版社2000年版。

重产学研的合作,既可以克服企业在技术研发方面的劣势,也可以解决学校和科研机构在成果转化上的弱点。民营企业要尝试建立合理的产权机制和创新收益分享机制,与科研院所开展经常性的技术合作,使其成为民营企业的外部研发机构。同时,完善为合作创新服务的专业化服务体系,为产学研合作和企业间的技术合作提供技术成果交易、成果转化、科技评估、创新资源配置、创新决策和管理咨询等专业化服务。

3. 以产业集群和国家高新技术开发区为载体,培育和优化民营企业创新的"小环境"

高技术产业集群能为民营企业技术创新提供互惠共生、功能互补的创新环境。集群的协同竞争可以使企业始终保持足够的动力以及高度创新的活力。我国国家级高新技术开发区有利于产生集群式创新,为民企自主创新提供了良好的发展环境,应成为自主创新的先行区。建议选择一批重点高新区,使其成为我国民营企业自主创新的重要载体。由中央和地方共建,力争在战略性高技术产业方面有所突破,把它们建设成为对自主创新有重大影响的技术极和创新集群。

(四) 构建多层次资本市场,成立专业银行,重构创新的融资体制

创新融资偏好直接融资。国际研究表明,资本市场发达的技术领先国多倾向于直接融资为主的金融支持模式,而资本市场不够发达的技术追赶国则多以间接融资为主。[①] 在我国应当完善多层次的资本市场体系,作为解决民营企业自主创新融资的主渠道。

1. 继续推行技术产权交易市场和完善代办股份转让系统,构建支持自主创新的多层次资本市场

通过技术产权交易市场的作用机制和代办股份转让系统,既能够解决技术拥有者和资本所有者在对接中的信息不对称问题,也能为创新成果转化和大量暂时达不到上市门槛的高新技术企业提供融资渠道。建议进一步将代办系统建设成为全国性的、统一监管下的股份转让平台,加快新三板市

---

① 吕光明、吕珊珊:《我国技术创新金融支持的模式分析与政策选择》,《投资研究》2005 年第12 期。

场建设,形成支持民营企业自主创新的多层次资本市场。

2.设立为民营企业技术创新融资服务的专业银行,完善创新企业融资信用担保制度,解决间接融资难问题

民营企业技术创新的间接融资面临的矛盾,首先是技术创新的高风险性与银行资本追求安全稳定的矛盾。因此,许多发达国家都有专门面向中小企业创新创业服务的金融机构和政策性银行,它们在运营机制、业务的开展等方面都值得我们借鉴。例如,韩国中小企业银行是以中小企业金融支援为目的、由政府设立的政策性银行,并规定其中小企业贷款业务比率不能低于80%,70%以上的中小企业都与该行有融资业务。[1] 台湾中小企业银行对中小企业的贷款业务比率在75%以上,占中小企业融资总额的25%。[2] 日本有5家专门面向中小企业的金融机构,它们以优惠的条件向中小企业提供直接贷款和贷款信用保证,或者认购中小企业的股票和公司债券等。[3] 可以借鉴国际经验,在我国设立中小企业和民营企业专业银行,在中央和地方财政支持下,通过政策性金融支持中小企业的技术创新和创业活动。

此外,要完善中小企业融资信用担保制度,让无形资产也能作为财产抵押,为民营企业的间接融资提供便利。美国小企业创新投资计划、英国小企业信贷担保计划、德国新技术企业资本运作计划、新加坡天使基金等都是政府对中小企业的专项融资支持,为中小企业创新提供了完备的金融支持系统。当前,应合理扩大信用担保的覆盖面,特别是扩大对创新型中小企业的融资担保服务。针对创新型企业,可以允许其按有关规定用知识产权和有效动产作为抵押向银行贷款,建立高效的贷款抵押管理体制,解决民营企业创新中的抵押不足的问题。

(五)培育创新文化价值,鼓励创业冒险,发挥文化的激励功能

硅谷是世界高技术企业创业和创新的成功典型,其在制度、文化和环境方面的原因是很复杂的。开放学习、联合共享的企业模式,企业家创业和创新的发展模式,开放式的创新网络,紧密结合市场的产业化路径,风险投资

---

① 陈霞,《韩国模式不可拷贝中小企业融资路在何方》,《证券时报》2004年8月15日。
② 郎晟:《中小企业银行的台湾模本》,《中国金融家》2004年第1期。
③ 郭朝先:《"批发"?"零售"?——中小企业融资问题质疑》,《经济管理》2000年第4期。

作为其金融支持,崇尚自由、市场主导的政企关系,善于合作的产学研传统,有利于创业的移民文化和冒险精神等特点,造就了它的成功。[①] 为激发我国民营企业技术创新的动力,必须培育创新文化价值观,充分发挥创新文化的激励功能。

要鼓励个体敢于创新冒险,激发个体创新创业精神,鼓励民众改变"小富即安"和"固步自封"的传统封闭价值观,形成以追求卓越、鼓励冒险、宽容失败、重视创新为代表的开放价值观。倡导流动意识,鼓励人员的流动,特别是技术人才和创新人才的流动,鼓励创业者创办民营企业和进行创新活动。

弘扬创业文化,实现从官本位向商本位思维的转变。提倡"重商亲商"的文化,培育企业家精神和发挥市场配置资源的基础性作用。倡导合作文化和共赢文化,推进企业间技术知识的交流与合作,促进企业创新集群和集群文化的构建。另外,要在社会上营造崇尚自主创新、宽容创新失败的风气,使创新成为社会习惯,为民营企业自主创新提供文化支撑。同时,要在民营企业内部营造尊重知识,尊重人才的氛围,形成一套比较完善的创新人才选拔、吸引、培养、支持与组织管理的制度文化,从外部环境和内部文化两个方面形成对企业创新的文化推动力。

总之,企业创新得以顺利开展的重要原因在于建立健全的创新动力机制。资本主义创新成功的重要原因在于消除了创新的不确定性,技术存量和知识的积累达到了相当的程度,外部知识来源的重要作用,存在与技术创新相匹配的制度基础,[②]企业创新的动力机制。针对我国民营企业创新激励不足、风险分担机制缺失、合作创新机制缺乏、融资渠道单一、文化激励不足等问题,必须加强政策扶持和引导,通过利益补偿、风险分担、研发联盟、融资担保,增强企业创新动力,全方位提升民营企业自主创新能力,一步一个脚印地把自主创新的"国家意志"变为民营企业的"企业行为"。

(本文发表于《科技进步与对策》2008 年第 12 期。李俊杰协助研究)

---

① 罗艾·劳斯韦尔、马克·道格森:《创新和公司规模.创新聚集——产业创新手册》,清华大学出版社 2000 年版。

② 秦宇:《中国工业技术创新经济分析》,科学出版社 2006 年版。

—23—
国家创新体系要
汇集政府和民间两股力量

　　国家创新体系建设是一项系统工程,涉及到全社会的各个领域和各个层面,特别要处理好政府主导型创新和民间推动型创新的关系,充分发挥政府和民间两股力量、两种优势,激发全民族的创新精神,不断提升自主创新能力。政府主导型创新是指官方运用行政、经济、法律手段自上而下实施的有组织的创新行为。民间推动型创新是指由民间主体依据自身力量、技术水平和制度安排所实施的自下而上的创新,或者由掌握一定技能的普通公民自发、分散、随机地以产品、技术、工艺的改进为内容的技术创新行为。

一、政府和民间在国家创新体系建设中的必要性

　　国家创新体系是政府、企业、大学、研究院所和中介机构之间在追求一系列共同的社会和经济目标过程中相互作用,并将创新作为关键驱动力的体系。其中,政府主要是制度创新的主体,企业是技术创新的主体,研究机构是知识创新的主体。各类主体互相联系,密不可分。要强调企业作为技术创新主体的地位,但绝不能忽视政府在国家创新体系中的作用。

　　首先,国家创新体系建设需要政府充分发挥宏观调控的作用,需要政府提供与创新相关的公共产品和制度供给。目前我国处在社会主义市场经济

体制不断完善的过程中，要素配置和价格形成机制尚不合理，公平有序的市场竞争格局还未完全形成，社会商业信用体系也还没有完全建立，地区发展和产业发展都很不均衡。在国家创新体系建设中，需要政府综合协调宏观、中观和微观主体之间的利益关系，适时调整宏观目标并引导各种创新资源配置。国家创新体系建设是一项复杂的系统工程，不是单纯的资金、人才、技术投入，需要观念更新、制度保障，政府是推进管理创新、文化创新、制度创新等创新配套环境的主导力量。

其次，从国际经验来看，当今世界公认的创新型国家，无不走过了政府主导下的技术创新历程。在工业化的初期和中期，民间力量较为薄弱，绝大部分研发投入、研发机构和科研人员应由政府提供，政府需要在技术创新中处于主导地位。20 世纪 60 年代处于工业化中期的美国，全社会科研经费中政府投入占 65%，70 年代是 55%，2000 年美国政府的科技经费中有 33% 投向企业。相比之下，2006 年我国政府研发资金占全社会研究开发投入的比重不到 30%，这是远远不够的。我国目前总体上处于工业化中期阶段，政府仍然需要在技术创新中发挥积极的作用。

二、政府主导型创新和民间推动型创新的区别和分工

政府主导型创新和民间推动型创新的区别和分工主要表现在：

第一，在创新主体上，政府主导型创新的主体为政府、政府所属的科研机构、实验室及国有企业。2002 年，我国国有研发机构有 4347 个，其中从事研发的人员共有 20.6 万名。2006 年，政府部门研究机构共有科技活动人员 46.2 万人，政府研究机构研发经费达到 567.3 亿元。民间推动型创新的主体由民间科技研究者、民办科研机构和民营科技企业三个部分构成，其中最主要的是中小型民营科技企业，也包括掌握工艺的基层技术人员、工人或农民。目前，我国民营科技企业已超过 15 万家。据国家知识产权局和全国工商联发布的统计数据显示，我国专利申请量的 61% 以上是民间创新者完成的。我国 85% 的新产品、65% 的发明专利是民营中小企业创造的。

第二，在创新载体上，政府主导型创新主要以高新区为载体，如我国各地由政府规划建立高新技术园区和经济技术开发区。目前，我国共有国家

级高新技术园区 54 个,从业人员 521.2 万人,区内企业 45000 多家,研发经费支出 1054 亿元。另有 54 个国家级经济技术开发区和 4000 多个省级或市级开发区,汇集了国家大部分的研发资金和创新型人才。民间推动型创新则主要以民营经济和中小企业集群为载体,如以浙江温州等地为代表的民营经济和民营科技企业的块状经济和产业集群。这些块状经济区集中了浙江半数以上的民营科技企业,研发投入占全省企业投入的 80% 以上。需要特别指出的是,这些高新技术园区虽然是政府主导下的产物,但是随着市场化改革的深入以及民营科技企业的发展,它们日渐成为政府组织民间创新的重要形式。

第三,在动力机制上,政府主导型创新主要为了满足社会公共需求,主要考虑社会效益,致力于弥补市场失灵,积极寻求在航天、国防等无法通过市场手段获得核心技术的领域取得突破,缩小与发达国家的差距,在世界各国的竞争中占据先机,全面拓展国家和民族未来的发展空间。由于公共产品供给的主体是政府,公共产品创新的主体也应该是政府。民间推动型创新主要为了满足个体需要和市场需求,主要考虑经济效益,致力于提高产品竞争力,追求利润最大化。普通公民的创新则是为了打下创业的基础,便利日常生活或满足好奇心。

第四,在创新层次上,政府主导型创新应该主要着力于一批重大的、高端的、投资大、回收期限长、自主研发、具有自主知识产权的关键技术和原始创新,特别是具有公共产品性质的共性技术和基础研发技术,如神舟系列载人航天飞船、"嫦娥一号"月球探测工程等重大科技项目。民间推动型创新则大量集中于面向市场、中低端的、实用型的创新产品和工艺改进。民间推动型创新具有领域广、层次多、形式丰富等特点,其创新成果紧贴百姓日常生产和生活需要。

第五,在创新优势上,政府主导型创新具有"集中力量办大事"的优越性,宏观协调把握的能力较强,往往"站得更高,看得更远"。特别是公共产品的创新,往往有明确的需求目标,一般不存在市场风险,只存在技术风险;民间推动型创新的力量往往比较分散,但其机制灵活、决策迅速,具备政府主导型创新所无法比拟的贴近市场、反应灵敏的优势,但它不仅面临技术研发风险,也面临管理决策和产品营销的市场风险。

政府主导型创新和民间推动型创新具有不同的特点,发挥着不同的作用。在直接面向市场的广阔领域上,要坚持企业作为技术创新的主体。在一些重大的、关系国家安全的、无法通过市场手段获取的、具有公共产品性质的领域,仍然需要政府直接参与技术创新活动。此外,政府作为技术创新的制度供给者,需要在企业技术创新的激励机制、人才培养、创新环境营造等方面发挥重要作用,引导民间资本进入创新领域,激发民间创新的积极性。

三、推进国家创新体系建设的对策

国家创新体系建设需要充分调动政府和民间两股力量,充分发挥政府主导型创新和民间推动型创新两种优势,营造一个鼓励创业、支持创新的良好环境。具体来说,要进一步做好以下工作:

第一,重视市场配置资源的作用,把民间创新纳入国家创新体系建设中。世界科技史表明,科学技术的发展是从民间走向官方、从非主流走向主流的,民间创新资源和创新能力是不可忽视的。各级政府在制定创新体系的战略和规划以及实施过程中,要把民间创新纳入国家创新体系中,特别需要完善发现和培育机制、评估和保护机制、扶持和激励机制、交流和合作机制。

第二,优化资金配置,解决民间创新的融资难题。政府在加大基础科学研究投入力度的基础上,要集中力量解决民间创新的融资难题,引导民间资本参与技术创新。要进一步发挥政府资金在创新投入中的引导作用,加大财政支持和税收优惠,加强地方财政对创新基金的投入,提高中小企业创新基金的支持强度、扩大资助范围;尽快推出创业板,逐步完善股份代办转让系统和产权交易市场,构建支持创新的多层次资本市场。通过财政税收优惠、构建制度创新,壮大风险投资事业,构建天使投资与创业企业的网络交流平台,鼓励民营企业家等先富人群通过天使投资参与技术创新;放松金融管制,借鉴我国村镇银行和美国硅谷银行的模式,优先在高新技术园区鼓励民间资本试办社区银行,化解科技型创业企业融资难问题。在民营经济发达地区,引导民间非正规金融发展成社区银行、中小民营银行,从制度上解决民间创新融资难问题。

第三,健全支撑体系,支持创新公共服务平台的建设。要积极推进公共服务平台建设,建立技术成果交易、成果转化、科技评估、创新资源配置、创新决策和管理咨询等专业化服务体系。以官产学研合作体制改革为突破口,整体推进创新的中介服务体系建设,特别是要完善包括技术市场、人才市场、信息市场、产权交易市场等在内的生产要素市场体系,逐步培育和规范管理各类社会中介组织,强化中介组织的联动集成作用,形成有利于创新的市场体系结构。重视军民融合技术创新体系的建立,在产业链分工层次上推进军民一体化,形成"民为军用、以军带民"的发展模式,缩短技术开发时间,节省技术创新成本。在完善"创新链"、供给具有公共产品性质的共性技术和基础研发技术上,政府主导型创新要发挥更大的作用。

第四,优化创新载体,建设有竞争力的创新经济集群。创新需要有良好的空间载体和基地,高新技术园区是高技术产业集群的一种典型模式,也是创新型国家的先行区和示范区。我国高新技术园区和经济技术开发区的发展需要以创新创业为驱动力,转变竞争方式和增长方式,提升内生发展能力和创新能力。具体而言,就是要实现增长方式从粗放向集约转变,从单纯重项目引进向重环境和服务转变,从以政策优惠为主向制度创新为主转变,从模仿创新向模仿和自主创新相结合的方式转变,从重空间规模扩张向重视人力资源开发转变。对于民营经济的产业集群和块状经济而言,要通过增加创新投入、技术改造、自主创新、品牌战略等途径,发挥集群内技术扩散途径通畅、创新网络建设便捷等优势,推动传统产业集群的优化升级。

第五,重视创新教育,培养高素质的创新型人才。教育能否发挥其培育创新人才、为经济社会发展提供智力和人力支持的作用,是创新型国家建设成败的关键。在创新型国家建设中,应充分发挥高等教育创新源和科研院所智力源的作用,增强高校科研投入,改革科研评价体系,激励科研人员的研发积极性;改革高校传统的教学方式、教育目标和评价体系,构建创新型教育平台,实施开放式、互动式教学,促进人才培养由注重知识学习向注重能力培养转变;大力发展职业教育,重视就业指导和创业培训,实现实验室人才和创业型人才结合,培养一批既懂科技又懂市场的创新创业人才,最终推动技术创新;改革高校、科研院所的管理体制,把大量原来依附于政府科研机构的技术创新人员推向市场,使其在市场竞争中实现流动重组和优化配置。激发大学与科研院所的创业动力,提高科技成果转化的效率,推进产学研密切合作。

第六,塑造创新文化,营造鼓励创新的良好氛围。创新文化能够通过创造、激励、渗透、整合、导向与规范等机制影响创新的制度安排。在创新型国家建设过程中,要通过重塑区域经济文化,培育创新创业精神。具体来说:弘扬创业文化,实现从依赖政府向依靠市场的转变;弘扬创新文化,实现从墨守成规、小富即安的价值观念向勇于创新、追求卓越、鼓励探索、宽容失败转变;弘扬合作文化,实现从利己独赢向合作共赢转变;弘扬信用文化,实现从重即期利益向重长远效应转变,从守财向守信转变;弘扬开放文化,倡导开放思维与流动意识,实现从静态封闭向动态开放转变。

(本文发表于《求是》2008 年第 9 期。洪群联协助研究。央视国际网、人民网、中国网对文章的主要观点进行了转载报道)

24

推进"大学—产业"互动，
重构创新文化价值体系

国家创新体系(national systems of innovation)是政府、企业、大学、研究院所和中介机构之间寻求一系列共同的社会和经济目标而相互作用,并将创新作为关键驱动力的体系。国家创新体系的目标是增强国家创新能力,提高综合国力和竞争实力,其主要功能是知识创新、技术创新、知识传播和知识应用;其核心要素是企业、大学和科研机构。美国经济学家纳尔逊(Nelson)认为国家创新系统是大学、企业等有关机构的复合体制,制度设计的目标是在技术的私有和公有两方面建立一种适当的平衡。① 英国经济学家弗莱斯曼(Fransman)认为,国家创新系统中的机构根据其功能性差异,可分为两类:一是基本机构实体,如企业、大学、政府资助实验室和政策制定实体;二是一些支撑机构,包括教育和培训机构,以及法规结构、文化等。②

我们认为,创新体系除了机构实体外还有支撑体系,创新文化是创新体系的重要性支撑体系,正是创新的文化支撑体系加强了机构间的知识流动,形成了创新的协调、强化、沟通机制。由创新文化构成的经济文化是国家创

---

① Nelson, R.et al, *National Innovation System, A Comparative Analysis*, New York: Oxford University Press, 1993.

② Fransman, Martin, "What We Know About the Japanese Innovation System and What We Need to Know", in Inose, H.et al(eds.), *Science and Technology Policy Research*, MITA, 1991.

新体系的"软因素"和"软实力"。国家创新系统各机构实体在创新过程中作用的有效发挥,各机构实体间相互合作、相互交流的有效性,以及创新知识、技术扩散的途径,都很大程度上受制于本土文化的影响。创新文化通过影响创新过程中的各主体关系、社会网络、制度因素、创新精神等成为创新体系中的重要环境要素,它们能够促进机构与非机构的结合和相互作用,推动企业创新。

一、创新文化的价值体系与作用机理

经济文化是一个国家、一个地区发展最深厚的底蕴,是一个国家创新系统的"软实力"所在。迈克尔·波特认为基于文化的优势是最根本的、最难替代和模仿的、最持久的和最核心的竞争优势,要加强国家的竞争力,最艰巨的任务之一,就是如何改变经济文化。① 德鲁克指出:"今天真正占主导地位的资源以及绝对具有决定意义的生产要素,既不是资本,也不是土地和劳动,而是文化。"②创新文化是经济文化中的重要部分,它对于创新精神的培育,推动区域创新活动的产生,促进区域创新型经济的发展具有重要的作用。

(一)创新文化的价值体系

从价值体系上讲,创新文化价值包含两个方面:一是个体创新创业价值观,二是社会创新创业价值观。个体创新创业价值观包括以下几个方面:(1)创造财富的欲望,它是创新和创业的动力。(2)创新创业的冲动。企业家精神的一个重要方面就是事业心,以创业、创新为乐,具备创立基业的激情与斗志是国内外创新创业文化的典型特质。(3)吃苦耐劳的品格,这是创新创业所必须具备的基本素质。(4)积极流动的偏好。优秀的区域经济文化鼓励资源流动,促进资源合理配置与创新活动顺利实现。通过流动,建立信息、经验、技术、知识的交流与学习机制,不断提升创新和创业能力。(5)

---

① 塞缪尔·亨廷顿、劳伦斯·哈里森:《文化的重要作用——价值观如何影响人类进步》,程克雄译,新华出版社 2002 年版。

② 德鲁克:《大变革时代的管理》,赵干城译,上海译文出版社 1999 年版。

敢于冒险的精神。无论是创新家还是创业者都要具备敢于突破常规,敢于忍受市场和开发风险的品质。(6)合作共赢的意识。

社会创新创业的氛围包括以下几个方面:(1)崇商敬业、创造财富的社会价值观。(2)鼓励冒险,提倡创业的社会风气。(3)宽容失败的对待创新创业的态度。(4)珍视信誉、遵纪守法的规则意识。(5)兼收并蓄的开放思维。创新创业文化必须有一个开放的胸怀,要善于吸收一切资源加以整合,为创新和创业活动服务(见图1)。

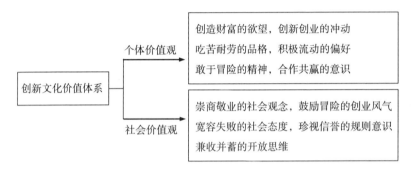

图1 创新文化的价值体系

(二)创新文化的作用机理

经济文化主要是通过创造、激励、渗透、整合、导向与规范等机制对创新活动中的宏观影响因素和微观主体产生作用。[1] 第一,进行要素重组,促进资源优化配置。创新文化激励创新和创业活动,使企业家通过创新和创业,重组社会闲散资源,最充分地发挥创新要素的生产潜力。第二,培育创新精神,形成企业家阶层。韦伯认为,欧美资本主义经济的发展,在于"宗教革命"所形成的新的精神气质培养了一批市场经济发展所必须的、守纪律而且能够吃苦、具有奉献精神的劳动力大军以及创业企业家。[2] 硅谷和我国温州创业文化的成功都得益于有一个良好的企业家阶层。优秀的创新文化通过习惯、文化传统等影响经济行为主体的创新精神,培育一批具有创新进取和冒险精神的企业家。第三,创新文化能降低交易成本。创新文化中的优秀

① 辜胜阻等:《区域经济文化对创新模式影响的比较分析》,《中国软科学》2006年第4期。
② 韦伯:《新教伦理与资本主义精神(中译本)》,生活·读书·新知三联书店1987年版。

成分,如信用观念能够为经济主体的理性选择提供稳定的预期,降低交易成本;合作意识能够提高经济效率,通过声誉机制减少不必要的交易摩擦等。第四,形成区域创新网络,推进创新和创业活动的集聚。创新文化能够以创新和创业为载体,产生巨大的需求,加强了与区外的联系,并加速本地要素流动形成互动,形成创新创业要素的集聚,强有力地推动区域创新集群和创业的集聚。第五,加快制度创新进程。频繁的创新与创业活动对经济制度产生很大的需求,能推动制度不断创新。

二、"大学—产业"互动是创新文化的源泉

美国学者萨克森宁对美国硅谷和波士顿128公里这两个世界著名高科技产业中心的比较研究。她发现硅谷密切的产学合作文化和开放、专业化的生产组织结构是硅谷优势产生的重要原因。[①] 1996年,库克在其主编的《区域创新系统:全球化背景下区域政府管理作用》一书中指出:区域创新系统主要是由在地理上相互分工与关联的生产企业、研究机构和高等教育机构等构成的区域性组织体系,而这种体系支持并产生创新。[②] 几乎所有的研究者都注意到了大学在国家创新体系和区域创新体系中的重要作用。大学是国家创新体系中知识传播系统的核心组成部分,同时也是知识创新系统、技术创新系统、知识应用系统的重要参与者(见表1)。

表1　国家创新体系的系统结构及主要功能

名称	核心部分	其他部分	主要功能
知识创新系统	国立科研机构、教学与研究型大学	其他高校、企业研发机构、地方科研机构	知识的生产、传播和转移
技术创新系统	企业	政府部门、教育培训机构、科研机构等	学习、革新、创造和传播知识
知识传播系统	高校系统、职业培训系统	政府部门、其他教育机构、科研机构、企业等	传播知识、培养人才

① Anna Lee Saxenian, *Regional Advantage: Culture and Competition in Silicon Valley and Route*128. Harvard University Press, 1994

② Cooke P., Hans-Joachim Braczyk H.J.and Heidenreich M.(eds.), *Regional Innovation System: the Role of Governances in the Globalized World*, London: UCL Press, 1996

续表

名称	核心部分	其他部分	主要功能
知识 应用系统	社会、企业	政府部门、科研机构	知识、技术的实际应用 和管理

从区域创新体系来考察,世界各大高技术园区都与大学为邻,在地域上与大学接近,在产业协作上与大学紧密相联、共生共荣(见表2)。

表2　世界知名高技术园区及其周边大学的互动

高技术产业园	周边大学	所在地区
硅谷	斯坦福大学,加州伯克利分校等	美国大旧金山地区
剑桥科技园	剑桥大学等	英国剑桥地区
法兰西岛科学城	集中了法国60%的高等院校	法国巴黎大区
筑波科学城	国立研究教育机构47个	日本筑波
班加罗尔	印度理工大学、印度科学研究所	印度班加罗尔
新西伯利亚科学城	国立新西伯利亚大学等二十多所大学、一百多个研究所	俄罗斯新西伯利亚
肯特岗科学园	新加坡国立大学、新加坡理工大学等学府	新加坡
新竹工业园	台湾清华大学、交通大学等	台湾新竹

大学聚集大量科技、文化精英,通过知识传播、知识创造以及与社会的互动对社会文化产生巨大的影响。也就是说大学具有与生俱来的、更为独有的、影响更为深远的引领文化的社会功能,引领文化是大学的第四大功能。① 我们认为,大学在与产业的互动中发挥的一个重要功能,就是推动了区域创新创业文化的形成,从而助推了产业技术创新的进程,提升了区域经济创新的活跃程度。具体地讲,大学在与产业的互动中,主要在以下几个方面推动创新文化的形成。

(一)大学是知识创新和知识传播的主体,是创新型人才和企业家的摇篮,是产业界技术创新的源头

大学是创业家和创新型人才的摇篮。大学里拥有先进技术而且具有精

---

① 赵沁平:《发挥大学第四功能作用　引领社会创新文化发展》,《中国高等教育》2006年Z3期。

明的商业头脑的教授和年轻学生,这一群体具备成为企业家的天然潜质,一旦经过创业洗礼和商业指点,很快就能成为杰出的企业家。同时,大学里具有的最为前沿的创新知识,在创新研究中养成的严谨求实的科学精神,团结合作、不断进取的创新精神,都是产业技术创新所要具备的必要条件。大学通过知识和创新的传播,为产业界培育一批批拥有先进的技术知识、超前的创新理念、强烈的创新意识和浓烈创新激情的人才。兴起于 20 世纪 70 年代的美国大学创新和创业教育,培育了一大批具有创新精神和创业精神的创新人才和创业家,如硅谷之父弗雷德·特曼、HP 公司的大卫·普卡德和比尔·惠利特、半导体产业的创始者威廉·肖克利等等,有力地刺激了美国创新型经济的发展。20 世纪 90 年代,在硅谷平均每年从周围大学毕业的工程师有 4000 人左右,他们绝大部分留在硅谷,成为研发的重要力量。[①] 正是他们引导着硅谷地区创新文化的形成和发展,使硅谷成为世界创新活动的集聚地和创新文化的发源地。

(二) 大学通过科技园的创建,在大学与产业互动过程中衍生创新型企业和培育创业精神

大学科技园区以其背靠大学深厚的研究实力、完备的教育培训机构、丰富的资料信息、强大的人力资源等优势,成为各类创业人才和高级技术人员集聚的沃土,形成了高技术人才的"栖息地"环境。这种大学与产业创新互动、紧密联系的环境,有利于创新精神和创业精神的形成以及创新型企业的衍生。大学科技园区促进了大学与产业界的技术交流和创新共享,对创新和创业具有重要的促进效应:一是集聚效应,二是裂变效应。一方面,大学通过集聚效应吸引各种创业人才入驻和企业家创业或者投资。另一方面,大学通过裂变效应,产生一大批创新家与创业者,衍生新企业。通过创业衍生机制和大学与产业间的创新交流机制,形成了大学科技园良好的产学创新合作文化,从而不断催生创新和创业精神,使创新、创业激情高涨。如剑桥科学园高技术公司一半以上与剑桥大学保持联系,而其中 90% 与剑桥大学各院系直接挂钩。剑桥大学在物理学、计算机等领域的优势,成为剑桥

---

① 刘担:《硅谷之路》,长春出版社 2000 年版。

科技园区企业创新源泉。在剑桥大学"创新极"的吸引下,大量高技术企业、国际金融商业服务公司、从事外包的中小企业、地方组织纷纷集聚,一些跨国公司也在此设立分支机构和实验室,形成了完善的高技术产业集群的网络创新体系。良好的创新环境有利于剑桥地区创新文化和创业精神的形成。

（三）大学通过各种教育形式源源不断地为企业提供各层次创新型人才,把创新文化"移植"入企业,构筑企业创新的文化氛围

尽管世界各大高技术园区,发展模式和特点各不相同,取得的绩效也差异很大,但大学对其深远的影响使每个高技术园区都刻上了与周边大学相近的文化特色。大学特有的学术氛围、科学精神和人文底蕴是一笔宝贵的稀缺资源,为产业创新提供了不可多得的文化土壤。大学通过源源不断地为产业提供各层次人才,逐步将大学开放、创新、合作、宽容的科学精神和创新意识"移植"到产业中去,构筑企业创新创业文化。大学主要在以下几个方面对产业界的创新创业文化产生影响:(1)创新意识。不懈努力、创新进取和精神,宽容失败和鼓励冒险的心态,勇攀科技高峰的创新意识,是高技术园区创新不竭的源泉。(2)创业精神。大学培养了敢冒风险、具有强烈致富欲望、敏锐市场洞察力和灵活的商业头脑的企业家,形成创业示范效应,掀起高技术园区的创业浪潮,是园区永葆青春的活力之源。(3)合作观念。专业分工协作的研究习惯和合作意识,对高技术园区的产业协作体系形成具有重要影响。(4)开放思维。开放的创新理念,促进大学与高技术园区的广泛交流,也使高技术园区形成海纳百川的人才集聚机制和开放竞争的商业传统。

三、美国"大学—产业"互动的典型案例:斯坦福大学与硅谷

在国外,大学推动高技术产业集群发展的典型案例是斯坦福大学与硅谷的产学结合模式。硅谷从斯坦福获得大量高新技术、人才,创立了大批成功的高技术创业企业,而硅谷反过来反哺斯坦福。硅谷既是主技术产业区也是大学城,是两者融合体,二者成为水乳交融、不可分割的整体。硅谷为

什么成功? 不同的人有不同的解释。第一种观点认为:硅谷的成功在于它三合一的构成。即硅谷就是一所大学、一个科技园区和很多的资金汇总而成。第二种观点则认为:硅谷的成功是因为它特有的生产方式。硅谷专业化和开放型的生产方式有利于快速的革新。第三种观点认为:硅谷成功是因为有宽松的人才环境和劳动力市场。频繁的人员流动和"跳槽"在加州被容忍,推动了信息的共享。第四种观点认为:硅谷的成功是因为它特有的文化、组织和制度。萨克森宁指出:组织和文化的重大差异使硅谷和128公路地区面临不同的发展机遇。① 我们认为,从根本上来说,硅谷的成功得益于它特定的文化、制度和环境。正是特定的文化、制度和环境为创业公司提供了良好的"温度、湿度、土壤、植被"等,使硅谷几乎成为世界各国创业公司的"栖息地"(habitat)。②

硅谷地区成为世界高技术产业园区发展的典范,更重要的,它是世界创新文化价值体系的典型。具体表现在以下几个方面:

1. 旺盛的创业激情

硅谷人有着对事业和财富追求的狂热激情,他们一有机会就自立门户,独闯天下。鼓励冒险、推崇创业的社会氛围为硅谷的创业家们开创新事业提供良好的沃土。良好的商品化、市场化的创业支持体系与政策,使创新、创业活动迅速而高效。1990—2002年,硅谷每年平均有1.3万家新企业诞生,新创企业在2000—2002年期间净增长约2.38万家。③

2. 坚实的创新精神

在硅谷,人们思想活跃,不断追求超越,新的观念和创意层出不穷。同时他们勇于吃苦,一周工作7天和24小时经营的公司比比皆是。④ 公司鼓励冒尖,支持新观点和新创意,推动各级管理人员和全体员工大胆尝试创新。"员工持股""股票期权"计划大大发挥个体的创造力,推动员工拼命工作、不断创新。

---

① [美]安纳利·萨克森宁:《地区优势——硅谷和128公路地区的文化与竞争》,曹蓬、宇光译,上海远东出版社1999年版。

② 辜胜阻等:《新经济的制度创新与技术创新》,武汉出版社2001年版。

③ 张晓强:《中国高技术产业发展年鉴(2005)》,北京理工大学出版社2004年版。

④ 钟坚:《世界硅谷模式的制度分析》,中国社会科学出版社2001年版。

3. 高涨的冒险意识

冒险在硅谷是家常便饭,而社会对创新和创业失败极为宽容,有过失败的经历并不会因此而受惩罚,反而以其为荣,这对个体创新精神的发挥是一个重要的推进剂。完备的风险投资制度和完善的资本市场有效化解了创新、创业的风险,推动硅谷创新和创业活动不断涌现。

4. 强烈的竞争观念

硅谷竞争异常激烈,残酷的竞争和优胜劣汰的规则,使大家都不甘落后。但重视合作又是硅谷创新创业文化的一大特色。正如萨克森宁指出:"在强大的竞争压力下,对优势技术的共同协议把本行业的成员们团结起来,公司都在竞争市场份额和技术领导地位的同时,又都依赖这个地区独树一帜的合作实践。"①良好的社会网络协作体系,专业化服务商、社会服务体系、分销商、咨询服务等形成良好的协作机制。

5. 包容的开放意识

硅谷是一个由移民构成的社会,具有很强的包容性和开放性。在硅谷,人们对组织结构几乎没有概念,是地区和网络成了经济活动的依托,硅谷与斯坦福大学、社会服务体系间存在广泛的开放联系。同时,Hart-Cellar 法案为高技术人才流入硅谷提供了机会,这促使硅谷形成一个开放包容、高流动性的创新群体。

硅谷成功的创新文化成为世界各国科技园区竞相追捧和模仿的主要目标,但这种创新文化从何而来,却从未被明确揭示。我们认为,正是斯坦福大学与当地产业界的良性互动孕育了这种成功的创新文化,并推动着创新文化和区域创新的集聚。斯坦福和硅谷的产学互动及文化培育主要表现在以下六个方面:

第一,建校园研究区,孵化科技企业。在硅谷发展初期,斯坦福大学在校园内划出 655 英亩土地创办研究区和工业园,从而成为硅谷的中心地带。随着工业中心向以高等学校和科研机构为依托的科技园区转移,很多科技公司在斯坦福工业园周围集聚,迅速发展起来,斯坦福通过创办校园研究

---

① [美]安纳利·萨克森宁:《地区优势——硅谷和 128 公路地区的文化与竞争》,曹蓬、宇光译,上海远东出版社 1999 年版。

区,充分发挥了大学孵化和催化产业的功能。很多知名的大企业,如 Sun、Cisco、Yahoo、Netscape 等都是斯坦福大学师生一手创办的。第二,加强产学协作,实现校企互动。创新源头和需求终端之间不断互动的创新体系和完善的人才流动体系使邻近斯坦福等大学的优势得到了充分利用。20 世纪 50 年代,斯坦福大学通过"荣誉协作计划"对当地的公司开放其课堂,鼓励电子企业中的工程师们直接或通过专门的电视教学网注册,学习研究生课程,将斯坦福大学的课程带入企业的课堂中。第三,规范技术授权,推动成果转化。1970 年,为促进大学技术应用于社会,并获取收入支持大学教育与研究,斯坦福大学成立了技术授权办公室 OTL(office of technology licensing) ,OTL 由专业的授权人员组成。[①] 斯坦福大学还通过建立专门机构管理知识产权,推动了产学之间的良性互动。第四,实施创业教育,培育创业精神。斯坦福大学认为,创业是科学知识价值的终极体现。斯坦福大学在教育理念中有明确的创业教育思想,它拥有一支优秀的创业教育师资队伍,创业成功人士和企业家也成为其大学讲台上的临时教员。[②] 由斯坦福大学的研究生威廉·休利特和大卫·帕卡特一起创建的惠普公司诞生于 1939 年。当时,被称为"硅谷之父"、麻省理工学院出身的弗雷德里克·塔曼为了实现这两个学生的梦想,奔走于各银行之间筹集款项,并最终成功创建公司。第五,体现创业导向,培养团队意识。斯坦福大学有着优秀的创新和科研管理体制,主要表现为创业导向、团队观念、项目导向和问题导向。教授的教学科研工作评价标准不是获奖和论文的发表,而是是否有助于学生的创业活动。科学研究形成以教授为核心,以博士生、硕士生为助手,本科生参与的教学科研团队。科研以企业或应用开发项目为主要内容,教授负责联系项目和筹集资金,以面向问题的研究为基点,是斯坦福大学科研的重要倾向。第六,培育创新精神,塑造硅谷文化。斯坦福大学在不断进行技术创新,进行应用型技术商业化的过程中,孕育了鼓励创业、支持创新的文化因子。

斯坦福大学通过与产业界的成功互动,不仅为硅谷的技术和和信息提供支撑,而且成为硅谷创新创业文化的源头。

---

① 杨光、王华丰:《斯坦福大学技术转移对我国的经验与借鉴》,《技术经济与管理研究》2005 年第 5 期。

② 赵淑梅:《斯坦福大学的创业教育及其启示》,《现代教育科学》2004 年第 6 期。

四、推进"大学—产业"互动,重构创新文化价值体系

在我国国家创新体系建设和国家创新能力提升过程中,要充分发挥大学的功能,强化大学作为创新文化培育的载体作用,通过大学－产业互动,形成良好的创新文化氛围。大学培育创新文化功能的发挥要依赖其与产业界互动。我国大学具有丰富的科研力量和悠久的研究传统,是国家科技创新的一支生力军。2000—2003 年,全国重大科技成果有近 1/4 分布在高校(如表 3)。目前依托高校建设的国家重点实验室为 113 个,占总数的 61.7%,已经启动试点的国家实验室,有 50% 设在高校。截至 2005 年年底,全国高校专利拥有量达 3.5 万项,其中发明专利拥有量 2 万项。[①] 这为我国大学积极开展与产业界的创新合作,推动创新创业文化在大学与产业界合作中不断提升,奠定了坚实的基础。

表 3　2000—2003 年重大科技成果分布情况

单位:项

年份	研究机构	高等院校	企业	其他
2000	7859	6508	10586	7905
2001	6244	6156	9371	6677
2002	5543	5640	8821	6693
2003	6794	6546	10084	7062

资料来源:国家统计局、科技部编:《中国科技统计年鉴(2003)》,中国统计出版社 2004 年版。

我国学者将大学在创新体系中与产业的互动概括为四个方面:[②](1)大学是知识创新的主体的创新信息的来源;(2)大学是创新创业人才的孵化器;(3)通过产学研合作提升企业自主创新能力;(4)提供集成创新技术,催生高新技术企业。我们认为,大学与产业开展信息、人才、研发、技术的交流

---

① 周济:《创新与高水平大学建设——第三届中外大学校长论坛演讲》,中华人民共和国教育部网站,2006 年 7 月 13 日。

② 吕春燕、孟浩、何建坤:《研究型大学在国家创新体系中的作用分析》,《清华大学教育研究》2005 年第 5 期。

与互动,有力推动了创新文化价值体系的逐步形成。在我国国家创新体系中,要通过大学与产业界的有效互动,重构创新文化价值体系。

(一)推进大学与产业界在创业和创新方面的互动,培育产学研合作文化

在创新型区域,大学和研究机构的职能会逐渐从单纯地生产和传播知识、研究开发新技术成果而直接转向技术成果转让、中试、衍生企业以及企业咨询和培训等方面,从而影响着本地产业群的结构、竞争和企业战略。[①] 斯坦福大学与工业界保持紧密联系,而不参与企业经营的模式给我们很深的启示。创造财富的价值观、创业教育的理念、应用型技术开发人才的培养模式、面向市场深入工业界的科研道路以及开放式教学管理观念是硅谷与斯坦福产学合作文化形成的关键。我们可以借鉴斯坦福与硅谷产学合作的经验,提升大学参与产学合作的水平。一是形成产学之间创新创业的互动机制。积极与企业开展创新项目合作,使大学的科学研究面向市场、面向企业。通过大学的创业活动促进与工业界的交流,支持师生从事技术转化与创业活动,通过创业将大学的技术转化为生产力。同时,建立大学的开放式教学科研管理模式,增加教学的产业实践环节,重视在知识传播中形成大学与产业界的创新创业的互动机制。二是营造产学研合作的文化。要重视大学的科技优势和企业创新需求的对接,倡导产学之间合作研究的文化氛围,大学在知识传播中主动配合企业在技术创新体系中的主体地位,通过科技创新项目与企业、科研院所建立更加密切的合作关系,在促进产学研一体化的实践中发挥更加积极的支撑和引领作用。

(二)强化大学作为创新型人才培养基地的作用,积极开展创新、创业、创造"三创"教育

联合国教科文组织在 1999 年发表的《21 世纪的高等教育:展望与行动世界宣言》中提出:"必须将创业技能和创业精神作为高等教育的基本目标",与普通高校学术性基础教育、职业教育相比,创业教育已经成为大学生

---

① 盖文启、王缉慈:《论区域的技术创新型模式及其创新网络》,《北京大学学报(哲社版)》1999 年第 5 期。

的"第三本护照"。大学通过各种教育形式源源不断地为企业提供各层次创新型人才，把创新思想、创新意识及创新文化"移植"入企业，构筑企业创新创业文化。硅谷的成功的一个重要原因就在于斯坦福大学创业教育的成功。斯坦福大学鼓励教师兼职，对教师和研究人员在企业咨询或脱离岗位到公司兼职的做法进行规范；实行弹性学制，允许学生休学一年出去创业，然后再接着回来上学，鼓励学生在学校外多体验；[①]聘请一批优秀的企业科研人员和企业家担任学校的顾问教授和承担一部分教学任务。通过一系列产学合作的措施，形成了大学与产业的互动、创新与创业实践的互动。杰弗里·蒂蒙斯教授指出："美国的创业课程在于他们的教学和实践体系非常完整，而且跟整个创业过程息息相关。"他认为，在创业教育过程中"增加商业时间是必然趋势"。因此，我国大学要通过开展创新、创业、创造教育，大力培养学生的创新、创业和创造意识。一是要树立科学的创业教育观，增强创新理论、创新能力、创业精神和创造意识教育。二是完善创业教育教学体系，引入实践课程和增加课程中用于实践的时间。三是考虑加强和企业家的合作，让一些企业家也能加入教师队伍。四是营造创业环境，加强与高技术企业的联系，加强创业教育实践基地建设。

（三）发挥大学科技园在产学互动和创新文化培育的载体作用

大学科技园的构建和大学衍生企业的发展，已被世界发达国家的实践证明是培育创新创业文化、促进大学技术转移、推动"大学—产业"互动的成功模式。我国北京、深圳、上海、武汉、西安、沈阳等地的高技术产业园区，周边都有一批高等学府，有深厚的科研实力与创新水平，丰富的创新资源给我国大学科技园的发展提供了不可多得的契机（见表4）。但高校与产业紧密联系的创新创业的文化氛围还远未形成，如果能够进一步发挥大学在大学科技园和高技术园区中的作用，使大学科技园成为培育创新创业文化的示范区，则无论对于大学还是科技园区的发展都将是一个新的飞跃。

---

① 林小英：《产学研结合的先锋：斯坦福大学》，《科学时报》2000年12月28日。

表4 中国知名高技术园区及其周边大学

高技术产业园	周边大学	所在地区
中关村	清华大学、北京大学等	北京地区
深圳	虚拟大学园和深圳大学	深圳地区
张江	以上海的一批大学为依托	上海地区
东湖	武汉大学、华中科技大学等	武汉地区
西安	西安交大等	西安地区
沈阳	以沈阳的一批大学为依托	沈阳地区

当前,国内大学科技园的发展,已经取得了一定的成绩,如表5所示。我们既要不断拓展渠道集聚本地和外地具有市场潜力的创新科技成果,整合各种创新资源,引入创新创业资金、利用和开发园区土地、促进高新技术企业辐射;同时也要培育和汇集创新创业人才,通过大学科技园的构建和大学衍生企业的发展,塑造创新文化培育的示范区和先行区。

表5 2005年中国大学科技园主要指标

企业数量	入驻企业总数	6075家
	高校师生自办企业	1110家
企业效益	企业总收入	271.9亿元
	净利润	30.1亿元
	出口创汇	1.8亿美元
服务体系	各类服务机构数	595家
	其中:中介服务机构	305家
研发与成果转化	研发机构数量	1084家
	入驻企业专利申请数量	3213件
	成果转化数量	5716件

资料来源:《2005年国家大学科技园获快速发展》,中华人民共和国科技部网站,2006年8月8日。

(四)通过产学互动,把创新文化"移植"入企业,构筑企业创新文化氛围

要通过不断开展大学与产业界的互动形成"干中学"模式,使创新文化和创业精神在大学与产业的互动合作发展中不断地孕育、形成、和升华,使创新成为企业界和大学的共同理念。一是培养敢于冒险、勇于创业的创新

精神。创新和创业都是一个复杂的系统工程,面临诸如技术、市场、组织管理、贸易、供应商和分销渠道等不确定性风险。创新和创业要求企业或个人要有强烈的风险偏好意识,并要求环境具有分散风险和化解不确定性的功能。因此,要培育开拓进取的创新文化,鼓励不甘失败、勇于尝试的创新精神,并营造推崇创业、宽松自由、宽容失败的创新环境,激发师生的创新精神和创业欲望。二是培育合作共赢意识。我国创新体系中迫切需要大学、企业以及相关支撑机构的协作。增强竞争与合作意识,树立重视协作、合作共赢的协同意识,是产学互动和培育创新文化的重要目标。要在创新和创业中提倡分工协作的文化,通过要素的共享与合作,实现协作共赢。三是培育开放创新的理念。硅谷成功的一个重要原因,在于"硅谷盛行的商业哲学是鼓励开放、学习、信息共享、创意共生、灵活性,互相反馈和对机会与挑战的迅速反应。"[1]文化的开放性特质使硅谷吸纳了很多外国的优秀人才。我们要促进校园文化的开放和包容,形成海纳百川的开放胸怀,使大学与产业界在开放创新中融为一体,实现从静态封闭向动态开放转变,使创新要素在企业与大学之间建立起网络般的沟通交流机制。

(本文发表于《中国软科学》2007 年第 2 期。李俊杰、郑凌云协助研究)

---

① 李钟文、威廉·米勒、玛格丽特·韩柯克、亨利·罗文:《硅谷优势——创新与创业精神的栖息地》,人民出版社 2002 年版。

—*25*—

区域创业文化与发展模式比较研究

创业文化是指在创业活动的过程中形成的思想意识、价值标准、基本信念、行为模式和制度法规的总和。积极的创业文化是企业家和创业者们的精神动力和发动机,是创业企业诞生与发展壮大的精神支柱。区域创业创新文化和企业家精神是区域经济发展的重要精神动力。本文在提出创业文化的价值体系和环境系统的基础上,对我国北京中关村、深圳和浙江温州三地的区域创业文化和发展模式进行比较分析和实证研究,我们发现:区域创业创新文化是区域经济发展的"软实力"和"软环境",对区域发展模式有着重大影响。

一、创业文化的价值体系和环境系统

创业是创业者将人才、项目、创意和资本等生产要素进行组合,创立基业,以实现其目标价值的实践活动。创业理论是与企业家的研究紧密相联的。1755 年法国经济学家坎梯龙(Cantilon)将"企业家"这一术语引入经济学理论,主要强调其风险承担功能。经济学家熊彼特(Schumpeter)将"企业家创业精神"概括为五个方面:一是"首创精神";二是"成功欲"。企业家"存在有征服的意志,战斗的冲动,证明自己比别人优越的冲动,他求得成功不仅是为了成果的果实,而是为了成功本身";三是"甘冒风险,以苦为乐"的精神。企业家"存在有创造的快乐,把事情做成的欢乐,或者只是施展了个人能力和智慧的欢乐……以冒险为乐事";四是"精明理智"。企业家"为了他的成功,更主要地与其说是敏锐和精力充沛,不如说是某种精细,他能抓住眼前的机会,再没有别的";五是"事业心",即注重取得信任和计划的可行性,以"说服银行家提供资本实行生产方式的组合",企业家正是在这种不断的刺激中取得创新成功。① 我国学者曹威麟等人认为,创业文化指在创业活动的过程中,人们普遍表现出来的思想意识、价值观念、基本态度、行为方式及其相应创立成果的总和,并指出创业文化四个方面的涵义:民众与创业有关的思想理念和精神状态;人们特定的创业行为;各种有关成文或不成文规范所隐含的社会态度;在创业实践诞生出来的新的组织、产品和服务。② 积极的创业文化具有凝聚、导向、约束与激励功能,是创业者们的精神动力和发动机,是创业企业诞生与发展壮大的灵魂和精神支柱,对创业活动产生重大的潜移默化的影响。

创业文化包括创业的价值体系和创业环境系统两个方面。创业价值体系可以从微观和宏观两个层面来考察:从微观层面来看,创业文化包括民众的创业文化价值体系,表现的是民众与创业有关的思想理念、价值标准和精神状态,即民众个体创业精神和创业价值观。民众的创业文化价值体系由六个重要因素构成:致富欲望、创业冲动、风险观念、流动偏好、吃苦精神和合作意识。从宏观层面来看,创业文化包括支持创业的社会意识,即社会对待创业的认知态度以及社会创业和创新氛围。社会的创业态度主要是社会对创业活动的认可与支持以及对创业失败的认识态度,鼓励冒险和宽容失败是其重要内容。创业和创新氛围,主要是崇商敬业的商业传统、守信守法的信用观念和开放的思维模式。创业环境系统主要包括与创业和创新精神相关的宏观环境体系,包括创新体系、产业基础、企业制度、金融支持、社会网络和中介服务等。

创业文化的微观价值体系与创业文化的环境支撑系统相互作用,共同推动区域创业、创新行为的发生。创业环境支撑系统对民众的创业精神起着强化和激励的作用,创业文化的微观价值体系也对创业环境支撑系统起

---

① 约瑟夫·熊彼特:《经济发展理论》,何畏等译,商务印书馆1990年版。
② 曹威麟、张丛林、袁国富:《论中国创业文化的振兴与繁荣》,《江淮论坛》2002年第5期。

着促进和改善的正反馈作用。二者的相互影响机制,表现在特定的区域上,就形成了具有不同特质的区域创业文化系统(见图1)。

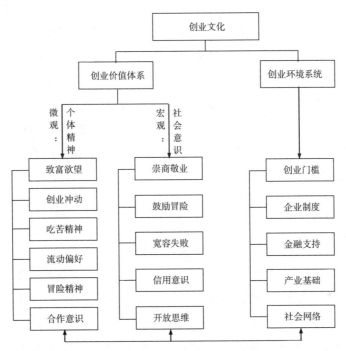

图1 创业文化的价值体系与环境系统

二、中国典型区域创业文化的特征比较

在中国区域经济发展进程中,创业与创新结合得比较好的典型区域有中关村、深圳和温州。中关村创业文化是建立在产学研及其校园研发文化基础上的科技人员创业文化;深圳是具有强烈的开拓意识和创业精神的移民创业文化;温州则是"人人都要当老板"的农民企业家创业文化。这三地民众的创业文化价值体系均可以从以下六个方面进行分析:致富欲望、创业冲动、风险观念、流动偏好、吃苦精神和合作意识。

(一)致富欲望

致富欲望是创业的动力。上世纪80年代初,改革的浪潮冲击着北京的科研院所,民营科技公司的收入是国营企业和研究所的收入 10 倍以上,科技成果产业化的经济效益激发了科研人员内心深处涌动的致富欲望。改善收入的冲动促使一批业务骨干勇敢地辞去公职,创办高科技企业。深圳由一个荒凉的渔村变成一个发达的现代城市,人口由上世纪 80 年代初的 30 余万发展到 400 多万。这其中绝大部分移民是为了寻找致富理想自发迁移而来的。来深圳打工、创业的人们各自寻梦,有强烈的求富求荣欲望,将深圳塑造成为一个充满活力的创业城市。温州人血管里流动的是创业的热血,拥有空前的创业发家热情。温州百姓不依靠国家投资,也不依靠外资,甚至不需要政府的动员,在强烈的创业致富欲望和冲天热情驱使下,家家户户自觉投身于创基立业的进程中。

(二)创业冲动

创业冲动与创业的文化沃土相联系。中国三大区域创业文化有较强的地域性和区域特色,其相似之处在于,其文化核心都有着深厚的崇商敬业的商业文化传统,这种崇商敬业的创业氛围是商业文化的沃土,最有利于区域创业、创新活动的发生。中关村在传统计划体制下,科研院所吃"大锅饭",科技人员的聪明才智得不到充分发挥。沿海发展的示范作用促使人们强烈地渴望将自己的成果转化为现实的生产力,通过创办企业来施展自己的创造力。一项调查表明,中关村创业的绝大部分科技人员,其创业动因是为经济发展做贡献、寻求用武之地(见表 1)。深圳给人印象最深的就是积极开拓的创业精神。人们喜欢竞争,不安于现状,高昂的创业激情使深圳的生活和工作节奏明显快于内地。他们信奉"时间就是金钱,效率就是生命"。深圳的市场环境吸引了大批年轻企业家前来创业,他们独立进取的人格使深圳经济朝气蓬勃,形成灵活、高效、充满活力的创业人文环境。温州人以"千军万马办企业、千家万户搞生产、千山万水找市场"的创业冲动,形成了以民营经济为特色的创业模式。温州人勇于创业而又坚忍不拔,有炽烈的企业家精神和自主自强意识。他们争当老板而又不断开拓,具有超前的创新意识、强烈的领先意识和创业激情。温州人敢为天下先,敢争天下强,"宁为鸡首、不为牛后",在创业上争先恐后。

表1 中关村科技人员的创业动因

创业动因	比 例
为社会经济发展做贡献	70.3%
寻求用武之地	58.8%
为增加本人经济收入	28.1%
为科研成果寻找出路	25.9%

资料来源：于维栋：《希望的火光——中关村电子一条街调查》，中国人民大学出版社1988年版。

(三) 吃苦精神

三大区域创业文化的重要特点是都有刻苦耐劳、艰苦创业、不断进取、永不言败的创业冲动和吃苦耐劳的品质。中关村第一批创业人员工作条件十分艰苦，往往是十数个工作人员挤在一间20多平米的房子里，废寝忘食搞研发。据当时的一项调查，有90%的科技人员每天平均工作8小时以上，平均每天工作10小时以上的占48%，工作12小时以上的占17%，甚至少数人每天工作14小时以上。[①] 深圳在开发初期，艰苦的环境和生活条件使深圳人养成了艰苦奋斗、吃苦耐劳的拓荒精神。他们在工作中崇尚务实，不空谈，"实干兴邦，空谈误国"是深圳人响亮的口号。深圳的创业历史，正是一部伟大的拓荒史，创业者居无定所、食无定规，尝尽艰辛，这种搏命和拓荒精神成就了深圳的发展，也使"拓荒牛"成为深圳精神的象征。[②] 温州创业家务实而不取巧，踏踏实实地做实业，有超常的市场意识和经营头脑。温州人能进能退，"既能睡地板，又能当老板"；既能享受最好的，又能承受最差的；自豪不自满，昂扬不张扬；专注于有竞争力的制造业。他们特别能吃苦，特别能创业，拥有非常强的吃苦耐劳的精神。

(四) 流动偏好

人员流动带动信息的流动和技术的外溢，是区域创业和创新的显性知识和隐性知识传播的重要途径。[③] 中国三大区域的人力资源流动偏好都很

① 于维栋：《希望的火光——中关村电子一条街调查》，中国人民大学出版社1988年版。
② 王京生、尹昌龙：《移民主体与深港文化》，《学术研究》1998年第10期。
③ 党兴华、李莉：《技术创新合作中基于知识位势的知识创新模型研究》，《中国软科学》2005年第11期。

强。所不同的是中关村人员的流动主要是技术人员和研发人员的流动,其流动方式也主要在本地企业之间。有的企业发生裂变,技术人员脱离原有企业创办新企业的情况不断发生,人们"跳槽"十分频繁(见图2)。深圳创业文化的特色是创业者"流进来",依靠本地良好的产业组织体系、完善的制度保障和良好创业环境的拉力不断吸引外来人员创业。在深圳的创业者,大都经过在深圳漂泊异乡打工的闯荡经历。他们到处寻求创业机会,流动性很强。统计表明,在全国流动人口总数中,在省内流迁的人口中广东地区占全国的 11.04%,在省际间流迁的广东地区占全国的 41.39%。[①] 而温州创业文化特色是"走出去",创业者离土又离乡,通过不断流动寻找商机创业。温州人受海洋文化的影响,形成敢于离土又离乡、四海为家、到处闯荡的优秀品质。温州人的创业足迹遍布全国、走向世界,在全国各地有 160 多万温州人在创业,世界各国有 40 多万温州人在闯荡。

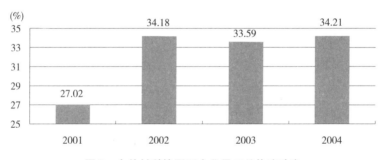

图 2   中关村科技园区企业员工总体流动率

注:人员流动率=(流入人口+流出人口)/总人口。

资料来源:中关村科技园区统计数据(www.zgc.gov.cn)。

(五)冒险精神

敢冒风险的意识,是创业家和企业家的最优秀的品质之一。Hofstede 的研究指出,一个国家的文化具有较强风险回避倾向,对区域创新的影响是负面的。[②] 中关村的科技人员下海创业,要告别计划经济下按部就班、稳定安

---

① 国家统计局课题组:《中国劳动力迁移和流动的现状与特征》,载中国社会科学院人口与劳动经济研究所编:《中国人口年鉴(2004)》,《中国人口年鉴》杂志社 2004 年版。

② Hofstede, G., *Cultures and Organizations: Software of the Mind*, London: McGraw-Hill Book Company, 1991.

逸的"铁饭碗",是需要很大的冒险精神和勇气的。深圳的重要经验就是"敢闯","敢闯精神"就是强烈的拼搏精神和冒险意识。温州的创业家勤劳而又敢于冒风险,有特别敏锐的洞察力,善于发现市场潜在的需求,有鲜明的吃苦冒险品格。温州人敢冒险,在新市场的开拓、开发上,是风险偏好型的,不惧市场风险。他们既有模仿力又有渗透力,把市场建到国外去,如在意大利、巴西、美国、荷兰、俄罗斯等都有温州人办的市场。

(六) 合作意识

合作意识是成功创业的关键。中关村的创业者有效地整合高校和科研院所的科技资源,充分发挥企业在科技产品创新和市场化中的作用,形成产、学、研密切合作的传统,产生了诸如北大方正、清华同方这样的优秀创业型企业。在竞争中合作是深圳创业精神的核心内容之一,也是激励深圳人锐意进取、拼搏创业的内在动力。移民来自五湖四海,共同的经历使人际间产生了宽容、和睦、团结、互助的人文关怀。在创业活动中,深圳人不会因"肥水流到外人田"而眼红,而是重双赢,合作精神是深圳创业文化的重要因素。温州人既重竞争而又重合作,重视创业者之间"扎团"和产业的"扎堆"效应,重双赢、求共生共荣。温州出"群商",企业采取群落式的发展格局。温州人具有"帮带"的特点,即一个人在一个地方发现了市场机会,就会有三亲六眷、朋友老乡尾随而来,规模越做越大,占领当地市场。温州的产业也具有集群基础,产业扎堆给使温州带来较大的集群效益。

中国三大典型区域创业文化的比较如表 2 所示:

表 2 中国典型区域创业文化的比较

区域	中关村	深圳	温州
文化内核	科技人员创业文化	来自各地移民创业文化	农民企业家创业文化
致富欲望	强烈改善收入的欲望	移民的求富求荣梦想	强烈的致富发家热情
创业冲动	科技人员创造性的释放	竞争激烈、高效的创业激情	争当老板,敢为人先
吃苦精神	废寝忘食搞研发	吃苦、搏命的拓荒精神	既能当老板,又能睡地板
流动偏好	技术和研发人员流动	人才"流进来",流动创业	"走出去",四海为家

续表

区域	中关村	深　圳	温　州
冒险精神	勇于打破铁饭碗	"敢闯精神"	不惧市场风险
合作意识	产学研的合作传统	重视产业链的分工合作	"扎团"创业,共生共荣

三、创业文化推动区域发展模式的差异比较

在创业文化的推动下,三地经济发展的模式也各不相同。中关村形成了技术推动下的自主创新为主导的"内生"主导型发展模式;深圳是市场驱动下的引进与消化结合的"外引"主导型发展模式;温州在强烈的创业精神鼓励下,走出了一条以民间资本推动产业升级的资本驱动型创业发展模式,成为我国民营经济发展的示范区。[①] 由于创业文化的差异,中国三种创业型经济发展模式在创业活动和经济发展活力方面的存在一定的差异。2004年,从以高新技术企业增长率和高技术产业增加值增长率表现的区域创业创新活动效率来看,相对温州和中关村而言,深圳地区创业活动更加活跃(见图3)。

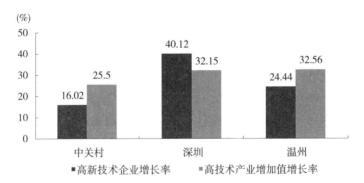

图 3　中国典型区域创业活动的基本情况

注:温州数据为温州经济开发区2005年数据,中关村、深圳为2004年数据。

资料来源:张晓强:《中国高技术产业统计年鉴(2005)》,北京理工大学出版社2006年版;中关村科技园区网站(www.zgc.gov.cn);温州市统计局网站(http://www.wzstats.gov.cn)。

---

① 辜胜阻:《中国新型工业化发展模式及其比较研究——兼评中国民营科技企业区域发展》,《经济界》2004年第3期。

具体从中国三大区域的实践来看,创业文化在区域创新、经济发展主体、社会网络、经济发展载体等方面对区域经济发展的影响十分深远,促使不同的区域经济发展模式的形成。

(一) 区域创新的差异

区域社会文化的差异对区域创新特点起着重要的影响。Hoffman 等的研究表明,社会文化和社会文化价值观会影响创新主体的创新意愿和行为,并直接影响企业管理模式。[①] Herbig 和 Dunphy 指出,企业管理人员的社会文化价值观会影响企业是否创新,以及什么时候、以什么方式采纳技术创新。[②] 中国创业文化是区域创新发展的精神动力,为创新活动的提供动力机制,影响区域创新和创业的活动频率和效果,影响创新主体的创新素质、区域创新路径和方式等。创业文化差异,使中国三大区域在创新特点上差别很大。中关村是以技术研发为主导,以高技术产业化为产业方向的技术驱动型;深圳是市场驱动型,借助区域环境优势和市场机制的优势,吸引全国的科技成果和创业人才,引进外国高技术企业,从而提升自身的创新能力。温州是资本驱动下,通过引入实用技术改造传统产业,实现传统产业的创新发展。

(二) 经济发展主体的差异

中关村的创新发动主体主要是大学、科研系统,领军人物为高校和科研院所的技术精英和掌握核心技术的科学家,是以知识集聚资本。深圳已基本形成了以企业为主体的创新体系,大中小型企业基于产业链的相互联结,形成良好的产业生态,尤其是大中型民营科技企业成为深圳创新的发动主体,其领军人物是企业家。温州的创新则是众多的民营中小企业发动,民营企业家是区域创业、创新的主力军。

(三) 资源禀赋的差异

中关村拥有丰厚的智力资源和科学家资源,知本雄厚,具有技术和研发

---

① Hoffman,R.C., Hegarty, W.H., "Top Management Influences on Innovation: Effects of Executive Characteristics and Social Culture", *Journal of Management*, 1993.

② Herbig.P., Dunphy, S., "Culture and Innovation", *Cross Cultural Management*, 1998.

的相对优势,技术转化是经济发展的主要推动力。深圳有政策优势和濒临香港的区位优势,经济外向度较高,制度和环境是重要的比较优势。而温州相对中关村和深圳来讲自然资源、教育和技术研发资源短缺,但其创业精神活跃,民间资本充足,创业家和企业家资源丰富,民间资本和企业家精神是其主要资源禀赋。

(四)社会网络的差异

社会网络是一种持久的社会资本。美国硅谷的成功就得益于作为社会资本的分工协作体系和社会网络,企业内部、不同企业之间、企业与地方组织(如商会、大学)之间的边界作为一个网络体系是相互渗透的。[①] 中国三大区域的创业创新活动的重要支撑要素就是较完善的社会网络。不同的是,中关村基于周边北大、清华和中科院等研究群体,以学缘、业缘为基础,以技术研发为纽带,形成产学研密切合作的社会网络。深圳将国内外知名高校的人才、技术、信息等综合优势与深圳的创新机制相结合,形成完善的创新网络和创新支撑体系,企业间基于产业链的联系是其社会网络的重要联结方式。温州的创业是在"一人带一户,一户带一村,一村带一镇"的模式下起步并快速发展起来的,血缘、亲缘和地缘关系成为维系温州社会的纽带。

(五)发展载体的差异

中关村是以众多的高新科技园区为创新载体,包括海淀、丰台、昌平、电子城、亦庄五个园区。联想、四通、北大方正、清华同方、网通等知名高技术企业,以及 IBM、微软、三菱、摩托罗拉等国际知名企业在此设立的研发机构或投资的企业,以及境内外上市公司等在园内入驻,共同构成了中关村创新经济的载体。深圳的创新载体主要是大工业区、出口加工区、高新技术产业园区、保税区、产业集聚基地、物流园区等。温州的创新载体主要是以区域专业市场和产业集群为主要特征的各具特色的"块状经济"。

---

① 李钟文、威廉·米勒、玛格丽特·韩柯克、亨利·罗文:《硅谷优势——创新与创业精神的栖息地》,人民出版社 2002 年版。

（六）软环境发展的差异

深圳产业集群有明显优势,拥有发达的产业组织能力和配套体系;温州则基于发达的专业市场,"块状经济"式的产业集群环境好;而中关村则需要推进现存产业的集群化,重构产业配套体系。深圳具有良好的政策法规体系,宽松的发展环境,经济自主性和创新性强,创业创新活力高涨。温州创业氛围十分活跃,但由于受到技术、研发资源等的限制,创新后劲受到挑战,传统的"温州模式"需要向"新温州模式"的嬗变。

中国三大典型区域经济发展模式的特点比较如表 3 所示:

表 3　中国典型区域发展模式的差异比较

区域	中关村	深　圳	温　州
创新特点	技术驱动型 高技术产业化	市场驱动型 借助环境和市场机制优势	资本驱动 高技术改造传统产业
发展主体	大学科研系统 掌握核心技术的科学家	大中企业 移民企业家	民营中小企业 民营企业家
资源禀赋	丰厚的智力资源	市场优势	民间资本和企业家精神
社会网络	学缘、业缘 产学研密切合作模式	以企业为主体的创新体系	血缘、亲缘和地缘为联结的社会创业网络
发展载体	高技术园区	出口加工区、工业区、高新技术园区、产业集聚基地	产业集群、块状经济
软环境	产业集群环境不够,产业配套体系须重构	有产业集群优势,有发达的产业组织能力和配套体系	发达的专业市场,"块状经济"式的产业集群环境

总之,尽管中国三大区域创业文化的形成背景不同、创业价值观和创业风格各异,但其创业文化都是本区域创业和创新活动的最根本的支撑,也是区域经济发展模式形成的最重要的基础。区域创业文化是区域经济发展的"软实力"和"软环境",对区域经济发展模式起着重大的影响。

（本文系国家自然科学基金项目"高技术企业区域发展与创新模式研究"（项目编号:70573080)的研究成果,发表于《武汉大学学报》2007 年第 1 期。李俊杰协助研究）

—26—

构建支持自主创新的多层次资本市场

　　创新是一个高风险、高投入的行为,融资是企业技术创新的关键。从纯粹的技术研发到科研成果市场化,企业技术创新活动的各个阶段都需要大量的资金投入。国际经验表明,技术创新领先国的创新活动离不开发达的风险投资,也离不开完善的多层次资本市场。资本市场、风险投资和科技产业的联动机制,极大地推动了企业的技术创新活动。创新型国家战略的实施,关键在于使自主创新的"国家意志"变成"企业行为",使企业真正成为技术创新的主体。因此,通过金融体系的制度创新,构建一个支持创新的多层次资本市场,同时大力推动风险投资事业的发展,是解决当前我国企业技术创新融资难题的根本之道。

一、技术创新需要多层次资本市场的支持

　　就技术创新的主体——企业而言,大企业和中小企业的融资方式偏好不同,初创期和成熟期企业的融资策略选择也不同。就技术创新本身而言,不同层次创新面临的风险程度不同,技术创新不同阶段的资金需求强度也不同。因此,从理论上看,创新对多层次资本市场有着必然的需求(见图1)。

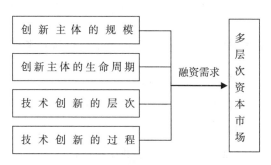

图1　创新对多层次资本市场的必然需求

（一）不同规模企业的技术创新活动需要多层次资本市场的支持

大企业与中小企业在技术创新中的地位和作用一直是技术创新理论的争论焦点之一。熊彼特认为，大企业具备更雄厚的资金和垄断优势，更有利于技术创新。[①] 也就是说，垄断的市场结构更有利于技术创新。波特则持相反的观点，他认为竞争是企业进行技术创新、保持市场领先地位最大的压力，一个充分竞争的市场能使创新成果不断涌现。研究也表明：中小企业由于体制的灵活以及竞争的压力，往往创新意识强，对新的技术机会非常敏感，而且由于对新的技术机会不存在太高的技术转换成本，反应更加迅速，具有明显的"行为优势"。但过度竞争以及其脆弱的经济、技术基础使中小企业的技术创新难以在一个合理的经济规模内实现；相反，大企业具备较充足的创新资源，具有技术创新的"资源优势"，能获得较高的技术创新规模经济收益。但市场垄断地位和企业组织刚性会阻碍创新的涌现，创新活力不足。[②] 我们认为，不同规模的企业的风险偏好、资金规模和抵御市场风险能力都不相同，其技术创新能力、技术模式选择和活跃程度是不同的。大企业本身实力比较雄厚，风险抵御能力也强，从事原始创新的可能性较大，技术创新的资金需求方式更加灵活；中小企业资金技术力量薄弱，技术创新的融资需求更多地偏好于资本市场的股权融资。为了适应不同规模企业的技术

---

①　即使是创新理论的鼻祖熊彼特也存在理论上的转变，即所谓的两个"熊彼特假设"，即强调企业家和小企业创新作用的第一次世界大战前的青年"熊彼特"、强调大企业垄断优势和技术进步官僚主义过程的老年"熊彼特"。参见刘友金：《集群式创新与外规模经济》，《求索》2002年第6期。

②　罗艾·劳斯韦尔、马克·道格森：《创新和公司规模. 创新聚集——产业创新手册》，清华大学出版社2000年版。

创新战略,迫切需要一个融资方式多样化的多层次资本市场。

(二) 不同生命周期企业的技术创新需要多层次资本市场的支持

一般而言,创新型企业从初创到成熟的成长过程,通常可分为种子期、初创期、成长期、成熟期和衰退期五个阶段。在每一个发展阶段,企业的规模、盈利能力、发展目标、技术创新活跃程度、抵御市场风险能力都不相同,因此企业资金需求强度和筹集资金的能力等存在较大的差异。不同成长阶段的企业适用不同的融资策略,需要多层次的资本市场提供融资支持。当企业处于幼年时期,产品多处于概念和雏形阶段,因此风险过大的融资方式会使企业陷入破产风险困境之中。① 由于技术研发和产品开发、销售所需的资金需求较大,企业没有持续经营的历史纪录,间接融资的可能性很小,企业也难以通过股票市场获取直接资金来源,此时风险投资扮演了非常关键的角色。当企业逐步壮大,到了扩张和成熟阶段,企业有了一定的经营规模、利润来源,并保持一定的市场竞争优势,此时融资方式会更加灵活。对达到上市公司要求的企业,可以通过公开市场获得股权性融资支持;对实力较为雄厚且信用条件较好的企业,可以通过发行公司债券获取债权性融资支持;此外,产权交易市场对一些企业(如拥有较多技术成果)来说,是实现资金和技术连通的重要渠道。

(三) 不同层次的创新需要多层次资本市场的支持

根据技术创新的层次,可将创新分为原始创新、集成创新和引进消化吸收再创新。从技术变化的强度来看,原始创新是"金字塔"的顶部,原始创新的成果是少数具有根本性变革、难模仿性和自主知识产权的高端技术。集成创新在"金字塔"的中部,而消化吸收再创新则是"金字塔"的底端,是产品和工艺的改进和优化,其创新成果多为容易被学习和模仿的低端技术(见图2)。从风险性看,原始创新面临的技术风险最大,集成创新次之,消化吸收再创新最小。从资金的需求看,原始创新需要大规模的资金投入,且技术研发的周期较长,资金的回收周期也较长;集成创新次之;消化吸收

---

① 梁彤缨、洪少杰、陆正华:《中小企业成长轨迹与融资策略选择》,《科技管理研究》2004年第1期。

再创新需要的资金投入较小,资金回收周期较短。正是由于技术创新具有不同的层次或类型,决定了为技术创新提供融资服务的资本市场必然不是一个单一的市场,而是一个具有不同风险承担能力和融资规模的多层次资本市场。

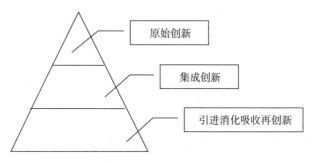

图 2　自主创新类型结构金字塔

（四）不同阶段的创新行为需要多层次资本市场的支持

就技术创新过程而言,它是一个由技术研发、技术成果转移、技术产业化、市场化四个阶段组成的周期性活动。一项技术创新只有完成这一周期,才能为企业带来持续的利润及一定的市场份额。其中技术研发和成果转移是密切联系的。技术研发可能在企业内部,也可能在企业外部,如在大学、科研院所里完成。对于组织内部从事技术创新的企业来说,技术研发阶段需要企业投入大量科研经费,此时技术研发不仅占用大量现金流,且尚不能为企业提供利润来源。对于组织内部没有 R&D 活动的企业来说,技术成果的转移是连接科技和经济、实验室与市场的桥梁,是企业进行创新活动的必经之道。企业为获取技术成果,需要支付大量技术转让费或专利许可费用。技术产业化和市场化也是紧密联系的。前者指企业将技术创新成果产品化,或运用创新技术生产新产品的过程。技术成果市场化则指将创新产出卖出,从而使企业的创新投入获得回报的过程。技术创新不同阶段,企业的资金需求强度是不同的,特别是技术研发和科研成果产业化阶段,资金需求强度大。发达国家的经验表明,风险投资是实现技术研发和技术产业化资金需求的有效途径,健全发达的多层次资本市场是风险投资顺利进行的保证。

二、我国资本市场不适应自主创新的需要

经过二十余年的发展,我国资本市场取得了较大的发展。截至 2007 年 5 月,我国股票总市值已达 177739.50 亿元,2007 年 1 至 5 月,企业债成交额达到 151.2 亿元,二者同比增长均超过 300%。[①] 但是,当前我国资本市场既存在规模不足问题,也存在产品和结构单一、缺乏层次等问题,而且后者是影响前者的关键因素。[②] 结构或层次上的问题主要表现为"两个滞后":一是场外市场发展相对滞后,二是债券市场发展滞后于股票市场。具体而言:

(一)主板市场上市条件严格,中小企业板难以承担创新融资的重任

在我国,主板市场是由上交所和深交所组成的最主要的股票交易市场。主板市场的股票交易往往具有较高的门槛,对上市企业的业绩要求相对严格。根据国际经验,主板市场交易所上市公司容量有限,主要为成熟期的大中型企业服务。为了解决中小企业上市难、融资难问题,我国按"独立挂盘、独立交易、独立披露信息、独立设立指数"的"四个独立"原则在深圳已经开展了中小企业板的试点工作。但是从功能、特征等方面看,仍与创业板有本质的区别。中小企业板的问题主要在于:一是中小企业板运行所遵循的法律、法规和部门规章都与主板市场相同,且其上市公司必须符合主板市场的发行上市条件,证监会掌控发审权,股本全流通也暂未实行。发行审核标准过于强调企业以往的经营业绩、盈利能力,忽视研发能力、科技含量和成长潜力等指标,不适于初创型企业。二是上市周期长、成本高、程序复杂,IPO 一般需 2—3 年。上市后再融资仍需一年。与企业资金急切需求不相应。三是发展速度、市场规模十分有限,无法满足企业创新发展的需求。我国中小企业板块设立已三年多,上市公司 143 家。2006 年中小企业板共融资 141 亿元,仅占证券市场全部融资总额的 8.9%。[③] 中小企业板并不是类似 NAS-

---

① 中国证券监督管理委员会网站(http://www.csrc.gov.cn/n575458/n775121/index.html)。
② 史永东、赵永刚:《我国多层次资本市场建设研究》,《深圳证券交易所综合研究所内部研究报告》2006 年 4 月 17 日。
③ 万勇:《深圳创业板可望明年问世》,《南方都市报》2007 年 7 月 30 日。

DAQ 的独立一级市场,而是主板市场中的附属板块。我国尚未建立真正的创业板市场。

(二)代办股份转让系统发展不完善,与"三板市场"仍有距离

代办股份转让系统最初是为解决 STAQ 和 NET 系统的历史遗留问题而设立的,自设立起该系统即承担了法人股公司的股份流通和退市公司的股份转让功能。2002 年底,我国代办股份转让系统挂牌的公司有 12 家,投资者开户数 12 万人。[①] 经过几年发展,至 2007 年初,代办股份转让系统挂牌公司已有 55 家,投资者开户数 42 万人。[②] 由于代办股份转让系统发展时间较短,经验不足,发展过程中还存在很多问题,主要有:一是代办股份转让系统的定位仍不明确。长期以来,代办股份转让系统被视为国有企业改革过程中股权转让的"回收站"。系统只承接主板退市公司股票挂牌,并不接纳其他股份公司股票交易。然而实际上的三板市场除了"回收站"功能,还应具有"孵化器"和"稳定器"功能,为高技术企业融资壮大服务,为全国众多的非上市公众公司的股份交易流通服务。[③] 当前代办股份转让系统功能与真正意义上的全国统一的三板市场还有很大距离。二是制度建设尚待完善。挂牌标准和信息披露制度尚不健全,由非上市私募公司向非上市公众公司、由非上市公众公司向上市公司的转板机制尚待研究。三是规模小,影响力仍十分有限。试点工作尚未在全国全面展开。

(三)产权交易市场资源整合力度不足,市场发育东强西弱

自 1988 年武汉、四川乐山两地在全国率先成立产权交易市场以来,伴随股份制改革和技术产权交易的推动,我国产权市场获得较快的发展。[④] 目前,全国共有产权交易机构 200 多家。据《2006 年中国产权市场年鉴》收集的全国 82 家产权交易机构数据统计,2005 年全国产权交易成交宗数达 31532 宗,成交金额达 2926 亿元。2004 年,各类中小企业通过上海产权市场

---

① 庄喆:《发展三板市场 构建多层次证券市场》,《金融理论与实践》2003 年第 9 期。
② 证券业协会:《继续完善拓展代办股份转让系统功能》,2007 年 1 月 23 日。
③ 金晓斌、张宗:《进一步发展代办股份转让系统,构建统一监管下的全国性场外交易市场》,《中国证券》2007 年第 4 期。
④ 朱冰:《产权交易市场回顾与前瞻》,《中国科技投资》2007 年第 3 期。

直接或间接融资超过 500 亿元;另外,技术产权实现交易 1610 宗,交易量达
979.94 亿元,同比增长 79.45%。① 当前产权交易市场最大的问题在于资源
整合力度不足,尚未实现全国范围的标准统一和信息共享。各地产权交易
市场往往是由地方政府出面,为服务于本地项目方和投资方而设立的。这
类市场的优点在于有利于降低本地产权交易的信息不对称,降低交易成本。
但同时也存在一些问题:一是限于本地的交易信息不能在全国范围内共享,
大量交易无法成功进行;二是各地所制定的产权交易规则和标准也不尽相
同,交易产品非标准化,不利于在更大范围内整合资源;三是由于产权交易
机构分布分散而不均,东部多西部少,形成全国性的产权交易监管体系具有
一定的困难。

(四)债券市场发展落后于股票市场,创新型企业公司债券规模偏小

长期以来,我国金融市场融资结构失衡,间接融资比例过高,资本市场
发展不足(见表1)。由于存在指导思想上的偏差并受制于特定的经济社会

表 1　中国金融市场融资结构

单位:%

	2000 年	2001 年	2002 年	2003 年	2004 年	2005 年	2006 年
间接融资	72.8	75.9	80.2	85.1	82.9	78.1	82.0
直接融资	27.2	24.1	19.8	14.9	17.1	21.9	18.0

资料来源:中国人民银行网站(http://www.pbc.gov.cn)。

环境,中国在市场体制建设上出现了资本市场股市化的倾向:重视股票市场
发展,轻视债券市场发展,造成了资本市场结构的严重失衡。与股票市场相
比,债券融资比例相对较小、债券发行规模小、形式少。从规模比例看,发达
国家直接融资中股票融资和债券融资的比重是 30∶70,而我国过去这一比
重约为 85∶15,②债券市场严重滞后于股票市场的发展。从债券市场内部
看,我国企业债券发展仍相对滞后。2004 年的数据表明,我国企业债券余额

---

① 《上海产权交易所为中小企业融资立下汗马功劳》,中华人民共和国科学技术部网站,2005
年 1 月 1 日。
② 周鹏飞:《我国金融业有明显的四个落后》,《新京报》2007 年 4 月 2 日。

仅相当于 GDP 的 0.9%，同期美国企业债券市场融资额占 GDP 的比重为 11.4%。[①] 在美国，公司债券占三大证券每年融资总额的比重达 60% 以上。相较之下，2000 至 2004 年这五年，我国企业债券发行额占全国债券发行额的比例仅分别为 1.3%、1.9%、3.5%、3.2%、2.7%。从债券类型上看，1998 年以来交通运输、电力、煤炭、电信、制造业等基础行业企业债券为主 (80%)，[②]高技术企业债券发展不充分；短期限的固定利率债券为主，促进创新型企业持续发展的中长期的浮动利率债券发展不充分；普通债券为主，激励企业做大做强的信用债券发展不充分。

（五）创业板市场缺失，风险投资事业发展受资本市场缺陷制约

风险投资是由一些专业人员或专门机构向那些刚刚成立、增长迅速、潜力很大、风险也很大的企业提供股权融资并参与其管理的行为。与商业银行贷款这类传统金融相比，风险投资在服务对象、运行方式、目标模式、管理方法、蜕资渠道、制度功能等方面都具有较大差别，是一种与创新型企业相适应的新型金融制度（见表2）。

表2　新型金融与传统金融的比较

	新型金融（风险投资）	传统金融（银行贷款）
服务对象	中小型企业和高技术企业为主	大中型企业和成熟传统企业
运行方式	通过组合投资规避项目投资风险	通过担保和抵押控制风险
目标模式	采用股权式投资、着眼企业的发展前景和长期经营的利润	采用贷款方式、关心企业短期安全性
管理方法	参与企业经营管理与决策；管理者是复合型人才	不介入企业决策系统
蜕资渠道	多元化的蜕资渠道能使风险资本不断循环增值	按贷款收回本息、不分享高回报
制度功能	在推进金融资本与产业资本结合上具有产业筛选功能、风险分散功能、要素集成功能、激励创新功能等	产业筛选、风险分散和激励创新等功能不强

近年来，我国风险投资产业无论是投资总量、项目数量还是当年投资量

---

① 陈年、丁志勇、刘川伟：《我国债券市场：困境中的思考》，《市场论坛》2006 年第 4 期。

② 杨建国：《我国企业债券市场面临的问题及对策》，《证券日报》2007 年 5 月 23 日。

都取得了一定的发展。到 2006 年年底,我国风险资本总量达 583.85 亿人民币,比上年高出 32.31%。当年投资量也创历史新高,达到 143.64 亿元,比上年增长了 22.17%。① 但是,目前我国并没有形成与风险投资"蜕资"相适应的多层次资本市场,尤其是创业板市场的缺失,限制了风险投资"蜕资"出口,制约了风险投资的良性循环和发展壮大。2006 年我国风险投资仅有三成左右通过资本市场退出,28%的投资经理人将"退出通道不畅"列为 2007 年风险投资事业的主要挑战。同时,风险资金汇聚渠道尚待拓宽,风险投资"雪中送炭"的功能没有得到很好发挥。据调查,2006 年 72.5%的新募风险投资来源于政府和海外资本,其中有 69%的投资项目属于扩张期和成长期,种子期项目数比例与 2005 年保持一致,仍然没有扭转种子期项目比例逐年下降的态势。②

　　总之,单一层次的资本市场不仅限制了市场的广度和深度,而且由于不同类型的融资者、投资者集中于同一市场,加大了市场的投机性,增加了金融风险。单一层次的资本市场难以满足创新型企业技术创新的多样化融资需求,不能为风险投资提供充足的"退出"通道,从而制约了技术创新和高技术产业发展。从国际经验看,风险投资在高技术产业技术创新中扮演了不可替代的角色,有效的"蜕资"渠道是分散风险投资风险、获取投资收益的关键。无论是公开发行、并购,还是股权回购、买壳上市,任何一种风险投资资本的退出方式都离不完善的多层次资本市场。

三、构建支持创新的多层次资本市场的战略构想

　　根据上面的分析,我们认为,构建一个支持企业创新的多层次资本市场是迫切亟需的。其意义不仅在于支持企业技术创新、为创新型国家建设提供制度保障,而且能够促进我国金融体系改革,分散过度集中的金融风险,保证宏观经济良好运行。国际经验表明,多层次的资本市场不仅包括证券

---

① 中国风险投资研究院、香港理工大学:《2007 中国风险投资年鉴》,民主与建设出版社 2007 年版。
② 中国风险投资研究院:《2006 年中国风险投资业调研报告》,中国风险投资研究院网站,2007 年 1 月 30 日。

交易所市场,还包括场外交易、柜台交易和直接的产权交易市场等。美国是当今世界资本市场最发达的国家,其多层次的资本市场包括纽约证券交易所(NYSE)、NASDAQ;公开报价系统,包括信息公告栏市场(OTCBB)和粉单市场(Pink Sheet);地方性柜台交易市场;私募股票交易市场。① 我们认为,构建我国支持创新的多层次资本市场应包括主板市场、创业板市场、三板市场(代办股份转让系统)、产权交易市场和债券市场(见图3)。

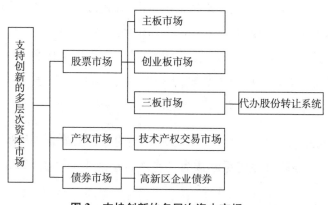

图3 支持创新的多层次资本市场

(一)尽快推出创业板,使更多具有创新能力的优质企业与资本市场对接

创业板是专为暂时无法上市的、成长性好的中小企业和创新型企业提供融资途径和成长空间的证券交易市场,是对主板市场的有效补充,②在资本市场中占据着重要的位置。创业板市场最大的特点就是低门槛进入,严要求运作,有助于有潜力的创新型中小企业获得融资机会。从我国资本市场的现状看,中小企业板未能充分承担为创新型企业融资的重任,创业板的缺失是制约企业技术创新和风险投资发展的直接因素之一。一方面,创业板市场具有较大的灵活性,能为中小科技型企业提供一个公平、适宜的融资

---

① 王丽、李向科:《美国资本市场分层情况及对我国建设多层次资本市场的启示》,《中国金融》2006年第6期。

② 辜胜阻、张翔、易文:《利用流动性过剩契机构建支持自主创新的金融体系》,《武汉大学战略管理研究院工作论文》2007年第1期。

环境,使其成为中小企业进入资本市场的"龙门",也成为促进高新技术企业的"摇篮"。另一方面,创业板市场还能为中小科技型企业和风险投资家提供一个社会评价机制和选择机制,为风险投资提供一个蜕资"出口",从而实现风险资本的有效循环和不断壮大。[①] 当前,随着相关法律的完善以及股权分置改革的深入,我国证券市场的监管能力和专业人才队伍的逐步加强,为创业板的推出创造了有利条件。据悉,《创业板发行上市管理办法》已经报送国务院,并有望在 2008 年正式推出。仍然需要指出的,创业板的上市条件不是主板或中小企业板市场门槛的简单降低,而是要注意企业的资本规模和盈利条件,兼顾企业的成长性,给更多具有发展潜力的创新型企业机会。要注意研究创业板与中小企业板、主板之间的差异性,避免"此涨彼落"的现象发生,实现各板块市场并行不悖地发展和繁荣。

(二)在总结中关村代办报价系统经验的基础上覆盖到其他国家级高新区,使代办股份转让系统尽早成为交易所市场上市公司的"孵化器"和三板市场

一般来说,三板市场是为达不到证券交易所和二板市场上市标准以及从这两个市场退市的股票提供交易的场所,是场外交易的重要组成部分。当前,我国代办股份转让系统是发展三板市场的雏形和基础,推进代办股份转让系统的发展,需要明确代办股份转让系统的定位。三板市场的作用,不仅在于为特定公司的股票进行报价和交易,承担接收从主板市场和二板市场退市的股票的"回收站"功能,还在于成为交易所上市公司的"孵化器",当代办转让系统中的企业创新能力不断提高,竞争力不断增强,达到转板条件时,即可进入上级市场——创业板市场进行挂牌交易。因此,首先要积极动员更多的高新技术企业和合格投资者进入代办系统,将其加速覆盖到其他国家级高新区内的未上市高技术企业,对代办股份转让系统进行"扩容";其次,要完善代办股份转让系统的挂牌、保价等制度,研究转板机制,拓展系统功能,特别是在较为成熟的时机发展三板市场"融资"功能,为创新型中小企业提供融资支持。再次,拓宽试点范围,总结中关村代办报价系统经验,在

---

① 辜胜阻等:《民营经济与高技术产业发展战略研究》,科学出版社 2005 年版。

基础较好、需求较大的其他国家级高新区进行试点，推动三板市场的扩展。

（三）积极发展技术产权交易市场，使其成为科技型中小企业创业的融资场所

产权交易市场是多层次资本市场的组成部分，严格意义上说是场外交易市场的重要形式。技术产权交易市场则是以科技成果及科技企业产权为交易客体的交易市场，其目的在于解决科技成果转化和科技型中小企业的融资问题。它更多是地为中小型、科技型、成长型企业提供融资创业服务，是各类科技成果、项目和资本连接的"桥梁"。目前，国内重要经济中心城市和部分大城市已建立起各类技术产权交易机构。据科技部《全国技术市场统计年度报告》，全国重点常设技术产权交易所 2005 年的交易情况：20 家交易机构的技术交易额达 686.7 亿元，产权交易额达 1225.18 亿元。[①] 除了专门技术产权交易机构外，我国已形成的长江流域、黄河流域、北方和西部四个区域性的产权交易共同市场，也为技术产权交易提供了较高的平台。在此基础上，可以探索建立全国性的技术产权交易市场管理机构，制定统一的管理原则；探索建立全国性的技术产权交易市场；建立技术产权交易全国信息共享平台，同时加强行业自律和监管；完善技术产权交易的法律法规，创新技术产权交易品种和交易制度。通过技术产权交易市场的作用机制，提高技术与资本两个市场的交易效率，为大量暂时达不到上市门槛的科技型中小企业提供融资安排。

（四）积极发展面向科技型企业的债券市场，改变千军万马靠银行过"独木桥"的融资格局

新"融资顺序理论"认为，由于企业的利益集团占有信息的质量和数量都有所不同，企业的股票融资很容易被市场误解，因此企业的筹资偏好应该是"先内部融资再债券融资后股票融资"的顺序。[②] 现实中，在一些成熟市场经济国家，债券融资比例一般远远大于股票融资，如 2005 年美国债券发行规

---

① 王军：《我国技术产权交易市场的现状及发展策略》，江苏省技术产权交易所网站，2006 年 12 月 18 日。

② 朱峰：《西方企业融资理论的系统回顾》，《青海金融》2006 年第 4 期。

模大约是股票发行规模的 6.5 倍。积极发展债券市场,特别是面向科技型企业的债券市场的意义在于:一是有利于改变我国债券市场相对落后的局面,优化资本市场结构;二是有利于改变我国间接融资比重过高、银行风险集中且中小企业难以获取贷款的局面,优化融资结构;三是有利于推进企业技术创新。正是由于如此,2003 年 7 月,由科学技术部组织,国家开发银行承销、由天津等十二个高新技术产业开发区为主体,采用"统一冠名、分别负债、分别担保、捆绑发行"方式发行了总额 8 亿元的"2003 年中国高新技术产业开发区企业债券"。① 高新区企业债券的成功发行,极大缓解了我国高新技术企业的资金需求压力,为高新区建设提供良好的硬件基础,既化解了企业技术创新融资困难,也为区内企业营造了有利于创新的良好环境。建议进一步探索多种形式的债券融资方式,鼓励具备条件的高新技术企业发行融资债券;完善支持高新技术企业发行公司债券的相关规定;通过税收优惠等措施,刺激科技型企业进行债券融资。同时加快债券市场制度建设,建立多层次的债券交易市场体系,培育机构投资者,健全债券评级制度,为企业通过发行债券融资创新良好的市场环境。

(五)加大对风险投资事业的支持力度,形成资本市场、风险投资、科技产业的联动机制

风险投资、资本市场与技术创新三者是密切联系的。发达国家的经验表明,资本市场、风险投资和科技产业的相互联动,形成了一整套独特的发现和筛选机制,是创新和高技术产业的发动机。据统计,在资本市场发达的美国 90% 的高技术企业都是获得创业风险投资的支持才得以发展。实践证明,壮大风险投资事业,有利于促进技术创新与经济需求相结合,实现科技链与产业链之间"天堑变通途",能够提升企业创新能力,让企业具有创新的习惯与激情,真正成为自主创新的主体。多层次资本市场的发展,为风险投资资本提供了灵活的、多样化的退出通道,无疑对风险投资事业的发展起到极大的促进作用。在支持风险投资事业的发展上,需要探索建立国家级风险投资母基金,积极鼓励民间天使投资;需要出台包括税收优惠、财政支持

① 王波、宋莉:《制度组织管理和机制上的创新尝试——高新区债券发行 8 亿》,《科技日报》2003 年 7 月 25 日。

等在内的风险投资扶持政策,拓宽资金来源;需要加快制度创新,研究有限合伙制在风险投资企业中的应用,调动投资者的投资积极性和管理者的管理积极性;需要加快多层次资本市场建设,特别是创业板市场建设,拓宽风险投资蜕资渠道,促进风险投资在良性循环中不断壮大,使其不断孵化科技成果和前景良好的成长型创新企业,为多层次资本市场培育优秀的上市资源,也为国家创新体系源源不断地提供技术创新的活跃主体。

（本文系国家自然科学基金项目"高技术企业区域发展与创新模式研究"（项目编号：70573080）的研究成果,发表于《中国软科学》2007 年第 8 期。洪群联、张翔协助研究）

—*27*—
中小企业是自主创新的生力军

　　胡锦涛同志在全国科学技术大会上明确指出:要使企业真正成为研究开发投入的主体、技术创新活动的主体和创新成果应用的主体,全面提高企业的自主创新能力。只有企业创新工作取得成效,国家的整体创新才会有坚实的基础。如果说大企业是自主创新的中坚力量,中小企业就是自主创新的生力军。中小企业是大企业的摇篮,支持和推动中小企业创新是推动整个国家自主创新的重要环节,是着眼于未来发展的长远之策。

一、中小企业创新的战略意义

　　改革开放以来,伴随着社会主义市场经济的繁荣,我国中小企业发展迅速,目前数量已超过 4000 万家,占全国企业总数的 99% 以上。中小企业经营机制灵活、决策迅速、反应灵敏,适应市场变化能力强,创新激励比较充分,企业家有较强的创新倾向,因而在自主创新方面具有比较优势。

　　技术创新的重要力量。我国中小企业提供了全国约 66% 的专利发明、74% 以上的技术创新、82% 以上的新产品开发。全国 14 万民营科技企业成为我国发展高新技术产业的重要力量,为我国自主创新战略作出了重大贡献。2005 年年底,上海民营科技企业已达 4.5 万户,其中经认定的高新技术企业 1538 家,占高新技术企业总数的 66.8%;经认定的高新技术成果转化项目 2492 项,占全市总数的 70.1%,民营企业申请专利 1.05 万件,占内资企业专利量的 70%。

国家高新区的生力军。2005 年,我国高新区内共有高新技术企业 4.5 万家,高新区全年营业总收入超过 3 万亿元。在全国 53 个高新技术开发区中,中小型民营科技企业占到 80%以上,已成为经济增长和高新技术产业化的重要生力军。2005 年,北京中关村科技园区高新技术企业有 16452 家,从业人员达 69.1 万人,总收入达 4875.1 亿元,R&D 投入 224.8 亿元,占总收入的 4.7%。在中关村从业的留学人员有 7000 多人,上市公司 83 家,其中在美国纳斯达克上市的有 13 家,占中国大陆在纳斯达克上市公司总数的一半。

产业集群的发动机。目前,浙江民营科技企业总数 15000 多家,技工贸总收入约 7000 亿元,工业总产值约 6500 亿元,占全省工业总产值的 25%以上。浙江产值超亿元的产业集群(块状经济)有 500 多个,在这些块状经济区域中,集中了浙江半数以上的民营科技企业。民营科技企业的研发投入占全省企业投入的 80%以上。

国家创新体系中最具活力的组成部分。深圳已成为我国建设以企业为主体的技术创新体系的典范,到 2005 年底,深圳有创新型企业近 30000 户,高新技术产业产值达到 4900 亿元。其中,拥有自主知识产权的高新技术产品产值占 58%,高新技术产品产值占全市规模以上工业总产值的 50%以上。深圳自主创新最大的亮点是形成了以企业为主体的创新模式,90%以上的研发机构设立在企业,90%以上的研发人员集中在企业,90%以上的研发资金来源于企业,90%以上的发明专利出自于企业。

二、中小企业自主创新的难题

然而,中小企业在自主创新方面也存在着一些不容忽视的问题,主要表现在以下几个方面。

一是动力不足,不想创新。国家知识产权局的资料表明:我国国内拥有自主知识产权核心技术的企业仅为万分之三,99%的企业没有申请专利,60%的企业没有自己的商标。中小企业创新动力不足的原因是多方面的。首先,创新的投入产出特点导致企业创新动力不足,由于创新需要大量投入,而投入又不能很快得到相应回报,创新必然影响企业的即期利润。其次,企业既定生存发展模式选择也制约了创新内在动力的形成。我们在上海的调查表明:上海民营企业逐步形成了四种不同的生存发展模式:基于灵活经营机制生存的小企业,基于低成本和规模经济的大中型企业,基于资本实力的大中型企业,基于技术创新的科技企业。创新能力很强的民营企业很少。再次,市场不完善使自主创新存在较高机会成本,弱化了企业自主创新的内在动力。由于靠机会、靠公关、靠利用低廉的劳动力可以获得较高利润,中小企业对自主创新的必要性还认识不够。浙江某集团董事长对此深有感触。他们的缝纫机企业靠技术自主创新,50%的产品已经打入欧美等发达国家,但企业只有 40 多亿元的资产规模,而与他们根本不能相比的企业,通过经营房地产等业务,一下子产值规模就超过 100 多亿元,企业盈利也好。

二是风险太大,不敢创新。发展高技术产业面临很大的技术风险、市场风险和技术流失风险等,一旦创新失败,就蒙受巨大损失,甚至破产,因而中小企业普遍存在"创新恐惧症"。与自主创新相比,模仿则成本低、效益好。因为知识产权保护不够,创新企业开发的新产品很快就被其他企业模仿,享受高额利润的时间极短。正是由于创新具有高风险,中小企业对开发新技术望而生畏,有人甚至认为"不创新慢慢死,一旦创新就快速死"。

三是能力有限,不会创新。技术可以引进,但技术创新能力却不能引进。自主创新的主体是具有创新活力和创新技术的人才,没有人才,创新只能是纸上谈兵。我国相当多的中小企业具有极高的不稳定性,中小企业偏小的企业规模、较差的工作环境和较少的教育培训等障碍导致创新人才严重缺乏,即使有了人才也极可能流失,而且中小企业又不会借助"外力"和"外脑",必然创新能力低下。如江苏省,72%的民营科技企业缺少高级技术人才,35%的企业缺少高级技术工人。

四是融资太难,不能创新。中小企业创业融资难,创新融资更难,他们融资渠道单一。政府科技投入多向高等院校和政府所属的科研院所倾斜,投入到企业的很少,而投入到中小企业的则更少。中小企业大多由于资信不完善,从银行获取贷款相当困难,从资本市场上直接融资的机会也很小。

三、推进中小企业自主创新的战略对策

解决中小企业在自主创新方面存在的问题,发挥它们在我国自主创新战略中的积极作用,对于落实国家中长期科学和技术发展规划至关重要。为此,要采取一系列政策措施来推进中小企业的自主创新工作。

第一,建立利益补偿机制,完善有关财政税收政策,解决企业不想创新的问题。我国中小企业创新基金自创立起至 2005 年底,共成功验收 3295 个项目,但基金每年只有 10 亿元左右。要提高创新基金的资助强度,扩大资助范围,加强地方财政对创新基金的投入。要积极研究有关税收政策,充分调动企业对研发投入的积极性。适时提高高技术企业计税工资的标准,对企业从事研发的人员和设备予以政策优惠。建立科技开发准备金制度,对中小企业创新活动予以扶持,允许中小企业按其销售收入的一定比例提取科技开发基金,以弥补科技开发可能造成的损失,并对科技开发基金的用途进行规范管理。完善政府采购配套措施和强化政府采购政策的执行力,引导政府采购向高技术产品倾斜,让政府采购的战略意图真正惠及自主创新的企业。

第二,完善风险分担机制,加大对自主知识产权的保护与激励,营造良好的市场环境和创新氛围,让企业敢于创新。积极探索建立国家级风险投资母基金,对创业风险投资企业应实行投资收益税减免或投资额按比例抵扣应纳税所得额等税收优惠政策。要营造良好的创新创业环境,通过创业扶持政策推进科研机构的企业化转制和科技人员创新创业,把科技成果转化为现实的生产力。培育创业孵化机制和创新机制,吸引创新要素聚集。形成尊重他人知识产权、保护创新的良好社会风气,使创新者的利益不受侵害。建立知识产权纠纷的仲裁、协调机制,严厉打击知识产权侵权案件。积极营造宽容失败的文化氛围和制度环境,支持冒险、鼓励冒尖。

第三,完善创新合作机制,鼓励中小企业与大企业进行战略联盟,实施有效的产学研合作,推进开放创新,让不同类型和不同规模的企业在互惠共生的环境中提高创新能力。让大企业与中小企业在创新合作中优势互补,实现资源共享,节约创新时间,分摊创新成本及分散创新风险。推进企业与

科研院所之间的产学研合作,既可以克服企业在技术研发方面的劣势,又可以解决学校和科研机构在成果转化上的弱点,使企业获得持续创新的能力。产学研合作的关键在于确定合作创新的风险与收益分担机制。在开放引进和科技国际合作过程中,要通过引进和消化技术形成生产力,促进技术创新,完善创新机制,培养创新人才,更新创新理念。要完善为合作创新服务的专业化服务体系,建立一批服务专业化、发展规模化、运行规范化的科技中介机构和较高专业素质的科技中介服务队伍,为产学研合作和企业间的技术合作提供成果交易、成果转化、科技评估、创新资源配置、创新决策和管理咨询等专业化服务。

第四,重构为创新服务的金融体系,推进中小企业走进创业板市场,从根本上改变高技术企业融资难的问题。创业板市场为中小企业提供了一个适宜、公平的融资环境,既是中小企业进入资本市场的"龙门",又是高新技术企业成长的"摇篮",同时还为中小企业和风险投资家提供了一个社会评价机制和选择机制,通过市场竞争的压力和优胜劣汰的作用,推动强者恒强和弱者变强。截至 2005 年年底,内地共有 553 个风险投资项目退出,其中通过并购退出的为 55.9%,通过上市退出的为 33.1%。外资风险投资支持项目通过并购退出的是 35%,通过上市退出的为 58%;而内资风险投资项目通过并购退出的为 69%,通过上市退出的为 17%。风险投资的发展表明,迫切需要创业板市场为风险投资设置退出通道。

要继续发展技术产权交易市场,完善代办股份转让系统,谋划建立"三板市场"。可以考虑建立全国性的技术产权交易市场管理机构,制定全国统一的管理原则,推进代办股份转让系统试点,实现信息共享,最终向"三板市场"过渡。要完善中小企业融资信用担保制度,让无形资产也能用财产抵押,合理扩大信用担保的覆盖面,特别是扩大对创新型中小企业的融资担保服务。为了解决中小企业创新创业的融资问题,可以考虑设立为满足创新型中小企业融资的中小企业专业银行或科技银行,也可以实行配额制,规定现有银行的贷款中必须有一定比例是中小企业贷款,从制度上解决创新企业的融资问题。

第五,实施国家区域创新战略,选择几个产业集群基础好的国家高新技术开发区,建设一批具有国际竞争力的创新集群,优化中小科技企业创新的

"小环境"。我国虽有53个国家级高新区,但这些高新区"同构"现象严重,特色不明显,竞争力和自主创新能力不强。要采取"地方为主,国家支持"的模式,力争在战略性高技术产业方面有所突破,打造具有国际竞争力的高技术产业集群。知识和技术创新源主要包括大学与科研机构、公司的研究与开发机构以及工业综合体的开发与研究网络,当高技术产业聚集到一定程度后,企业在产业上的关联性就会引发在技术创新活动上的关联性,进而产生技术创新的集群效应,推动产业集群向创新集群转变,因而要建立技术发展极和创新集群,形成自主创新源头。

第六,坚持分类指导和分步实施的方针,防止各种误区和"一哄而起"的刮风倾向,一步一个脚印地把自主创新的"国家意志"变为"企业行为"。在工作中要防止认识上的四种误区。一是认为自主创新就是自力更生,完全排斥引进。应当积极参与国际合作,通过合作创新,在引进消化吸收的基础上再创新。二是认为自主创新要一切从头再来,单纯搞具有自主知识产权的原始创新。创新本身具有自身的技术规律和市场规律,从技术轨道上讲,必须有一定的技术储备和技术基础,沿着技术本身的发展方向,进行开发研究。在创新中一切从头再来,违背了技术发展规律,脱离国际市场,浪费研发资源。三是认为自主创新完全靠自己创新,忽视了合作与开放。现代技术的综合性与复杂性决定企业不能靠单打独斗、自我封闭搞创新,要通过合作创新,形成创新网络体系,有效地降低研发风险和创新成本,提高创新效益。四是认为自主创新要独立率先,反对任何模仿和技术跟随。模仿创新战略就是在获取率先创新者的技术基础上,加以研究、改进,生产出更富有竞争力的产品与率先创新者竞争,以获取经济效益的创新战略。模仿创新和率先创新对于高技术企业的成长来说都是非常重要的,处于不同成长阶段的高技术企业应根据其实力、特点正确地把握和运用模仿与率先创新策略,当自主创新能力比较弱的时候,可以考虑模仿创新。

(本文发表于《求是》2007年第5期)

—28—
区域经济文化对创新模式
影响的比较分析

当今世界经济逐步进入一个以创新要素推动为主的新阶段,创新已成为推动经济发展的重要驱动力,而通过有效整合和转化劳动与资本等一些物质要素,在区域经济发展和创新活动中发挥着重要作用。创新的理论逻辑起点是企业家或者企业家精神,企业家产生的根本原因是区域经济文化,区域经济文化对创新的作用力是源头和根本性的。正是区域经济文化培育了企业家阶层,才导致不同创新模式的不断涌现。因此,我们需要从经济发展中的文化作用出发,全面把握区域经济文化的内涵及其对区域创新模式的作用机理,通过对国内外区域经济文化和创新模式的比较中,提出提高我国创新能力和推动经济持续健康发展的对策建议。

一、经济文化的基本内涵界定

文化具有丰富的内涵,从广义来讲,文化可以被定义为共享的价值和一套规则系统,以及共同体内在社会交往方面的各种更具体的要素。① 文化不仅影响着经济主体的行为,而且甚至能够改变地区经济发展的要素禀赋结

---

① 柯武刚、史漫飞:《制度经济学》,商务印书馆 2000 版。

构,形成独特的比较优势,进而改变地区经济发展绩效。迈克尔·波特(Michael Porter)从竞争优势形成的角度,认为基于文化的优势是最根本的、最难替代和模仿的、最持久的和最核心的竞争优势,要加强国家的竞争力,最艰巨的任务之一,就是如何改变经济文化。① 德鲁克(Peter F.Drucker)从生产要素的角度,指出:"今天真正占主导地位的资源以及绝对具有决定意义的生产要素,既不是资本,也不是土地和劳动,而是文化。"②福山认为,在制度趋同的今天,决定经济竞争力的主要因素是由文化所构建的社会信任和合作制度,文化差异是导致社会和经济差异的决定因素。③ 约瑟夫·奈(Joseph S.Nye)提出了"硬实力(hard power)"和"软实力(soft power)"概念,价值观念通过精神和道德诉求的影响、诱惑和说服来起作用。④ 国内学者认为,如果把硬实力当作常数,那么软实力就是变数或乘数,它倍增或递减综合国力。⑤ 上述学者正是从不同层面对文化的作用进行了较为抽象的阐述,但他们对文化功能的阐述,基于一种抽象的文化概念。但由于文化内涵的复杂以及可操作性较差,经济效应模糊且作用机制隐蔽,我们认为必须从文化的复杂内容体系中寻找对经济发展影响最大的内容和内涵。为此,我们提出经济文化的概念。

经济文化是一个国家、一个地区发展最深厚的底蕴,它营造经济发展的社会氛围,激发经济发展的内在活力。迈克尔·波特认为,经济文化是指那些对个人、单位及其他机构的经济活动有影响的信念、态度和价值观,这些态度、价值观和信念在人类行为和进步过程中,起着重要作用。⑥ 我们认为,经济文化是人们在创新、创业、合作、竞争等经济问题上的基本价值观,包括创新意识、创业精神、流动偏好、信用观念、合作意识、开放思维等多个方面。

(1)创新精神。创新是人类社会不断进步的源动力,具有创新经济的经济活动主体是最活跃的生产要素之一。所谓"创新",就是重新组合生产要

---

① 塞缪尔·亨廷顿、劳伦斯·哈里森:《文化的重要作用——价值观如何影响人类进步(中译本)》,新华出版社 2002 版。

② 彼得·德鲁克:《大变革时代的管理》,上海译文出版社 1999 版。

③ 弗朗西斯·福山:《信任——社会美德与创造经济繁荣》,彭志华译,海南出版社 2001 版。

④ 约瑟夫·奈:《美国定能领导世界吗》,军事译文出版社 1992 版。

⑤ 黄仁伟:《中国崛起的时间和空间》,上海社会科学出版社 2002 版。

⑥ 塞缪尔·亨廷顿、劳伦斯·哈里森:《文化的重要作用——价值观如何影响人类进步(中译本)》,新华出版社 2002 版。

素,建立一种新的生产函数,这种创新包括五个方面的内容:生产新产品、开辟新市场、采用新技术和新的生产方法、创造和使用新材料和新能源、创立新的企业组织。①

(2)创业意识。创业意识是创业者抓住适当的市场机会,通过创新的手段,将资源更有效地利用,创造出新的价值。作为专业研究术语的"创业"一词,国外学术界普遍采用 Entrepreneurship 来表示,Entrepreneurship 是与 Entrepreneur 紧密联系在一起的。Entrepreneur 既包括新创企业的创办人,也包括现有企业中的具有创业精神的企业家。②

(3)流动偏好。要素流动是经济增长和创新实现的关键。优秀的区域经济文化鼓励资源流动,促进资源合理配置与创新活动顺利实现。如人口流迁能带来技术流、信息流、经验流、知识流和资金流,为各种文化观念的撞击创造了条件。

(4)开放思维。文化有开放文化和封闭文化之分,开放思维能够拓展经济主体的行为领域,也能推动生产要素流动。我们国家是一个受"家文化"影响较深的国家,家文化具有一定对外封闭性,由于家族企业的社区内敛性和强烈的利益排他性,导致生产要素流动的壁垒障碍。

(5)合作意识。在现代市场经济的收益格局中,基于社会化分工的经济发展还必须依赖于经济主体的合作协调。合作意识通过信息交流与知识共享等多种形式,能够降低交易成本,提高经济效率。

(6)信用观念。信用是社会主体的一种债务道德和经济发展的昂贵资源,它强调放弃短期的机会主义收益,并通过长期内形成的信用资本积累,为社会网络的形成奠定了基础。

在经济文化的丰富内容中,我们认为对经济发展作用最直接和最重要的是创新精神。与创新精神密切联系但又不相同的概念是创业意识。创新与创业都体现为"企业家精神"这一载体,创业意识即为一种企业家精神,创业的主体是企业家,而企业家精神的本质或者说最为重要的方面是创新,创新是企业家的基本职能。德鲁克指出,"企业家是牟取利润,并为此承担风险的人,他们是开拓新市场,引导新需求,创造新顾客的人,是一批别出心

---

① 约瑟夫·熊彼特:《经济发展理论》,何畏等译,商务印书馆 1990 版。
② 林强、姜彦福:《创业理论及其架构分析》,《经济研究》2001 第 9 期。

裁,独具匠心,与众不同的人。"①因此,创业是基于创新的行为过程,创新最为重要的实践意义是创业行为,也即创新是通过创业来实现的。从创新与经济文化的关系来看,创新精神构成区域经济文化的主体内容,流动偏好、开放思维、合作意识与信用观念有助于创新的形成,是创新行为发生的重要条件和基础。纵观创新活跃发达的地区,如下文将要分析的硅谷和温州的创新模式无不与该区域经济文化中人的创业意识强烈、流动频繁、思维较为开放、合作意识和信用观念较强有关。

二、硅谷与温州创新模式的比较及其文化因素影响

正如创新是一个社会性的、地域性的、嵌入的互动过程,一个不考虑其制度和文化背景就无法理解的过程,②创新具有明显的区域特色和文化烙印。文化内生于经济发展中,经济文化能够通过独特的作用机制形成的创新模式。因此,我们比较分析硅谷和温州的这种创新模式差异时,有必要寻求经济文化的区域性差异,既要分析这两个地区的经济文化特征,更要基于这种分析视野出发,深入探究两种创新模式异同中的经济文化因素影响。

(一) 美国硅谷的经济文化特征

硅谷是技术创新和高技术产业化的典范,从根本上来说,硅谷的成功是特定制度与文化的产物。正是特定的文化和制度环境为硅谷企业提供了良好的"温度"、"湿度"、"土壤"、"植被"等,使硅谷成为创业人和创新者的"栖息地"(Habitat)。这种经济文化特征表现为:

1. 企业快生、宽容失败的创业精神

新创企业数是一个区域创新精神的最直观表现。这种精神突出表现为企业快生和宽容失败上。1990—2002 年,硅谷新成立的企业为 166200 家,同时有 1.25 万家企业倒闭,每年平均有 1.3 万家新企业诞生,1 万家企业倒闭。硅谷地区新创企业在 2000—2002 年期间净增长约 2.38 万家,新创企业

---

① 彼得·德鲁克:《创新与创业精神》,上海人民出版社 2002 版。

② Bjorn Asheim and Michael Dunford, "Regional Futures s", *Regional Studie*, 1997, Vol.3.

多于倒闭企业。①

2.鼓励冒险、开拓进取的创新文化

硅谷文化的重要特色就在于它具有鼓励冒险、宽容失败的价值观念。硅谷文化信奉"败又何妨(It is OK to fail)"的价值观,不以成败论英雄作为价值判断标准,有容忍失败的胸怀和强烈的风险意识。他们认为冒险者的失败是一种经验,这种经验最终会推动冒险成功。另外,硅谷创业人发扬的是艰苦奋斗的创业精神,追求的是"冒险求变,勇于竞争"的进取精神,开创从前没有的事业。

3.容忍跳槽、宽容"背叛"的开放思维

硅谷的工程师们养成了强烈的对技术进步的忠诚和职业的忠诚,而不是对个别企业忠诚的职业精神。硅谷企业不断"裂变"(spin off)而生成新的企业,实现企业衍生,见表1。这种"裂变"机制和跳槽文化带动了"技术流""信息流""经验流""知识流"和"资金流",形成了知识外溢,有利于新企业的不断产生。

表1　硅谷地区重要企业衍生情况

硅谷地区	企业创业者	衍生企业数
苹果	94	71
思科	41	35
惠普	117	99
英特尔	76	68
甲骨文	73	57
硅谷图形	50	37
升阳	101	79
IBM	82	77

资料来源:Junfu,Zhang,"High-Tech Start-ups and Industry Dynamics in Silicon Valley",Public Policy Institute of California,2003,根据其相关数据整理得出。

4.竞争与合作并重,更重合作的协同意识

硅谷企业内部各单位之间、企业与企业之间以及企业与大学、行业协会

---

① 张晓强:《中国高技术产业发展年鉴(2005)》,北京理工大学出版社2004年版。

之间的关系是相互开放的,同行业的企业之间在相互竞争的同时又相互协作,相互交流市场与技术方面的信息。竞争者之间的相互交流构成了硅谷文化的一大特色。在硅谷,几乎没有一家公司能够完全独立地生产一种产品,其商业模式通行外包。

5.包容开放、海纳百川的流动偏好

硅谷是一个典型的移民城市,由大量的外国移民和人才不断流动构成的人力资源是硅谷的重要生产力。从人口特征看,硅谷地区人口数量增长较快,成分多样性,结构更加国际化。目前,40%的硅谷居民出生于美国外。[①] 人口的流动带来了价值观念的交融碰撞。从表2我们还可以发现:硅谷地区的企业和企业员工具有较强的流动性,这种开放与流动主要表现为加利福尼亚州内硅谷与硅谷外的企业和员工的迁入迁出上,这种地区间的流动要强于硅谷与加利福尼亚州外企业和员工的流动。

表 2　硅谷地区企业流动性情况(1990—2001 年)

	迁出 a		迁入 a		迁出 b		迁入 b	
	企业数	员工数	企业数	员工数	企业数	员工数	企业数	员工数
所有工业企业	4593	62688	2726	40012	844	22534	398	10441
高技术工业企业	1490	26684	894	20999	364	13984	209	7546

注:a:硅谷与硅谷外所有地区(包括加利福尼亚州地区)之间的流动
　　b:硅谷与加利福尼亚州外其他地区之间的流动
资料来源:相关数据和指标选择的解释详见 Junfu,Zhang,"High-Tech Start-ups and Industry Dynamics in Silicon Valley",Public Policy Institute of California,2003。

6.守信守约的信用观念

硅谷是一个高技术产业集群,维系这个产业集群高效运转的机制之一是信任机制。信任存在于产业链的供应商与客户之间,存在于不同行业的相互合作者之间,还存在于产学研的紧密协作之间。

(二) 温州经济文化的特征

一般认为,温州模式是一种以市场机制为主导,以家庭经营和个私经济

[①] 张晓强:《中国高技术产业发展年鉴(2005)》,北京理工大学出版社 2004 年版。

为主的发展模式。但从文化和经济的关系看,文化动因是解释温州较全国其他地区率先推进制度变迁的基石之一。[①] 创业精神是温州经济最具优势的核心竞争力之一,创业活跃是温州经济发展的最大特点。温州创业精神是温州的品牌,正是其经济文化特征使温州模式成为我国民营经济发展的经典模式。温州区域经济文化有以下特色:

1. 从创新意识来看,温州人勇于创业而又坚忍不拔,有较强的企业家精神

温州民众既不依靠国家投资,也不依靠外资,甚至不需要政府动员,在强烈的创业致富欲望和冲天热情驱使下,自觉投身于创立基业的进程中,并且温州人具有"敢为天下先、敢争天下强"的创新欲望和"宁为鸡首、不为牛后"的创业成就感。

2. 从创业精神来看,温州人通过创业来实现创新,具有"人人想赚钱、个个当老板、处处创事业"的创业意识

在温州人创业过程中,他们有特别敏锐的洞察力,善于发现市场潜在的需求,有鲜明的吃苦冒险品格。温州人的创业意识以有竞争力的制造业为基础,与"潮商"偏重贸易不同。

3. 从流动和开放来看,温州模式是温州人模式,温州人敢于离土又离乡、四海为家、到处闯荡,流动意识较强

温州已经把市场扩展到国外,如在意大利、巴西、美国、荷兰、俄罗斯等都有温州人办的市场。

4. 从合作观念来看,温州人强调竞争与合作并重,重视产业"扎堆"(产业集群)效应和创业者之间"扎团"(团队合作)理念,重双赢,求共生共荣

温州出"群商",企业采取群落式的发展格局。温州人具有"帮带"的特点,这种"帮带"现象为企业发展创造了很好的社会网络。[②]

---

① 金祥荣、柯荣住:《转型期农村经济制度的演化与创新》,浙江大学出版社 2005 版。
② 朱华晟:《浙江产业群》,浙江大学出版社 2003 版。

(三) 经济文化影响硅谷和温州创新模式的比较分析

硅谷和温州是当今创新较为成功和较有影响力的两个地区。硅谷是一个以创新驱动经济发展的成功典型,特别是以高端技术创新为先导,并辅之必要的制度创新相配套,如股票期权激励制度、风险投资制度、开放市场制度等。而温州是一个通过创业实践来实现创新的典型。温州创新更类似于"熊彼特式"的宽泛意义层面上的创新,它强调较低成本的生产要素使用,以满足新的市场需求;它不追求产品技术含量高但能创立新的企业组织。它们之间既存有相似,也有显著不同。虽然这两种创新模式受多原因影响,但我们可以从经济文化的角度,对比分析其中的异同。

硅谷和温州创新模式的相似之处主要表现在:

1. 两种模式都把创业和创新融为一体

硅谷模式是由创新所驱动的经济增长模式,这种创新高潮是被创业活动所推动。硅谷有成千上万的创业者在活动。成功的创业来源于好的创意和初始资本,硅谷是一个创意的熔炉,这些创意包括新产品、新服务、新市场和新的商业模式,它们来自企业家、大企业员工、大学师生、风险投资家。温州模式是一种创业型经济模式,在创业过程中,温州人善于把握市场进行了很多制度创新,如股份合作制度和民间金融制度。因此,温州人的创业与创新相交汇。

2. 两种模式都是企业家创业精神高涨的结果

创业精神是创业的内驱动力。硅谷和温州都有刻苦耐劳、艰苦创业、不断进取、永不言败的创业精神。硅谷人可以在车库、地下室创业,可以不断跳槽并宽容失败;温州人为了创业可以"白天做老板,晚上睡地板",可以走南闯北,历尽千辛万苦。因此,有人说,"硅谷的空气里飘着的是创意(idea)",而温州人"头发是空心的,里面藏着抓市场商机的智慧"。

3. 两种模式良好的创新环境都与产业集群相关

硅谷的高技术产业集聚能够通过知识外溢和专业化分工协作,为新企业的诞生提供良好环境。温州和硅谷的不同点在于:硅谷是高技术产业集群;温州是传统产业集群。集群经济是我国温州地区的重要特色,那里形成了一镇一个集群的专业特色鲜明的民营企业群落,如柳市低压电器产业、鞋革业产业、服装产业、打火机产业以及眼镜产业等成熟产业集群,这种群落体现了合作创新的文化特点。

4. 两种模式都有有利于创新的社会网络

社会网络是一种持久的社会资本。硅谷的成功得益于作为社会资本的分工协作体系和社会网络。硅谷的企业网络以及个人之间的非正式交流网络通常由相似的教育背景(学缘)和职业背景(业缘)以及合作传统促成。企业内部、不同企业之间、企业与地方组织(如商会、大学)之间的边界作为一个网络体系是相互渗透的①。温州创业的社会网络以血缘、亲缘和地缘关系为纽带,在"一人带一户,一户带一村,一村带一镇"的模式下起步并快速发展起来的,这种社会网络结构有利于降低创业初期的。

5. 两种模式都有使创新顺利实现的专业服务和中介组织

成功的创业需要优质的专业服务以及为创业提供服务的高效而高度专业化的市场支撑体系。硅谷具备充分的信息流与快速而高度专业化的市场服务体系,无疑大大提高了硅谷新创企业的经营效率,使企业的创业与成长更加容易。② 温州经济是典型的"小政府、大市场"经济,其中,温州人的创业得益于民间商会等中介组织为创业提供的良好服务。

虽然硅谷和温州在文化上的一些相似处解释了创新模式形成的共同原因,但是两地经济在文化内核、创新载体、开放思维、合作意识、信用观念等方面的差异,使得两地在创新过程中存在较大差异(见表3):

第一,在区域经济文化内核方面,硅谷的创业文化是校园文化和移民文化的融合,而温州创业文化则以本土文化和海洋文化为基础。硅谷的创业文化是校园文化和移民文化的融合,而温州创业文化则以本土文化和海洋文化为基础。温州本土文化主要是以叶适为代表的"永嘉学派"提倡"义利并举""讲求实效、注重功利、重视工商"的思想。③ 海洋文化塑造了温州创业

---

① 李钟文、威廉·米勒、玛格丽特·韩柯克、亨利·罗文:《硅谷优势——创新与创业精神的栖息地》,人民出版社 2002 版。

② 毛蕴诗、周燕:《硅谷机制与企业高速成长——再论企业与市场之间的关系》,《管理世界》2002 年第 6 期。

③ 周少华、方汇瑛:《探究温州经济的文化基因》,《浙江日报》2002 年 02 月 05 日。

文化的开放性及温州人四海为家、喜欢闯荡的个性。

表3　硅谷与温州创新的比较

	硅谷地区	温州地区
文化内核	校园文化和移民文化的融合	以本土文化和海洋文化为基础
人力资源	"科技精英"创业	典型的"农民能人"创业
开放意识	的完全开放的文化体系	温州的创业文化具有相对封闭性
社会网络	以学缘、业缘关系网络为基础	以血缘、亲缘和地缘关系为纽带
创业路径	大公司打工后学习创业	老板意识强烈
金融支持	风险投资和多层次资本市场	自有资本积累和民间金融
流动偏好	兼有资源全球流动和硅谷所在地区企业和员工流动	温州人经济

第二，在创新所依赖的人力资源方面，硅谷是典型的"科技精英"创业，而温州的老板则是典型的"农民能人"。温州创业之初，由于缺乏技术优势和资本优势，温州人以家庭工业起步，选择了进入门槛较低的传统产业进行创新与创业。

第三，在文化开放性方面，硅谷的移民文化的包容性形成了硅谷创业体系的完全开放性，而温州企业制度的家族性造就了创业文化很强的封闭性。温州企业大多以血缘、亲情关系为依托，倾向于营造出一个相对独立的"温州文化圈"，"依靠自己"的意识过强，实行家族化治理，对职业经理人的引进具有排外性，也较少利用资本市场和外资。因此，温州的创业文化表现出很强的封闭性与排外性。

第四，在社会网络方面，硅谷的创业是以学缘、业缘关系网络为基础，而温州创业文化的一个显著特点是血缘、亲缘和地缘关系成为维系温州社会的纽带。在温州人的观念中往往分为"自己人"和外人，"自己人"比"外人"亲，自己人之中，父子亲于叔侄，叔侄亲于族亲。这种社会网络正如我国著名学者费孝通所言的用差序格局：如一轮轮波纹状，以自己为中心向外推，愈推愈远，关系也愈薄的人际网络。[1] 这种关系网络缺乏家族外的社会信任。

---

[1]　王成荣、周建波:《企业文化学》，经济管理出版社2002年版。

第五，在创业路径上，硅谷创业者是先在大公司打工，后当小老板，在打工中学习创业，而温州人在创业方式上则是"宁做鸡头不做凤尾"。硅谷企业善于通过控制市场使利益最大化，而温州人在创业方式上是"宁做鸡头不做凤尾"，热衷于通过控制企业所有权来实现自身利益最大化。温州人这种过强的"老板意识"给创业企业可能带来负面影响，如在市场中企业无法通过联合、兼并、组建集团等快速上规模、上水平、上档次。

第六，在金融支持方面，以风险投资和多层次资本市场为硅谷的创业公司提供了良好的融资条件，而温州则是以民间金融支撑为主的金融体系。自有资本积累和民间金融为温州民营经济的发展提供了强大的资金支持。

三、经济文化的作用机理及其对创新的影响

经济文化主要是通过创造、激励、渗透、整合、导向与规范等机制对创新活动中的宏观影响因素和微观主体产生作用，这种作用包括影响企业家的生成与决策、企业产权制度安排、经济发展的软环境和集群生成等。具体来看，这种作用机理和影响表现为：

（一）经济文化能够发挥创造作用，培育企业家精神，形成企业家阶层

埃尔伍德（Ellwood）认为，文化是学习和制造的过程。[①] 韦伯认为，欧美资本主义经济的发展，在于"宗教革命"所形成的新的精神气质培养了一批市场经济发展所必须的、守纪律而且能够吃苦、具有奉献精神的劳动力大军以及创业企业家。[②] 硅谷和温州创业文化的创造性表现增加创业者（企业家阶层）的数量和素质、创造新的技术与新的管理经验，进而使这些地区企业家阶层具有相当高的社会地位。

（二）经济文化通过激励机制，激发经济行为者的创新意识

硅谷勇于创新的经济文化激励着许多具有潜在创业优势资源的创业者

---

① 陈佛松：《世界文化史》，华中科技大学出版社 2002 年版。

② 韦伯：《新教伦理与资本主义精神（中译本）》，生活·读书·新知三联书店 1987 年版。

去尝试实践创业活动,并在创业企业发展到一定规模与阶段后,追求更大成功的持续动力会激励创业者们不断进行技术创新与制度创新。温州地区"追求成功、实现自我"的创业精神能够激励创业者个人开拓创新以实现自我与超越自我,激励形成新的经济组织或产生一项新的经济活动。

(三)经济文化能够形成一种渗透机制,影响企业家决策和促进企业组织制度的演进

在制度变迁理论中,文化影响着衡量与实施契约的费用,而且文化通过知识、观念和意识形态对企业家决策发生影响。[①] 经济文化通过渗透机制对企业产权安排和制度变迁路径也发挥着影响作用,进而促进企业制度的演进。从文化的开放性而言,硅谷的社会资本网络要宽厚,这使得硅谷地区企业能够形成较为开放的治理结构,能将企业外部创新资源与内部治理相结合,而温州地区局限于相对封闭的社会资本网络,企业治理以家族制为主,外部创新资源较难进入。

(四)经济文化能够通过整合机制,影响经济活动中制度安排路径

经济文化作为非正式制度的重要内容,不同经济文化的整合作用不同,导致制度安排路径选择具有差异性。以硅谷和温州两抵的金融制度安排为例,由于硅谷处于一个社会信用水平较高、诚信意识较强的社会背景下,这里适宜于以有限合伙为主要组织形式的风险投资发展,进而整合整个社会资源来实现创新。相对而言,温州地区信用水平还不是很高,在这种经济文化中,民间合作金融(仅局限于一定区域、部分金融资源供需主体的金融制度)更容易产生。两种不同的金融制度安排虽都内生于特定的经济文化,但民间合作金融对创新绩效的影响明显不如风险投资。

(五)经济文化能够通过导向作用,形成产业集群,促进创新的实现

一个地区的经济文化对该地区的实践能够形成一种导向性约束,提供了一种标准范本与行为规范。创新来源于社会化的学习过程(包括文化、制

---

① 高波、张志鹏:《文化资本:经济增长源泉的一种解释》,《南京大学学报》2004 年第 5 期。

度等非经济因素),产业集群是在企业空间集聚基础上强调产业内各种要素的有机聚合和协同整合,进而汇聚成多层次的创新网络系统,从文化来看,产业集群反映着一个地区的分工与合作观念,是促进创新的有效经济组织形式,它具有降低创业成本和促进创新的功能。温州和硅谷作为传统产业和高技术产业集群,与集群内经济文化的作用息息相关。

(六)经济文化能够发挥规范作用,影响经济发展的软环境

虽然硅谷和温州经济文化具有不同的文化内核,但是,重商、亲商和尊商的经济文化内容对当地创新氛围的形成起到了重要作用。这种商本位的文化内核要求创新活动和创业行为遵从市场经济规律,增强市场规则意识和竞争意识,与此相对立的是减少行政干预,健全社会服务体系和发挥中介组织作用,硅谷和温州良好的创新与创业软环境无不与重商文化有关。

四、重塑区域经济文化的建议

前文美国硅谷与浙江温州的创新模式的比较分析表明,在当前我国社会经济进入重要转型时期,为了让创新和创业成为区域经济发展的内在驱动力,我们必须加快推进经济文化的重塑。无论是从经济文化的内容,还是从经济文化影响创新的作用来看,经济文化既受个体的价值观、态度、信念等因素影响,也受制于政治体制经济社会等多重社会因素。前者表现为一种观念文化,后者表现为制度文化。区域经济文化的重塑,既要改变民众个体的观念转变,也必须重视政府作为制度供给主体对区域文化的影响作用。

(一)重塑区域经济文化需要从民众个体观念意识入手,培育创新创业精神

民众个体是区域经济中创业行为和创新文化精神的主体和微观基础,社会需要鼓励冒险,宽容失败,重视以创新为代表的开放价值观,形成一种"自下而上"的文化变迁革新路径。

(1)弘扬创业文化,实现从官本位思维向商本位思维转变。重商、亲商

文化和创业本位的思维有利于企业家精神的培育和创新的实现,官本位文化不利于市场经济的发展。我们需要更多的人来创业,来生产"蛋糕"和做大"蛋糕",改变"食之者众,生之者寡"的局面。作为创新的主体和创业的实践者,企业家应该改变过度重视关系经营、政治公关和通过投机获取资源等扭曲和取巧行为,严格按市场规律办事,增强市场意识和竞争意识。

(2)弘扬创新文化,实现从墨守成规、小富即安向勇于创新、大富思进的转变,形成以追求卓越,鼓励冒险,宽容失败,重视创新为代表的开放价值观。

(3)弘扬合作文化,实现从利己独赢向合作共赢转变。创新与创业活动的产生,既需要分工,更需要倡导平等、共赢、和谐、协同的合作文化,通过分工协作中推动创新和创业。

(4)弘扬信用文化,实现从重即期利益向重长远效应的转变、从守财向守信的转变,提高信任度。我们要改变"一锤子买卖"的短视行为,在经济发展中提高信任度、重视规则意识,在信用的基础上提高交易频率、交易次数与交易效率,进而推动创新。

(5)促进区域文化的开放性和兼容性,倡导开放思维与流动意识,实现从静态封闭向动态开放转变。区域创新经济发展的要素之一是在企业与企业之间、行业与行业之间、人与人之间,以及经济区域之间建立起网络般的沟通交流机制,这种网络化交流可以不断产生经济发展的机遇。[1] 民众个体要在开放的社会结构体系中,形成博采众长的开放心态,特别是要在流动中寻求创新的实践机会,企业要形成动态开放的企业治理结构。

(二)重塑区域经济文化需要重视政府作用,营造创新制度环境

区域的社会制度文化是区域经济文化的重要有机构成。政府则需要尊重创业者,保护纳税人,重商、安商、亲商,从"全能政府""管制政府"向"有限政府""服务政府"转变,发挥文化重塑的制度环境保障作用,这是一种"自上而下"的文化制度变迁革新路径。

(1)政府应该重视要素流动特别是人的流动对文化的作用,并为要素的

---

① Aldrich,H.&Zimmer,C.,"Entrepreneurship Through Social Networks",Sexion,D.&Smilor,R., *The Art and Science of Entrepreneurship*,Ballinger:Cambridge MA,1986.

合理流动和优化配置提供良好的制度环境和支持平台,特别是通过对本地的区域资源和外部企业家精神的嫁接,推进有利于创新和创业的区域经济文化重塑。

(2)构建合理的政商关系,实现从"全能政府""管制政府"向"有限政府""服务政府"的转变,减少政府行政干预。

(3)保障激励创新的制度供给,以制度创新促进区域经济文化重塑。政府应该在法制规范、政策制定、舆论营造中发挥服务型作用,通过完善知识产权制度形成对冒险等创新行为的鼓励和保护。特别是政府要鼓励支持风险投资发展,重视创新文化与金融的结合,建立创新文化向创业资本转化的金融支持体系,形成一种鼓励冒险、允许失败的制度效应。

(4)建立重塑创新文化的先行区和示范区,如选择高新技术开发区和经济技术开发区作为重塑经济文化的载体,然后由点到面,发挥开发区的先行示范作用和扩散辐射功能。

(5)培育集群经济,营造健全的企业生态。政府营造一种让大中小企业共存共荣的产业集群生态环境,充分利用集群的分享合作,重塑区域经济文化,进而促进创新。

(6)发挥大学和科研院作用,培养创新、创业人才。硅谷文化是同斯坦福大学分不开的。未来的经济发展,不仅需要实验室人才,更需要具有企业家精神的创业人才。

(本文系国家自然科学基金项目"高技术企业区域发展与创新模式研究"(项目编号:70573080)的研究成果,发表于《中国软科学》2006年第4期。郑凌云、张昭华协助研究)

—29—
论高技术产业的机制创新

发展高技术,实现产业化,是我国迎接新世纪和新经济挑战,实现国民经济结构调整和升级的重大发展战略。由于长期以来计划经济体制的影响,我国企业技术创新动力不足,机制不活,科技人才创新积极性不高,投融资渠道单一,高技术产业发展十分缓慢。发展高技术产业必须针对高技术产业的特点进行激励机制、产权调节机制和风险机制的创新,营建高技术产业发展的良好环境。在我国,发展高技术产业要突破四个方面的约束:第一,需要制度创新和技术创新,但在转型时期,制度重于技术。第二,需要技术驱动和市场驱动,但从产业化角度来说,市场的驱动更为重要。第三,需要运作项目和营造环境,但对高技术来讲,环境的营造更重于项目运作。第四,需要企业家和科学家的合作,但我们最缺少的是能把科技成果大规模产业化的领袖型企业家。

一、高技术产业与人本经济

一般认为,高技术(High-Technology)泛指一大批新型技术产品及其引发出来的一些变革。高技术产业则是指通过这些高技术的产业化而发展起来的新兴产业。1986 年,OECD 根据国际标准产业分类(ISIC),选择 22 个制造业行业,依据 13 个比较典型的成员国 20 世纪 80 年代初的有关数据,通过加权的方法(权重采用每个国家产值在总产值中所占份额的数值)计算了这些行业的 R&D 经费强度。最后,将 R&D 经费强度明显高于其它产业的 6 类产业,即航空航天制造业、计算机及办公设备制造业、电子及通信设备制造业、医药制造业、专用科学仪器设备制造业和电气机械及设备制造业定义为高技术产业。1994 年,OECD 专家又分别选用总的 R&D 强度、直接 R&D 强度、间接 R&D 强度三项指标,依据 10 个成员国 1973—1992 年的统计数据重新计算,最终确定航空航天制造业、计算机及办公设备制造业、电子及通信设备制造业、医药制造业属于高技术产业。在我国,高技术一般是指信息技术、生物技术、先进制造技术、先进环保技术、新材料技术、新能源及节能技术等。① 与其他产业相比,高技术产业具有如下三个方面重要特征:

(一)以人为本

任何一种产业的发展都是资本、人才、技术等多种生产要素综合作用的结果。高技术产业发展的特点在于,在所有生产要素中,人力资本在该产业的发展中起决定作用,由人力资本所形成的知识产权等无形资产在总资产中占有很大的比重。发展高技术产业既需要大师级的帅才在技术源头上提供产业化技术源头,更需要领袖型科技企业家作为企业和产业的领航人。美国高科技的快速发展靠的就是美国众多的人才。世界银行的专家利用公开发表的数据对全世界 192 个国家的资本存量进行了粗略的计算,得出的结论之一是,目前全世界人力资本、土地资本和货币资本的构成比为 64∶20∶16,人力资本是世界总财富中最大的财富。目前西方国家的许多企业的无形资本在总资本中所占比例超过了 60%,知识产权已成为知识经济中最主要的产权形式。美国人口占世界 1/22,却拥有全世界研究生的 1/2,本科生的 1/3,科技人员的 1/4。更值得注意的是,美国的高科技人才 80% 是活跃在企业中,与生产联系密切。微软公司成功的秘密正是它的员工所具备的开发电脑软件的知识和创新能力,以及比尔·盖茨等经营高科技产业、开发高科技市场的企业家才能。我国台湾地区高科技的迅速崛起也得益于在美国数十万的华裔科学家和工程师。当这支人才队伍重返台湾的时候,许多人

---

① 国家发展计划委员会和科学技术部:《当前优先发展的高技术产业化重点领域指南》,http://www.sdpc.gov.cn/。

已经拥有了工作经验。他们把技术和硅谷精神移植到台湾,最终刺激了"头脑水渠"的倒流,形成了台湾地区高技术产业发展的技术团队。[①] 由于拥有知识和创新能力的人力资本所有者成为社会经济价值的主要创造者和拥有者,进而成为社会生活中最受尊重、最有社会地位的人,高技术企业的治理结构也开始从原有的货币资本所有者主导转变为人力资本所有者主导。

(二)融资活动的高投入、高风险和高收益

高技术产业的完整周期是高技术的研究——工程开发的产业化——生产经营的规模化。高技术的技术价值不仅要有技术的先进性,还要有技术的成熟性和市场的经济性。如果只有技术先进性,没有成熟性和市场经济性,高技术就难以产业化。高技术产业融资是高技术产业化过程中物化劳动、活劳动消耗和占用的货币表现,它具有高投入、高风险和高收益的特点:(1)高投入。由于高技术比传统产业复杂得多,往往涉及多个学科领域,对设备、原材料的要求更高,技术更新速度更快,使得企业设备更新和折旧的速度大大加快,因而需要的资金也大大高于传统产业。美国 IBM 公司在1980—1984 年间的电子计算机开发费用和基建投资为 280 亿美元,相当于 40 年代美国研究原子弹的曼哈顿计划全部费用的 14 倍。微软公司每年投入的研究经费达 10 亿美元,其中仅开发 WINDOW95 就花了 1 亿美元。(2)高风险。高技术产业发展面临来自以下三个方面的风险:一是技术风险,即在产品研制和开发过程中由于技术失败而引致的损失。二是市场风险,即技术创新带来的新产品能否为市场接受,能否取得足够的市场份额。三是财务风险,即对技术创新的前期投资是否有保证,这些投资能否按期收回并获得令人满意的利润。由于这些风险的客观存在,使得不少对高技术产业的融资活动以失败而告终。据统计,国外一般高技术企业10 年生存率仅 5%—10%。(3)高收益。高技术企业的技术一旦开发成功并且获得广泛的市场认可,则会高速成长,投资收益率将大大超过传统产业的收益率。

---

① 安娜李·萨克森尼安:《硅谷和新竹的联系:技术团体和产业升级》,《经济社会体制比较》1999 年第 5 期。

（三）产品具有较强的公共性和外部性

高技术产业是知识密集型产业，其产品一般是知识产品，具有较强的公共产品性质和较大的外部性。知识产品的公共性是指：（1）知识产品的生产者一旦把产品生产出来，除极少数配方可以通过保密的方法保护自己以外，知识或技术的创新者就很难把知识创新或技术创新的成果完全占为己有。科学的发现者和技术创新者如果把知识或技术创新的成果隐藏起来，其创新成果就不会得到承认；（2）知识产品一旦生产出来，其他人增加消费的边际成本等于零。知识的使用和消费不仅不会使知识损耗减少，而且还会使知识增加。因此，知识产品的消费并不影响其中某个人的消费。① 知识产品的外部性则是指知识产品的社会收益率往往要大大高于知识产品给生产者个人带来的收益。知识产品或技术创新可以通过技术许可、专利技术的公开、公开出版物与各种技术会议、与创新企业雇员交谈、雇佣创新企业的雇员、产品反向工程及独立 R&D 等方式，获得创新技术、创新市场以及创新利益等方面的溢出效应。Jeffrey I. Bernstein 和 M. Ishaq Ndini 对四个产业的测度表明，在化工和仪器产业，R&D 的社会收益率超过私人收益率的 67% 和 90%，机械产业约 30%，石油产业为 123%。② 公共性和外部性既使知识和技术创新成为一个国家经济增长和发展的战略资源，同时也使得它容易受到仿冒、窃取、盗版等不法行为侵害，产生创新过程中的"搭便车"行为，使企业和个人从事创新活动的激励减弱。

二、发展高技术产业的机制创新

"机制"（Mechanism）是指机械或机器的构造原理和工作方法，即机器内部各个组成部分之间的相互关联。后来该词被运用到生物学和医学当中，用以表示生物有机体各种组织和器官如何有机地结合在一起，通过它们各自的变化和它们之间的相互作用，产生特定的功能。经济学中使用机制这一概念是指存在于社会经济生活当中，维持社会经济生活的系统结构和有

---

① 袁志刚：《知识经济学导论》，上海人民出版社 1999 年版。
② 杨武：《技术创新产权》，清华大学出版社 1999 年版。

序运动的内存力量。高技术产业的发展特征,决定了发展我国高技术产业必须有相应的机制创新:高技术产业以人力资本为第一资本需要有发挥创新创业人才潜能的激励机制;以知识产权为核心产权的特征需要有运营知识产权的产权调节机制;高风险、高投入、高回报的特征需要有风险分散机制和区别于传统产业的特别融资机制。

(一)发展高技术产业需要进行激励机制创新,实施股票期权,调动技术所有者和企业管理者的积极性

股票期权(Stock Option)是公司给予对企业未来发展有举足轻重影响的公司雇员(包括公司的董事、经理人员和技术人员)的一种选择权。其中支付给技术人员的,实质是一种知识股权制度(Knowledge Stock Ownership,KSO)。[①] 股票期权能够激励高技术企业这些人力资本所有者的积极性,主要是由于以下7个方面的原因:(1)股票期权制度突破了传统经济下企业治理结构中"股东至上主义"的逻辑,让技术人员、经理人员与资本所有者等共同拥有企业的剩余索取权,从而确立了高技术企业"以人为本"的理念,让高素质的技术人才和经理人员成为企业的"金领";(2)股票期权制度通过股票市场的预期收益机制,有效地解决了高科技企业中科技人才和高级管理者的人力资本价值的测度问题,体现人力资本的独特价值;(3)股票期权制度将技术人员、经理人员等的薪酬与公司业绩和长远发展较为紧密地联系起来,有助于克服传统薪酬制度下经理和技术人员的行为短期化倾向和道德风险;(4)股票期权制度将企业为经理人员、技术人员提供的内部激励外部化与市场化,更显公平与公正,因而也更具激励性;(5)提供分享公司潜在收益机会,吸引和留住高素质技术人才。在国外,股票期权又称"金手铐";(6)激励员工士气,增强企业凝聚力;(7)降低企业的成本。据资料统计,全球排名前500位的大型工业企业中,1986年已有89%的公司实行了股票期权,1990年以后,这一比例仍在上升,而且范围也迅速扩大到中小型公司。美国硅谷的企业则普通采取了这种制度。[②]

---

① 温世仁:《新经济与中国》,上海三联书店2001年版。
② 辜胜阻、黄永明:《"新经济"与制度建设》,《经济日报》2000年11月28日。

（二）发展高技术产业要进行知识产权保护机制创新，建立和健全专利保护制度，保护创新者利益

农业经济时代，土地是最重要的经济资源，因而土地所有权是那个时代社会经济生活中最重要的财产权。工业经济时代，资本是最重要的生产要素，资本所有权取代了土地所有权昔日的地位，在财产权中占头等重要的位置。进入新经济时代，知识（信息）成为第一生产要素，知识产权上升为最重要的财产权。知识产权是主体对智力成果享有的专门权利，它可分为专利等工业产权和版权。专利知识产权制度在促进技术创新方面具有以下几个方面的功能：一是驱动技术创新。专利制度能保护技术创新成果在一定期限内的排他独占权，持续地激发起人们进行发明创造的热情。竞争者要在竞争中赢得优势，也必须进行新的发明创造。依托专利工作的有效开展，可以从模仿创新、合作创新走向自主创新。二是激励技术产业化。专利使技术权利化，具有资产营运功能，能充分发挥创新者的潜能。三是配置技术资源。专利制度具有信息化功能，专利是信息化的技术。充分运用专利文献，能尽快改变闭门造车的局面，有效配置有限的技术创新资源。四是降低技术交易成本。发挥专利制度的作用，不仅能提高研究开发的起点，而且能节约40%的科研开发经费和60%的研究开发时间。欧洲专利局的一项研究结果表明，在十几个欧洲专利条约成员国中，在应用技术的研究开发中，由于利用了专利文献，避免了重复研究，每年可节约大约300亿马克的研究开发经费。同时，专利制度在保障市场公平环境、开拓技术产品市场、发挥政府导向、促进相互合作以及推动技术扩散等方面也具有不可替替代的重要作用。[1] 著名经济学家诺思指出："一套鼓励技术变化、提高创新的私人收益率的激励机制，仅仅随着专利制度的建立才被确立起来。"[2]

（三）发展高技术产业要进行投融资机制创新，建立和完善风险投资制度，让高技术产业"快生"和"长大"

风险投资（Venture Capital）是由一些专业人员或专门机构向那些刚刚成

---

[1] 辜胜阻、李永周等：《新经济的制度创新与技术创新》，武汉出版社2001年版。
[2] 道格拉斯·C.诺思：《经济史中的结构与变迁》，上海三联书店、上海人民出版社1999年版。

立、增长迅速、潜力很大、风险也很大的高科技企业提供股权融资并参与其
管理,以期成功后取得高资本收益的一种商业投资行为。其实质就是通过
投资于一个高风险、高回报的项目群,将其中成功的项目出售或上市,实现
所有者权益的变现(蜕资),这时不仅能弥补失败项目的损失,而且还可使投
资者获得高额回报。风险投资最重要的制度功能是分散了高技术产业的风
险,这是因为:(1)风险投资的决策过程是一个大浪淘沙、市场筛选的过程,
降低了投资风险。为了降低投资风险,风险投资家要在投资决策时尽量规
避风险。一方面,风险投资家会通过分散投资(或组合投资)的办法,把资金
分散投向不同项目,或者采取分阶段投资的办法,在项目的不同发展阶段决
定是否投入和投入多少;另一方面,风险投资家还要在作出投资决策之前进
行严格的项目评估。通常,风险投资公司要通过拥有金融、管理等各方面专
业人才,聘请科技界和产业界的资深人士作为投资顾问,设立科技和经济情
报的收集、研究机构,定期对某个领域的技术和产业动向提出投资和经营的
决策参考意见,然后由风险投资家根据市场吸引力、产品的独特性、创业者
的管理能力、环境威胁抵抗能力等多方面对项目进行评估,进行风险投资决
策。(2)风险投资家通过权益投资的方式,并积极参与风险企业的管理,为
风险企业承担高技术创业所面临的技术、市场、财务与管理等风险。在风险
企业创业初期,甚至还只是一种头脑中的想法(idea)的时候,风险投资就开
始介入,并贯穿从开发到成熟的各个阶段。风险投资不仅给新创企业提供
企业急需的、难以从其它渠道获得的长期性资本,而且,为了规避风险,风险
投资家往往还要运用自己的经验、知识、信息和人际关系网络,肩负着输入
管理技能、知识经验、市场资讯资源的责任,帮助高新技术企业提高管理水
平和开拓市场,提供增值服务。(3)风险投资一般采取有限合伙制或投资基
金形式,资金来源主要是社会闲散资金,从而实现了风险投资风险的社会
化。而且风险投资基金的合伙年限一般为 10 年,一个公司通常有 3—9 个
主管合伙人,可以同时管理几个相互独立的基金。风险投资在市场筛选、产
业培育、政府导向、资金放大、要素集成、激励创新、降低交易成本以及更新
创新观念等方面也表现出独特的制度功能。[①] 正是风险投资的这些制度功

---

① 辜胜阻、黄永明:《风险投资的制度功能》,《光明日报》2001 年 2 月 28 日。

能,使其成为高技术企业的"孵化器"。

三、推进高技术产业机制创新的战略思考

理论研究和国际经验表明,股票期权、专利制度和风险投资在促进高技术产业化中起着重要的作用,越来越多的国家和地区把这三项制度作为其科技政策的重要组成部分。目前,我国高技术产业的机制创新需要着力解决以下三个问题。

(一)营造高技术企业实施股票期权的市场环境,建立发挥科学家和企业家的潜能的激励机制

高科技企业的发展依赖于核心技术,依赖于技术骨干等"知本家",如果没有有效的股票期权制度等长期激励机制,则"知本家"队伍的稳定、"知本家"的创造欲与创造激情等就会缺乏坚实的利益刺激,其工作目标也会偏离股东目标。而股票期权的实施离不开资本市场。股票期权激励机制的核心在于通过股票市场将公司的经营业绩同公司技术人员、高级管理人员的努力联系起来。这种激励方式得以有效运转的前提条件是公司的股票价格能够真实反映公司的经营业绩。在我国,由于主板市场形成的时间不长,市场容量小,对上市公司和市场参与者的监管目前都较为薄弱,社会中介机构的监督权力也很有限,使上市公司的利润和价格操纵都很容易。股票市场的弱效率甚至是无效率必将导致公司的股票市场价格与公司实际经营业绩的相关性极低,从而使股票期权制度的作用大打折扣。因此,对我国高技术企业实施股票期权的基本思路是要依托资本市场,完善资本市场,加快资本市场制度建设,提高资本市场运作效率,促进资本市场健康、持续发展,为股票期权制度实施建立良好的制度环境。在此基础上,重点推进上市公司,特别是高科技上市公司实施股票期权制度,鼓励和引导上市公司资源兼并、重组和改造高技术企业,对高技术企业经理人员和技术人员实施股票期权。同时,即将推出的创业板市场上市企业也要普遍实施股票期权。

（二）建立鼓励创新的专利知识产权制度，发展具有自主知识产权的高技术产业

目前，我国专利知识产权工作还存在许多问题。这些问题主要表现在：（1）专利技术产业化环境差、水平低。据世界银行估计，中国的科技成果转化率平均只有 15%，专利转化率只有 25%，专利推广率在 10%—15%上下浮动。而日本等发达国家科技成果转化率高达 70%—80%。（2）研发投入强度低。在电子与通讯设备制造业方面，我国 R&D 投入强度仅为 0.7%，与经济合作与发展组织（OECD）国家相差 25 倍。我国一年用于研究与开发的费用，只有美国的 1/40。（3）国民专利意识淡薄，技术人员重评奖轻专利，专利申请量少创新水平低。据对部分重点医药科研单位、大专院校和企业调查表明，在 1985—1996 年期间取得成果 1168 项，申请专利 32 项，只占 2.7%。我国的高校在 1992—1998 年期间鉴定成果近 6 万项，申请专利不足 13300件，只占其 22%。（4）自有知识产权少，出现受制于人的局面。据统计，在1994 年至 1988 年我国受理的有关计算机、医药、生物、通讯和半导体等高技术领域的发明专利申请中，国外申请分别占 70%、61%、87%、92% 和 90%。涉及电子信息技术的发明专利占到近 1/3，其中，国外申请是国内申请的 5倍多。（5）企业专利工作落后。建立和完善我国专利制度要从四方面入手：一是要从宏观层面推进体制创新，加强政府对专利工作的组织领导，有效整合社会资源，综合运用经济、法律手段，大力推进企业专利工作，切实把专利管理和保护贯穿于技术创新的全过程，着力建立以企业为主体，政府推动为主导，市场拉动为基础，融入创新体系为重点，法制建设为保障的专利与经济协调发展新体制；二是要从微观层面建立科学有效的运行机制，运用包括知识资本分配与运营、资源优化培植、专利战略运用、技术创新能力评估等手段，充分发挥专利制度作用，激励和保护技术创新；三是政府要推进包括法制环境、政策环境、舆论环境、服务环境等多方面环境创新，培植有利于专利技术产业化的"土壤"；四是要开拓专利技术市场。

（三）构筑"官助民办、以民为主"风险投资新模式，建立高技术成长和壮大的发展机制

国外风险投资发展的经验表明，风险资本主要来源于富有的家庭及个人、各种基金组织、银行附属机构、公司战略投资、保险公司、投资银行等。政府主要提供税收优惠、贷款担保以及少量的直接投资等。美国风险投资主要以个人和基金组织投资为主,政府投资比重不到10%。而且即使是政府投资的,也主要采取私人管理型基金或注册资本公司形式,政府管理型基金比重相当小,仅限于政治目标很强的领域。[①] 我国风险投资目前是政府起了主导作用,占80%以上,而且基本上是官办官营。政府主导风险投资不仅会受到财政资金有限的限制,而且会出现运行效率低下、代理成本高、道德风险和短期行为盛行等问题。政府过多地参与风险投资活动还会对民间资本产生极大"挤出效应",不能调动民间资本参与风险投资的积极性。发展我国风险投资,要推进战略重心转移,立足于调动民间资本的积极性,建立多元化风险投资体系,构筑"官助民办,以民为主"的新模式。一方面要启动民间个人投资,另一方面要大力培育保险公司、养老保险基金和投资银行等机构投资者。[②] 我国现有个人金融资产至少10万亿元,其中包括6.6万亿元个人存款,2万亿元股票,700多亿美元外币及手持现金1.5万亿元,这些钱多集中于少部分有钱人手中,投资倾向较强;改革开放以来,保险公司、养老保险基金、投资银行等也已经积累了一笔庞大数量的基金,投资能力增强;国外大量资金雄厚的风险投资机构也在中国寻找项目和市场。要采取得力措施,营造良好投资环境,引导个人资金流向,培育机构投资者,引进外资;大力推进全社会信用体系建设,防止少数企业和个人借风险投资之名"圈钱";政府要为风险投资公司和风险企业提供税收优惠、信用担保、产品定购等,必要的时候对少数前瞻性、战略性领域进行直接投资。

(本文发表于《经济评论》2001年第6期。李永周协助研究)

---

① 章彰:《政府型创业投资基金的组织形式与效率》,《世界经济与政治》2001年第4期。
② 辜胜阻、徐绪松:《政府与风险投资》,民主与建设出版社2001版。

—30—
高技术产业与资本市场
结合的战略思考

下一个世纪,人类将步入知识经济时代。在知识经济时代,知识取代土地、厂房甚至资金而成为最重要的生产要素,改变了国家的成长模式与国际竞争力。高技术产业是知识经济的第一支柱,知识经济正是以数字化信息革命为代表的高技术产业发展直接导致的结果。高技术产业主导着一国经济的产业发展方向,高技术产业的成功发展不仅可以改造传统产业,而且能生成新的产业和新的国民经济增长点。同时,高技术产业具有成长快速、技术含量高、产品对社会经济活动影响面等特点,高技术产业在国民经济中的比重大小是衡量一个国家经济发展水平和增长潜力的重要标志。高技术产业发展亟需大量资金投入,而良好的资本市场环境正是推动高技术产业成长壮大的"温床"。因此,知识经济和高技术产业的发展有赖于金融制度的创新。高科技作为"第一生产力"必须同资本这一经济发展的第一推动力相结合。

第一,大力推进金融工具的创新,发展高科技风险投资,促进科技与经济的结合,使科技链与产业链之间"天堑变通途"。

任何一个企业从构想提出到企业创办、发展和成熟,存在一个类似人的成长一样的生命周期。在企业生命周期的不同阶段,所需要的投资类型亦有所不同。通常一个高技术企业成长可以分成种子期、创业期或中试期、扩展期、成熟期。从企业发展阶段的不同投资需求看,风险投资主要是对处于扩展期的新兴高技术企业进行投资,充当起高技术产业化的"孵化器"的角色。根据有关资料显示,在我国已经转化的科技成果中,风险投资仅占2.3%。要促进我国高技术产业化的发展,必须大力发展风险投资。风险投资是知识经济的一台发动机,正规的风险投资,主要有以下几个基本特征:(1)投资方向主要集中于高技术产业。(2)分阶段高风险投资、高投人、高回报。(3)投资目标主要为新创立的企业及处于雏形发展阶段的企业。(4)一般通过公开上市获取巨额回报。(5)一般都给予企业经营管理层和职员个人股(Stock Option)。风险投资有别于银行投资。银行投资以贷款利息获利,风险投资则参股实现利益分享,风险共担;风险投资者不仅要参与创业企业的董事会,而且还要提供各种专业性技巧,以帮助创业企业顺利运营;风险投资具有明显的周期性,开始时往往亏损,随着市场的不断开拓,后期可获得超额高利润;风险投资具有高风险和高回报的特点,一般是成三败七甚至九死一生,但可以以某些项目的高额利润补偿一些项目的风险亏损。我国发展风险投资,可以从以下几个方面着手:

——拓宽资金来源,实行投资主体多元化,努力使民有资本在风险投资中扮演重要角色。结合我国国情,我国在解决风险资金短缺难题时,要在充分利用原有的政府科技风险投资和银行科技贷款的基础上,采取切实措施吸引总量超过6万亿元的民有资本流向风险投资业,使民有资本成为我国风险投资的主要来源。

——建立健全科学的风险投资企业制度,保证风险投资的高效运作。目前我国宜组建"民办官助"的风险投资企业:"民办"有利于风险投资企业内部经营机制的规范化,保证风险投资决策的科学化和高效化;"官助"有利于提高风险投资企业的信誉,保证风险投资事业的顺利发展。

——严格规范风险投资的运营机制,保证风险投资业的健康发展。尤其是要规范风险投资企业在项目评估和选择阶段、谈判阶段、操作阶段、退出阶段等各个环节的操作程序,防止低质量的投资对象混入和投资规划不当。

——积极发展第二股票市场,使风险投资的内在运作机制能够正常发挥。在风险投资的运作中,风险资本完成一次完整的循环必须依靠"套现",

"套现"后的风险资本才可以进行新一轮的风险资本投资过程。为了解决高技术企业上市与风险投资"套现"之间的矛盾,世界各国在严格控制和管理正式上市公司股票以保证股票市场正常运作的前提下,相继为高技术企业建立了"第二股票市场"。从促进高技术产业化的角度出发,我国应积极发展专门针对高技术企业的第二股票市场,允许业绩良好的一批中小型高技术企业在第二股票市场进行股权或股票的转让,从而实现风险投资的回收和增值机制。

——政府应积极扶植风险投资的发展,创造有利于风险投资的法律和政策环境。(1)加强风险投资的立法工作,制定完整的风险资本市场法和监管法规,为风险投资的正常运作提供法律保障。(2)建立和完善风险投资的风险补偿机制,通过税收减免和政府补贴,建立风险投资的支持体系。(3)通过制度创新和市场建设,改善风险投资环境,包括建立政府采购制度和信用担保制度,完善技术交易市场等。(4)在少数特殊领域,直接投资并管理风险投资企业。

第二,抢占民族高科技的制高点,优先安排高技术企业股票上市的指标和额度,充分吸纳各方面的社会资金,使高科技上市公司成为我国证券市场上最具活力的板块。

本世纪末和下世纪初的 10 年时间内,世界范围内的高科技创新难以有大的突破,高技术产业的发展将以现有技术的应用为主。针对这一趋势,在高技术产业融资形式上,重点应以加大我国高技术产业的市场化为主,选择具有良好发展前景的高技术企业上市,拓宽其融资渠道,使其成为能够在国际高技术产业竞争中占有一席之地的中国"舰队"。特别是经过风险投资"孵化"后的高技术企业,其规模不断扩大,管理日益规范,基本上能满足股票上市的要求。在目前我国深沪两地上市的 500 多家公司中,高技术企业数量仍然较少,运用证券市场进行直接融资的目标尚未完全实现。因此,要加快对高技术企业进行现代股份制公司改造,对高技术企业提供优先安排上市指标和额度、适当放宽上市条件等扶持政策,以充分吸纳各方面的社会资金。针对我国高校校办高技术产业发展急需资金的状况,特别要加快校办高技术企业上市的规模和步伐。

高技术企业筹措资本的另一条重要途径是海外资本市场融资。目前,海外特别是发达国家存在大量的成本较低的资本,我国高技术企业特别是民营高技术企业具有产权清晰、净资产收益率高、机制体制健全等特征,特别适宜在海外通过发行债券、股票等形式融资。国家和各地方应创造条件推出一批高技术企业到海外资本市场融资,促进高技术企业走国际化和规模化发展的道路。

第三,努力盘活上市公司中的存量资产,推进产权重组,让高技术企业买"壳"上市,实现上市资源的优化配置。

高技术企业买"壳",上市可以凭借自身良好的业绩和较高的市盈率,通过二级市场配股融资,使其获得更大的发展,从而走上良性的发展轨道。据不完全统计,从1997年1月1日到1998年6月30日,深沪两市共发生涉及高技术企业买壳上市的案例10宗,占全部买(借)壳上市案例的近16%。高技术企业买壳上市成为1997年、1998年深沪两市一道美丽的"风景线"。

第四,加快对传统产业上市公司的技术改造,推进上市公司同创新成果的对接,加大上市公司高技术研究开发投入力度,提高上市公司质量,为证券市场注入长治久安的活力。

一些传统产业领域由于市场饱和、供给过剩、竞争过于激烈,使一些上市公司利润连年滑坡,甚至发生亏损。而高技术产业的高收益、高成长性使它们看到了希望,于是把目光纷纷投向高技术领域,希望利用自己的资本优势,借助于高技术产业给自己插上腾飞的翅膀。但是,传统产业上市公司进军高技术产业也不能一哄而起,应多作一些理性分析。许多公司只看到了高技术产业的高收益与高成长性,而对与之相伴随的高风险认识不足,并且从已实行重组的传统产业上市公司情况来看,其业绩增长亦各不相同,许多企业并无多大起色。因此,对于希望进入高技术产业的传统产业上市公司而言,必须强化风险意识,加强对市场的分析预测,切忌不切实际地赶时髦。

当然,已经上市的高科技公司也可以通过合作投资、资产重组的方式增强自身实力,促进高技术产业化。令世人注目的长城科技股份有限公司的成立是高科技上市公司资产重组的经典案例。长城集团通过一系列的股权运作对其控股的三家高科技公司(其中包括两家上市公司:深科技和长城电脑)进行资产重组,独家发起成立长城科技股份有限公司,以进军 H 股市场,通过海外融资支持两家上市高科技公司的发展,其重组的规模之大,速度之快,在我国计算机产业中尚无先例。

此外,为了保证企业的持续、健康发展,我国上市公司还应加大对高技术研究开发的投入力度。

第五,推进组织体系的创新,完善高技术工业园区功能,为高技术企业营造良好经营环境,大力培育高技术企业和高科技企业家,使之成为高技术产业与资本市场相结合的载体。

发展知识经济,要进行社会组织体制的创新,推进高技术成果产业化载体的建设。美国硅谷是世界上第一个科技工业园,也是科技成果转化成产业的典范。我国各地的高技术工业园区已成为发展本地区高技术产业的一个良好基地,形成了新的经济增长点。到 1997 年底 52 个国家级(杨陵农业区没列人)高技术工业园区的高技术企业已达 13618 家,从业人员为 147 万人,技工贸总收人超过亿元的企业达到 530 家。

按照"科技特区"的模式来建设高技术工业园区,其基本原则是要用较低的交易成本使高技术工业园区成为高技术产业化的基地、对外开放的窗口、制度创新的试验田、企业发展的保护伞和培育科技实业家的学校,完善"科技特区"型高技术工业园区的硬件和软件环境。为此应采取以下措施:(1)依托现有行政区划,在城市规划、工商、税务、项目审批、劳动人事、进出口业务等方面赋予高技术工业园区管委会以省、市一级的行政和经济管理权限。(2)高技术工业园区应利用自身相对封闭的局部环境,在企业管理体制、社会保障体制、分配体制、劳动人事体制等方面进行大胆的改革探索,形成有利于高技术产业化发展的经济环境。(3)高技术工业园区应着力建立一种"小政府、大社会"的行政管理体制,对内实行功能管理,机构精简,工作高效,注重服务;对外搞好协调,组合社会各方面的力量,衔接社区职能。(4)以"园林式的工业园区、高尚的生活社区"为建设宗旨,追求高技术工业园区生产、生活和文化三者联动发展的管理模式,大力塑造工业园区的"形象工程"。

第六,推进相关配套制度的创新,培育和规范各种中介机构,加强技术市场体系建设,大力推进知识产权保护与营运,改革企业家选聘和考核机制,以完善高技术产业与资本市场结合的制度环境。

高技术产业与资本市场的结合离不开各种配套体制的改革与完善。良好的制度环境,既可以规范和促进高技术产业与资本市场的结合,又可以节约高技术产业与资本市场结合的费用。完善高技术产业与资本市场结合的制度环境主要包括:

——培育和规范各种中介组织机构,更好地沟通高技术产业与资本市场。高技术产业与资本市场的结合,离不开投资银行、会计师事务所、审计师事务所、资产评估机构、咨询服务机构等中介组织的牵引和沟通。为此,必须大力培育各种中介组织机构,并加强对它们的监管,保证中介组织机构的权威性和公正性。

——加强技术市场建设,完善高技术产业与资本市场结合的市场体系。这些技术市场包括各种有形的技术市场(如定期召开的科技成果交易大会、专门的技术交易中心等)和无形的技术市场(如通过权威报刊杂志发布科技成果信息、通过计算机网络传递科技成果等)。

——大力推进知识产权保护与营运,确保无形资产保值增值。知识产权在高技术企业中一般占有较大比重,必须加大保护力度,并通过在高技术企业中推进技术股、管理股、创业股、风险股等制度创新的实施,在制度框架内保护知识产权这种无形资产的保值增值。

——改革企业家选聘和考核机制,调动企业家推进高技术产业与资本市场结合的积极性。企业家是推进高技术产业与资本市场结合的主体,是推进高技术上市公司可持续发展的支配性力量,这里要改变企业家角色的"官本位化"和行为短期化,建立以企业长期利润最大化为核心的科学的企业家考核机制,以充分调动企业家的积极性。

(本文发表于《中国软科学》1999 年第 7 期。李正友协助研究)

—31—
技术创新与产业结构高度化

一、技术创新的产业结构效应

产业经济理论认为,产业结构的变化是需求结构变动(在开放经济中包括国际需求结构变动)和相对成本变动相互作用的结果,而且只有当这二者的相互作用趋于一致时,才可能促进产业结构的有序发展。而在需求结构和相对成本的变化中,发展经济学范畴的技术创新起着十分重要的作用。技术创新对需求结构变动的作用主要体现在两个方面:(1)技术创新使得新产品和新工艺不断涌现,随之而来的是人均收入水平的提高。作为消费者的居民,无论是为了对新产品作出反应,还是收入水平提高的消费效应,都会形成新的需求压力,并改变原来的需求结构;(2)在通常情况下,上述需求结构的变动以人均收入提高为前提,因而它能够拉动产业结构朝着合理化的方向变化。当人均收入水平提高主要来源于技术创新的贡献时,它所引起的需求模式的变化是与技术创新相联系的,这一内在联系成为需求结构拉动产业结构有序发展的前提条件。

技术创新对相对成本的作用主要体现为技术创新会改变各种生产要素,特别是劳动和资本的相对边际生产率,从而改变它们收益率之差的平衡,尽管理论上存在中性技术创新,即一项创新有可能以相同的比例提高劳动、资本等生产要素的边际生产率,但在绝大多数情况下,技术创新是非中性的,它对各种生产要素边际生产率的影响是非平衡的,这就意味着在市场机制作用下,会刺激不同生产要素之间的替代和重组,从而引起产业结构的变化。具体来说,技术创新的产业结构效应包括如下三个层次:

第一,技术创新的性质决定着单个产业部门的发展趋势。

近现代不同产业部门发展的历史表明,某一单个产业部门的兴起与发展过程总是与技术创新及其性质息息相关。重大的技术创新,如市场潜力巨大的新产品的开发,会导致一个新兴产业部门的兴起,在此基础上更进一步的技术创新还将大幅度降低该产业部门产品的生产成本,从而使该产业部门进入大规模生产经营的高速增长阶段。当这种大幅度的成本降低使得"新产品"从富有需求价格弹性的高档品转变为价格低廉、需求价格弹性较小或缺乏需求价格弹性的大众型必需品时,技术创新会出现减缓趋向,因为这时该产品业已进入其市场生命周期的成熟阶段,甚至即将进入衰退阶段,通过继续创新降低产品成本和拓展市场需求的潜力趋于枯竭。技术创新预期收益的下降必然减弱技术创新冲动,并把技术创新引向预期或潜在收益更高的产业部门。从技术创新性质对某一产业部门的影响来看,当技术创新仅仅只能使原有产品生产效率提高,而与此同时,这种产品的需求弹性较小,那么,这种技术创新将促使该产业部门生产要素发生外溢性转移,从而导致这一产业部门的绝对或相对收缩。第二次世界大战结束以来,西方发达国家农业生产技术创新导致农业劳动力大规模的非农化转移即属于这一性质的技术创新的产业效应。如果技术创新导致新产品的开发或原有产品的改进,而与此同时这种产品富有需求弹性,那么,这种技术创新将发生生产要素的流入效应,从而引起这一产业部门的扩张,如计算机软件及网络技术创新导致了新兴的信息产业的迅速发展。

第二,技术创新群的极化规律(the law of technique innovation clusters)决定着产业更替的有序演变。

技术创新群的极化规律最早由约瑟夫·熊彼特教授提出,它是对技术创新过程中不同创新不是均匀地和孤立地分布于时间轴上,而是有群集(cluster)现象的集中概括。这一规律表明,在某一段时间里,技术创新会比其他时间段里更多。对此,熊彼特进一步的解释是:"创新不是孤立事件,也不是在时间上均匀分布,而是趋于群集或成簇地发生,这仅仅因为,在成功的创新之后,首先是一些、接着是大多数企业会步其后尘;其次,创新甚至不是随机地均匀分布于整个经济系统,而是倾向集中于其中的某些部门及其邻近部门。"①如果每一个产业部门的出现与发展都与相应的技术创新密切相关,那么它们将会遵循技术创新群的极化现象的规则而呈现扩张或收缩趋势。基于上述技术创新理论,人们可以对一个国家或地区各产业部门距离其技术创新群的远近来确定它们在宏观产业结构中的相对地位。粗略地,根据这种产业部门地位的差异性将不同产业的发展潜力分为三类:距其技术创新群较远的低增长产业,距离其技术创新群较近的高增长产业,以及技术创新刚刚起步或正处于上升阶段的潜在高增长产业。这三类产业部门的发展与更替从根本上决定于技术创新群的发展及创新重心的转移。随着技术创新群及其重心的发生变化,原有的产业增长速度减缓,该产业在国民经济中的重要性和占有份额下降,取而代之的是高增长产业,它是在一个国家或地区经济增长中起重要支撑作用的优势产业。在随时间和创新群推移而递次发展的新阶段中,潜在高增长产业又将取代原来高增长产业的地位而成为经济发展的高增长产业,与此同时,新一轮的技术创新又开始孕育新的潜在高增长产业。政府行为固然可以在技术创新及产业政策上发挥重要作用,但这种作用一般仅限于在一定程度上促进或抑制某些领域的技术创新及其相关产业的发展,而不能随心所欲地"规划"或"创造"一项新的创新或是一个新的产业。因为,技术创新有其内在的规律性,与之密切相关的产业结构变迁也呈现出有序性和阶段性特征。

第三,技术创新及其扩散效应决定着产业结构变迁的方向。

产业结构发展的高度化并不一定是指某些产业部门在经济中所占份额的升降,更为重要的是指产业技术含量的集约化,即经济系统中采用先进技术的产业部门在数量上和比例上的增长。因此,高增长产业部门的依次更迭虽然使产业结构变迁呈现有序性和阶段性,但并不能必然反映产业结构变迁的方向。这是因为,在某些特定时期里,由于技术创新群非随机分布的极化效应,可能会出现多个高增长产业部门,受市场需求弹性和预期收益率的影响,而在某一个或几个时期中表现出高增长态势。但是其中一部分高

---

① Joseph A.Schumpeter, *Bussiness Cycle*, New York: Mcgraw Hill, 1939.

增长部门只能支撑特定时期的经济增长，而并不能带动产业结构的高度化。只有那些能够在某一产业内部迅速积聚，并通过其前向关联效应和后向关联效应有较强扩散创新成果特征的技术创新，才能决定产业结构变动的方向，随之兴起并得到大发展的产业才能成为主导增长部门。

二、经济知识化与高新技术产业政策

在时间的车轮即将迈入 21 世纪之际，人类继农业经济、工业经济时代后开始迈入知识经济时代。经济发展的这三次革命的重要结果是引发并加速了产业结构高度化的进程，农业经济革命使劳动密集型产业取代逐水草而生的迁徙型经济，工业革命使资本密集型产业上升为主导产业，20 世纪 80 年代以来，随着新一轮技术创新群簇兴起的知识经济则使得技术密集型的高新技术产业在越来越多的发达地区后来居上。特别是进入 20 世纪 90 年代以来，随着全球"冷战"时代的结束，国际竞争的重点由军备竞赛转向经济科技领域，新一轮技术创新极化效应和迅猛的经济知识化浪潮，使得高新技术产业成为支撑美国等发达国家 90 年代经济持速发展的高增长产业，在许多发展中国家也业已日益成为高增长产业或潜在的高增长产业。有关研究显示：发展中国家与发达国家的差距，本质上不是自然资源或产品生产加工能力的差距，而是知识、技术创新和高新技术产业领域的差距。能否充分有效地利用经济知识化革命挑战的机遇发展自己的高新技术产业，将直接决定发展中国家与发达国家的距离是拉大还是缩小，进而影响它们在新世纪新一轮发展中的新起点。

然而，与传统产业相比，高新技术产业因其本身的特点更需要政府的介入，并使支持高新技术发展的行动计划成为产业政策的重要内容。对于民间经济实力脆弱，市场发育度低的发展中国家来说显得尤为重要。其主要原因包括：

其一，高新技术的 R&D 属于"市场失灵（market failure）"的特殊领域，其成果具有公共产品性质。高新技术 R&D 的成果主要体现为无形的知识、信息和技术，而非有形的实体商品，而且具有可复制性和可重复利用。这就使得 R&D 成果具有使用与消费上的非排他性和收益上的非独占性。如果缺乏政府的介入和提供有效率的制度安排,R&D 的知识产权得不到有效保护,投资者和研究者的冲动不足,R&D 的资金和人力投人及其产出将会低于最佳的均衡水平。

其二,高新技术的 R&D 及其产业化需要巨额投资,同时面临高风险。高新技术的 R&D 及其产业化全过程的诸阶段一般都需消耗大量的人力、物力、财力和时间,同时还面临着高新技术的不确定性风险、投资分析风险、市场风险、企业风险、利率风险、购买力风险和财务风险等方面较大的风险,私人资本无力或不愿投向这些高投人高风险的研究和开发领域。然而,这些领域的 R&D 及其产业具有较高的社会价值和预期收益率,需要政府以适当的方式对这类项目予以资助,提供担保或通过金融机构特别融资乃至投资入股。

其三,高新技术的 R&D 成果应用及其产业化具有显著的规模经济效益,政府的参与和资助是发挥高新技术成果规模效益的重要保证。政府的参与可以是直接性的投资或资助性的,也可以是间接的诱导。例如,政府可以通过具有吸引力的政策诱导或提供较多的需求,引导私营部门投资一些政府鼓励发展的高新技术的 R&D,同时又通过政府购买大范围地推广这些成果,使之应用产业化、生产规模化。对于一些短期内看不到实用价值或实用化代价高昂的基础性科学研究,由于暂时不具备商业价值,无法通过市场交易得到应有的补偿,投资者不愿意从事这类研究活动,需要政府资助这类具有广泛和深远社会价值的研究。①

三、促进我国高新技术产业发展的对策思路

(一) 要充分发挥政府在高新技术产业发展中的主导和引导作用,统一规划和组织协调高新技术产业的发展

政府应当:(1)强化高新技术发展的组织领导。世界上许多国家为了加快高新技术产业的发展,都加强了对高新技术产业的组织管理。如美国成

---

① 江小娟:《经济转轨时期的产业政策》,上海三联书店、上海人民出版社 1996 年版。

立了以克林顿总统为主任的国家科技委员会,俄罗斯也成立了由叶利钦总统主持的总统科技政策委员会。为了改变目前我国高新技术产业发展力量分散、条块分割的局面,我国也应当成立一个以国家领导人牵头的高层次、权威性的协调组织,聚合科技部、计委、经贸委、财政部等部门的力量,强化对高新技术产业发展的组织领导。(2)制定统一的高新技术发展战略规划。为推动高新技术产业的顺利发展,合理地运用国家的人力、物力和财力,政府必须对高新技术及其产业的发展作出长远的战略规划和布局。(3)组织协调高新技术产业开发区的发展。兴办高新技术产业开发区是促进高新技术产业化的重要举措。但是由于组织协调不力,目前我国高新技术产业开发区存在比较严重的产业同构现象,浪费了大量的资源。因此,国家应当加强对高新技术开发区的组织协调和统一管理,本着"有所为有所不为"和"高、新、特"的原则,提高产业发展的技术集中度,实现高新技术产业的集约化发展。

(二)政府应当实施优惠的财税政策、金融政策和贸易政策,扶植高新技术产业的发展

(1)优惠的财税政策。在一定期限内对于高新技术企业应减免其所得税和增值税;加速高新技术企业的设备折旧;将企业大量的智力和无形资产的投入作为生产要素计入成本;对企业进口自用仪器、设备、原材料、零部件等实行关税优惠。(2)支持性的金融政策。国有银行应有计划地增加对高新技术产业的贷款额度;政府应当采取贴息、担保等方式鼓励商业银行向高新技术企业提供贷款;国家政策性银行应当设立高新技术产业发展贷款,实行优惠利率。(3)优惠的贸易政策。政府应当以出口信贷方式支持高新技术企业开拓和占领国外市场;在产品性能价格比相近的情况下,政府应当优先采购国内高新技术产品;加大反倾销的力度,保护国内高新技术企业的合法权益。

(三)拓宽高新技术产业投资的资金来源,实行投资主体多元化,加速高新技术成果转化的步伐

由于缺乏转化资金,目前我国每年科技成果转化成商品并形成规模效益的仅为10%—15%,远远低于发达国家60%—80%的水平。因此,拓宽资金来源,是加速高新技术成果转化的首要条件。(1)政府应当加大高新技术成果转化投资力度,特别应当注重关系到国计民生的基础设施领域和关键性技术领域。(2)国家可试点成立股份制的高新技术开发银行,以优惠利率提供高新技术成果转化的专项贷款。(3)国有商业银行应逐步增加对高新技术成果转化的贷款力度。(4)建立高新技术产业发展基金,加速科技成果转化。(5)发行可转让的高科技债券,多方筹措资金。(6)加快对高新技术企业进行现代股份制公司改造,优先安排高新技术企业股票上市的额度,运用资本市场直接筹资。(7)优化环境,加大招商引资工作的力度。

(四)大力发展风险投资,促进高新技术产业化

新建高新技术企业所面临的高市场风险和高技术风险,令一般投资者望而却步。风险投资是由一些专业人员或专门机构向那些刚刚成立,而增长迅速和潜力很大,风险也很大的企业提供股权融资并参与其管理的行为。作为高新技术产业化的重要的"孵化器",风险投资对促进高新技术产业化具有十分重要的意义。发展我国的风险投资需要:(1)拓宽风险投资企业的资金来源,健全现代风险企业制度,规范投资企业的营运机制,选拔和培养优秀的综合型风险投资人才。(2)建立科学的、权责分明的风险企业制度,完善风险企业家的激励机制与约束机制,壮大风险企业的企业家队伍。(3)完善风险投资的外部环境,充分发挥政府在风险投资中的功能,构筑完备的法律框架,建立稳定的金融秩序。

(五)大力发展民营高新技术企业,推动科技进步

大力发展民营科技企业和民营高新技术企业,是利用多种所有制形式、加快实现国有经济战略性调整的重要战略部署,也是民营经济第二创业的战略方向。我国民营科技企业和民营高新技术企业目前已超过41000家,仅1994年就实现技工贸收人1565亿元,它们大大地缩短了科技成果转化为现实生产力的进程,成为推动科技进步的一支重要力量。要进一步发展民营科技企业和民营高新技术企业,必须对扶持民营科技企业和民营高新科技企业的政策措施进行梳理,包括融资渠道、税收优惠、工商登记、人才引人等,形成良好的发展环境。

（六）官产学研相结合，加大高新技术研究与开发的力度，增加高新技术产业化的有效供给

（1）增加政府研究开发的资金投入，切实落实到"2000 年全社会研究开发经费占国内生产总值的比例达到 1.5% 的计划"。政府的研究开发不应"眉毛胡子一把抓"，而应当有重点地投向对国家安全和长远发展起着至关重要作用的关键技术，完善研究开发的基础设施环节。（2）鼓励企业与高等院校、科研院所挂钩，长期稳定地在科研开发、成果产业化方面开展广泛的合作。（3）鼓励企业与高等院校、科研院所联办研究开发机构、工程技术研究中心、企业技术中心、企业博士后流动站等，开展项目合作。（4）鼓励企业与高等院校、科研院所以股份制的形式组建科研生产联合体，允许技术入股和创业入股，调动科研机构、科研人员和企业家的积极性。（5）通过政府、产业界、学术界和研究机构的密切合作，制定具有前瞻性、实用性，并具有较大市场潜力和能够充分推动产业升级的一系列关键技术的研究开发计划。

（七）以市场为导向发展高新技术产业，并通过培养各种中介组织来推动高新技术产业发展

高新技术的发展及其商品化、产业化，其最终归宿在市场。因此，必须以市场为导向，开发高新技术，发展高新技术产品和产业。在高新技术的供给者和最终需求者之间，还必须培养各种中介组织，将二者有机地连接起来。这些中介组织主要包括：（1）有形的高新技术交易市场，如定期召开科技成果交易大会，成立专门的高新技术交易中心等。（2）无形的高新技术交易市场，如通过权威报刊杂志发布科技成果，通过计算机网络传递科技成果等。

（八）加强高新技术信息系统建设，引导高新技术产业的发展朝着正确的方向前进

目前，高新技术产业发展的信息还很不畅通，拥有信息网络的企业也是极少数。许多高新技术企业不知道哪里有科技成果，哪些科技成果是先进的、适用的成果。而另一方面，许多科研机构和科研人员也不知道怎样把自己的科技成果信息发布出去。因此，发展高新技术产业，必须建立一个通畅、完整的信息系统。国家应该着眼全局给以政策引导,为高新技术产业的发展指明方向。例如:(1)对科技成果按不同类型进行分类,比如专利技术、实用新型技术、公开技术等。(2)每年公布科技指南,指出哪些属于落后或淘汰的技术、哪些属于普及的技术、哪些属于要提高的技术等。(3)定期召开科技进步推广大会,总结与交流经验。(4)加强科技情报交流,广泛利用各种渠道收集情报,并建立全国性的科技经济情报网。(5)扩大和加强国际间的科技交流与合作,了解和掌握国外科技发展的最新信息,为提高我国高新技术发展提供服务。

(九) 加强人才开发和职业培训,为高新技术产业的发展提供充足的和适合的人力资本

人力资本是一个国家拥有的唯一持久的竞争优势。有了高素质的人才,才能掌握最新的技术,才能有良好的管理经验等。高新技术产业的发展不仅需要一大批精通高新技术的专业人才,更需要一大批一专多能的复合型人才。这种复合型人才应该是懂市场的学者和懂科技的企业家。为此:(1)要将科技、教育与生产更好地结合起来,在一些大学增设与新兴产业相关的专业,为企业定向培养高科技人才。(2)大力发展继续教育工程,对职工进行经常性的职业培训。

(十) 健全法律体系,加大执法力度,为高新技术产业的健康发展提供法律保障

首先,要加大《知识产权法》的执法力度,切实保护知识产权,以调动科研机构和科研人员发展高新技术产业的积极性。其次,要建立健全高新技术产业发展的法律体系,对高新技术产业发展过程中的政府投人、税收安排、组织协调等作出明确的法律规定。这些法律主要包括《高新技术产业促进法》《高新技术产业开发法》《技术合同法》《版权法》等。

(本文发表于《武汉大学学报(人文科学版)》1998 年第 6 期。刘传江协助研究)

下　篇

—32—
发挥国企在创新发展中的骨干作用

实施创新驱动发展战略，是加快转变经济发展方式、提高我国综合国力和国际竞争力的必然要求和战略举措。当前，我国创新发展具备较好基础和有利条件，但也面临创新激励不足、研发投入不够、创新模式有待完善、开放合作创新能力不强、创新管理体制机制不健全等诸多挑战。企业是技术创新的主体，国有企业作为创新发展的重要力量，应当在实施创新驱动发展战略中充分发挥骨干和带动作用。

国有企业在实施创新驱动发展战略中具有四大独特优势，居于创新发展的"龙头"地位。其一，国有企业研发力量雄厚。国有企业研发投入较大，拥有实力较强的研发机构、科研人员和较多技术专利，优秀创新成果数量多，技术转化能力强。其二，国有企业主导了高精尖和关键领域的重大创新突破。国有企业肩负重大国家使命，近年来在载人航天、高铁、通信技术、计算机、核电、勘探等技术领域快速迈进国际先进行列，是提升国家创新能力的主力军。其三，国有企业能够有效带动社会创业创新。具体做法包括：国有企业牵头成立国家及地方技术创新战略联盟，发起和参与创新发展基金，构建面向社会的创业创新孵化平台等。其四，国有企业是实施开放式创新的重要力量。很多国有企业熟悉国际规则，具有较强的国际化经营能力，在海外广泛设立了分支机构，境外投资额占我国对外直接投资的大部分,有条件实施国家高端装备制造业走出去战略,推进开放式创新。

当前,贯彻落实创新发展理念,实施创新驱动发展战略,需要国有企业将这些独特优势充分发挥出来,在创新发展中切实走在前列、带动全局。为此,国有企业应着重从以下几个方面努力。

构筑坚实的人才和智力支撑。对于创新发展来说,优秀人才和智力支撑是最重要的。为此,必须破除束缚人才发展的体制障碍,建立有效的人才激励机制。国有企业应加快实行职业经理人制度,破除束缚创新发展的内部人控制;建立竞争择优、能上能下的市场化选人用人机制;加强对创新成果的保护、转化和奖励;探索实行员工持股,将人才的创新贡献与其长远利益挂钩,达到激励相容的效果。

健全可持续的资金支持机制。创新离不开资本投入,但资本的本性是逐利的。因此,如何提高研发资金的投资回报率,是创新发展面临的一个重要问题。为此,首先要提高创新成功率。充分发挥市场在创新资源配置中的决定性作用,使创新资源集聚到容易获得成功的地方。其次要提高科技创新成果转化率。构建产学研相结合的创新成果转化机制,拓宽市场导向的科技创新成果转化渠道。最后要提高创新资金的风险补偿率。可通过实施财税优惠政策、构建多层次资本市场体系等,降低创新失败的资金损失风险。

形成带动民营企业共同创新的局面。通过战略合作、并购、战略投资等方式,同政府相关部门、广大民营企业共同构建合作创新平台,解决一批制约企业和行业长远发展的共性关键技术瓶颈问题。进一步深化混合所有制改革,推动国有企业资源、技术、人才等优势与民营企业机制灵活的优势实现互补嫁接,促进协同创新,加强联合攻关。

探索开放合作创新的路径。通过合作研发、技术引进、海外并购等方式,加大利用国际创新资源的力度。借助"一带一路"建设等契机,积极走出去,在海外布局,与海外科研机构共建研发中心,探索开放式创新,在与跨国公司的合作竞争中提升创新能力。

建立创新容错机制。高风险是创新活动的突出特点,建立容错机制对于保护和鼓励创新至关重要。可以借鉴"三个区分开来"的要求,建立创新容错负面清单制度,明确可以被宽容的创新错误以及被严格禁止的错误,审慎处理创新中出现的失败,形成宽容失败、鼓励创新的良好氛围。完善信息披露机制,促进创新过程规范化、科学化。

（本文发表于《人民日报》2016 年 8 月 3 日,韩龙艳协助研究）

—33—
五大发展理念是"十三五"科学航标

中共十八届五中全会最重要的议题是审议通过中共中央关于第十三个五年规划的建议。"十三五"规划建议最重要的指导思想是用新的发展理念去引领我国发展方式的转变。十八届五中全会提出了"创新、协调、绿色、开放、共享"的系统全面的新发展理念。从经济、政治、社会、文化、生态"五位一体"、到工业化、城镇化、信息化、农业现代化、绿色化"五化同步",再到"五大发展",这是发展观在理论上的重大升华,是经济社会发展的"纲"与"魂",将引领我国经济发展行稳致远,进入新境界,这是五中全会最大的理论创新。五大发展理念是相互联系的有机整体。创新是发展的动能,协调是发展的保障,绿色是发展的底色,开放是发展的大势,共享是发展的目标。

创新发展是回答"发展动力"的问题,是国家发展全局的核心。要让创新在全社会蔚然成风,成为时代的主旋律和最强音,以创新培育新的增长活力,形成新的发展路径。创新发展是全面的创新,包括理论创新、制度创新、科技创新、文化创新等各方面,其中科技创新具有引领作用。通过全面创新,实现从过度依赖廉价劳动力和土地等要素驱动、投资驱动的传统发展方式向创新驱动转变。围绕创新发展,全会提出要培育发展新动力,推动大众创业、万众创新,释放新的需求,创造新的供给,推动新的技术、产业、业态的蓬勃发展。"创业"和"创新"是一对"孪生兄弟","双创"正在成为经济社会发展的新引擎,对于培育市场主体创造力、形成经济新业态等具有重要作用。在此过程中,必须通过实施"互联网+"行动计划、国家大数据战略等推进创业创新浪潮。"互联网+"可为产业升级提供技术上的支持和思维上的革新,在产业结构调整、加快传统产业转型中发挥巨大作用。全会强调要拓展发展新空间,形成沿海沿江沿线经济带为主的纵向横向经济轴带,培育壮大若干重点经济区。创新发展必须立足全局,发展经济轴带有利于实现轴带上多区域间的联动,实现从片状区域单独发展向区域间相互带动发展转变,更好地拓展发展空间。全会提出的"构建产业新体系,加快建设制造强国,实施《中国制造二〇二五》"对于推进产业结构升级、实现工业化信息化深度融合具有重要意义。会议指出,要构建发展新体制,加快形成有利于创新发展环境和体制机制,深化行政管理体制改革,进一步转变政府职能。创新发展要求市场主导、政府引导,政府既不能"越位"也不能"缺位"。要进一步推进简政放权等改革激发市场活力,也要进一步强化政府在产权制度、投融资体制、市场监督等方面的作用,为创新发展提供政策保障。会议在创新发展方面提出了加快建设"制造业强国"和"网络强国"的两个强国目标。

协调发展强调"如何协调好发展中的重大关系",是改变发展不平衡、不可持续的重要保障。全会强调"促进城乡区域协调发展,促进经济社会协调发展,促进新型工业化、信息化、城镇化、农业现代化同步发展,在增强国家硬实力的同时注重提升国家软实力"。促进城乡之间、经济社会之间协调发展是转变城乡二元结构、减少地区差距、改善民生的必然要求,也有利于使各发展主体成为一个整体,发挥合力。同步推进新"四化"是实现经济社会全面协调可持续的重要路径。当前我国面临城镇化特别是土地城镇化速度过快,新型工业化、农业现代化发展与城镇化发展不协调问题,必须予以改变。这里,一个新亮点是提出"软实力"和"硬实力"的协调。"软实力"是一种无形的文化吸引力、影响力和说服力,是国家实力中不可或缺的部分,"硬实力"和软实力的协调发展将对社会生产力的发展和综合国力的提升产生重要影响。长期以来,我国主要关注 GDP 总量、城市基础设施、军事实力等"硬实力",而对文化培育、共同价值观塑造、国民素质教育等"软实力"重视不足,软实力成为我国发展的"短板",因此,发展过程中不仅要通过经济建设和国防建设等提高"硬实力",也要通过加强精神文明建设和文化强国建设等提升"软实力"。会议提出要增强发展协调性,必须在在加强薄弱领域中增强发展后劲。推动区域、城乡及物质文明和精神文明协调发展,推动经济建设和国防建设融合发展,形成全要素、多领域、高效益的军民深度融合发展格局。

绿色发展是回答在发展过程中"如何处理好人和自然的关系,促进人与自然和谐共生"的问题。绿色发展是遵循自然规律的可持续发展,也是实现生态文明的途径。全会强调要坚定走生产发展、生活富裕、生态良好的文明发展道路,要形成人与自然和谐发展的现代化建设新格局。通俗地说,就是不仅要"金山银山"还要"绿水青山"。当前环境承载力已达到或接近上限,环境质量与全面小康目标差距较大,成为实现全面小康的最大制约因素之一。十八届五中全会首次把"绿色发展"作为五大发展理念之一,这既与十八大将生态文明纳入"五位一体"总体布局一脉相承,也将生态环保放在了空前的高度。同时,绿色发展也是实现经济发展与环境质量兼顾的重要途径,发展绿色经济既可以实现环境质量的有效改善,也可以起到稳增长的作用。实现绿色发展要发挥好政府"有形之手"和市场"无形之手"两只手的作用,特别要用好政府"有形之手",妥善解决"市场失灵"的问题。世界银行研究表明,环境保护如果只靠市场,只能解决20%的问题。全会提出"四个格局"和"两个体系":即城市化格局、农业发展格局、生态安全格局、自然岸线格局。一个是建立绿色低碳循环发展产业体系,另一个是清洁低碳、安全高效的现代能源体系。强调建立健全用能权、用水权、排污权、碳排放权初始分配制度。完善这些制度,把环境承载力作为最为稀缺的自然要素对经济发展进行调控,能有效发挥市场机制的作用。同时为了督促政府履行环保职责,全会强调要加大环境治理力度,以提高环境质量为核心,实行最严格的环境保护制度。首次将"提高环境质量"作为环保工作的核心,转变过去只注重排污量减少、能耗降低等指标的片面环保观,以改善环境质量作为"十三五"环境保护工作的根本出发点和主线。同时,全会还提出了实行省以下环保机构监测监察执法垂直管理制度,有利于避免过去属地化管理方式所导致的个别地方政府对环保的"不作为",落实地方政府责任,推进国家环境治理体系和治理能力的现代化。

开放发展是强调我国发展"如何和世界发展对接,如何以对外开放倒逼国内的改革和发展"。会议强调要积极参与全球经济治理和公共产品供给,提高我国在全球经济治理中的制度性话语权,完善对外开放战略布局,推进双向开放,形成对外开放新体制,完善法治化、国际化、便利化的营商环境,推进国际产能和装备制造合作。"十二五"期间,我国已成为进出口贸易总量和实际利用外资总额世界第一位,并实现了向资本净输出国转型的历史性跨越。"十三五"期间要进一步加强开放的力度、推进开放的深度、扩大开放的广度,打造陆海内外联动、东西双向开放的全面开放新格局。"十三五"规划强调双向开放,转变过去主要依靠吸引外资和产品出口的对外开放方式,更多地强调资本输出和企业"走出去",使我国从一个商品输出大国变成资本输出大国,完成从产品"走出去"深化到服务"走出去"。将"一带一路"建设和自贸区战略纳入到规划中,有利于推动中国企业海外拓展,积极探索对外经济合作的新模式、新路径,促使我国深度融入世界经济体系,实现更高层次的开放。

共享发展是回答"发展目标是什么和发展成果如何共享"的问题,是发展的出发点和归宿点。共享发展也被称为包容性发展,坚持共享发展,就是要"发展为了人民、发展依靠人民、发展成果由人民共享",通过"十三五"规划的实施,全体人民要共同迈向全面小康。改革开放初期的中共十一届三中全会的一个重要理念就是让一部分人先富起来,现在是要通过先富带后富,通过共享发展,实现共同富裕。全会提出我国现行标准下的农村贫困人口要实现脱贫、贫困县要全部摘帽、解决区域性的整体性贫困等目标。贫困是全面小康的最大短板,实现共享发展,关键是解决7000万人如何脱贫的问题,平均而言每个月都要完成110万以上的贫困人口脱贫,任务十分艰巨。要通过加大扶贫投入、整合碎片化扶贫资金、低保与扶贫相结合、贫困地区教育发展和就业帮扶、加大产业扶贫和金融扶贫力度、完善贫困地区公共服务和基础设施建设、提高贫困地区人才的稳定性等多重举措,使贫困人口共享发展成果,实现同步小康。全会还提出要建立健全农村留守儿童、妇女和老人关爱服务体系。现在全国有6000多万留守儿童,有几千万留守妇女和几千万留守老人,要通过建立"三留人口"的关爱服务体系,使其基本生活、人身安全、心理健康等各方面得以保障,降低城镇化中的社会代价,使全体人民都能平等享有城镇化和经济发展的成果。同时,就业乃民生之本、教育乃民生之基、收入乃民生之源、社保乃民生之依。在共享发展中,全会对教育、就业、收入分配、社保、医保等民生问题进行谋划，重申居民的收入和经济增长要同步的任务。近年来，居民收入已经超过了 GDP 的增长速度，跑赢了 GDP，这是很好的迹象。在"十三五"期间能够保持这样一种态势，继续让居民收入增速跑赢 GDP 的增长速度。全会还提到，要全面实施一对夫妇可生育两个孩子的政策，这是年轻人高度关注的问题。要让这项政策实施好，非常重要的就是要降低生育成本和抚育成本。当前，实际有生两个孩子意愿的人并不是很多，积极性不高的原因就是当前生育和抚育成本太高。所以需要政府加大投入，提供更多公共产品。

总之，"十三五"时期是实现第一个百年目标的决胜时期，是十分关键的时间节点。同时，"十三五"又为实现第二个百年目标打基础，是前所未有的历史转折期，具有承前启后的重要作用。实现全面建成小康社会的第一个百年目标，关键要看"十三五"如何啃掉"硬骨头"。通过 30 年的改革开放，我们实现了几亿人脱贫，但是剩下来的 7000 万贫困人口是最难啃的"硬骨头"。还有，环境问题也是最大的"短板"。当前，我国经济面临制造业要去产能化，金融要去杠杆化，房地产要去库存化，股市要去泡沫化，环境要去污染化的严峻形势。经济下行压力前所未有。摆脱困境的唯一路径是通过转变发展理念实现经济的转型升级和提质增效。十八届五中全会最大亮点是提出了"创新、协调、绿色、开放、共享"的"五大发展"的全新发展理念，推进发展方式从五个方面实现重大转型：从过去高度依赖人口红利、土地红利的要素驱动及投资驱动的发展模式转向创新驱动发展；从不协调、不平衡、不可持续的发展转向协调发展；从高污染、单纯追求 GDP 的粗放型的发展方式转向遵循自然规律的绿色发展；从低水平的开放转向高水平的开放发展；从不公平、收入差距过大非均衡发展走向共同富裕，实现共享发展，实现全体人民共同迈向全面小康。

（本文发表于《学习时报》2015 年 11 月 12 日。李睿、何峥协助研究）

34

新一轮创业创新浪潮的六大特征

　　我国经济发展正处于增长速度换挡期、结构调整阵痛期、前期刺激政策消化期"三期叠加"阶段，同时面临制造业"去产能化"、房地产"去库存化、去泡沫化"、金融体系"去杠杆化"、环境"去污染化"四大"阵痛"，经济下行压力有增无减。保持经济稳定增长，避免经济出现"硬着陆"，必须要打造经济增长新引擎，通过推动大众创业、万众创新，释放民智民力，促使经济发展从要素驱动、投资驱动转向创新驱动，促进产业结构优化升级，为中国经济带来持续的活力。

　　改革开放以来，我国经历了几次创业浪潮。一次是1978年中共十一届三中全会以后，以城市边缘人群和农民创办乡镇企业、城镇个体户和私营企业为特征的"草根创业"；一次是1992年邓小平南方谈话以后，以体制内的精英人群下海经商为特征的精英创业；还有是进入新世纪后，伴随着互联网技术、风险投资以及资本市场的发展，以互联网新经济为特征的互联网创业。当前我国正在形成新一轮创业创新浪潮。为了对创业创新浪潮进行深入了解，笔者今年到北京、深圳、武汉、上海、重庆、天津、青岛、福州等10多个城市对百余家企业进行了考察，调查表明：新一轮创业浪潮具有六大特征。

　　第一，随着"大众创业、万众创新"的提出，商事制度改革不断深化，支持小微企业的多项政策陆续出台，政府自上而下主动作为，改革成为推动新一轮创业浪潮的主要动力。2014年9月，李克强总理在第八届夏季达沃斯论坛上发表致辞,借改革创新的"东风",在中国960万平方公里土地上掀起一个"大众创业""草根创业"的新浪潮。"大众创业、万众创新"被写入2015年政府工作报告,并提升到中国经济转型和稳增长的"双引擎"之一的高度。围绕着"大众创业、万众创新"的新政,政府自上而下,通过简政放权的"减法",调动社会创新创造热情。通过取消行政审批事项、规范审批行为,以持续不断的自我改革,为创业兴业开路、为企业发展松绑、为扩大就业助力。据统计,目前国务院已取消或下放了近800项行政审批事项,涉及投资、经营、就业等多个"含金量"高的领域。同时,政府颁布税收、财政等多项政策法规,缓解中小企业"快生快死"的困境,优化初创企业的生存发展环境。如,政府大力扶持和发展草根金融、互联网金融,解决中小企业"融资难、融资贵"的问题。政府、企业和高校合作开展了大量的员工技能培训,解决中小企业"用工难"问题。

第二,金融危机使大量"洋海归"回国创业,大科技公司管理和技术精英离职创业,返乡农民工掀起"农海归"草根创业潮,政府力推的大学生创业,新一轮创新创业浪潮呈现主体多元化。与前几次创业浪潮相比,新一轮创业浪潮的一个突出特点是主体多元化,新一轮创业创新的主体可分为四类:一是2008年爆发的国际金融危机导致大批海归回国创业。2008年底,中央决定实施引进海外高层次人才的"千人计划",随后各地方政府也相继推出人才引进政策,如无锡"530计划"、宁波"3315计划"、武汉"3551计划"等,致力于为海归群体的创业活动营造良好的政策环境。据统计,截至2014年年底,中国有近300家留学人员创业园,有超过5万名留学人员在园内创业。二是有技术、懂市场的体制内与企业内技术人员和管理精英离职创业或是在企业内部创业。美的、海尔等传统大公司纷纷开始"裂变创业"的尝试,鼓励员工内部创业,形成良好的竞合共赢关系,激发员工创新积极性,实现公司业务和管理模式的创新,充分发挥出企业和市场的活力。三是由于就业压力所形成的"倒逼机制"、产业转移所形成的创业机遇及一些政府扶持政策的陆续出台,越来越多的农民工选择进行创业以带动就业。受国际金融危机影响,一大批在沿海打工的农民工回归家乡创业,可以称作"农海归"。根据国家统计局发布的《2014年全国农民工监测调查报告》显示,自营就业的农民工所占比重为17%,较上年提高0.5个百分点。四是有创造力与创业激情的大学生创业。教育部统计显示,2014 年高校毕业生总数将达到 727 万人,比号称"最难就业季"的 2013 年还多 28 万人,巨大的就业压力迫使大学生以创业形式实现就业。一份针对大学生就业选择的调查显示,21.44% 的大学生表示"有可能选择自主创业",另有近 5% 的学生表示"将创业作为主要的就业方式"。2015 年 5 月,国务院办公厅印发了《关于深化高等学校创新创业教育改革的实施意见》,提出实施弹性学制,允许保留学籍休学创新创业,可见政府正积极支持大学生创新创业。

第三,新一轮创业创新浪潮涌现了一大批"互联网+"的新业态和新商业模式,互联网与传统行业的融合创新不断显现,创业创新的形式呈现高度的互联网化。互联网产业已成为中国经济最大的新增长极和创业空间。研究显示,中国互联网经济正以每年 30% 的速度递增。互联网创业已经进入新时代,拥有更年轻的创业者、更广阔的创业平台、更活跃的风险投资、更公平的创业环境以及更年轻的创业者,互联网领域成为新一轮创业创新的主阵地。2015 年 3 月,李克强总理在政府工作报告中首次提出,制定"互联网+"行动计划,推动移动互联网、云计算、大数据、物联网等与现代制造业结合,促进电子商务、工业互联网和互联网金融健康发展,引导互联网企业拓展国际市场。一方面,"互联网+"与"大众创业,万众创新"理念的融合,催生了一大批新产业和新业态,产生了新的消费点。根据国家工商总局发布的数据,2015 年 5 月中国信息传输、软件和信息技术服务业新登记注册公司 2 万户,同比增长 48.0%。互联网和传统行业的二次创新,以"互联网+"的形式发展出了"互联网金融""互联网教育""互联网旅游""互联网诊疗"等新的经济形态。另一方面,"互联网+"对传统产业进行了技术化、智能化、高效化、信息化改造。此外,互联网与农业、制造业、生活性服务业的联系日益紧密,产业间的融合也使得更多就业机会被创造出来。

第四,新一轮创业创新浪潮由创业、创新和创投"铁三角"联合驱动,"众创""众包""众筹"等新的商业模式、投资模式、管理机制多方面创新相互交织。当前,"大众创业、万众创新"的创业浪潮正表现出创业、创新、创投三者紧密结合的新格局。一方面,创新与创业是一对"孪生兄弟"。成功的创业要能使创新投入产生经济效益,创新成果转化成产品。在互联网时代,市场竞争越来越激烈,企业只有根据市场的变化,不断创新商业模式、管理机制、营销模式,不断提升技术研发水平,才能获得利润。比如小米科技采用多元合伙的创业模式,即"天使投资+研发团队+外包生产+物流销售团队"同时协作。我国依托高新技术开发区、经济技术开发区和大学科技园,建立大批创业"孵化器"与众创空间,促进企业与高校、科研机构的产学研合作,促进科技成果转化,鼓励各类科技人员以技术转让、技术入股等形式转化科技创新成果,进行科技创业。另一方面,创业创新的联动离不开创投的支持。创业创新过程具有资金投入高、市场风险高等特征,这与创业投资风险偏好特点相匹配,新一轮创业浪潮使创业与创新、创投形成"铁三角"。创业投资具有要素集成功能、筛选发现功能、企业培育功能、风险分散功能、资金放大功能,能够在企业成长的不同阶段支持企业创业创新,发掘有价值的科技成果并加快推动技术的产业化。国家建立了新兴产业创业投资引导基金和国家中小企业发展基金,利用政府资金的杠杆作用,撬动社会资本参与新兴产业发展,有效引导创业投资向创业企业的种子期和初创期延伸。同时,创业投资机构也开始全程参与创业公司的发展,逐步承担起从种子期的天使投资到早期投资的 VC、成熟期及后期投资的 PE 所做的工作,创业投资从投机化向"天使化"逐渐发展,"众创""众包""众筹"等新的商业模式、投资模式、管理机制等多方面创新相互交织。

第五,创新创业要素向"软""硬"环境好的高新区与科技园区集聚,创新创业载体呈现区域分化格局,深圳和北京成为创业环境最好的城市。高新区和创业园区作为人才、技术、资金等创新要素的集聚区,是一个沟通"创业项目"与"创业要素"的交流平台,可以有效缩减项目与资本、人才、技术的匹配成本,也是产业集聚的重要载体。我国已经形成了大量高新区和创业园区,如北京中关村、深圳高新区、武汉东湖高新区等,为创新与创业提供了基本要素。创业创新是一项高风险的经济活动,需要有良好的创业环境作为支撑。其中市场环境、技术优势、资本优势和创业文化等环境因素的发展好坏对创业成功率的高低起着关键作用。当前,创业载体区域分化逐渐明显,北京、深圳已成为我国的创业创新"高地"。据统计,2014 年,北京创投融资规模 69.72 亿美元,位列全国第一。深圳市目前股权投资机构的数量与管理资本总额均约占全国的 1/3,一批众创空间快速兴起,2014 年每万人有效发明专利拥有量 65.75 件,是全国平均水平的 13.4 倍。此外,良好的创业环境还要与"鼓励冒险、宽容失败"良好的创业文化相适应。

第六，创业创新的体系呈现生态化，具有产、学、研、用、金、介、政齐备的协同创业创新体系出现，一些地方成为创业创新人才的"栖息地"。创新创业生态系统是创新创业者、创新创业企业、政府、相关组织等多种参与主体及其所处的制度、市场、文化和政策等环境所构成的有机整体。新一轮创业创新浪潮中各市场主体、各类要素、各种环境相互促进互动，共同构成了一个完整的生态系统。以中关村为例，联想、百度、华为、小米、京东等行业领军企业不仅拥有较强的创新活力，而且也推动了一大批上下游企业的产生，形成了一系列"创业系""人才圈"，如联想系、百度系、华为系等，为区域输出大量的创业人才。中关村附近有 32 所高等院校、206 个国家及省市级科研院所，高校和科研机构提供了大量技术创新成果。天使投资是新创企业出生和成长的"沃土"，中关村 260 家上市公司的创始人和成功的企业家成为天使投资人队伍重要的来源。创业服务体系为早期项目和初创企业提供开放办公、早期投资、产业链孵化等服务。由市场环境、法治环境构成的创新创业环境是生态系统中不可或缺的一部分。通过商事制度改革、减免中小企业的税费、逐步完善知识产权与电子金融等方面的法律等举措，优化创业创新环境，促进和保障创新要素资源有效配置和有序流动，实现创业生态的进一步完善。

（本文发表于《经济日报》2015 年 8 月 20 日）

—35—
新一轮创业潮是城镇化新引擎

当前城镇化处于高速发展的阶段,2014 年全国城镇化率为 54.77%,较上年提高 1.04 个百分点。高速城镇化进程中一个非常重要的问题是产业支撑与稳定就业,这关系到城镇化的质量与后续发展动力问题。2015 年政府工作报告提出,要推动大众创业、万众创新,打造经济发展的新引擎。国家工商行政管理总局统计显示,2015 年 1—4 月,全国新登记注册市场主体406.6 万户,同比增长 13.5%;注册资本(金)7.4 万亿元,增长 40.3%。当前我国正面临新一轮创业浪潮,如何充分利用这一发展机遇,进一步激发创业热情,是提升我国城镇化发展质量、增强城镇化发展后劲的重要环节。

城镇化健康发展为何要推进创业?高速城镇化需要创业带动就业形成产业支撑。城镇化涉及人、业、钱、地、房五大要素,其中产业支撑和转移人口稳定就业是城镇化的重要基础。一方面,"市民化 = 稳定就业 + 公共服务 + 安居及观念转变",通过创业增加就业机会、提升就业稳定性是市民化的重要前提。农业转移人口是否实现市民化,是度量我国新型城镇化水平高低的一个重要问题。完全意义上的城镇化要实现进城人口的"三维转换":从农业到非农业的职业转换、从农村到城镇的地域转移以及从农民到市民的身份转变。发达国家的城镇化基本上是三维转换一步到位,而我国进城人口虽然实现了地域转移和职业转换,却没有实现从农民到市民的身份转变,因此二亿多的农民工只能被称为是不完全的"半城镇化",产生了巨大的社会代价。为改变这种"半城镇化"局面,必须以创业带动就业,通过稳定就业保障转移人口享有城市公共服务,并促进"安居梦"的实现及观念转变,实现市民化。另一方面,通过创业带动就业,增加转移人口就业机会和稳定性,能够避免出现"拉美化"现象,提升城镇化进程的质量和可持续性。缺乏稳定就业的城镇化将成为贫困由农村向城市的"平移",巴西的城镇化率近90%,然而由于城镇化与产业发展相脱节,导致大量农民涌入城市形成大片贫民窟。里约热内卢贫民窟里居住的人口超过200万人,贫民窟里枪支毒品泛滥,时常缺水断电,存在严重的社会问题和治安隐患。我国的城镇化进程必须与产业发展相协调,鼓励创业带动就业,充分发挥进城劳动力资源优势,避免盲目追求人口快速城镇化和土地高速非农化的现象。同时,通过创业促进产业发展与产城融合,提高城镇吸纳就业能力和城市建设管理水平,充分发挥产业发展对城市经济的支撑作用,防止出现大量空城、鬼城、债城。大量国际国内经验表明,城镇化必须建立在坚实的产业基础上,通过产业发展来为新市民提供就业机会,而不是依托房地产来唱"空城计"。

怎样看当前的创业浪潮? 改革创新正引领新一轮创业浪潮。李克强总理提出,"要借改革创新的东风,在中国960万平方公里的大地上掀起一个大众创业、草根创业的新浪潮"。改革开放以来,我国共经历了三次创业浪潮并诞生了三代民营企业家,与前三次创业浪潮相比,新一轮创业浪潮的主体更加具有复合性:金融危机催发海归潮推动创业;精英离职引发创业浪潮,不仅有官员创业,也有大量科技人员从科技企业离职创业;返乡农民工掀起新的草根创业浪潮;政府大力推进大学生创业。从发展动力来看,新一轮创业浪潮的兴起有四大动力:一是简政放权和商事制度改革降低了创业门槛与成本,推动新的市场主体井喷式增长。通过释放简政放权和商事制度改革的改革红利,简化创业程序,完善创业政策环境,有利于实现用政府权力的"减法"换取创新创业的"乘法"。二是新一代互联网技术与互联网金融的发展带动产品服务、商业模式与管理机制的创新,引领新一轮互联网创业浪潮。互联网产业已成为中国经济最大的新增长极和创业空间。与传统行业创业相比,互联网创业具有与最新科技联系紧密,创新性要求高;与股权投资的风险偏好相匹配,创业与创新、创投形成"铁三角";创业主体多元;创业成本低;产业衍生性强;商业模式多样化;创业环境相对透明公平,以能力为导向等特点,互联网新经济成为当今中国经济增长的最大引擎。三是高新区与科技园区作为集聚人才、技术、资金等创新要素的重要载体,引领新一轮聚合创业创新浪潮。中关村是典型的要素聚合创新载体,具有产、学、研、用、金、介、政齐备的协同创新体系,通过不断吸引人才、技术、资本、信息等创新要素资源集聚,使中关村不仅成为创业创新者的栖息地,而且成为北京和全国互联网创新经济的最大引擎。据统计,中关村创造的 GDP 占北京市 GDP 的 24%,经济增长贡献率超过 40%。四是当前出现的并购热刺激"职业创业人"崛起。IPO 暂停后,倒逼 VC/PE"左转早期",关注初创型项目;"右转并购",通过并购实现退出。阿里巴巴等大企业也有并购需求,通过投资并购完善产业链,扩大业务范围和资源利用效率,由此推动了一大批目标定位为被收购退出、倾向"短平快"的"职业创业人"崛起。

如何推进创业? 多措并举,营造良好的创业环境,进一步推进新一轮创业浪潮发展。由于创业风险的客观存在,初创企业往往是"九死一生",存活率不高。让企业不仅能够"生出来",而且能够"活下去""活得好",就必须多措并举推进创业,特别是政府要作为、金融要改革。具体而言,一要营造低成本、低门槛的公平有序的创业环境,强化法治保障和政策支持,让草根创业者热情竞相迸发,让精英创业者的初创企业快速成长。调查显示,2013年中国创业环境在参加全球创业观察的 69 个国家和地区中排在第 36 位,仅居于中游水平,中国创业环境有待提升。进一步降低创业成本和门槛,优化创业环境对于激发创业者激情、对于推进创业浪潮具有重要意义。二要实现创业与创新联动,形成以推广应用带动技术创新,以技术创新促进推广应用的良性发展机制。"创新"与"创业"是一对"孪生兄弟",实现创业创新联动,非常重要的是要进一步放松市场管制,允许不同商业模式和运营机制先行先试和应用示范,大力支持科技成果产业化,鼓励带动更多技术创新和商业模式创新。三要构建良好的创客空间,打造绿色的创业生态,发挥平台企业的龙头带动作用,形成依托平台创新创业的新模式、新潮流。创业的成功离不开良好的创业生态体系,中关村之所以取得优异的创业创新绩效,与其基于创新创业企业、高校和科研机构、高端人才、天使投资和创业金融、创新创业服务体系、创新创业文化等要素的创新创业生态系统密切相关。四要大力发展服务创业创新的天使投资、风险投资等股权投资,发展互联网金融,拓宽融资渠道,解决创业所需要的"钱"的问题。天使投资是创业投资链体系的源头,推进新一轮创业浪潮的发展离不开股权投资的支持。五要构建针对创业者的教育培训体系,大力发展创业技能教育,解决创业所需要的"人"的问题,化解人才瓶颈。近日,国务院办公厅印发了《关于深化高等学校创新创业教育改革的实施意见》,提出要实施弹性学制、允许保留学籍休学创新创业,这对于提高创业教育水平,推进高校创业指导从"学院派"变"实战派",增强创业者实践经验和创业能力具有重要意义。六要构建支持创业创新的多层次资本市场,让创业企业能活得更长,长得更大,走得更远。良好的企业生态不仅要有铺天盖地的小微企业,而且要有顶天立地的大企业。而大企业的成长离不开成熟的资本市场的支持。要通过技术创新和金融创新"双轮驱动",大力发展支持创业者创新的金融市场,努力营造促进创新创业的良好投融资环境。推进主板市场、中小板市场、创业板市场的市场化、法治化改革,使其更好地服务于实体经济和科技型企业。大力发展场外市场,让新三板和区域股权交易市场("四板")成为中小微企业融资和发展的重要平台。同时股权众筹是多层次资本市场重要补充,要鼓励股权众筹的有序发展,助推创业创新。

(本文发表于《华夏时报》2015 年 6 月 4 日)

—36—

创业创新和"一带一路"
对冲经济下行风险

当前,我国正处于增长速度换挡期、结构调整阵痛期、前期刺激政策消化期"三期叠加"的关键时期,经济面临较大的下行压力。针对国外唱衰中国经济"硬着陆"和担忧中国陷入"中等收入陷阱",政府工作报告中提出要通过改造升级传统引擎和打造新引擎"双引擎",使中国经济列车以中高速迈向中高端水平的"双中高"。今年上半年,中国经济增长 7%,稳定在合理区间。当前,经济增长有两大新引擎,一是"大众创业、万众创新",二是"一带一路"战略。通过打造新引擎,能够培育新的经济增长点,夯实实体经济发展基础,对冲经济下行压力。同时,要通过完善资本市场制度建设,促进股市健康发展以服务于实体经济。

一、经济新引擎一:创业创新

"大众创业、万众创新"是促进经济稳定增长的一大新引擎。用"大众创业、万众创新"代替经济"强刺激",这一举措不仅着眼当前,更重要的是关系到中国经济发展的后劲。鼓励大众创业、万众创新,促进创业创新活动的持续进行,有利于巩固实体经济基础,促进经济发展方式的转型与产业结构优化升级,激发经济发展活力并以创业带动就业,实现中国经济的稳定增长。

改革开放以来,我国共出现四次创业浪潮,每一次创业浪潮的兴起都对经济发展产生了重要作用:第一次是1978年中共十一届三中全会以后,以城市边缘人群和农民创办乡镇企业为特征的"草根创业",非公经济发展迅速并创造了大量就业;第二次是1992年邓小平南方谈话以后,以体制内的精英人群下海经商为特征的精英创业,包括政府部门的政治精英以及科研部门的科研人员,据报道,1992年邓小平南方谈话后有十万人"下海"经商,极大地提高了市场主体的活力和创造力;第三次是中国加入WTO以后,伴随着互联网技术、风险投资及资本市场的发展,互联网新经济为特征的创业,中国经济继续高速增长并逐渐在国际竞争中占据一席之地;当前第四次创业浪潮正在兴起。有关数据显示,"大众创业、万众创新"已经对今年上半年的"稳七"起到了很大作用。

从发展的动力来看,新一轮创业创新浪潮有四大动力:第一是简政放权和商事制度改革降低创业门槛与成本,推动新的市场主体井喷式增长;第二是新一代的互联网技术发展带动产品服务、商业模式与管理机制的创新,引领新一轮互联网创业浪潮;第三是高新区与科技园区作为集聚人才、技术、资金等创新要素的重要载体,引领新一轮聚合创业浪潮;第四是当前出现的并购热刺激"职业创业人"崛起。正是这四大动力的综合作用,使得本轮创业创新浪潮迅速兴起并不断发展。

与前三次创业浪潮相比,新一轮创业浪潮具有六大突出特征:第一,随着"大众创业、万众创新"新政的提出,商事制度改革不断深化,支持小微企业和实体经济发展的多项政策陆续出台,政府自上而下主动作为,改革成为推动新一轮创业浪潮的主要动力;第二,新一轮创新创业浪潮呈现出主体多元化特征,金融危机使大量"洋海归"回国创业,大型科技公司管理和技术精英离职创业,返乡农民工掀起"农海归"草根创业潮,政府力推大学生创业;第三,新一轮创业创新浪潮涌现了一大批"互联网+"的新业态和新商业模式,创业创新的形式呈现高度的互联网化,互联网与传统行业的融合创新不断显现,对促进产业结构转型升级具有重要意义;第四,新一轮创业创新浪潮由创业、创新和创投"铁三角"联合驱动,"众创""众包""众筹"等新的商业模式、投资模式、管理机制等多方面创新相互交织,降低了创业门槛;第五,创新创业要素向"软""硬"环境好的高新区与科技园区集聚,创新创业载体呈现区域分化格局,深圳和北京成为创业环境最好的城市;第六,创业创新的体系呈现生态化,具有产、学、研、用、金、介、政齐备的协同创业创新体系出现,一些地方成为创业创新人才的"栖息地"。

进一步激发大众创业、万众创新的热情、持续推进创业创新的实践,使其作为经济增长新引擎的作用发挥得更长久,需要从创业环境、创业资金供给、人才供给、创业教育、创业文化等多个方面着手,以改革引领创业浪潮。

具体而言,要营造低成本、低门槛的公平有序的创业环境,强化法治保障和政策支持,让草根创业者热情竞相迸发,让精英创业者的初创企业快速成长;要实现创业与创新联动,形成以应用示范带动技术创新,以技术创新促进应用示范的良性发展机制;要营造良好的创客空间,打造绿色的创业生态,发挥互联网平台企业的龙头带动作用;要发展服务创业创新的天使投资、风险投资等股权投资,发展互联网金融,拓宽融资渠道,解决创业所需要的"钱"的问题;要构建针对创业者的教育培训体系,大力发展创业技能教育,解决创业所需要的"人"的问题;要构建支持创业创新的多层次资本市场,让创业企业能活得更长,长得更大,走得更远。同时,要培育宽松的创业文化,鼓励冒险,宽容失败,为创业创新提供文化支撑。

二、经济新引擎二:"一带一路"

稳定经济增长的另一大新引擎是"一带一路"战略。2013 年,"一带一路"战略由习近平总书记首次提出。"一带一路"既是国内区域经济发展的战略,也是对外开放的战略。"一带一路"既是一个西进的战略,也是一个南下的战略,贯穿亚欧非大陆,一头是活跃的东亚经济圈,一头是发达的欧洲经济圈,中间广大腹地国家经济发展潜力巨大。

"一带一路"战略有利于沿线国家优势互补,共享区域内的大市场,有利于进一步加强沿线国家经贸合作,将成为沿线各国经济新的增长点。丝绸之路经济带最关键的就是通,要打造地下油气管道、陆路、航空、水路、互联网(跨境电商等)"五大通道"。五大通道的建设势必会带动经贸投资增长,创造更多就业机会,对稳增长有很重要作用。

"一带一路"战略也是消化国内过剩产能、调整国内产业结构的优良机会。当前,我国钢铁、建材、水泥、家电等行业正面临着严峻的"去产能化"任务,但这些过剩产能在"一带一路"沿线的部分国家却有很大的市场需求,"一带一路"战略的实施,有利于缓解我国制造业产能过剩严重的问题。

此外,丝绸之路经济带不仅仅是一条经济大通道,也涉及到能源安全、金融、外交、生态、文化等领域全方位、立体化的开放合作,它的参与方式是多元化,体现的是共商、共享、共建,这个过程也将带动我国与沿线国家的开放合作,对促进我国企业"走出去",提升国际竞争力具有重要意义。

发挥"一带一路"战略的引擎作用,能源合作是丝绸之路建设的重要抓手。深化丝绸之路经济带能源合作有四个方面的举措:一要尽快设立能源俱乐部,构建能源组织协调新机制,完善各参与国对话交流机制,形成能源合作的共识和互信;二要进行顶层设计,推进各国在石油、天然气、煤炭、水电、核电等多领域的合作,统一规划构建能源资源跨国产业链,从廉价产品换资源的低端资源合作走向全产业链的合作,形成"你中有我、我中有你"的"利益共同体";三要建立跨国开发性金融机构,打造丝绸之路经济带区域金融中心,加强各国间货币直接流通,大力发展配套物流,实现货币融通和物流畅通,为能源合作提供金融服务和配套物流等支持;四要以能源开发、贸易、加工、装备制造及技术服务为龙头,以能源大通道为纽带,推进各国在贸易、投资、安全、人文、生态等全方位的合作,提高合作的广度和深度。要高度重视南部丝绸之路经济带,加强南部丝绸之路经济带跨境合作区例如瑞丽的建设,要提升国家战略,做好顶层设计;出台更多高含金量的政策;进一步放权,处理条条与块块关系;构建跨国产业链,推进城镇化;利用好现有平台与机制;发挥企业和民间组织在提升软实力、睦邻友好和民间交往中的作用。

三、资本市场要服务于实体经济

实体经济发展离不开金融支持。资本市场是实体经济发展的"蓄水池",然而当前我国宏观经济正面临货币供应总量通胀与结构性通缩的双重风险,实体经济"严重缺水"与虚拟经济"洪水滔天"并存。

从结构来看,以制造业为代表的实体经济面临着严重的通缩风险。生产者物价指数显示,2015 年 7 月,我国 PPI 指数同比下降 5.4%,自 2012 年 3 月以来已经连续 41 个月保持负增长。

从货币总量来看,中国人民银行发布的 2015 年上半年金融统计数据报告及社会融资规模增量统计数据报告显示,2015 年 7 月末广义货币(M2)余额 135.32 万亿元,同比增长 13.3%。过多的流动性进入资本市场,加剧了股市的波动。从 2014 年 7 月至今的一年间,沪指经历了从 2033 点到 5178 点的"高歌猛进",也经历了一个月内数次"千股跌停"从 5178 点跌回 3373 点的"重挫"。暴涨之后必有暴跌,这是客观规律。政府要在股市热的时候及时"泼冷水"加强监管,促进股市"软着陆"避免"硬着陆",这是本轮行情变动带给我们的深刻教训。

健康的股市要服务实体经济而非阻碍其发展,关键要靠市场化和法治化"双轮驱动"。当前我国"法治化"建设严重滞后于"市场化"进程。股市要改革,必须要加强法律约束、改革监管制度,把"坏孩子"赶出去。要深思体制和机制改革,改变部门分割的监管体制,从部门监管走向功能监管,避免陷入"一个部门管不了,多个部门管不好"的怪圈。要重构股市的生态,避免小散户"群众运动"和羊群效应形成的"踩踏事件"重演。要完善内在的制度建设,只有形成良好的"制度基因",股市才能长久健康。要反思股市的体系和深层次的制度建设,反思政府和市场的关系,如果政府包办太多,背书太多,留下的后遗症就多。采取"救火式"的应对措施是必要的,但"救火"过后,要坚定不移地推进注册制改革,让市场起决定性作用,深化发行制度、退市制度、交易制度、对冲机制、分红制度等制度改革,抓紧推进证券法的修改,重新构建股市的生态,完善资本市场的投融资功能,更好地服务于实体经济。

(本文发表于《成都日报》2015 年 8 月 26 日。李睿、王建润协助研究)

—*37*—
让创业创新成为引领新常态的新引擎

中国经济发展进入新常态,新常态的关键字是"新",表明老路已经到了尽头,旧的发展方式已经无法延续。新常态最关键有四大变化,一是经济增长速度由过去近两位数的高速增长转为中高速增长的"七时代";二是经济增长的动力从"要素驱动""投资驱动"转向通过技术进步来提高劳动生产率的"创新驱动";三是经济增长的结构由以工业为主的增长转为以服务业为主的增长,对外开放中高水平引进来、大规模走出去;四是经济发展的重心从过去过度重视经济增长速度转向着重经济发展质量和效益。当前,我国经济增长呈"三期叠加"的状态,即经济增长速度换挡期、结构调整阵痛期、前期刺激政策消化期,房地产、制造业、基础设施等传统引擎下行压力很大。为避免中国经济出现"硬着陆",实现经济中高速增长、产业走向中高端的"双中高"目标,中央经济工作会议提出要用政府和市场这"两只手",一要打造新引擎,要通过推动大众创业、万众创新,释放民智民力;二是要改造传统引擎,特别是用信息化改造传统产业,使传统增长点焕发新活力。其中,创业创新是打造新引擎与改造旧引擎的重要手段,是开启经济发展新常态的关键。

一、新一轮创业创新浪潮是引领经济新常态的关键

第一,创业创新能培育出新的经济增长点,有利于打造稳定中国经济增

长的"新引擎"。一方面,创业活动可以将我国目前大量科技创新成果变为现实的产业活动,推动创新的产业化。另一方面,新一轮创业浪潮不断推动新产品、新服务的涌现,创造出新的市场需求,形成了很多新兴业态,比如"互联网医疗""在线教育""互联网金融"等新兴业态,成为新的经济增长点。第二,创业创新能推动我国产业结构优化升级。当前我国制造业面临着产能过剩、资源利用率低和结构不合理的问题,将创新的思维和技术运用到产品研发设计、生产制造、经营管理、销售服务等环节,有助于以生产者、产品和技术为中心的制造模式加速向社会化和用户深度参与转变,推动产业向纵深发展和工业转型升级。此外,以"互联网+"为代表的创业创新催生了一大批新型的现代服务业企业,激烈的竞争促进我国服务业的升级发展,加速产业结构的高级化。第三,新一轮创业创新浪潮的兴起有利于以创业带动就业,更好地发挥市场在促进就业中的作用,缓解就业难困境。目前我国就业压力巨大,大学生就业难问题愈演愈烈,农民工就业不稳定。我国不仅需要顶天立地的大企业,更是需要铺天盖地的小企业,才能撑起人口大国的就业。此外,高速城镇化需要创业带动就业形成产业支撑。城镇化的关键在于实现农民工市民化。"市民化=稳定就业+公共服务+安居及观念转变",通过创业增加就业机会、提升就业稳定性是市民化的重要前提。

二、新一轮创业创新浪潮呈现出六大特征

第一,政府自上而下主动作为。自"大众创业,万众创新"提出以来,政府进一步释放改革红利,助推新一轮创业浪潮。2014年新注册企业增长50%以上,互联网一类企业增长98%。第二,创业创新主体多元化。新一轮创业创新有四大主体,一是金融危机催发海归回国创业;二是精英离职创业;三是全球金融危机导致大量农民工返乡创业;四是国家积极推动大学生创业。第三,创业创新互联网化。互联网技术的不断创新和广泛运用,带来了更广阔的创业空间,更低的创业门槛,更活跃的风险投资,更公平的创业环境,以及更年轻的创业者,互联网成为创业第五疆域和最大创业空间。第四,创业与创新联动。新一轮创业创新浪潮的决定因素是创新,通过商业模式、管理机制、技术研发上的创新,才能占据市场,获得利润。第五,载体区

域化。高新区与科技园区作为集聚人才、技术、资金等创新要素的重要载体，引领要素聚合创业。北京和深圳拥有良好的资源优势和创业生态，吸引了大批创业者集聚。第六，创业创新生态化。创新过程具有创新难度高、资金投入高、市场风险高等特征，这与创业投资风险偏好的特点相匹配，新一轮创业浪潮使创业与创新、创投形成"铁三角"。中关村产、学、研、用、金、介、政齐备，协同创新，是典型的"铁三角"生态区。

三、推进新一轮创业创新浪潮要多措并举

为进一步推进创业创新浪潮，一要营造低成本、低门槛、公平有序的创业环境，培育"宽容失败、鼓励冒险、兼容并包、宽松创业"的创业创新文化，让创业创新的活力竞相迸发。进一步打造公平竞争的市场环境，加大简政放权力度，深化商事制度改革，重视知识产权保护，强化法治保障和政策支持，营造均等普惠的环境，激发创业者激情。二要继续发展创业服务，营造良好的创客空间，构建良性创业生态。发展众创空间，鼓励新型孵化器与创业投资相结合，增强创业孵化能力。优化支持创业的财务管理、人力资源管理、法律咨询等第三方机构的专业服务，推动建立"互联网+"创业体系，构建创业与创新联动、线上与线下结合的新型创业创新模式。三要大力发展创业技能教育，构建针对创业者的教育培训体系，提高创业参与者的创新能力和综合素质，化解人才瓶颈。支持高校、科研院所等科研技术人员创业，引导和鼓励大学生创业，支持优秀留学回国人员创业。四要用好财税政策的扶持，建立创业创新公共服务平台，营造有利于创业创新的政策环境。统筹安排扶持初创企业的财政资金，对众创空间等孵化机构予以适当优惠。对创业创新的各参与主体给予普惠性税收优惠，把"少取多予"的"三农"政策移植到初创企业上来。整合各类创业创新资源，打造专业化、网络化的服务平台体系，依托平台开展多样化的创业培训、创业大赛等活动，发挥平台的支撑作用，为初创企业提供必要的公共服务。

"大众创业、万众创新"离不开金融支持。融资问题是影响初创企业生存发展的重要因素，让企业活得更长、长得更大，离不开金融市场的支持。随着简政放权和商事制度改革的不断推进，市场主体增长迅速。据统计，

2015 年 5 月份全国新登记注册市场主体 137.8 万户,比上年同期增长 20.4%,其中企业 38.6 万户,平均每天新登记企业达 1.25 万户。新一轮创业创新浪潮不能只是"昙花一现",而应成为经济新常态的持久动力。李克强总理讲我们不仅要让企业"生出来",而且要让他们"活下去""活得好"。生出来很容易,但是要活下去、活得好非常困难。初创企业存活率不高,往往是"九死一生",现在六成企业寿命在五年以内。为此,要发挥金融市场在支持创业创新中的重要作用,构建支持创业创新的多层次资本市场,创新金融业态,发展创业投资,解决初创企业生存发展所需要的"钱"的问题。具体而言,一要发展互联网金融,引导股权众筹融资服务创业创新,有序地开展公开、小额众筹融资试点。股权众筹融资有利于降低初创企业的融资门槛和融资成本,并帮助企业在融资的同时进行前期市场调查,有利于降低企业经营风险,被誉为"大众创业、万众创新"的孪生兄妹。二要继续发展天使投资、创业投资等,以创业、创新、创投"铁三角"引领创业浪潮。建立国家新兴产业创业投资引导基金和国家中小企业发展基金,发挥政府资金的杠杆作用,撬动社会资本参与新兴产业发展,积极引导创业投资向创业企业的初期延伸。创新金融服务模式,拓宽融资渠道,推动创业投资机构与商业银行、商业保险等传统金融机构进行合作,开发投贷联动、投保联动等新型业务模式,增强对初创企业的服务能力。三要继续规范繁荣资本市场,服务于创业创新。加快推进股票发行注册制改革,降低优质创业企业上市融资门槛,推动上海证券交易所的战略新兴产业板的建立。继续发展面向创新型中小企业的全国中小企业股份转让系统(新三板),并推进新三板的优质创新型企业向创业板转板试点。规范发展区域性股权交易市场,为区域内企业提供股权转让、股权质押等多种形式的融资服务。

总之,要多措并举通过改革不断完善体制机制,推动资金链引导创业创新链、创业创新链支持产业链,以创业带动就业、以创新促进发展,让创业创新真正成为经济新常态新引擎。

(本文发表于《金融时报》2015 年 7 月 20 日。曹冬梅、庄芹芹协助研究)

—*38*—

有创新驱动，才能击水中流

打造中国经济的升级版，需要转换经济增长的动力机制，加快形成新的经济发展方式，着力增强创新驱动发展新动力。

经济学认为，国家竞争优势的发展可分为四个阶段，即要素驱动阶段、投资驱动阶段、创新驱动阶段和财富驱动阶段。创新驱动是相对于要素驱动、投资驱动的更高级的发展阶段。改革开放30多年来，我国主要依靠廉价劳动力投入、大量资源消耗和大规模投资实现了经济高速增长。然而，随着经济发展方式和要素结构的转变，原有的人口红利、土地红利等优势开始减弱，使得原本依靠要素驱动和投资驱动的外延式、外生性发展模式难以为继。

另一方面，过度依赖要素驱动和投资驱动的传统发展模式也扼杀了创新的动力。中国企业陷入低端产业的"比较优势陷阱"，在全球产业链和价值链上处于弱势地位，从而抑制了产业转型升级，导致核心技术受制于人，全球价值链受控于人。

实现中国经济的转型升级，要改变对传统增长动力的过度依赖。这其中，包括过度依赖投资对增长的推动，出口和外资的外需拉动，廉价劳动力的要素驱动，过度依赖房地产的支撑，资源与环境的消耗，以及财富的非均衡增长等。

改变上述"过度依赖"、实现可持续发展，关键在于转换增长动力：从要素驱动、投资驱动转向通过技术进步来提高劳动生产率的创新驱动,从过度依赖人口红利、土地红利转向靠深化改革来形成制度红利,促进经济增长。创新是经济活力的一大源泉。形成创新驱动发展新动力,有利于提高劳动生产率、缓解资源环境"硬"约束,实现经济从外延式增长向内涵型增长转变;有利于将创新活动转化为产业竞争力,培育新的经济增长点,实现经济从外生性增长向内生性增长转变。

在创新过程中,只有制度创新重于技术创新,人才激励重于技术开发,营造环境重于集聚要素,作为创新"软件"的创业创新文化重于设备厂房"硬件",建设创新型国家的"国家意志"转化为"企业行为",创新才能真正落地生根,开花结果。

调研发现,当前企业只有三条路可走:一条路是"向上走",通过创新实现转型升级;另一条路是"向外走",通过海外拓展实现走出去;如果不能"向上走""向外走",那就只能"向下走",被残酷地淘汰。

充分发挥企业在创新中的主体作用,将自主创新的国家意志有效转化为企业行为,需要构建和完善以下五大机制。

第一,创新人才激励机制,发挥人才在创新中"第一资源"的作用,鼓励创新型人才向企业集聚,提高企业内科研人员的薪酬待遇,成就一大批"顶天立地"的技术领军人才和创新型企业家。第二,完善合作创新机制,灵活选择合作创新形式,实施有效的产学研合作,组建多样化的战略技术联盟,实现企业创新优势互补,获得持续的创新能力。第三,优化技术消化吸收机制,实现企业技术创新由重引进向重消化吸收的转变,摆脱"引进、落后、再引进、再落后"的怪圈,推动企业实现更高层次的开放式创新。第四,完善创新引导机制,加强制度创新,营造有利于企业创新的发展环境。创新需要政府营造"做实业能致富,创新做实业能大富"的良好环境,来引导企业自觉自主创新,使创新成为一种企业习惯。第五,优化风险分担机制,构建以风险投资为核心的股权投资体系,完善多层次"金字塔型"资本市场,以金融创新支持技术创新,充分发挥资本市场在培育创新型企业中的重要作用。

(本文发表于《人民日报》2013年3月28日)

—*39*—

当前 VC/PE 行业深度调整的方向

作为金融创新的产物,VC(风险投资)、PE(私募基金)及天使投资等股权投资具有高风险、高收益的特点,能够帮助有广阔市场前景的企业,尤其是科技型中小企业快速成长,是我国创业创新的重要支柱。2010 年,随着我国经济的快速发展以及创业板市场开启所带来的高投资回报率,大量的社会资金涌入 VC/PE 行业,VC/PE 机构数量和资金规模均呈现快速增长的态势,行业进入迅猛发展阶段。经过 2010 年的过度膨胀和非理性发展之后,当前我国 VC/PE 行业的发展已进入深度调整期。在募集方面,2012 上半年中国创投市场新募集基金 79 只,同比下降 60.3%;新增可投资于中国内地的资本 33.71 亿美元,同比下降 77.1%,募资总额回落到自 2009 年下半年以来的最低点。在退出方面,随着抑制"炒新"成为监管重点,"上市等于暴利"的时代已经逐渐远去。2012 年第二季度,IPO 退出账面平均回报率跌至 3.5 倍,创下 2010 年以来的最低水平。

VC/PE 行业深度调整的背后有着深刻的原因,就是 VC/PE 功能异化,行业行为投机化和发展泡沫化倾向明显。具体而言,当前 VC/PE 行业的发展存在"四重四轻"行为。一是"重投机,轻发展"的盲目跟风行为,突出表现为一哄而起的非理性行为。"全民 PE"浪潮掀起,有钱就 PE,哄抬 IPO 项目。二是"重短期见效,轻长远战略"的短视和短期行为。大多数投资者都选择短期投资,预期在短时间内获得丰厚回报,并以此规避风险。统计显示,目前国内 VC/PE 平均投资周期仅有 2—4 年。三是"重晚期,轻早期"的急功近利行为。不重视早期的企业发现、筛选、培育,只重视晚期摘"成熟的桃子",投资阶段明显偏向扩张期和成熟期,造成后端投资过度地"拥挤",而前端投资则出现严重的"贫血"。四是"重规模,轻服务"的贪大求快行为。VC/PE 规模膨胀与人才匮乏之间的矛盾不断加剧,投资机构普遍缺乏投后管理和增值服务的能力。

当前,VC/PE 功能异化、行为投机化和发展泡沫化已经成为行业的最大危机。为化解我国 VC/PE 行业危机、促进其健康可持续发展,不仅需要行业自身的努力,还要发挥政府"看得见的手"的作用,为行业发展营造良好的市场环境。

VC/PE 机构要苦练内功,行业组织要充分发挥自身调节作用。首先,通过"专业化",实现 VC/PE 行业理性发展。投资行业要专注。VC/PE 机构要依据自身专业特点,投资熟悉、擅长的行业或领域,充分发挥专业特长,提高决策水平,从而降低风险。投资策略要独特。根据自身投资需求及其风险承担能力,对投资资产进行独特安排和配置,逐步探索形成自己的投资风格。投资地域要多样。从目前数据来看,无论是 VC/PE 投资案例数,还是VC/PE 融资金额,北京、上海等东部沿海地区都居于领先地位。要实现区域间差异化发展,推动投资地域向中西部地区转移,充分挖掘欠发达地区的具有发展潜力的企业和项目。其次,去"投机化",回归 VC"本色",投资链条前移。当前我国 VC 的"PE 化"倾向严重,投机色彩较浓,企业培育的原有功能缺失。随着二级市场市盈率逐渐下降,传统 Pre—IPO 套利空间不断压缩,投资机构从中后期投资向中早期转移、回归真正的价值投资领域成为必然趋势。为此,要从整体着眼,合理引导 VC 回归本位,积极推动投资链条前移,鼓励投资机构专注于有潜力的高技术和高附加值产业,让其真正成为我国企业发展的"孵化器"。再次,规模的扩张要与人才队伍的建设同步。股权投资行业是人才密集型行业,股权投资人才通常要求具有较高的综合素质,而目前我国股权投资从业人员大多是"半路出家",专业知识不够,严重制约VC/PE 机构自身发展乃至整个行业的健康发展。因此,VC/PE 机构在引进国外投资专家、吸收海外先进投资管理经验的同时,更要着重加强本土VC/PE 专业人才队伍建设。要优化人才队伍建设的"硬环境"和"软环境",

搭建"产、学、研"互动合作平台,构建起适合本土专业人才成长的培养机制,实现专业人才和产业的双向流动。最后,要抓住海外投资机遇,推动我国企业国际化。当前企业海外投资并购趋热,"走出去"成为企业成长壮大的重要途径之一。企业在海外并购时,遇到的难题主要是资金短缺,特别是民营企业,由于银行融资条件苛刻,企业"走出去"的同时亟须拓宽融资渠道。而PE 能帮助企业"走出去",实现海外拓展。为此,我国企业"走出去"亟须资金实力较强和专业水平较高的 PE 机构作为后盾。PE 机构要抓住机遇,通过参与企业海外并购,发掘自身投资价值,实现企业和投资机构"双赢"发展。

政府要为 VC/PE 行业健康发展营造良好的市场环境。第一,完善股权投资行业相关法律法规,推动适度监管和行业自律相结合。通过法律法规体系的完善,明确股权投资参与主体、客体以及监管部门之间的权利义务关系等,减少股权投资过程中的法律风险,为股权投资的规范发展提供坚实的法律保障。国际经验表明,股权投资行业的健康发展除要依靠法律法规的规范外,更应重视行业协会的自律功能。借鉴国际经验,政府对股权投资行业的管理应以引导、规范为主,适度监管,充分发挥行业协会自律功能。第二,构建多层次的"正金字塔"型资本市场,实现股权投资退出渠道的多元化。我国"正金字塔"型资本市场的构建,要在发展主板市场、中小板市场、创业板市场的基础上,积极推动新三板市场的扩容和场外交易市场的建设。同时,还要完善区域性的产权交易市场和多层次资本市场的转板机制建设。对于产权交易市场,政府应加大监管和引导力度,使其充分发挥资源配置和价格发现功能,疏通退出渠道。通过转板机制的建设,对接场内和场外交易市场,增加市场弹性,提高市场安全系数。大力发展并购基金,鼓励股权投资通过并购市场退出,改变当前九成 PE 靠 IPO 退出的"千军万马过独木桥"的局面。第三,拓宽投资空间,培植更多更好的项目源头,引导股权投资基金进入国家"十二五"规划的市场前景宽广的战略性新兴产业和现代服务业。当前,我国股权投资节奏放缓,除受国内外宏观经济不景气影响外,还与优质项目源减少有很大关系。因此,政府可培植更多更好的有关战略性新兴产业和现代服务业的项目源,在拓展股权投资渠道的同时,实现稳增长和调结构相结合。第四,政府可通过减税、减费、减负等财税激励政策,为股权投资者营造宽松的投资环境。一方面可通过调节财税政策来管理股权投资行业,并通过政策主体、客体及适用范围等内容的细化和明确化,来降低投资过程中的交易成本和风险,提高股权投资收益,从而调动投资者的积极性;另一方面可通过减少征税环节、降低税率、提高税基、再投资退税等措施加大财税优惠力度,从而吸引更多的社会资本进入股权投资行业。第五,完善以"天使投资—风险投资—股权投资"为核心的投融资链体系,尤其要大力规范发展天使投资,鼓励更多的"闲钱"进入投资领域,实现对创新型企业发展的全过程服务。通过完善天使投资信息平台,加大天使投资专业培训力度,打造天使投资团队,促进天使投资与 VC、PE 协调发展。同时,在股权投资行业的发展过程中,要强化政府对股权投资的支持和引导作用,充分发挥政府引导基金的"杠杆作用",最大程度调动社会资本参与的积极性,尤其是吸引民间资本参与到创新创业投资中来,并协调好引导基金的社会效益和经济效益之间的关系。最后,以高新区为载体,打造股权投资行业的聚集地,支持企业创业创新。高新区融合了各种生产要素,是技术、信息、知识、人才、资金等的集聚地。将高新区培育成股权投资聚集地,能促进资金与其他生产要素更好地结合,实现股权投资的规模化发展。通过高新区硬件设施和软件环境的优化,吸引更多高品质的创新或成长型企业入驻园区,同时通过开展项目推介会、高峰论坛、投资经验交流会、搭建信息平台等多种形式,为园区企业和股权投资机构之间的对接搭建桥梁。

（本文发表于《金融时报》2012 年 11 月 5 日。高梅、刘江日协助研究）

—40—
让股权激励为企业自主创新
插上腾飞翅膀

我国"十二五"规划明确提出,健全资本、技术、管理等要素参与分配的制度,保障技术成果在收入分配中的应得份额。《国家中长期人才发展规划纲要(2010—2020年)》进一步强调,要健全企业经营管理人才经营业绩评价指标体系,完善股权激励等中长期激励制度。股权激励是高技术产业发展过程中的一项重大制度创新,对科技型企业创新创业具有重要作用。硅谷有句名言,美国高科技产业的迅猛发展离不开"双轮驱动",一个轮子是风险投资,一个轮子是股权激励。如现在全球市值最高、品牌价值最高的美国苹果公司,就得益于风险投资和股权激励。

当前,大力发展和完善股权激励制度对我国科技型企业创新创业具有重要意义。第一,股权激励有利于完善科技型企业内部治理结构。股权激励将职业经理人的利益与公司长期发展结合起来,有助于解决现代企业内部人控制问题,克服传统薪酬制度下职业经理人行为短期化的倾向和道德风险,有利于解决委托代理风险。第二,股权激励有利于解决科技型企业人才激励难题。管理大师彼得·德鲁克曾经说过:人才是公司最宝贵的资源,所谓企业管理最终就是人力管理,但人力管理中知识型员工的潜能很难被有效激发,除非他能够明确感知到自己的"与众不同"。股权激励突破了一般企业当中"股东至上"的逻辑,体现了人力资本独特的价值,通过资本市场的预期收益机制,赋予人才剩余索取权,有效激发了人才的工作积极性。美国一项专题调查证明,实行员工持股的企业和没有实施员工持股的企业相比劳动生产率高出 30%,利润高出 50%,员工收入高出 25—60%。第三,股权激励有利于促进科技型企业持续发展。现在上市公司发展有"两难"选择:员工高薪酬带来运营高成本,员工低薪酬造成人才缺失或流失,而股权激励通过打造"金手铐"能够有效地解决"两难",能够降低激励成本、形成内部协同机制,吸引并留住高素质人才。

我国股权激励的萌芽,最早可以追踪到 18 世纪山西票号的身股制,对当时的票号、商号发展起了很大促进作用。自改革开放以来,我国股权激励制度的实践一直在摸索中前进,其发展先后经历了从股份合作到员工持股,从经营者群体持股到股票期权计划,从集体企业的清晰产权行动到管理层融资收购等几个阶段。当前股权激励正处于一个快速发展时期。中关村、东湖、张江国家自主创新示范区和天津滨海新区都在进行股权激励试点工作,对于创业创新企业发展将起到非常好的作用。有统计显示,中关村汇聚了 2 万多家高新技术企业,到 2010 年,中关村示范区内已有 350 家单位参加股权和分红激励试点。股权激励有效激发了科研单位和科研人员的创新积极性和创造力,涌现出来了一批科研人员和成果,仅"十一五"时期,中关村示范区内企业科技活动人员、新产品销售收入、企业专利申请量分别年均增长 6.3%、16.5%、26.3%。由此可见,通过股权激励激励企业技术创新,是推动我国创新型国家建设的重要手段。有关统计显示,从 2005 年初到 2011 年 3 月 31 日,我国沪深 A 股市场共有 273 家上市公司公布了股权激励方案,股权激励在沪深 A 股市场上市公司的覆盖面已经达到 5.72%。但股权激励在当前实施过程中也出现了异化与扭曲:如部分企业在股市低迷时密集推出,投机色彩较浓、股权激励的行权条件宽松,轻而易举不费事、业绩考核存在缺陷,设计不够合理、激励对象泛化,信息披露不健全等等。

股权激励是资本市场的重大制度创新,但是要把这个制度创新做好,不仅取决于股权激励本身制度设计,还取决于企业内部治理、政府监管、资本市场、经理人市场等多重因素。只有内外"兼修",股权激励这一重大制度创新才会是高效的,才会达到预期目标。当前,要通过以下措施完善我国股权激励机制:

一、界定科技企业产权关系

归属清晰的产权关系是企业实现股权激励的前提,产权纠纷则是制约企业实施股权激励的重要障碍。有研究表明,全国大量的民营高科技企业,普遍面临着产权问题的困扰,这种状况阻碍了股权激励的推广。未来,要清晰界定民营企业产权关系,允许科技人员、管理人员、创业人员以管理、技术和创业等无形资产作为资本投入。

二、规范企业内部治理

现代企业制度要求企业规范委托代理关系,在所有者、经营者和决策者之间建立权责分明、相互制衡的关系,这是促进股权激励制度正常运行,防止经理层短期化倾向和道德风险的制度保障。为此,科技型企业需要建立股东大会、董事会和监事会内部之间的良好职能关系,共同形成对经理层的监督管理,适当增加独立董事比重,加强独立董事和监事会对股权激励制度的评估审核监督,定期了解财务和经营状况,严打财务报表舞弊。

三、完善股权激励制度设计

股权激励制度是一项复杂的创新制度,现在很多负面问题和股权激励制度设计有关系。为此,科技型企业要立足自身实际,选择合适股权激励模式,要明确获授人的资格与范围,重点向核心科技人才和关键管理人才倾斜。要合理确定考核指标和行权价格,对财务指标和非财务指标进行综合考核,行权价格需参考历史业绩、行业状况及同地区企业绩效。要科学设定股票、期权的授予时间和行权时机,对期权的转让、出售、抵押等权利进行设定,并设计股权激励退出机制。

四、健全外部市场约束机制

实践和研究发现,股权激励健康发展需要三大外部市场约束机制:一是资本市场,通过反映企业市场价值和决定股权能否及时有效变现来约束经理人;二是经理人市场,依靠外部声誉机制和竞争选聘机制形成对经理人外部约束;三是产品市场,通过盈亏破产机制,真实显示企业绩效水平。当前,我国需要完善三大市场,尤其是完善资本市场。从美国历史和经验来看,完善的股权激励离不开健全的资本市场。现在我国股权激励特别是创业板市场上的股权激励存在多种问题,更多是因为创业板市场不够完善。未来,要通过完善制度设计,让股票价格真实反映企业经营绩效,对经理层起到激励与约束的双重作用。

五、加强上市公司监管

股权激励的监管不仅要靠企业自身,也依靠政府监管。如企业内部治理机制健全的美国也先后治理过企业"倒签股票期权"丑闻和"股权激励"会计作假。当前,我国股权激励种种潜规则的盛行客观要求证监会等监管部门加强监管。要加强企业股权激励信息披露,包括激励对象、行权条件、已行权和未行权数量以及相关高管的姓名等信息都要依法披露。要加大对股权激励的监督检查力度,加强对违规行为的责任追究,并为中小股东提供维权的机制。

六、以国家高新技术开发区为载体推动股权激励

当前,一方面,要加快落实股权激励试点工作,逐步放宽实施门槛,扩大试点范围。大力推进示范区内企业、高等院校、科研院所开展股权和分红激励试点,探索利用国有股权收益部分激励企业团队的试点,逐步适当放宽企业实施股权激励的资产等条件限制,让更多创新型中小企业参与试点。另一方面,要积极探索技术和管理要素按贡献参与分配的实现形式,创新企业分配激励机制。探索职务科技成果入股、股权奖励、股份期权、科技成果收益分成等多种形式的股权和分红激励,推动企事业单位灵活采用年薪制、人才协议工资制、项目工资制、创业股、劳动积累股、收益分享制等有利于鼓励创新的分配形式。

(本文发表于《中国经济时报》2011 年 6 月 22 日。杨威协助研究)

—41—
壮大新兴产业需要
完备高效的投融资体系

自全球金融危机爆发以来，主要发达国家纷纷采取措施培育和发展以节能环保、新能源、新材料、生物和信息网络等为代表的战略性新兴产业，以应对金融危机、实现经济振兴、抢占新一轮国际竞争的制高点。我国"十二五"规划纲要明确提出，要"以重大技术突破和重大发展需求为基础，促进新兴科技与新兴产业深度融合，在继续做强做大高技术产业的基础上，把战略性新兴产业培育发展成为先导性、支柱性产业"。培育和发展战略性新兴产业对国民经济和社会发展具有十分重要的意义，不仅是当前我国推进经济结构调整，使企业从过度竞争的"红海"走向前景广阔的"蓝海"的关键举措，也是提升国家综合竞争力和国际地位的重要途径。

战略性新兴产业有着不同于传统产业的特点和成长规律，知识技术密集、物质资源消耗少、成长潜力大、综合效益好，其发展高度依赖于创新驱动，在科技攻关、产品升级、市场开拓、人才引进等诸多方面需要长期的、巨大的、不间断的资金投入保障。可以说，金融资源的动员与配置决定着新兴科技成果的转化，从而会从根本上影响新兴产业的形成和发展。

战略性新兴产业的高投入、高风险、预期高回报的特征，要求通过金融创新来构建筛选培育、风险分担机制和区别于传统产业的特别融资机制，实现新兴产业与金融资本之间的良性互动,从而推动产业规模的不断扩大和产业层次的不断提升。

一、构建多层次的信贷体系,规范民间金融,使其成为多层次信贷体系的重要组成部分,提高银行信贷的针对性和有效性,切实缓解新兴产业企业融资难

发展战略性新兴产业既要依靠大企业,也离不开中小企业。我国现行银行体系在机构、机制、产品等方面难以满足包括中小企业在内的多层次市场主体的融资需求。据统计,我国总数不到1%的大型企业约占企业全部贷款余额的45%,80%的中小企业缺乏资金,30%的中小企业资金十分紧张,大部分中小企业都是通过自筹或地下融资的方式筹集资金。当前,要拓宽金融体系的广度和深度,构建由大、中、小银行和小金融机构组成的多层次信贷供给体系,特别要增加中小规模的信贷供给机构数量。要鼓励大型商业银行创新信贷模式增强对中小企业的信贷支持,建立面向中小企业的政策性银行,鼓励民间资本发起成立更多的区域性中小银行和村镇银行,在国家高新区大力发展科技银行,对民间信贷要多疏少堵,放宽金融管制,创新信贷供给主体,通过发展小金融机构让民间借贷资金"阳光化"、规范化,让其由"地下"变成"地上",健康发展。要积极培育"只贷不存"的贷款"零售商"和非吸储类信贷组织,包括小额贷款公司、融资租赁公司、典当行等,合理引导和规范民间信贷及社会游资,为中小需求主体提供小额、量多、面广的个性化、差异化服务。

二、完善以政策性信用担保为主体、商业担保和互助担保相互支持的多层次信用担保体系,加快研究制定由各级政府共同出资组建的贷款担保基金办法,加强金融公共服务,解决新兴产业企业融资过程中的担保难和抵押难问题

现代市场经济是一种信用经济。新兴科技型企业具有"不确定因素多、

可抵押资产少、信用积累不足"等特点,借助信用担保体系实现以信用换融资是解决科技型中小企业融资困境的有效途径。当前要完善征信体系,健全担保制度,坚持"政府推动、社会参与、市场运作"的原则,构建包括政策性、商业性和互助型担保体系在内的多层次信用担保体系。要加强对专利、商标权、版权等无形资产的评估能力,大力发展知识产权质押融资担保模式。通过财税政策优惠鼓励各类担保机构对战略性新兴产业融资提供担保,通过再担保、联合担保以及担保与保险相结合等方式多渠道分散风险,完善融资担保体系。

三、构建以 BA(天使投资)、VC(风险投资)、PE(私募基金)为主体的多层次股权投资体系,强化新兴产业的要素集成,推进产业孵化与培育

目前,我国战略性新兴产业中大部分行业技术成熟度低,市场不确定性因素多,企业短期偿债能力弱,股权融资模式比债券融资模式更适合这一时期产业的融资。股权投资具有筛选发现、企业培育、风险分散和资金放大等功能,注重被投资企业的成长性和创新性,是连接科技创新和金融资本的重要桥梁,较多都活跃在产业前沿,热衷于投资高成长的新兴产业领域,是新兴产业的"孵化器",在培育战略性新兴产业中大有作为。当前要构建完整的股权投资链,完善天使投资机制,大力发展风险投资和私募股权基金,打造以高新区为载体的股权投资聚集地,通过 BA、VC、和 PE 引导热钱进入战略性新兴产业。具体来讲,要积极鼓励具有大量"闲钱"、冒险精神和成功创业经历的富人开展天使投资活动,培育壮大天使投资人群体,并通过构建网络和信息平台、健全相关政策和法律法规、优化区域市场环境等一系列措施完善天使投资机制,发挥其多轮融资效应。要推进风险投资(VC)和私募股权基金(PE)改变"重短轻长"的短期行为和重"晚期"轻"早期"的急功近利行为,鼓励"把鸡蛋孵化成小鸡、把小鸡养成大鸡"的长远战略,避免出现 VC 的 PE 化以及私募基金大量通过上市前投资(Pre-IPO)的投机现象。

四、要构建与企业构成相匹配的多层次的正"金字塔"型的资本市场体系,显著提高对新兴产业的直接融资,培育在战略性新兴产业中具有国际影响力的领袖企业

资本市场既要壮"大",培育在战略性新兴产业中具有国际影响力的领袖企业,又要扶"小",扶持科技型中小企业发展战略性新兴产业。当前我国资本市场呈现出上大下小的"倒金字塔型"结构,在主板上市的企业远多于在创业板和新三板上市的企业,这使得很多大公司资金过剩而大量创新型中小企业却得不到资金支持。同时,此种局面也使得股权投资的退出通道不畅。因此,在充分发挥主板培育龙头企业和完善创业板和中小板扶持创新型中小企业作用的同时,要积极扩容新三板市场,尽快使新三板市场扩展到其他地区,改变我国"倒金字塔型"的股票市场结构,把"金字塔"的底部加宽。要在强化信用评级和风险控制基础上,通过制度创新和机制改革,鼓励企业发行公司债券,扭转资本市场上股票市场独大的"跛足"局面。要通过培养和发育产权交易市场让不能上市和发行债券的企业实现股权交易变现,达到再融资的目的。通过多层次资本市场的构建,不仅让更多的企业获得资金支持,也使得股权投资可以获得畅通的退出渠道,从而分享高额回报并进一步加强对创新企业的支持,形成资金融通的良性循环。

五、要实施全方位的政策引导,通过政府引导基金的设立,引导企业加强研发投入,引导社会游资热钱回归实体经济,让社会资本流向新兴产业亟须投资的领域

据统计,2010 年,我国在新兴产业领域的研发投入只相当于 GDP 的 1.71%,而发达国家通常在 2.6% 至 3% 之间。为此,需要政府设立科技引导基金引导企业加大研发投入。由于新兴产业技术方向选择难度大、投资回收期长、风险相对较高,需要政府扮演先行者的角色,发挥"天使"引导作用,以财政投入、税收优惠、政府引导基金的设立等方式撬动社会资本,引导其投资处于初创期和成长期的企业。当前,要全面贯彻《关于加快培育和发展

战略性新兴产业的决定》《关于鼓励和引导民营企业发展战略性新兴产业的实施意见》等文件,深化重点领域的体制机制改革,切实降低民间投资市场准入门槛,拓宽民间投资领域。要制定促进新兴产业发展的财税政策,坚持"少取多予"的方针,对从事新兴产业的企业进行"减税、减费和贴息",通过价格补偿、利差回报、资源补偿、税收返还等方式提高民间资本投资战略性新兴产业的投资回报率,做到既"晓之以理",又"诱之以利"。要通过设立战略性新兴产业发展专项资金和产业投资引导基金等方式,充分发挥政府引导资金的杠杆效应,调动社会资本和民营企业参与战略性新兴产业发展的积极性和创造性。

（本文发表于《中国经济时报》2011 年 10 月 12 日。李洪斌、马军伟协助研究）

—42—

战略性新兴产业需要
技术和金融创新两轮驱动

　　战略性新兴产业对国民经济和社会发展具有十分重要的意义,培育和发展战略性新兴产业不仅是当前推进经济结构调整的关键举措,也是提升国家综合竞争力和国际地位的重要途径。在"后危机"时代,经济发展亟需培育和激发内生动力,积极扩大内需,改变经济增长主要依靠外需和投资的格局,构建"内需主导、消费支撑、创新驱动、均衡共享"的发展模式。战略性新兴产业代表了未来技术创新及产业发展的方向,并对传统产业的转型升级具有重要促进作用,有利于推动产业结构调整,加快粗放型经济向集约型经济的转变,改变我国经济增长中"大而不强、快而不优""核心技术受控于人、全球价值链受制于人"的状况,推动创新型国家建设,实现经济发展的创新驱动。世界经济发展史表明,几乎每一次应对经济危机的过程中,都会有一批新兴产业在科技革新力量的推动下孕育和成长,成为摆脱经济危机、推动下一轮经济繁荣的重要力量。1997年亚洲金融危机后互联网技术革命催生的互联网产业、移动通信产业至今仍在世界经济发展中扮演重要角色。当前,面对本轮全球金融危机引发的大变局,中国要着力使战略性新兴产业尽早成为国民经济先导产业和支柱产业,争取在新一轮全球经济增长中占得先机,使我国的综合国力和国际竞争力上升到一个新的台阶。

　　培育和发展战略性新兴产业要着重处理好技术创新与金融创新、市场调节与政府引导、新兴产业与传统产业三个方面的关系。既需要在重视科技创新的同时积极推进金融改革,构建技术创新和金融创新两轮驱动的发展模式;也需要兼顾市场和政府"两只手"的力量,建立市场调节和政府引导共同作用的动力机制;同时,还需要充分发挥新兴产业发展对传统产业转型升级的积极作用,形成新兴产业与传统产业协同共进的发展格局。具体而言:

一、培育和发展战略性新兴产业需要技术创新和金融创新两轮驱动

技术创新和金融创新是支撑战略性新兴产业发展的两个轮子,两者缺一不可。一方面,战略性新兴产业是高新科技和新兴产业的深度融合,其核心内容是新技术的开发和运用,没有技术支撑,就谈不上新兴产业的大发展。另一方面,战略性新兴产业具有高投入、高风险、高回报的特征,其发展迫切需要通过金融创新来构建风险分担机制和区别于传统产业的融资机制,实现新兴产业与金融资本之间的良性互动,从而推动产业规模的不断壮大和产业层次的不断提升。美国高科技产业的发展是技术创新与金融创新共同推动新兴产业成长壮大的典型。诺贝尔经济学奖得主斯蒂格利茨曾经指出,中国的城镇化与美国的高科技发展将是影响 21 世纪人类社会发展进程的两件大事。美国的高科技产业之所以发展如此卓有成效,一个重要的原因就是以硅谷为代表的技术创新力量和以华尔街为代表的金融创新力量的有效结合,为美国高科技产业发展壮大并保持世界领先地位立下了汗马功劳。从中国发展的实践来看,技术创新与金融创新共同作用促进新兴产业发展也取得了一定的成效。例如作为技术创新典型的北京中关村,近年来致力于通过构建多层次资本市场来解决融资问题,为其新兴产业发展奠定了坚实基础。截至 2010 年 5 月,中关村的上市公司已经达到 149 家,其中境内 89 家,包括主板市场 47 家、中小板 23 家、创业板 19 家,境外 60 家,进入三板市场交易的有 65 家,IPO 融资总额达 1300 多亿元。未来,我国需努力建立健全以企业为主体、市场为导向、产学研相结合的技术创新体系,增强企业自主创新能力;同时,还要进一步健全多层次资本市场,完善有利于

创新的激励机制和风险分担机制,推动高新技术产生和加快技术成果产业化进程。进一步发挥多层次资本市场在战略性新兴产业发展中的作用。首先,要构建完整的创业投资链,大力发展风险投资和私募股权基金,完善天使投资机制。支持新兴产业的风险投资(VC)和私募股权基金(PE)的发展需要着力推进三个改变:一是改变一哄而起的非理性行为;二是改变重短轻长的短期行为。鼓励"把鸡蛋孵化成小鸡、把小鸡养成大鸡"的长远战略;三是改变重"晚期"轻"早期"的急功近利行为,避免出现 VC 的 PE 化以及私募基金大量通过上市前投资(Pre-IPO)的投机现象。构建完整的创业投资体系还要十分重视天使投资的作用。天使投资是新兴产业企业初创时期发展的"钱袋子"。一方面,天使投资人有"闲钱"、有投资愿望、有冒险精神,能解决具有天然高风险性的新兴产业企业初创时期的融资难题。另一方面,天使投资具有"领投"效应,能有效吸引风险投资和银行信贷,从而满足新兴产业企业成长过程中的多轮融资需求。为此,要积极鼓励富人开展天使投资活动,培育壮大天使投资人群体,并通过构建网络和信息平台、健全相关政策和法律法规、优化区域市场环境等一系列措施完善天使投资机制。此外,还要完善多层次的资本市场体系,在支持高技术产业进程中,做强主板,壮大创业板,大力推动新三板和产权交易市场的发展。美国资本市场是一个典型的"金字塔"型多层次资本市场。相比之下,我国主板市场容量有限、中小企业板需要进一步完善、代办股份转让系统发展不完善、创业板尚处发展初期,资本市场发展表现出产品结构单一、层次互补功能不足等问题,企业上市犹如"千军万马过独木桥"。未来,要充分重视创业板和新三板的发展壮大,完善多层次的资本市场体系。新三板市场是我国多层次资本市场体系的重要组成部分,是主板、创业板和中小板市场的基础和前台。要稳步扩大试点范围,将新三板推广到中关村以外其它国家级高新科技园区,建立统一监管下的全国性场外交易市场。

二、培育和发展战略性新兴产业需要市场调节与政府引导的双重推动

培育和发展战略性新兴产业需要充分发挥市场和政府"两只手"的作

用。市场在资源配置中起基础性作用,但由于市场失灵现象的存在及新兴产业发展初期多为弱势产业的客观事实,战略性新兴产业的发展同样需要加强政府的引导、扶持和调控。一方面,充分发挥市场配置资源的基础性作用,利用市场的价值、供求和竞争规律,用利益诱导、市场约束和资源约束的"倒逼"机制引导科技创新活动,是推进战略性新兴产业发展的重要途径。例如,碳交易就是运用市场机制促进节能减排的有效方式。有研究表明,美国通过排放权交易,在 2005 年实现了二氧化硫排放量比 1990 年减少一半,并且在医疗保健方面每年节省 1120 亿美元。另一方面,政府同样需要在战略性新兴产业的培育和发展上发挥重要作用,弥补市场失灵。首先,要统筹新兴产业发展规划,有序推进区域间协调发展、合理布局,防止陷入一哄而起、无序竞争的状态。其次,要充分发挥政府在公共资源配置中的引导性作用,利用财税、金融等政策工具引导社会资源合理流动,营造有利于战略性新兴产业发展的良好环境。新兴产业发展初期往往投入大、风险高、周期长,特别是面临高成本的瓶颈,依靠市场"无形之手"难以市场化和规模化。如我国风能和太阳能发电单位成本分别达到传统火力发电成本的 2 倍和 4 倍。因此,必须依靠政府"有形之手",来确保新能源企业获得合理利润,解决市场失灵问题。当今世界许多国家的政府在新兴产业的发展上也都发挥着重要的作用。例如美国政府未来 10 年将建立 1500 亿美元的"清洁能源研发基金"支持新能源技术研发,欧盟在未来 4 年将投入 32 亿欧元支持绿色技术研发,日本政府则出台了信息技术发展计划,提出重点发展信息产业、低碳产业、电动汽车等。

三、培育和发展战略性新兴产业需要实现新兴产业发展与传统产业改造协同共进

战略性新兴产业和传统产业是支撑经济增长的两个基点,培育战略性新兴产业不能忽视传统产业的发展,要两条腿走路,将新兴产业发展与传统产业改造结合起来,实现协同效益。一方面,传统产业并不等于落后产业,发展新型产业也并不意味着对传统产业的简单替代。只有夕阳技术,没有夕阳产业。事实上,新兴技术对传统产业具有辐射、提升、重组、牵引、开拓、

代替六大功能,能够使夕阳产品焕发生机,使传统产业重振雄风。比如,以制造业为经济支柱的美国中西部在 20 世纪 90 年代实现"锈带复兴"很大程度上就是得益于高新技术的运用,使传统产业整体得到改造和提升。另一方面,战略性新兴产业的发展离不开传统产业,新兴产业往往脱胎于传统产业并将其作为发展基础。传统产业在一定时期内仍然是国民经济的重要组成部分,是支撑经济增长的基本力量。培育和发展战略性新兴产业需要传统产业的发展作为基础和支撑。研究表明:新材料产业的发展离不开钢铁、有色金属以及石化等产业的发展作为支撑,现代生物医药科技的发展要也离不开现有医药工业的发展作为基础。推进战略性新兴产业与传统产业协同发展,不仅要注重新兴技术的产业化,推动新技术的应用和扩散,同时也要推进传统产业的高技术化,发挥高技术在推进传统产业升级换代中的作用。

(本文系作者于 2010 年 6 月 4 日在深圳市"第十二届中国风险投资论坛"上所作的主题演讲,发表于《中国经济时报》2010 年 7 月 20 日)

—43—
积极引导新一轮创业浪潮

全球金融危机对我国经济的最大影响是就业压力。当前,面对危机的影响,政府要把扩大就业作为第一工作目标,利用就业压力所形成的"倒逼机制"引导新的创业浪潮,用创业带动就业。通过对广大农民工的创业培训提高他们的创业能力,增强他们的创业意识,通过有效的货币政策和财政政策保障农民工创业资本供给,降低创业门槛和创业成本,创建各类返乡农民工创业园区,提高农民工创业的组织化程度,使更多的打工者成为创业者,让农民工返乡创业就业和就地城镇化引爆农村内需。

全球金融危机对我国的影响不仅表现在实体经济方面,而且已经波及到民生,其突出表现是就业形势恶化。就业是民生之本,危机对民生的影响突出表现为一些企业经营困难甚至倒闭而引发的失业问题。当前,沿海和东部是我国受到金融危机冲击最大的地区,而从分布上来看,农民工也大部分集中在这些地区。在这种情况下,出口外向型企业经营困难直接影响到农民工的就业。据官方统计,去年年底我国城镇登记失业率是 4.2%。所以,在这新一轮的就业压力下,2009 年将是中国经济最为困难而就业压力最大的一年。

面对危机,政府应该用创业带动就业,主动引导第四次创业浪潮,让更多的劳动者成为创业者。改革开放以来,我国已经出现了三次大的创业浪潮:第一次是以城市边缘人群和农民创办乡镇企业为特征的"草根创业",30

年前城镇知识青年返城,面对当时的就业压力,政府放宽政策允许非公经济发展,一大批人通过自谋职业掀起了第一次创业浪潮,创业型就业成了当时缓解就业压力的一大创举。统计数字显示,从 1979 年到 1984 年,全国共安置 4500 多万人就业,城镇失业率从 5.9% 迅速下降到 1.9%。第二次是以体制内的精英人群(科研部门的科研人员和政府部门的行政精英)下海创业为特征的精英创业。据报道,1992 年邓小平南方谈话后,有十万人"下海"经商。第三次是加入 WTO 以后伴随着新经济的发展以大量留学人员回国创业为特征的"海归"创业。当前,第四次创业浪潮正在形成,也即由这次全球金融危机和就业压力所"倒逼"的农民工创业和大学生创业。由金融危机带来的就业压力已使很多人选择自己创业。例如,从 2008 年 9 月至今,淘宝上新开店铺每个月近 20 万家,每天有 5000 人在淘宝网上开店,网络创业热潮正扑面而来。

创业在扩大就业方面具有倍增效应,一人创业可以带动多人就业。调查表明,平均每名创业者带动就业 3.8 人,达到了"吸引一人返乡创业,带动一批人就业致富"的效果。据估计,目前回乡农民工已经有 800 万人创业,并已带动 3000 万人就业。因而,怎样利用"倒逼"机制引导新一轮创业浪潮,通过创业带动就业是一个十分紧迫的重要问题。

当前,农民工创业既有必要性,又有可能性,这种创业及其推动的城镇化和工业化可以引爆我国最大的内需。鼓励农民工创业就当前来说可以缓解就业压力;从长远来看,农民工创业有利于解决"三农"问题,有利于工业化的可持续发展,也有利于城镇化的健康发展。

农民工创业的当前意义在于:一是有利于提高农民收入和农村消费水平,进一步扩大内需。扩大内需的关键在于启动农村消费市场,而农村消费市场活跃的关键又在于提高农民收入。农民工返乡一人创业可以致富一方,进而拉动内需。二是有利于农村城镇化发展。我国的城镇化实质上是一种半城镇化,已经进城的农民工实际上并没有市民化。推动农民工创业有利于农民工的合理流动和市民化。农民工市民化一条途径是构建能人回流、要素集聚的体制和机制,在 2800 多个县级市县区中依托县城建设一批 10 万至 30 万人的城市,让农民工在户籍所在地县城市民化。为此,可把县城建设成为县域经济的龙头和农村城镇化的经济中心。农民工回乡创办的企业近半数在小城镇和县城,这可以带动资本、劳动力等经济要素向县城集聚,有效推动以县城为中心的农村城镇化发展,引爆农村内需大规模扩容。三是有利于减少大规模异地流动带来的沉重代价。农民工回乡创业还有利于化解多年来农民工进城务工所形成的一些社会问题,减少大规模异地流动带来的不利影响。四是有利于农村水利等基础设施建设和整个新农村建设。当前的旱情再一次暴露了我国农田水利基础设施的薄弱。可通过以工代赈,积极鼓励农民工参与农村水利等基础设施建设。农民工返乡也将为新农村建设注入新的力量。鼓励农民工创业不仅是必要的,而且是可能的。人口迁移本身是一个伟大的经济学校。如果说普通农民成为外出打工者是第一次飞跃,那么农民从打工者成为创业者则是第二次飞跃。外出打工是农民工回乡创业的孵化器。打工是锻炼人的大熔炉和培养人的大学校。经过打工实践,许多农民工接受了城市中创业观念的熏陶,磨练了意志,拥有一定的技术,积累了一定资金,熟悉了市场规则,有了创业激情和一定的创业能力。

鼓励返乡农民工创业需要政府把扩大就业作为第一工作目标。面对严峻的就业压力,政府要努力扩大就业,用创业带动就业。目前可以考虑采取以下六条措施:

——提供免费的创业培训,提高农民工创业能力,增强创业意识。政府要加大对农民工培训的投入,将培训资金列入政府预算。强化农民工技能培训,加强创业辅导和指导,邀请创业之星、企业家、专家学者向返乡创业者传授创业经验和创业技能、现代经营管理理念和政府扶持返乡创业的优惠政策,解决他们创业过程中遇到的困难和问题。

——创新金融服务,为农民工创业提供创业资本。要建立"农民工回乡创业担保基金",为农民工回乡创业获取贷款提供方便。放宽创业融资抵押物范围,可考虑试行农民承包土地抵押。设立农民工返乡创业专项扶助基金,为农民工返乡创业提供融资补贴。

——强化创业服务,尽可能降低创业门槛。要简化程序,及时开辟农民工创业的绿色通道;构建创业平台,为农民工创业提供咨询和信息服务。建立健全政策扶持、创业服务、创业培训三位一体的工作机制,放宽创业市场准入,使更多的打工者成为创业者。

——进行财税扶持,使农民工创业成本最小化。通过"减税、降息、免费"三管齐下,对农民工创业给予特殊的减免优惠,大力降低农民工的创业成本。

——创建各类创业园区,营造农民工创业的良好环境。要用比照外商享受的更加优惠的政策,通过组建农民工创业园,在基础设施、配套服务、政策扶持、产业引导、人才供给、土地优惠等方面给予农民工创业系统的支持,营造浓厚的回乡投资氛围,增强对农民工返乡创业的吸引力。

——把就业和创业作为政府第一工作目标。要在政府宏观调控的多重目标中树立"就业和创业是工作重中之重"的观念,把就业工作放在政府政绩考核的首位。

(本文发表于《光明日报》2009 年 2 月 24 日)

——44——
新社会阶层要以强国富民为己任

胡锦涛同志在十七大报告中指出：要鼓励新的社会阶层人士积极投身中国特色社会主义建设。改革开放以来我国出现了一个与市场化取向改革和经济国际化相联系的由私营企业主、"三资"企业白领、自由职业者等构成的新社会阶层。据估算，目前新社会阶层人数大约有 5000 万至 7000 万人，与此相关的就业人口有 1.5 亿至 2 亿人。他们中间的代表人士被选为全国县级以上人大代表的有 9000 多人，被推荐为全国县级以上政协委员的有 3 万多人。多种所有制经济的共同发展，使得生产要素可以自由流动，为人们自主择业提供了更多可能，很多人陆续脱离原来的工作岗位，投入到体制外的非公经济领域，成为新经济组织和新社会组织成员。随着市场经济体制的不断完善，社会劳动分工日益精细，越来越多的新兴行业出现，为新社会阶层提供了从业条件。

新社会阶层是创业创新创富群体，特色鲜明，作用重大。这一阶层的崛起是中国经济繁荣和社会进步的一个重要标志。

第一，来源具有多元性，新社会阶层大多由工人、农民、干部和知识分子转化而来，与传统阶级阶层有着天然的紧密联系。与农民工阶层都由农民转化而来不同，新社会阶层的来源是多元的。这种转化的过程来源于"回城""下海""转制""转业""归国"和"洗脚上田"等几个浪潮：一是上世纪 70 年代末至 80 年代知识青年"回城"浪潮。上世纪 70 年代中期以后，大量下乡的知识青年以各种途径逐步返回城市。为了解决大量知识青年"回城"给城市带来的就业压力,1980 年召开的中央全国劳动就业工作会议明确鼓励和扶持个体经济适当发展。二是上世纪 90 年代的国家干部和科技人员"下海"浪潮,一批人由社会精英和科技精英转化为经济精英。1992 年邓小平同志南方谈话之后,同年体改委出台了《股份公司暂行条例》和《有限责任公司暂行条例》两个文件,引入了"股份制"的概念,成为中国企业变革的转折点。在这种背景下,有大批的国家干部、科技人员由体制内转到了体制外创办企业,形成了所谓的"92 派"创业者。三是在国有企业和集体企业的"转制"过程中大量原国有集体企业管理者和职工实现了身份转变。在上世纪 80 年代开始的国有企业改革中,大量国有集体企业职工下岗,他们通过职业培训、再就业工程,纷纷在城市创办个体、私营企业,成为新阶层的重要来源。四是大量军人复员和留学生归国浪潮。五是一大批农民"洗脚上田",浙江就有相当数量的农民成为私营企业主。据调查,私营企业主中有 37% 的人过去在公有制企业工作过,10% 的人过去是机关干部,同时现在还有数以万计的归国留学人员创办企业。值得注意的是新社会阶层与原有社会阶层之间既有着天然的联系,又有着相当大的区别;既有着相容性,又有着排斥性;既有共同的利益,又有各自不同的具体利益。

第二,结构具有多层性,同质性低,变动频繁,不断分化。在我国经济发展的所有制改革、市场化进程和国际化趋向过程中,社会经济背景的复杂性决定了新社会阶层结构的多层性:新社会阶层中既有非正规经济中的个体经营者,也有科技型企业家;既有下岗再就业的普通劳动者,也有拥有知识和技术的专业人士;既有家族经营的小公司,也有外商投资的大跨国公司;既有知识密集型的"海归派经济",也有劳动密集型的小农经济;既有雇主,也有高级雇员;既有蓝领,也有白领、金领。有研究表明:如果将企业资本规模的量级划分为小企业主(100 万元以下)、中等企业主(100 万元至 1000 万元之间)、大企业主(1000 万元至 1 亿元之间)和特大企业主(1 亿元以上)四个"亚层",小企业主约占全部私营企业主的 70%,中等企业主约占 30%,大企业主约占 1%,特大企业主约占 0.5%—1%。在计划经济时代,有些家庭几代人都在一个企业里,流动性非常低。新社会阶层出现后,人的流动性不断增强,社会阶层不断分化。在代际发展上,新社会阶层内部出现了"原生代"和"新生代"。与"原生代"相比,"新生代"的私营企业主的文化程度越来越高,知识水平、技能水平和管理能力水平也越来越高。

第三,观念具有多样性,彼此之间利益指向差异大。新社会阶层的成员大多具有自立自强的主体意识,具有敢为人先的开拓精神,但彼此之间的利益指向有很大差异。私营企业主希望市场能够更加开放,经济权利得到更多的法律和政策保护;外资企业的"白领"更关注社会稳定和福利保障;自由职业者则更希望在社会流动中实现公平的上升性移动。新的社会阶层人士文化层次高,普遍具有"不等、不靠、不要"的自立自强的主体意识,对个人生活空间自由的追求日益强烈。这个群体是最活跃的群体,最早实践市场经济的群体,同时也是市场经济意识较强而价值观多元化的群体。

第四,掌控多种生产要素,依靠知识力量和人才优势开拓发展。在新社会阶层中,个体户是拥有生产资料的劳动者,民营科技企业的技术人员和受聘于外资企业的技术人员是技术的所有者,中介组织的从业人员、自由职业人员是知识的所有者,私营企业主是资本的所有者。他们凭借劳动、知识、技术、管理和资本等生产要素按贡献参与社会分配。中共十六大报告指出:劳动、知识、技术、管理和资本是"创造社会财富的源泉"。新的社会阶层正是最充分地利用了这些生产要素,最大限度地发挥了自身的优势和特长,不断地为社会创造了大量财富。据统计,目前非公有制经济在国内生产总值中的份额已占到近三分之二,在社会投资中的份额占到近70%。

第五,凡事敢为天下先,是一个富有创造精神的创业群体。新社会阶层既为自身也为社会提供就业机会,私营企业主创业的过程也是创造社会就业的过程。据统计,目前非公有制经济在城镇就业中的份额占到近75%,在社会投资中的份额占到近70%。到2007年第一季度,我国的私营企业已经突破500万户,从业人员6000多万人,个体工商户已经突破2500万户,从业人员5000多万人。仅个体工商户和私营企业就解决了1.1亿人的就业。非公有制经济人士的创业精神是群众首创精神的高度浓缩。在最初的创业过程中,私营企业主敢于冒险是其最大性格特征,他们发挥着自己的个人才能和创造精神。在发展经济与追求利润方面,私营企业主表现出空前的热情,凡事敢为天下先,做出了许多惊天动地的举动。同时,他们经历的挫折也最多。

第六，年轻化、知识化特征明显，是一个充满活力的创新群体。经过市场经济的洗礼，新社会阶层逐渐成熟，一些具有知识、掌握技能的知识分子、科技人员、企业家不断壮大，成为新社会阶层的组成主体。在改革开放的初期，来自社会底层或边缘化群体的人可能在私营企业主中占有相当大的比重；而上世纪九十年代以后，私营企业主综合素质不断提升，高学历化、专业化和精英化的趋势明显。根据《第七次全国私营企业抽样调查综合报告》，中国私营企业主中机关干部、企业经营管理人员、专业技术人员这三类人在私营企业主中所占比例，由 33.8% 上升为 67.4%，近 50% 的企业主拥有大专以上学历。我国民营科技企业是改革的产物。在 20 世纪 80 年代初期，北京中关村一批科技人员放弃原有的稳定工作，创办技工贸紧密结合的实体。我国民营科技企业有以中关村为代表的技术推动的"内生"主导型模式和以深圳为代表的市场拉动的"外引"主导型模式。民营科技企业是先进生产力与最具活力经营机制的有机结合，有效地解决了科技与经济"两张皮"的问题，促进了科技和产业链的联动；民营科技企业在经营机制上具有较强的活力，在技术创新方面具有较大的动力；民营科技企业家对市场的反应具有较高的洞察力。对推动我国自主创新，建设创新型国家起着重要的作用。据统计，1991 年底中国民营科技企业的数量是 15000 家左右，到 2006 年已达 15 万家，在 53 个国家级高新技术开发区中，70%—80% 以上为民营科技企业，从业人员近千万人。新社会阶层是一个创新的群体：改革开放以来我国技术创新的 70%、国内发明专利的 65% 和新产品的 80% 来自中小企业，而中小企业一般都是非公有制企业。

第七，怀有对财富的强烈渴望，大多是中等收入者和新富阶层，是一个关乎社会稳定的创富群体。中共十六大报告指出小康社会的目标是家庭财产普遍增加，人民过上更加富足的生活。要尽快实现小康社会一个重要的关键就是要"扩大中等收入者的比重"。在小康社会里，人民是创业的主体、经济的主体、产权的主体，是创造财富的主体。随着财富公众化和社会化趋势的发展，一种新的社会结构和分配格局正在形成，中等收入人群在社会中的比重逐渐加大，形成一种纺锤形的收入分配人口结构。目前，在新社会阶层中，除了少数大私营企业主和部分小个体工商户外大都是"中等收入者"。中等收入人群是经济主体和稳定的消费群体，是社会的"稳定器"。从国际经验来看,现代化程度高的国家,都有一个比较庞大的中等收入阶层,社会结构和经济结构不是金字塔形,而是中间大、两头小的"橄榄形"。目前国外中等收入阶层一般占整个社会的 40%—50%,像北欧的高福利国家这一比重高达 80% 左右。按照全面小康社会的现代社会结构的要求,这一比重应至少达到 40%。目前我国还远远没有达到,国家统计局把年收入在 8000 元至 50000 元人群统计为中等收入者,截至 2002 年年底,其占全国人口比重约为 18%。在 2020 年全面实现小康社会,就要求今后每年提高一个多百分点。

新社会阶层要以强国富民为己任。做好新社会阶层人士工作需要做好以下六方面的工作:

一要贯彻落实党对新社会阶层的政策方针,对非公经济要把"放手"发展与"健康"引导相结合。在新世纪新阶段召开的第 20 次统战工作会议上,胡锦涛总书记强调做好新时期新社会阶层人士工作需要坚持"充分尊重、广泛联系、加强团结、热情帮助、积极引导"的二十字工作方针,尊重新社会阶层人士的劳动创造和创业精神,凝聚他们的聪明才智,引导他们爱国、敬业、诚信、守法、贡献,致富思源,富而思进,自觉履行义利兼顾、扶贫济困的社会责任。党和政府一方面要对新社会阶层"尊重、鼓励、保护、表彰",另一方面又要"团结、帮助、引导、教育",促进他们的健康成长。一方面,要"放手"发展非公经济;另一方面,又要引导其健康发展。

二要发挥工商联在非公经济人士参与政治和社会事务中的主渠道作用,发展行业协会、商会等民间组织,重视公民社会的建设,完善利益诉求表达机制。在国家从部分公共领域退出后,以新社会阶层为主导的民间组织的发展已经是必然趋势,他们是推动社会协同、公众参与的社会管理格局的重要力量。公民社会的重要组成要素是各种非政府和非企业的公民组织,包括公民的维权组织、各种行业协会、民间的公益组织、社区组织、利益团体、互助组织、兴趣组织和公民的某种自发组合等等。而这些组织的成员本身就是新社会阶层的一部分。因此,为了加强非公经济人士的有序的政治参与,需要提供一种更加健全完善的政治诉求表达机制。新阶层人士的利益要求如不能在现行政治体制中得到反映和协调,就有可能到体制外去寻找解决的途径,这就可能会危及社会稳定。私营企业主渴望在获得物质财富的同时,也希望赢得社会的承认和他人的尊重。工商联要及时反映非公经济人士的诉求,反映非公有制经济在发展中所面临的困难和问题。

三要积极为非公有制经济发展争取一个平等竞争的良好环境,切实解决"融资难""负担重""竞争不公"等问题。调查表明:当前我国私营企业发展主要面临的突出问题是融资难、负担重和"竞争不平等"等。我国私营企业目前仍以内源性融资为主,获得银行贷款相对困难。与国外银行相比,我国大银行对中小企业贷款除了"重大轻小""嫌贫爱富"外,还存在"重公轻私"的所有制歧视,从调查来看,85.5%的企业主感到贷款存在困难。私营企业的税收和非税收负担依然较重,不利于企业创业创新。胡锦涛同志在中共十七大报告中指出:毫不动摇地鼓励、支持、引导非公有制经济发展,坚持平等保护物权,形成各种所有制经济平等竞争、相互促进新格局。法律上的"平等"保护和经济上的"平等"竞争这"两个平等"是十七大在所有制理论上的最大亮点。要形成这种新格局,一要解决准入上的不平等,创造各类市场主体平等使用生产要素的环境,打破一切限制非公经济发展的"玻璃门"现象;二要解决资源配置上的不公,革除一切影响非公经济发展的体制弊端;三要解决价格、税收、融资方面的差别待遇,改变一切束缚非公经济发展的做法和规定;四要清除舆论环境上的歧视,冲破一切妨碍非公经济发展的思想观念。

四要引导新社会阶层为构建和谐社会作贡献,引导非公有制经济节约资源保护环境,善待员工、善待环境、善待资源。应该看到新社会阶层在社会责任方面具有"两重性"。一方面在财富不断增加的同时,越来越多的人不断投身于社会公益慈善事业。到2006年6月,由民营企业参加的光彩事业累计投资项目达15429个,到位资金1247亿元,安置就业人员479.8万人,帮助脱贫人数达到769.8万人。第七次全国私营企业抽样调查表明:有过捐赠行为的占被调查企业的84%。另一方面,私营企业中的劳资关系不协调的问题也非常突出。为此,要引导非公有制经济依法维护劳动者合法权益,积极发展和谐的劳动关系。促进非公有制经济健康发展,要引导非公有制经济不以损害公共利益为代价,不以浪费资源和污染环境为代价。

五要发挥新社会阶层在缩小贫富差距方面的作用,让一切创造财富的源泉充分涌流,使社会有更多的"达则兼济天下"。新社会阶层普遍拥有较高的收入,是我国个人所得税的主要贡献者。个人所得税一方面调节了个人收入差距,同时较大规模的个人所得税,也是国家能够建立完善的社会保障体系、提供公共资源和进行财政转移支付的重要来源。在发达国家,个人所得税收入占税收总收入的比重一般为 30%—50%,发展中国家也达到8%—12%。我国目前个税占税收总收入的比重仅为 7.1%。只有当个人所得税的比例和规模有了较大增长后,才有可能为贫困人口和低收入阶层进行更大力度、更宽范围的财政转移支付。

六要发挥新社会阶层在企业自主创新和"走出去"中的重要作用,把一批私营企业培育成具有国际竞争力的跨国公司,让民营科技企业成为创新型国家建设的中坚力量。要通过政策支持,提供多样而便利的信贷服务、适当宽松的用汇条件、及时全面的信息服务等,引导和鼓励有条件的私营企业"走出去",培育和形成一批具有国际竞争力的跨国公司。数以十万计的"海归派"正在成为一个加速中国经济起飞不可缺少的群体,要发挥他们在技术创新和创办民营科技企业方面的作用。

(本文的主要观点发表于《人民日报》2008 年 6 月 24 日)

—45—

创新型国家需要健全的区域创新体系

建设创新型国家需要形成结构合理、运行高效的国家创新体系(NIS),而国家创新体系的根基,在于培育充满活力的区域创新体系(RIS),影响区域创新体系建设的关键因素,在于是否有激发创新活力的体制、机制和区域创新文化。

判断区域创新体系是否充满活力的关键,在于区域高技术产业集群能否形成集群创新。美国的硅谷是美国国家创新体系的坚实基础,研究表明,硅谷的成功是一种文化现象。硅谷地区鼓励创新、宽容失败的创新文化,是硅谷获得成功、成为世界高技术产业集群典范的关键性因素。可见,区域经济文化,尤其是创新创业文化在区域创新体系建设中扮演了重要角色。

经济文化是人们在创新、创业、合作与竞争等经济问题上的基本价值观,包括创新精神、创业意识、流动偏好、开放思维、合作意识、信用观念。不同的区域经济文化,会导致不同的创新主体行为,对区域创新体系的特征产生不同影响,从而发展形成不同的区域高技术产业集群模式。

一、区域创新催生"三模式"

在中国,有三个地区的区域创新体系建设比较成功,区域创新活动活跃,呈现出三种典型的模式:北京的中关村模式、上海的张江模式和广东的深圳模式。

2006 年,北京、上海和深圳三市高新区产值,分别为 3449.4 亿元、2430.1 亿元和 1601.9 亿元,分别占全国比重的 9.6%、6.8% 和 4.5%。其中,深圳区域创新体系是由市场主导和选择的,真正形成了以企业为主体的自主创新体系。深圳有良好的融资条件、宽松的政策环境、领先的商业意识和完善的市场机制,以及毗邻香港的地理位置。作为移民城市,深圳具有鼓励创新创业的文化氛围,创业、求实、艰苦奋斗的精神,已经融入当地的创业实践中。不同地区的人才,带着不同的人文背景和不同的技术专长来到深圳,使这里成了一座孕育各种新思想、新观念、新机制的大熔炉。深圳移民在实现自己创业梦想的过程中,推进了企业的技术创新。深圳在创新体系方面,成功实现了两个重大转变。一是实现了工业发展从依靠"三来一补"向以高新技术产业为主导的转变;二是实现了高新技术产业发展从依赖外资向自主创新为主导的转变。

如果说深圳的区域创新主要靠"外引",北京则主要是"内生"。北京的区域创新体系是政府主导型,政府在一定程度上担当了科研开发的主体。北京中关村的主要优势,是拥有北大、清华这样的国家重点大学 31 所,有以中科院为首的科研院所 113 家,这些科教资源形成了强大的"知本"优势。中关村不仅是技术创新源、高技术企业的孵化器、高技术产业的辐射源,而且是企业家人才和技术人才的培养基地。中关村实施国家"863 计划""攀登计划""攻关计划"的项目总数,分别约占全国的 41%、61% 和 40%。中关村地区研发经费的投入,一直占全国总投入的 1/6 以上。这里是一个"创业+创新型"区域,高技术企业的企业家,多由科技人员"下海"演变而成,带有很强的科学家色彩。该地区催生了一大批创业型企业家,创业者群体引领了创业创新文化的建设。

上海区域创新体系是市场和政府共同主导型。凭借卓越的商业氛围、深厚的工业基础、企业的创新主体地位、长江三角洲经济体的联动,上海区域创新能力处于全国领先地位。张江模式的文化支撑,是一种本地"海派"文化和大量留学归国创业人员的多元国际文化的融合。

二、建设区域创新的六大对策

尽管上述三种区域创新模式发展状况较好,但从总体上看,中国的区域创新体系还很不健全。创新动力机制不完善,企业创新的意愿不强烈;创新人才缺乏,研发能力有限,自主创新能力不强;高技术产业集群"同构"现象严重,特色不显著,竞争力不高;产学研互动和企业间合作欠缺,政府职能和中介服务尚不完善;区域创新文化不活跃,集群根植性较弱,内生型创新动力不足,创新集群活力不够。

区域创新体系的建设可从以下六个方面着手:

一是推进国家创新体系和区域创新体系的职能分工与互动。国家创新体系重在"前"——前瞻性、基础性研究和共性技术研究;"高"——战略性高技术;"大"——大工程、大项目。区域创新体系重在"实"——考虑本地资源优势和针对发展实际的需求;"用"——强调技术推广和应用;"特"——依托本地资源优势形成少数特色的产业。在国家创新体系和区域创新体系的互动问题上,需要采取"地方为主,国家支持"的模式,充分发挥中央和地方的两个积极性。

二是积极探索产学研有效合作的途径,推进合作创新。充分发挥大学的创新功能,强化大学作为创新文化培育的载体作用,通过大学——产业互动,形成良好的区域创新文化氛围。完善创新合作机制,鼓励中小企业与大企业的技术战略联盟,推进开放创新,让不同类型和不同规模的企业,在互惠共生的环境中提高创新能力。

三是构建为创新服务的金融体系,拓宽创新融资渠道。进一步鼓励风险投资和天使投资事业的发展,发展各类技术产权交易,构建多层次的资本市场,发展为中小企业创新融资服务的中小银行,为区域创新体系提供多方面的金融支持。

四是保障激励创新的制度供给,构建合理的报酬体系。企业家在创新活动和非创新活动中的资源配置,将会影响企业创新行为,而两种活动的报酬,是影响企业家决策的重要因素。政府需要调整投资报酬机制,通过一系列财政税收政策,提高创新活动的报酬;同时建立利益补偿机制,提高企业的创新预期收益,完善风险分担机制,加大对自主知识产权的保护与激励,从而使企业愿意创新和敢于创新,以制度创新引导企业创新活动,推进区域创新体系的完善。

五是培养创业创新精神,重塑区域经济文化。区域经济文化的核心是创业创新精神,一个地区的创新往往是通过创业来实现的,创业与创新融为一体。构建区域创新体系必须通过重塑区域经济文化,来培育创业创新精神。具体要做到:弘扬创业文化,实现从"官本位"思维向"商本位"思维转变;弘扬创新文化,实现从墨守成规、小富即安向勇于创新、大富思进转变;弘扬合作文化,实现从利己"独赢"向合作共赢转变;弘扬信用文化,实现从重即期利益向重长远效应的转变,从守财向守信转变;弘扬开放文化,倡导开放思维与流动意识,实现从静态封闭向动态开放转变。

六是转换政府职能,营造创新发展环境。推动政府职能转变,做到尊重创业者,保护纳税人,重商、安商、亲商,从"全能政府""管制政府",向"有限政府""服务政府"转变,营造良好的创新发展环境。

(本文发表于《财经文摘》2008 年第 3 期。)

—46—
企业创新是国家强盛的基石

一、中国的和平崛起需要改变"核心技术受控于人,利润分配受制于人"的格局,实现从"大而不强,快而不优"向"又好又快"的转变,需要把自主创新的"国家意志"变为"企业行为"

28 年改革开放的辉煌成就奠定了中国和平崛起的坚实基础,但在高增长和高出口的"双高"辉煌下,也存在着一些隐忧。我国 GDP 突破 20 万亿,成为世界第四大经济体。生产了全世界 70% 的鞋子,60% 的组装计算机,对外贸易总额已攀升到世界第三。但我国高技术产业占 GDP 比重还不到 10%。我国核心专利少,技术装备等高端产品对外依存度过高。在发明专利申请中,外企在信息技术领域占 90%,在生物技术领域占 85%。我国光纤制造装备的 100%、集成电路芯片制造装备的 85%、轿车工业装备、数控机床、纺织机械装备的 70% 来自进口。

我国企业以劳动密集型产业参与国际分工,是生产能力的巨人,却是技术创新的矮子,重制造、轻创造,多贴牌、少品牌,以低廉的劳动力成本和高额的资源环境成本分享微薄利润,在全球价值链的分配上呈现"苦笑曲线"。我国企业生产的 200 美元耐克鞋,外国设计者可得到 100 美元,品牌商可得到 90 美元,而我国企业只有余下的微薄利润。我国信息产业总量位居世界第二,但一些产品往往只有 2%—3% 的利润,企业卖一台计算机,只赚两三百元,却帮外国人赚几千元,中国计算机的平均利润率只有 5%。由于缺乏核心技术,我国出口一台 DVD,交给外国的专利费是 18 美元,企业只能赚 1 美元;国产手机企业要将售价的 20% 支付给国外专利持有者。中国的崛起不能仅靠"汗水工业"和"世界工厂",而要靠创新分享价值链的高端利润。古人讲:"当政之要,在于兴业;从政之策,在于创新"。唯有企业强大,才有国家强盛。企业"不创新,就要承担时代的一切不幸。"

二、企业成为创新主体需要完善创新动力机制,分担风险,提升能力,让企业具有创新的习惯与激情,改变过度依靠"拼劳力、拼资源、拼环境"的低价竞争格局和靠公关和模仿来获取高利润的赢利模式

我们在调查中发现民企创新面临四个问题:

一是动力不足,不想创新。国家知识产权局资料表明:我国国内拥有自主知识产权核心技术的企业仅为万分之三。99% 的企业没有申请专利。在调研中,一些民营企业家感叹,靠技术创新不如通过经营房地产利润来的快和高;靠引进合资可以省时、省事地获得技术。于是,对外来技术的引进高度依赖,企业逐渐失去了自主开发技术的激情与"梦想",失去了创新的习惯。

二是风险太大,不敢创新。"成三败七,九死一生"是创新活动的典型特征。有关研究表明,约有 50% 的中小企业在创立的 3 年内死亡了,在剩下的 50% 企业中又有半数企业在 5 年内消失,而剩下的这 1/4 企业也只有少数能够熬过经济萧条的严冬。中小企业面临一种"生不快,长不大,活不长"的发展环境。民营企业普遍存在"创新恐惧症",由于高风险,有企业甚至认为:"不创新是等死,创新也是找死","不创新慢慢死,一创新就快快死"。此外,"你创新,我冒仿"的市场环境也让企业不敢创新。

三是能力有限,不会创新。技术可以引进,但技术创新能力却不可能引进。俗话说:"千军易得,一将难求""功以才成,业由才广"。在江苏调查表明:民企自主创新最大的困难是"人才"瓶颈。全省 70% 以上的民营科技企

业缺乏高级技术人才,35%的企业缺高级技术工人。家族制民企实行"父亲出任董事长,儿子出任总经理,儿媳办财务"的模式很难让外来的"英雄表现出来,人才体现出来,能手展现出来",大大遏制了企业人才的引进和创新能力的发挥。

四是融资太难,不能创新。调查显示,86%的受访企业认为贷款太难。民营中小企业提供了城镇就业人口75%以上的就业机会,研发新产品超过全国的八成。但获得的贷款数额只有全部贷款的10%左右。

三、企业创新是一个复杂的系统工程。需要有一个鼓励创新的资本市场和银行体系,需要国家的财税扶持,需要一大批技术领军人物和创新型企业家,需要有全社会的观念更新

在中关村创业的某留学归国人员带领着他的团队在一个极其简陋的实验室里艰苦创业,开发的远程医疗会诊系统,免费试用无人问津,在国内市场开拓和融资受挫。可被美国纳斯达克上市公司以1800万美元收购。为什么这名海归拥有能够给社会带来极大效益的技术,在国内却缺少"发现机制"和"培育机制",非常成功的技术最后被外国上市公司买走了呢? 这一现象深刻说明我国推进进创新的机制还不完善。为此,我们建议采取五项举措。

一要市场推动。尽快构建支持创新的多层次资本市场,壮大风险投资事业。资本市场是当今世界创新型经济的发动机。支持创新的多层次资本市场体系应分为主板、创业板、柜台交易市场和产权交易市场。多层次的资本市场既能满足创新的筹资需求,更能形成分担高风险的市场机制;既可对有眼光、有胆量、有组织能力的企业家进行培育,又可对优质企业进行筛选,有把企业做强的放大效应。我们建议:第一,尽快推出创业板,使更多具有创新能力的优质企业与资本市场对接。第二,在总结中关村代办报价系统经验的基础上覆盖到其他国家高新区,使股份代办转让系统尽早成为交易所市场上市公司的"孵化器"和三板市场。第三,积极发展技术产权交易市场,使其成为科技型中小企业创业的融资场所。第四,积极发展面向科技型

企业的债券市场,改变千军万马过"独木桥"的(靠银行)融资格局。第五,在加大风险投资企业税收优惠力度的同时,通过风险投资母基金和天使基金的发展来壮大风险投资事业。

二要体制创新。借鉴村镇银行的模式,引导民间资本在高新区发展类似硅谷银行的社区科技银行,改变国有银行"贷大贷强贷垄断"的倾向,拓展对创新型企业的金融服务。"刀快还要加钢,马壮还要料强",要养出能自主创新的"壮马",民企需要大量的资金用于研发和开拓市场。我国中小企业在融资方面不仅要受到"重大轻小"和"嫌贫爱富"的"规模歧视",而且还要受到"重公轻私"的"所有制歧视",民营中小企业融资太难。为此,需要在改善国有银行金融服务的基础上,大力发展面向科技企业的中小民营银行,让小银行支持小企业,让民间资本促进科技创业。

三要政策扶持。提高中小企业创新基金的支持强度,强化创新税收扶持政策的执行力,引导政府采购向国产高技术产品倾斜,通过利益补偿使企业创新有利可图。

四要人才为本。培养一大批"顶天立地"的技术领军人才和创新型企业家,推进技术链上的产学研合作和产业链上的集群配套,让小企业"快生长大",大企业"做优做强"。

五要环境优化。营造鼓励创业、支持创新的良好环境,形成与创新型国家建设相适应的思想观念和创新机制,放手让一切创新的激情与活力竞相迸发,使全社会创造能量充分释放、创新成果不断涌现、创业活动蓬勃开展。

(本文系作者于 2007 年 3 月 9 日在全国政协十届五次会议上所作的大会发言)

更加注重提高企业自主创新能力

过去5年,是我国改革开放和全面建设小康社会取得重大进展的5年,是我国综合国力大幅提升和人民得到更多实惠的5年,是我国国际地位和影响显著提高的5年。展望未来,在新的发展阶段努力实现以人为本、全面协调可持续发展,就要按照中共十七大提出的各项新要求,认真落实《国家中长期科学和技术发展规划纲要(2006—2020年)》,加大自主创新投入,着力突破制约经济社会发展的关键技术,引导和支持创新要素向企业集聚,促进科技成果向现实生产力转化,使我国的自主创新能力显著提高,科技进步对经济增长的贡献率大幅上升,为建设创新型国家而努力奋斗。

改革开放以来的辉煌成就奠定了我国经济社会又好又快发展的坚实基础,但同时我们也要清醒地认识到在发展中还面临不少困难和问题,还要看到我国在自主创新方面与发达国家还存在较大的差距。我们要高度重视这些问题,更加注重提高企业自主创新能力,加大对自主创新的投入,着力突破制约经济社会发展的关键技术,支持基础研究、前沿技术研究、社会公益性技术研究,引导和支持创新要素向企业集聚,促进科技成果向现实生产力转化,加快推进国家创新体系建设。

一、企业自主创新的支持体系初步形成

企业在整个国家的创新战略中具有十分重要的作用。最近我们通过调

查发现,当前企业特别是中小企业在自主创新方面存在的一些问题正在逐步加以解决。从有关部门提供的资料看,概括起来,有这样以下几个方面:

一是完善相关政策,为促进企业创新提供重要保障。目前,围绕着认真贯彻落实《国家中长期科学和技术发展规划纲要(2006—2020年)》,着力建设以企业为主体、市场为导向、产学研相结合的技术创新体系,制定并实施了鼓励企业增加研发投入、加快科技成果转化、促进自主创新等一系列政策。

二是加大资金扶持,着力解决企业技术创新中存在的突出问题。近年来,中央和部分省区市政府设立了科技型中小企业创新基金、中小企业发展资金等专项资金,发挥了政府资金在创新投入中的引导作用,同时还制定了创业投资企业管理办法,设立了创业投资引导基金,加大了对创业投资企业的税收扶持力度。深圳交易所开通了中小企业板,北京中关村开展证券公司股份转让系统和小企业集合发债的试点,进一步完善中小企业信用担保体系,逐步满足成长性中小企业的资金需求。

三是整合各方面资源,为企业充分利用好多方面科技资源实现技术创新开辟更多的有效途径。比如:鼓励大学、科研机构和大企业向中小企业开放科研设施,鼓励中小企业与大学、科研机构建立长期合作关系,加强产学研联合,鼓励各类科技中介机构面向中小企业开展服务,支持中小企业采取联合出资、共同委托等方式进行合作研发等。此外,在信息化时代,信息技术已成为影响企业创新能力的重要因素,有关方面还组织实施了"中小企业信息化推进工程",启动了百万中小企业信息化培训,提高了中小企业信息化水平。

四是加大对公共服务平台建设的支持。一些国家的成功实践表明,加强公共服务平台建设对提升中小企业技术水平具有重要作用。近年来,我国在中小企业相对集中的区域,积极推进公共服务平台建设,为中小企业提供检测、研发、工业设计、污染集中治理等方面服务。从行业发展上看,仅纺织行业就在130多个生产集聚区,推动了服装设计、面料开发、产品检测、市场信息等方面服务平台建设;从区域看,仅浙江省建立的工业设计中心、物流中心、营销中心、电镀中心、污水集中处理等中小企业服务平台就超过100个。

五是更加注重创新人才培养。科技创新,人才为本。人力资本已成为最重要的战略资源。为了提高企业特别是中小企业的创新能力,各地区各部门正在把职业教育、继续教育和专业培训放到了更加突出位置。有资料显示，自 2003 年以来，我国多方式、多渠道培训企业经营管理者和技术人员近 100 万名，还连续组织了中小企业经营管理者到清华大学等著名大学培训。同时，各地还积极改善创新环境，吸引大批优秀留学人才回国创业，努力营造有利于创新人才成长的社会氛围。

六是更加注重知识产权保护。推动技术创新必须对知识产权实行有效保护。我国政府高度重视保护知识产权的法制环境建设，不断健全与知识产权保护相关的配套法律法规，依法严厉打击侵犯知识产权的行为。针对一些企业在知识产权保护中存在的问题，我们建立和完善了知识产权交易市场，加大了知识产权保护力度。

二、构建面向企业自主创新的多层次资本市场

引导和支持创新要素向企业集聚，促进科技成果向现实生产力转化，既需要解决企业外部的政策法律环境等问题，又需要解决企业自身的机制和动力等问题；既需要技术链上的产学研合作，又需要产业链上的集群配套；既需要国家对研究与开发的财税扶持，又需要政府对创业与创新提供金融支持；既需要培养大批技术领军人才，又需要造就庞大的创新型企业家队伍；既需要勇攀高峰的"国家队"，又需要各具特色的"地方队"；既需要大企业的重大技术攻关，又需要中小企业的小发明与小创造。目前，这些方面虽已取得一系列积极进展，但要百尺竿头更进一步，还需付出更大的努力。特别是我们要看到，加快推进国家创新体系建设，还需要进一步构建和完善支持企业自主创新的资本市场，大力发展风险投资；促进科技成果向现实生产力转化，还需要进一步形成和完善以科技产业、风险投资和资本市场联动的一整套发现机制和筛选机制。

多层次的资本市场对于激励企业自主创新，具有多方面的重要意义，它既能为企业自主创新的筹资需求提供有力保障，也能形成"风险共担，收益共享"的风险分担机制；尽快构建支持企业自主创新的多层次资本市场，大力发展风险投资，既可以起到鼓励企业自主创新投资的示范效应，也可以起到奖励创业的示范效应。因此，我们建议，认真落实《国家中长期科学和技

术发展规划纲要(2006—2020年)》,更加注重提高企业自主创新能力,就要进一步创造条件、优化环境、深化改革,为切实增强企业技术创新的动力和活力提供更加行之有效的金融支持。

一要进一步建立和完善创业风险投资机制,建立加速科技产业化的多层次资本市场体系,积极推出创业板市场。鼓励有条件的高新技术企业在国内主板和中小企业板上市,努力为高新技术中小企业在海外上市创造便利条件,使更多具有创新能力的优质企业与资本市场对接。要加快制定促进创业风险投资健康发展的法律法规及相关政策,逐步加强监管能力和专业人才队伍建设,为创业板的推出创造了有利条件。

二要在国家高新技术产业开发区开展对未上市高新技术企业股权流通的试点工作。截至2007年年初,我国代办股份转让系统挂牌公司已达55家,投资者开户数达42万。在这种情况下,应积极动员更多的高新技术企业和合格的投资者进入代办系统,将其加速覆盖到其他国家级高新区内的未上市高技术企业。

三要搭建多种形式的科技金融合作平台,积极引导各类金融机构和民间资金参与科技开发。鼓励金融机构改善和加强针对高新技术企业,特别是对科技型中小企业的金融服务。发展面向科技型企业的债券市场。在一些发达的市场经济国家,债券融资比例一般远大于股票融资,如:2005年美国债券发行规模大约是股票发行规模的65倍。而目前我国在这方面,还有很大的潜在发展空间,比如:2006年我国发行的企业债券和公司债券仅相当于同期股票筹资额的44%。因此,我们可以进一步探索多种形式的债券融资方式,鼓励具备条件的高新技术企业发行融资债券。

四要逐步建立和完善技术产权交易市场。通过技术产权交易市场的作用机制,提高技术与资本两个市场的交易效率,为大量暂时达不到上市门槛的科技型中小企业提供有效的融资安排。

五要鼓励金融机构对国家重大科技产业化项目、科技成果转化项目等给予优惠的信贷支持,加大对风险投资企业的政策扶持力度,进一步解决好中小企业自主创新融资需求等问题。

(本文发表于《经济日报》2007年11月26日)

─48─
六大战略推进创新型国家建设

当前,我国经济发展阶段逐步进入了一个从传统生产要素驱动向创新要素驱动的新阶段,建设创新型国家是现阶段我国经济发展和科技创新的重大战略。建设创新型国家,应该充分发挥企业、政府、高校、科研院所和社会中介组织等创新体系相关机构的作用,实施六大战略,推进创新型国家建设。

第一,提升企业创新能力,壮大创新主体。企业是创新的主体。建设创新型国家,实施自主创新的国家发展战略应体现在企业行为上。特别是从不同类型企业自主创新效率的比较来看,我国国企、民企和外企三类企业在创新方面的障碍是不一样的。国企自主创新的体制不健全,创新的激励机制不强;民企员工素质不高、融资渠道狭窄、自身研发力量弱,以机会和低廉劳动力成本为发展战略,热衷于寻找"一招制胜"的灵丹妙药,忽视自主创新的基础工作。外企的知识外溢很低,"市场换技术"没有换来核心技术。针对我国企业发展实际情况,我们必须通过发展战略转型来提升企业自主创新能力,特别是要积极发挥民营企业在自主创新中的重要作用,努力壮大自主创新的主体。比如,努力推进民营企业逐步走出家长式管理和封闭式运行,建立良好的契约治理机制,形成自主创新能力提高的制度基础;优秀的民营企业要从产品经营、资本运营走向品牌运营,在自主品牌的塑造过程中提高自主创新能力,在价值链的高端寻求高利润;民营企业要走出盲目多元化误区,过度多元化的民营企业要"回归主业"和实施主业重构。

第二,发挥政府制度保障作用,营造创新环境。创新型国家的建设需要形成有利于创新的社会环境,政府作为创新活动的重要参与者,除了在公共技术研发投入中发挥引导作用外,其最大的职能在于提供制度保障,营造创新环境。政府应该在法制规范、政策制定、舆论营造中发挥服务型作用,如通过完善知识产权制度,对创新行为进行鼓励和保护;建立以鼓励冒险、分散风险为特征的风险投资制度,为自主创新提供金融支持体系;在创新环境上,政府要为创新人才和创业人才提供良好的生存环境,完善创新活动"硬件"和"软件"环境。

第三,强化中介组织的联动集成,完善创新服务体系。适应于创新型国家建设需要的市场体系结构应该是将过去的"政府—市场或企业"的二元市场结构转变为"政府—中介组织(中间服务体系)—市场或企业"的三元市场结构。在这种市场体系结构下,以官产学研合作体制改革为突破口,整体推进创新的中介服务体系的建设,特别是要完善包括技术市场、人才市场、信息市场、产权交易市场等在内的生产要素市场体系,逐步培育和规范管理各类社会中介组织,强化中介组织的联动集成作用,形成有利于创新的市场体系结构,为技术创新提供集中高效服务,提高技术创新成功率。

第四,推进教育创新,培育创新人才。教育能否发挥其培育创新人才、提供智力和人力支持的作用,是创新型国家建设成败的关键。一是要充分发挥高等教育创新源和科研院所智力源的作用,增强高校科研投入,改革科研评价体系,激励科研人员的积极性。二是发挥高校人才培育功能和大力发展职业教育,实现实验室人才和创业型人才结合,培养一批既懂科技又懂市场的新型的创新创业人才,最终推动创新。三是改革高校、科研院所的管理体制,激发大学与科研院所的创业动力和科技成果转化的效率,推进产学研密切合作的机制;特别是增强高校、科研院所与企业和市场的联系,引导它们与企业的合作交流、合作教育,增强科研立项的市场导向意识,提高成果的市场转化率。

第五,提升高新区发展水平,优化创新载体。创新需要有良好的空间载体和基地,高新技术园区是高新技术产业集群的一种典型模式,也是创新型国家的先行区和示范区。以前依靠税收、土地等优惠政策驱动的发展模式,使得我国高新技术园区自身发展存在产业集群机制和内生创新机制缺失的问题。建设创新型国家，我国高新技术开发区和经济技术开发区的发展需要以创新创业为驱动力，转变竞争方式和增长方式，提升内生发展能力和创新能力。具体而言，发挥高新区的创新载体作用，需要实现增长方式上的粗放向集约转变、单一重项目引进向重环境和服务的转变、以政策优惠为主向制度创新为主的转变、创新方式上的单一模仿创新向模仿和自主创新相结合的创新方式转变、重单一的空间规模扩张向重视人力资源的开发转变。

第六，培养创业创新精神，重塑区域经济文化。区域经济文化的核心是创业创新精神。区域经济文化能够通过创造、激励、渗透、整合、导向与规范等机制影响创新的制度安排路径。在我国创新型国家建设过程中，我们必须通过重塑区域经济文化，培育创业创新精神。区域经济文化重塑的内容具体包括：弘扬创业文化，实现从官本位思维向商本位思维转变；弘扬创新文化，实现从墨守成规、小富即安向勇于创新、大富思进转变，形成以追求卓越、鼓励冒险、宽容失败，重视创新为代表的开放价值观。弘扬合作文化，实现从利己独赢向合作共赢转变；弘扬信用文化，实现从重即期利益向重长远效应的转变，从守财向守信的转变，提高信任度；弘扬开放文化，倡导开放思维与流动意识，实现从静态封闭向动态开放转变。

（本文发表于《光明日报》2006 年 7 月 6 日）

—49—
硅谷精神与制度创新

　　硅谷不仅仅是一个区域,也是一种文化,一种精神,更重要的是它有特定的制度。本文将探讨硅谷特定的文化和特定的制度,分析硅谷新经济与新制度的互动关系,以供国内建设科技园区参考。

一、硅谷文化与硅谷精神

　　硅谷是国外科技园区的成功代表,要了解硅谷必须先了解国外科技园区的类型与特征。国外科技园区的发展,主要具有如下六种类型:(1)高技术工业园(Industrial Park),如苏格兰硅谷、米尔顿凯恩斯城。利用高技术改造传统产业形成的科技园区属于这种类型。这种类型的高技术密集区的核心是集聚效应。(2)高技术园区(High-tech Park),如美国硅谷、128公路、英国西伦敦等。该类型园区以自主创新的高技术成果为主,经产品化和市场化形成基本技术公司,然后逐渐衍生出大大小小的高技术子公司,逐步自发地发展为高技术园区。(3)科学园(Science Park),如剑桥、杜伊斯堡科学园。这种类型的高技术密集区是规划的结果,它们主要依靠政府或公司主持的研究开发活动,很少出现高技术公司。(4)科学工业园(Science based industrial Park),如日本的高技术区、韩国的高技术小区。该类型的园区以进口高技术成果为主,依靠政府、地方的资本、劳动力投入,将高技术成果转化为商品,并占据世界市场较大份额。(5)高技术装配园,如中苏格兰、新汉普郡和蒙特利尔的布罗蒙特区。这种类型的高技术密集区位于高技术的底层,由于工作人员众多和公共刺激,许多分厂被建立。装配型高技术密集区很难进行有效的自我维持。(6)知识密集型研发园,如荷兰捷德兰研发园。该类型的园区主要依靠大学和科研院所形成知识密集区,重点开展高新技术的研究与开发。

从国外科技园区发展的成功经验来看,科技园区的发展表现出如下几个方面的特征:(1)依托大学和科研院所,有强有力的技术源头。(2)具有各种孵化功能,形成了健全的转化机制。(3)用市场配置资源,形成了企业化运作的管理体制。(4)凭借大都市良好的基础设施,有较好的区位条件。(5)管理机构起着良好的中介作用,有良好的支撑服务体系。(6)具备良好的内外部环境和足够的发展空间,对高科技公司具有吸引力。

硅谷,美国《哥伦比亚简明百科全书》的注释是:一个长度大约 32 公里的工业区,位于加利福尼亚的帕拉阿图和圣何塞之间,许多制造和设计电脑芯片的公司位于此处,而名称则来源于用来制造这些电子装置的高纯度的硅。硅谷人口 230 万,有 120 万个工作岗位(虽然它已延伸到这些界线之外)。约四分之一的居民出生于国外。第二次世界大战前后,除了少数小型电子公司,如惠普、万瑞协会和工程实验室以外,这里还是一个典型的农业耕作区,工业只局限于食品加工与分装。到 1950 年,硅谷所在地圣塔克拉拉县还被誉为美国著名的"梅脯之都"。但 20 世纪 60 年代,自从斯坦福大学工学院院长特曼教授(Terman)极有预见性地把学校土地出租给有意到此发展的高科技开创者设立公司,总部位于东海岸的"蓝色巨人"IBM 公司在旧金山海湾的南部城市圣何塞市设立了第一家电脑研究中心以后,大量高新技术公司在这里迅速形成群落,并逐渐向斯坦福大学南北两侧的帕拉阿多市和海景市发展。由于当时来此创业的主要是以硅为原材料的半导体、芯片产业,斯坦福大学所在地是一片两山之间的谷地,1971 年,《微电子新闻》(*Micro Electronics News*)编辑唐·C.霍夫勒为它起了"硅谷"这一名称。

经过几十年的迅速发展,硅谷早已经告别原有的农业耕作区,成为美国乃至全世界高科技发展的中心。从 20 世纪 70 年代开始,硅谷和波士顿的Route128 作为电子工业的创新中心为世人所关注,但相比之下,硅谷的发展速度尤其迅速。据统计,1965 年以后,美国创建的规模最大的 100 家科技公司中,有 1/3 在这里落户,这些公司 1965 年到 1990 年的市场价值增加了 250 亿美元,使得曾经与之相提并论的 128 公路的 10 亿美元相形见绌;1975 年到 1990 年间,硅谷企业创造了 15 万个与高技术有关的工作岗位,这是 128 公路的 3 倍;1990 年,硅谷的制造商出口了价值超过 110 亿美元的电子产品,几乎是美国全部电子产品出口总额的 1/3。目前,在硅谷地区集中了近万家大大小小的高科技公司,其中约 60% 是以信息为主集研发和生产销售为一体的实业公司,约 40% 是为研发、生产、销售提供各种配套服务的第三产业公司,包括金融、风险投资公司等。除了原有的惠普、苹果、英特尔、施乐、思科等高科技企业以外,硅谷地区还涌现了一大批如 Sun Microsystems、Silicon Graphics、Conner Peripherals 和 Cypress Semiconductor 等新一代半导体和计算机公司。1998 年,硅谷地区的 GDP 总值约 2400 亿美元,占美国全国的 3% 左右,相当于中国 GDP 总值的 1/4,海淀开发区 GDP 总值的 140 倍。

硅谷为什么成功? 不同的人有不同的解释。一种观点认为:机械的"三合一论"(硅谷就是一所大学、一个科技园区和很多的资金加总而成)与硅谷的发展事实不符,硅谷的成功是因为它特有的生产方式。

1994 年,加州大学伯克利分校的安娜李·萨克森尼安写了一本书:《地区优势:硅谷和 128 地区的文化与竞争》。该书比较了波士顿附近 128 公路周围的高科技公司与硅谷高科技公司的发展历程。值得注意的是,波士顿附近有两所著名大学哈佛大学和麻省理工学院,又有充足的资金,波士顿靠近纽约这一金融和商业的中心。在 20 世纪 80 年代以前,128 公路周围的高科技遥遥领先于硅谷。但是 80 年代以后,硅谷超越了前者。显然,著名学府和充足资金并不是造就硅谷的充分条件。那么,硅谷奇迹究竟是什么造成的呢? 萨克森尼安认为,128 公路周围的公司大而全,自成体系,配件相互不通用。这是一种封闭式的生产方式。而在硅谷,公司不是大而全,而是专业化,不同公司生产的部件相容。这种开放型的生产方式有利于快速的革新。还有人认为:硅谷的成功是因为它特有的制度。硅谷不是计划的产物,不是投入的产物。从国家计划和政府投入看,麻省理工学院和哈佛大学所在的 128 公路地区,都得到比硅谷更多的支持,但是 128 公路地区远远落在了后面。硅谷是制度和文化的产物。有了好的制度,好的创业文化氛围,硅谷就会自己冒出来。的确,硅谷是一个奇迹,因为她超出了人们的意料。频繁的人才流动、自由的创业体制、非常分散的决策过程,才能孕育出硅谷。高科技的重要特点是不确定因素大、风险大,必须由在第一线从事开发的人自己决策并且自己找米下锅,才有可能把事情做好。也有人认为,硅谷成功是因为有宽松的人才环境和劳动力市场。加州法律环境较为宽松,使跳槽变得容易。美国是联邦制国家,各州法律并不相同。一位法学专家特别指出,美国各州都有商业秘密保护法律。雇员受雇时,要签一个保证书,防止将来跳槽时商业秘密被泄露。在其他州这一法律的执行过于严格,使得原公司比较容易告成跳槽的人。但在加州却不是这样,这就有利于跳槽。硅谷人才市场有几个重要特征:(1)人员离开大的和非常成功的公司去办新企业时没有丢脸,即使这样的新办企业失败了,在大公司里仍有许多职位等待着这些创业者,风险资本家和猎头也找他们去当其他新公司的行政领导。(2)周转得很快。人员从一公司很快转到另一公司。这样就产生很多结果,其一是技术扩散。在硅谷,技术和知识有如飞毛腿。(3)从整个世界聘用人才,尤其是技术人才和创业人才。世界各地的投资者提着美钞箱来到这里投资,希望创造硅谷的下一个成功的故事。来自几十个国家的受过良好教育又有雄心壮志的人员大部分是年轻人,来这里抓创办企业的机会。根据斯坦福大学研究硅谷以及世界其他地方创业精神的专家罗文(Henry Rowen)的分析,作为创业企业栖息地的硅谷,其特殊优势可以概括为八条:有利的游戏规则、很高的知识密集度、员工的高素质和高流动性、鼓励冒险和宽容失败的氛围、开放的经营环境、与工业界密切结合的研究型大学。高质量的生活、专业化的商业基础设施(包括金融、律师、会计师、猎头公司、市场营销,以及租赁公司、设备制造商、零售商等)。硅谷的律师密度很高,每10个工程师有约一名律师,这样就从业务上规定了相知的、家庭式的社会互信只起到有限作用。互信的对面是"职责",而职责的仲裁者是会计师和审计师(在硅谷他们在数量上超过律师)。总的来说,在硅谷每5个工程师就有一名律师或会计师。

我们认为,硅谷的成功得益于它特定的文化、精神和环境,这包括6个方面:

（一）竞争合作的开放氛围

硅谷发展早期，由于缺乏社团和政府关系，硅谷和华盛顿比较疏远，斯坦福的领导人就努力推动新科技企业建设，探讨新科技企业与本地产业合作。多年的实践表明，硅谷发展的推动力不是由于某一项技术或某一种产品，或是一个企业，而是由于各个系统组成部分之间的相互竞争和密切联系。因为各个经济和机构角色追求与创新和竞争力特别相关的目标而形成这种关系。它是由这些合作形成的网络，这些网络又形成存在于硅谷的社会资本网。硅谷的网络环境是由历史决定的，是企业家、企业及机构之间的具体选定的合作的产物，他们全力追求创新及其商业化。在硅谷半导体行业发展最早的 30 年中，各种合资企业迅速成立，许多企业积极地与竞争对手交换使用各自的专利，这就确保了技术进展得以迅速传播，确保行业作为一个整体得以进步。在产业组织上，硅谷半导体和计算机行业新企业力图建立适合个人创新的创新机制，实行高度分散的组织形式，保证企业的核心竞争力和市场反应灵敏度。组织上的革新使得硅谷的新创芯片和计算机公司能够比其一体化组织形式的竞争对手更快地推出新产品。在硅谷，企业内部各单位之间、企业与企业之间以及企业与大学、行业协会之间的关系是开放共享的，同行业的企业之间在相互竞争的同时又相互学习、帮助，相互交流市场与技术方面的信息，每个企业单位都设法利用本地区所有知识来开拓市场、产品和实际应用，利用当地的各种关系网络来建立新的市场、生产新的产品和开发新技术，以适应不断变化的市场，进行技术创新。另一方面，企业（包括竞争性企业）之间的合作，也促进了先进技术的快速扩散和行业整体技术水平的进步。企业与企业、企业与园区形成相互依存的发展关系。

（二）献身职业、成就事业的精神

在自主发展思想和园区整体发展观的影响下，硅谷的工程师们养成了强烈的相互信任感和对技术进步的忠诚而不是对个别企业忠诚的职业精神，对试验和风险的接受比稳健和对公司的忠诚更受到重视。在硅谷，企业被看做人们从事工作的工具，如果一个人在一家企业做的不是最好，那么，他就要换一家企业。对地区经济和行业的忠诚将硅谷的创业者们统一到一起，人才市场的组织和创业的方式使得企业员工之间对市场和技术有着充分的交流。工程师们经常从一家企业转移到另一家企业，这已经被园区社会所认同。硅谷这种献身职业、成就事业的精神得益于移民文化。硅谷是一个陌生人的世界，没有人知道其他人的母亲住在哪里。硅谷历史很浅，没有复杂的家族纽带，社区结构松散。它是独立无依的新来者的世界。硅谷成立之初，无一创业者在北加利福尼亚州有根基，然而许多人却在中西部的这些小镇上发展起来，并对已经长期存在的制度和看待事物的传统观点提出质疑。他们都是受过专门教育的青年工程师，抛开了原有的社会环境，来到这个充满挑战的地区创业。支撑美国IT产业的一大势力就是来自亚洲的移民学者，以中国人和印度人为多。据加利福尼亚公共政策研究所去年发表的报告书显示，美国的高科技中心硅谷，由中国人和印度人经营的高科技企业达2775家，占全体企业总数的24%。总结报告书的加州大学巴克莱分校阿那利·萨克塞安教授说："现在的高科技工作者是奠定硅谷基础的'IC'。这里的IC并非指集成电路，而是在指印度人和中国人即Indian&Chinese。"

（三）新创意不断涌现的环境

在硅谷，事业的成功以及一旦成功所带来的巨大收益是硅谷人的工作动力，每一家公司，每一名员工，几乎每天都在做着同一个梦：用技术赚钱，最终出人头地。硅谷人大多没有当地的背景，是一批远离了家庭和已有社会的年轻工程师，他们的工作之余参加各种各样的正式组织和非正式组织。这些组织为人们相互之间的交流、互相和自由择业提供了便利的条件。对外界来说，茶余饭后是大众相聚闲聊的好时光，可是在硅谷，这正是在一个新会场继续参加重要讨论的时间，许多新思想、新创新正是在餐桌上而不是在办公室诞生。硅谷人甚至把睡觉视为一种浪费和奢侈，睡得太多就会使别人抢先一步获得专利、升职、项目奖金或市场份额，许多人常常借助大杯大杯的浓咖啡工作到凌晨三四点钟。新思想、新创新不断出现得益于以股票期权为主的激励机制。据统计，1999年，硅谷的767名老板共获得收入23亿美元，比1998年上升了70%。在这些老板的巨额收入中，有76%是靠行使他们的股票期权,这一比例比 1998 年上升了 89%之多。与股票期权相比,他们的其他收入上升则相对较少,工资上升 5%,奖金上升 56%,其他如保险和退休福利上升 55%。1999 年思科公司的首席执行官钱伯斯的年总收入是 1.217 亿美元,其中,靠行使其 290 万股票期权获得了 1.207 亿美元。凯莉·费奥里纳于去年 7 月起担任惠普公司首席执行官,由此作为首位女性闯入全美 10 大高收入管理人员之一,获得了 6500 万美元的限定性股票奖励。而惠普公司前任首席执行官路易斯·普拉特去年也收入近 3300 万美元,列硅谷大公司收入最高行政人员的第 11 位。

(四)支持创业的土壤

良好的创业环境表现在对创业型企业的支持。硅谷有大量富有创新创业精神的科技人才,他们有魄力,有胆识,有新的创意,有新的技术,也有新的管理理念,但缺乏了创业最重要的资金和管理经验。风险投资的出现对这些年轻人来说无疑起到了"雪中送炭"的作用。硅谷的风险投资家常常本身就是企业家,他们通过自己创立企业然后出卖企业来赚钱。他们帮助风险企业进行投资决策,对风险企业的经营计划、经营战略进行咨询,帮助寻找合作伙伴,培训主要经理,担任董事会成员等。本地区的企业网络和开放的劳动力市场也有利创新和企业家的创业。硅谷小企业的迅速成长还得益于与大公司的合作,大多数美国计算机和电子大公司都与小企业保持着广泛联系。20 世纪 60 年代硅谷新崛起的企业就受益于与已建成科技公司的联合。在半导体行业中,多年以来,硅谷每个半导体公司的最大客户均是IBM 公司。美国政府也对高科技企业进行各种支持,将航空和军事领域的R&D 资金中的一部分用于支持硅谷略为成熟的企业,或帮助国内电子行业获得研究和开发优势。由于中小企业管理局的诸多鼓励政策,社会对小企业传统的不信任观点有了极大转变,小企业同样能够得到美国政府的合同。商业协会同样在硅谷分散的产业体系中扮演着关键的整合角色。生产协会积极与州政府配合为地区发展解决环境、土地使用和运输问题。西部电子产品生产商协会(即美国电子产品协会的前身)发起了能提供有用信息的管理讨论班和其它教育活动,并鼓励中小规模公司之间的合作。半导体设备和原料协会也在努力寻求半导体芯片技术标准的统一。到 1975 年,所有新的芯片中80%以上都达到了协会的规模要求。许多硅谷的开拓者认为,标准制定的过程与标准本身同样重要,因为它有助于促进供应商与最终用户之间进一步了解和建立密切的工作关系。

(五)创新源头和需求终端之间不断互动的创新体系

硅谷一个很重要的特征就是,在硅谷如此狭小的地区内拥有一大批高等院校,比较有名的就达48所。在这些大学和学院中,有名列全美国前50名最佳大学第6名的斯坦福大学和加州大学伯克利分校等。斯坦福、加大伯克利分校和加大洛杉矶分校都用创新的路子与校外角色建立紧密的相互关系,这些校外角色将其研究和研究人员用于商业化。这些大学也聘用世界各国的教师和毕业生,而不只是任用本地或本国人。在伯克利电子工程和计算机科学的研究生约有1/3是外国人。创新源头和需求终端之间不断互动的创新体系和完善的人才流动体系使近邻斯坦福等大学的优势得到了充分利用。在硅谷,大学允许教授到企业兼职,培养大量高新技术人才,企业也大力支持大学的研究与开发。20世纪50年代,斯坦福大学通过"荣誉协作计划"对当地的公司开放其课堂,鼓励电子企业中的工程师们直接或通过专门的电视教学网注册,学习研究生课程,将斯坦福的课程带入企业的课堂中。这一计划强化了企业和斯坦福大学之间的联系,并且有助于工程师们学习最新的技术,建立专业联系。正是基于这一计划,斯坦福大学培养了一大批了解市场、了解实用技术和懂经营管理的创新科技人才。据统计,在斯坦福大学,有不少教授是诺贝尔奖获得者,所造就的学生中有不少是硅谷高科技大公司,如惠普公司、里顿工程实验室、万瑞协会、太阳公司、雅虎公司等的创业者。硅谷中的公司总裁中有一半是从斯坦福大学毕业的学生。这些创业者中许多在创业成功以后反过来又成为风险投资家,资助和扶持年轻人创业,资助和扶持大学发展,形成良性循环。1997年,雅虎公司创始人大卫·费罗和杨致远向母校斯坦福大学各捐资2000万美元,用于资助学校发展。

(六)鼓励冒险,允许失败的创新文化

传统价值观念只承认成功,不允许失败。硅谷文化的重要特色就在于

它具有鼓励冒险、允许失败的价值观念。硅谷的地区文化鼓励承担风险,也容忍失败,最典型的特征就是硅谷拥有成熟的风险投资体系。虽然高技术产业发展面临源自技术、市场、财务等多方面的高风险,有"成三败七"和"九死一生"之说,但任何有价值的创意、技术在硅谷都能得到风险投资企业很好的投资和帮助。在硅谷,一个创业者的几次失败也会被当成可贵的经验,各企业争相雇用。正是强大的科技创新能力和敢于冒险、勇于创新的创业精神,使得大量高技术产品创意在硅谷不断出现,并不断转化为产业。据统计,由于丰富的智力资源、企业家的创新精神等因素的推动,硅谷地区反映高新技术产品创意的专利发明连年上升,专利注册一直在全美国遥遥领先。1996 年,硅谷地区专利发明比 1995 年增加 15%,注册的专利数量位居世界第四位,仅次于美国全国、德国和日本。硅谷地区正是以每天几十项推动世界科技发展的技术成果而确立了其世界上最大科技创新中心的地位。

二、硅谷特定的制度:风险投资

作为新经济支撑的高新技术产业需要一系列的制度创新。制度是高新技术产业发展的重要瓶颈。在资金、人才、制度三大要素中制度是第一重要的:作为激励功能的制度可以充分调动人的积极性,发挥人的潜能;作为市场配置功能的制度可以充分调动包括资本金资源在内的各种社会资源并实现这些资源的优化配置;制度具有整合功能,可以实现资金、人才、技术三大高科技要素的互动与集成。我们不能把新经济简单地理解为互联网、计算机,它最重要的是制度变迁。新经济有六个方面的制度要予以高度重视:(1)以投融资体制创新为特征的风险投资制度;(2)以创业板为特征的资本市场制度;(3)以各种无形资产参与分配的股票期权制度;(4)以知识产权为重要特征的产权制度;(5)以科技园区和孵化器为特征的产学研结合机制;(6)以政府大力扶持为特征的政府干预制度。新经济的这些制度具有如下六个方面的功能:一是创造合作条件,如风险投资创造了资本所有者、技术(创意)所有者和管理所有者之间的合作。二是分散产业风险,如二板市场可以使高技术产业通过社会资本分散高产业风险。三是降低交易成本。四是提供激励机制。五是促使外部效应内部化,如知识产权保护。六是建立公共服务。硅谷有自己特定文化与环境,也有自己的特定的制度。正是新经济这一系列制度安排使硅谷在短短的几十年发展历程中创造了如此多的亿万富翁,培育了如此多的高新技术企业,创造了如此多的经济增长点,并一直代表着世界高新技术产业发展的前沿。在这些制度安排中,尤其值得注意的是风险投资,是灵活的风险投资机制使一大批代表高新技术产业发展方向的创意在硅谷得以从思想到实验室再到产业化转变。硅谷高新技术产业的发展离不开风险投资的支撑,风险投资是硅谷高新技术产业化的"孵化器"。

高技术产业融资的特点,决定了仅靠传统融资手段是不可能满足其资金需求的,必须挖掘新的融资途径来满足其需要。风险投资正好承担起弥补传统融资巨大缺口、孵化高技术产业的重任。风险投资是把资金投向蕴藏着较大失败危险的高新技术开发领域,以期成功后取得高资本收益的一种商业投资行为。其实质是通过投资于一个高风险、高回报的项目群,将其中成功的项目出售或上市,实现所有者权益的变现(蜕资),这时不仅能弥补失败项目的损失,而且还可使投资者获得高额回报。

在硅谷,高科技的风险投资的一般模式是:风险投资家经过审慎的项目论证,尤其是对合作伙伴的了解和评价之后,对风险企业投入首期资金,从而拥有了公司的股权(首期资金往往控制在1年的资金需求规模,一般为几百万美元);之后,风险投资家和风险投资公司积极参与风险企业的生产经营管理,为风险企业提供"增值服务",以提高风险企业的价值;1年以后,风险投资公司将根据风险企业的发展和资金需求状况决定是否投入,或投入多少第二期资金,这些资金是根据当时风险企业的价值确定一个增值的股价,以买股方式向风险企业注入的,因而增加了风险投资公司对风险企业的控制权;经过几期的投入之后,风险投资公司再在适当时候促成风险企业上市,或者说服大公司收购兼并,然后出售大部分股权得到投资回报。这样一种风险投资机制促成了大量高科技公司成长,使硅谷以高新技术产业的快速发展而著称。硅谷不仅是世界微型芯片的故乡,而且也是真空管、晶体管、个人计算机、磁带录像机、硬盘驱动器、工作站、膝上计算机等高科技成果的故乡。同时,硅谷也是网络经济的发动机。目前,硅谷地区已经在生物技术和生物新药、计算机硬件和存储、国防和航空、信息服务业、集成电路、多媒体以及网络、半导体及制造设备、软件等十几个领域居于世界领先地位。由于科技的独创性以及其强大的市场推广能力,硅谷地区大量技术相对成熟、具有高附加值、且市场前景看好的高科技项目反过来又为科技风险投资带来了巨大的经济效益,盈利水平远远超过传统的工业项目。据统计,在硅谷,风险投资公司一般都会有远远高于银行利率或一般投资项目的收益回报率。美国风险投资的平均回报率约30%左右,而硅谷地区的风险投资公司的平均回报率远远超过30%。1991—1998年,"美商中经合公司"的投资回报率为80%,而苹果公司的资金利润率曾经超过了原始投资的200倍以上。高额的利润回报吸引了一大批风险投资家到硅谷投资,如阿瑟·罗克、弗兰克·钱伯斯、皮彻·约翰逊、杰克·梅尔科等。在斯坦福大学附近的沙山路(Sand Hill Road),现在已经形成了风险投资一条街,最为著名的就是老虎风险投资基金。从20世纪90年代开始,硅谷地区占全美国风险投资总使用量的比重一直在23%—27%之间。1997年,美国的风险投资家共向1848家公司投入144亿美元的风险资本,而硅谷地区的187家公司吸收的风险资本总额高达36.6亿美元,使用风险资本总量占全美国的比重达29.4%,占整个旧金山湾区的90%以上。硅谷所使用的风险资本总额是洛杉矶和圣地亚哥两个地区总和的3倍,硅谷和波士顿合计使用风险资本总量占全美国的近50%。1999年,硅谷地区得到的风险投资为146亿美元,是前年的4倍。在受惠公司里,472家是第一次拿到资金的新公司。众多新公司投入劳工市场的竞争,使得技术人才身价倍增。

风险投资是新经济的催化剂,新经济为风险投资创造了巨大的市场。新经济的各类典型代表是在风险投资的支持下发展起来的。从新经济的信息基础设施供应商Cisco、Dell、Apple、Compaq、Intel、Microsoft,到网络内容提供商America online、Yahoo、Hotmail,再到各类电子商务模式典型运用者:eBay、Amazon等无一不是风险投资的支持下发展起来的。风险投资之所以能成为硅谷新经济的发动机,关键在于它的制度效应。风险投资与硅谷新经济之间的新型的互动关系是由风险投资的制度功能决定的。从制度经济学来看,风险投资对新经济的制度功能表现在以下十个方面。

一是市场筛选功能。为了降低投资风险,风险投资公司要在投资决策时尽量规避风险,一方面通过分散投资的办法,把资金分散投资到不同项目中去；另一方面，风险投资公司还要在作出投资决策之前进行项目评估。通常，风险投资公司要通过拥有金融、管理人才，聘请科技界和产业界的资深人士作为投资顾问，设立科技和经济情报的收集、研究机构，定期对某个领域的技术和产业动向提出投资和经营的决策参考意见，然后由风险投资家根据市场吸引力、产品的独特性、创业者的管理能力、环境威胁抵抗能力等多方面对项目进行评估，进行风险投资决策。风险投资家希望见到的好项目是合适的企业家在合适的时期拥有合适的技术，并存在或者能够创造出合适的市场，最终带来丰厚回报的项目。因此，风险投资的决策过程，实质也就是一个大浪淘沙、市场筛选的过程。同时，风险投资还强化了投资者之间的竞争，并突出了市场决定的功能。

二是产业培育功能。风险投资一方面提供企业急需的、难以从其它渠道获得的长期性资本；另一方面还肩负着输入管理技能、知识经验、市场资讯资源的责任，因此，风险投资的过程本身就是一个不断培育企业、促使其不断成熟的过程。对于一个国家来讲，风险投资对高技术产业的推动，并不仅仅表现在塑造一两个成功的高科技企业，而是在强烈的竞争氛围下形成一种"一马当先，万马奔腾"的气势，促成高技术产业的诞生和成长。高技术向生产力转化离不开风险投资，风险投资被称为高技术产业发展的发动机。

三是风险分散功能。风险投资的资金来源主要是社会闲散资金。美国风险资本的来源主要包括富有者的个人资金、机构投资者的资金、大公司资本、其他基金和捐赠。它一方面减少了创业者所承担的风险，提高了风险投资者的积极性；另一方面也有效防止了高新技术企业成长中的风险向常规金融机构过度集中，从而增进了金融体系的稳健性。

四是政府导向功能。风险投资者是否对高科技产业投资，取决于他对风险投资的预期收益和投资风险的权衡。只有当预期收益大于风险时，风险投资才会有充分的理由"介入"。由于风险投资者的预期收益在很大程度上取决于政府对风险企业或风险投资者的税收政策和风险大小，因此，政府为鼓励风险投资的发展，制定了财政补贴、税收优惠和信用担保等政策。从某种程度上说，风险投资体系是政府和民间资本融合的产物，在这个融合过程中，它体现政府的产业政策意图。

五是资金放大器的功能。科研成果从实验室走向市场，面临最大的障碍就是缺乏资金。风险投资公司通过基金或合伙的形式,把银行、保险公司、养老基金、大公司、共同基金、富有的个人和外国投资者的分散的资金集中起来,形成风险投资基金,通过专业的运作给急需资金的高新技术企业提供资金支持并获得高额回报,风险投资通过自身的"资金放大器"功能,为科技成果转化和高新技术产业化提供一定规模的急需资金。风险投资家的这种追逐高利而甘冒风险的投资行为,客观上起到了将大学和实验室的新思想、新发明快速推广到社会、进而实现产业化的作用。美国是科研成果转化最快的国家,其中最重要的原因,就是美国的风险投资业十分发达。而欧洲的许多国家原来基础并不比美国差,有的国家科学研究基础甚至超过美国,但高新技术产业的发展明显不如美国,最根本的原因是缺乏风险投资的强大支持。

六是要素集成功能。任何一种产业的发展,都是资本、土地、劳动、信息、技术和管理等多种生产要素综合作用的结果。高新技术产业的特点在于,在所有这些要素中,人力资本在该产业的发展中起决定作用,由人力资本所形成的知识产权等无形资产在高新技术企业的总资产中占有很大的比重。风险投资能有效地把资金、人才、技术、信息、管理、市场等各种经济要素集成一个系统,形成有效配置,促进高新技术产业化。

七是激励创新功能。风险投资敢于承担高科技发展过程中的高风险,这从制度上来讲有一种鼓励冒险、允许失败的制度效应,所以能激励创新。创新一旦成功,创新创业者会得到巨额利润;而创业失败,风险投资家通过其它盈利项目弥补。

八是降低交易成本的功能。风险投资通过投资高新技术(或创意)、参与风险企业的管理,能有效推进科学家、企业家、资本家的有效合作,克服科技与经济"两张皮"现象,实现技术源头与市场需求终端的对接。

九是更新人们创新观念的功能。在风险投资市场中有成功也有失败。风险投资的成功能吸引更多的风险投资资金,能激励更多的人去创业,而创业的失败也能对人们有着正面的影响:形成创业的借鉴,去办别人办不到的事情。这样就使人们的创业、创新、创一流的精神,成为创新项目(企业)发展的原动力,大大加快高新技术进入市场的速度,使区域经济发展走向良性循环之路。与此同时,人们的就业观念、市场观念、风险意识、效率效益观念、合作协作精神、双赢理念都发生着深刻的变化。

十是管理等增值服务的功能。风险投资的投资对象是从事高新技术开发与创新的中小企业。在这些中小企业创业初期,甚至还只是一种头脑中的想法(idea)的时候,风险投资就开始介入,并贯穿从开发到成熟各个阶段。风险投资不仅给新创企业提供稳定可靠的资金来源,而且,为了规避风险,风险投资家往往还要运用自己的经验、知识、信息和人际关系网络帮助高新技术企业提高管理水平和开拓市场,提供增值服务。正是这种主动参与经营的投资方式,使由风险资本支持的高新技术企业的成长性远远高于其它同类公司。

(本文发表于《中国经济时报》2000 年 8 月 24 日)

—50—
发展知识经济必须抢占
高技术产业制高点

知识经济是以创新为基本内核的经济,创新是知识经济的灵魂。人类社会正由资源经济转向以知识经济为基础的时代。知识所提供的生产力将日益成为一个国家、一个地区、一个行业、一个企业竞争成败的关键因素。发展知识经济必须充分发挥大学、科研院所的知识生产作用,发挥企业的技术创新作用,发挥教育机构的知识传播作用,实现产学研的有机结合。要克服科技与经济"两张皮"的现象,建立有效的中介服务机制和加速科技成果转化,使科技链与产业链之间形成联动。发展知识经济要高度注重知识与经济的联系。17世纪的科学催生了18世纪的工业革命,19世纪的科技发展促进了20世纪的工业经济的腾飞,20世纪中叶以来的信息技术革命孕育了21世纪的知识经济时代,知识与经济的规律表明:一个国家的创新体系是经济发展的发动机。要创新,就要高度重视高等学校和科研院所在知识创新中的作用,加强知识创新主体与技术创新主体之间的联动,为知识经济时代的到来培养大批高水平的人才。

面对发展知识经济的机遇,武汉能否在跨世纪的竞争发展中掌握主动权,在新一轮的经济发展中实现中部崛起,关键在于能否主动迎接知识经济挑战,抢占高技术产业制高点。为此,需要采取以下五个方面的对策:

第一,在知识经济时代,知识、信息、智力、能力以及人才是社会发展的最关键的经济元素。人及其知识、能力是全社会的第一资本、第一资源,高端人才成为社会的主流。发展知识经济要确立"能力本位"的价值观念,让具有高知识水平和创新能力的人享有崇高的地位,受到社会的尊重。同时要培养"一专多能"的复合型人才,推进科学家和企业家的融合,培养和造就一大批科技实业家队伍。在知识经济时代,经济增长中的决定因素是智力资本,智力资本是全社会的第一资本,智力型劳动者在生产力中处于关键地位,创新者在知识型企业中居于最重要的位置。知识经济从根本上说是人才经济,为了抢占跨世纪高技术产业制高点,武汉市要在继续贯彻已有的人才政策基础上,将进一步加大人才队伍建设步伐。根据发展知识经济的需要,重点引进工程技术带头人、国内外著名专家及创新型人才。每年从财政划拨专项经费支持科技人才继续教育和参加国际学术交流。发展知识经济需要科学家和企业家的联合,培养科技实业家。

第二,知识经济要求技术创新、企业制度创新和金融创新三者统一。发展知识经济必须促进金融资本同高新技术产业资本的有机结合,大力发展风险投资,营造高科技企业良好的融资环境和社会支撑条件,使高科技企业在资本扩张的基础上实现跳跃式发展。发展知识经济要大力发展风险投资,为知识产业提供良好的融资环境。知识经济时代的金融创新最重要的是高科技的风险投资。风险投资已成为促进美国高新技术产业与经济发展的主要动力之一,成为"创新、创业与创造奇迹"的化身。美国风险投资的平均回报率可达30%。武汉为抢占高技术产业制高点,正着力按国际规范探索建立高新技术产业发展和成果转化的风险投资资金。发展知识经济还要努力使高科技的产业资本同资本市场相结合。

第三,知识经济是以无形资产投入为主的经济,知识产权制度在知识经济时代显得尤为重要。发展知识经济要求大力保护知识产权,推进知识产权的营运,让技术、管理等生产要素参与分配,推进技术股、创业股、管理股制度,充分调动广大科技工作者、创业者、管理者的积极性和创造性。推行知识产权制度关键是要把知识产权作为一种无形资产,让其参与分配,建立一种关键人物与公司发展前景紧密捆绑的分担风险、分享收益的新型机制。美国高科技企业普遍采用的制度是购股权,即员工有权在一定时间内(如两年或三年)用事先约定的价格购买公司一定的新股。在我国可通过技术股、创业股、管理股的方式使员工的智慧成为企业财产的一部分,并将其智慧视为投资计入股份,以增加其归宿感和向心力。武汉大学、华中理工大学在兴办高新技术企业过程中在推行无形资产特别是职务科技成果入股方面做了大胆尝试,既保证了国有无形资产的保值增值,又调动了科研人员的积极性。武汉市在加强知识产权营运政策的同时,抓紧制定地方性法规以规范无形资产入股、营运行为,保护高新技术领域的自主知识产权。

第四,知识经济是以高科技产业为支撑的,其细胞是高科技园区。发展知识经济必须高度重视高新技术产业园区建设。现阶段,应按照科技特区模式为高科技企业营造良好经营环境,大力培育高科技企业和高科技企业家,使之成为高新技术产业化的地域和知识经济的先行区。发展知识经济,要进行社会组织体系的创新,推进高新技术成果产业化载体的建设。目前全世界已有大大小小的高科技工业园 900 多个,从业人数达数百万人。中国的 53 个国家级高新技术产业开发区已成为发展本地区的高新技术产业的一个良好基地,逐步发展成为新的经济增长点。武汉东湖新技术开发区截至1997 年已累计实现科工贸总收入 282.9 亿元,完成产值 248.1 亿元,利税53.2 亿元,各项经济指标保持了较高速度的增长。其中,1997 年科工贸总产值 95 亿元,利税 20.8 亿元,分别是 1990 年的 35 倍、57 倍。东湖开发区现已形成以现代通信、生物工程和新医药为支柱产业,以软件、激光为新兴产业,以新材料和机电一体化为优势产业的高新技术产业发展格局。

第五,在知识经济时代,企业是技术创新的主体。发展知识经济首先必须建立使企业具有不断创新欲望和外在压力的企业制度,重塑企业创新主体。为此,要大力发展民营科技企业,使民营科技企业成为我国高新技术产业化的重要支撑力量。此外,大力推进产权重组,发挥混合型经济的嫁接优势和杂交优势,增加高新技术产业化的有效需求。要建立具有较强的创新欲望和外在压力的企业制度,要特别重视民营企业和混合经济在技术创新中的作用,大力推进制度创新。由于民营科技企业具有较强的技术创新能力、灵活的运行机制并拥有一批高素质的企业经营者,民营科技企业特别是民营高科技企业从 80 年代初期的星星之火,现已形成燎原之势,成为我国高技术产业化的生力军。作为武汉民营科技企业发源地的东湖新技术开发区,现已涌现出一批如红桃 K、精伦、凯迪等规模较大的民营高新技术企业。

1997 年东湖开发区民营高新技术企业化 338 家,实现科工贸总收入 52.7 亿元,利税 11.1 亿元,分别占开发区总数的 47.1%、57.1%、53.7%。武汉要进一步发展民营科技企业和民营高技术企业,还需采取一系列措施,如优化民营科技企业和民营高技术企业发展的外部环境,使民营科技企业和民营高技术企业在融资、税收、人才等政策措施方面与国有经济处于同等地位;充分发挥商会、行业协会等中介组织的作用,加快民营科技企业和民营高技术企业服务体系建设;高度重视小型民营科技企业和民营高技术企业在促进高技术产业化中的作用,积极扶持小型民营科技企业和民营高技术企业的发展。

(本文发表于《经济日报》1998 年 11 月 2 日)

责任编辑:陈 登

图书在版编目(CIP)数据

转型时代的创业与创新/辜胜阻 著. —北京:人民出版社,2017.3
ISBN 978 - 7 - 01 - 017411 - 2

Ⅰ.①转… Ⅱ.①辜… Ⅲ.①企业管理 Ⅳ.①F272

中国版本图书馆 CIP 数据核字(2017)第 038400 号

转型时代的创业与创新
ZHUANXING SHIDAI DE CHUANGYE YU CHUANGXIN

辜胜阻 著

人民出版社 出版发行
(100706 北京市东城区隆福寺街 99 号)

北京文林印务有限公司印刷 新华书店经销

2017 年 3 月第 1 版 2017 年 3 月北京第 1 次印刷
开本:710 毫米×1000 毫米 1/16 印张:29.5
字数:452 千字

ISBN 978 - 7 - 01 - 017411 - 2 定价:75.00 元

邮购地址 100706 北京市东城区隆福寺街 99 号
人民东方图书销售中心 电话 (010)65250042 65289539